Johannes Cassian

Unterredungen mit den Vätern

TEIL 1

Dieses Buchprojekt wurde
gefördert durch die

JOHANNES-CASSIAN-STIFTUNG
MÜNSTERSCHWARZACH

Die Johannes-Cassian-Stiftung Münsterschwarzach hat sich als Ziel gesetzt, die Schriften des Johannes Cassian in deutscher Übersetzung herauszugeben, die Spiritualität des Begründers westlichen Mönchtums zu vermitteln und die Wahrnehmung der Kirchen des Ostens zu stärken.

Johannes-Cassian-Stiftung Münsterschwarzach
D-97359 Münsterschwarzach Abtei
E-Mail: cassian-stiftung@abtei-muensterschwarzach.de

www.cassian-projekt.de

Ohne die freundliche Unterstützung der folgenden Klöster
wäre diese Veröffentlichung nicht möglich gewesen:

Abtei Maria Frieden, Dahlem
Abtei Münsterschwarzach
Abtei Muri-Gries, Bozen/Italien
Abtei St. Georgenberg, Fiecht/Österreich
Abtei St. Otmar, Uznach/Schweiz
Erzabtei St. Ottilien

Wir danken der Missionsprokura der Abtei Münsterschwarzach,
die die zweite Auflage dieses Buches finanziell ermöglichte.

Johannes Cassian

Unterredungen mit den Vätern

COLLATIONES PATRUM

Teil 1: Collationes 1 bis 10

übersetzt und erläutert von Gabriele Ziegler
Mit einer Einleitung und farbigen Abbildungen
von Georges Descœudres

Quellen der Spiritualität
Band 5

Vier-Türme-Verlag

Bibliographische Information der Deutschen Nationalbibliothek

Die Deutsche Nationalbibliothek verzeichnet diese Publikation in der Deutschen Nationalbibliographie. Detaillierte bibliographische Daten sind im Internet über http://dnb.d-nb.de abrufbar.

2., durchgesehene und ergänzte Auflage 2018

Gestaltung: Dr. Matthias E. Gahr
Druck und Bindung: Finidr s.r.o., Český Těšín
ISBN 978-3-89680-705-2

www.vier-tuerme-verlag.de

Geleitwort zur zweiten Auflage

In den Jahren 2011 bis 2015 erschienen alle drei Teile der »Unterredungen mit den Vätern« des Johannes Cassian in neuer deutscher Übersetzung. Nicht nur in der monastischen Welt fand dieses Projekt rege Zustimmung. So ist es erfreulich, dass Teil 1 nun neu aufgelegt wird. Der Grund für das große Interesse an Johannes Cassian dürfte darin liegen, dass er eine genaue und gleichzeitig hilfreiche Beschreibung der Leidenschaften der menschlichen Seele gibt. Ordensgründer und Theologen späterer Jahrhunderte, so Dominikus oder Teresa von Ávila, Heinrich Seuse, Ignatius von Loyola, Meister Eckart und Martin Luther vertieften sich Cassians Werk. Jeder, der sich selbst und Gott erkennen möchte, findet darin Modelle, in der Erkenntnis des Guten voranzukommen.

Johannes Cassian, die Väter und mit ihnen Benedikt von Nursia hatten ein Ziel: Die Heilige Schrift auszulegen – nicht allein mithilfe der bis dahin bereits entwickelten Auslegungsmethoden und sondern auch im Licht ihrer Erfahrung, »experientiae magisterio« wie Cassian in Collatio 12,4 hervorhebt. Gleichermaßen ließe sich sagen: Erst an der heiligen Schrift wird die Praxis des geistlichen Lebens ablesbar, da aus ihrem »Rüstzeug« (coll. 10,10) die Hilfen und Weisungen kommen zum Umgang mit den Gedanken, zur Gottes- und Nächstenbegegnung, vor allem jedoch zum Gebet. Auch die Regel unseres Ordensvaters, des heiligen Benedikt, erscheint im Licht der Väterworte noch tiefer und bewundernswerter. Aus Cassians umfangreichem Werk kann jeder Gottsucher vernehmen, wozu Benedikt von Nursia im Prolog der Regel auffordert: »Stehen wir endlich einmal auf! Die Schrift rüttelt uns wach.«

Die Abbildungen von Ausgrabungsfunden der ägyptischen Mönchssiedlungen illustrieren eindrucksvoll die Worte der ägyptischen Väter. Sie zeigen Alltägliches wie Münzen oder Geschirr. Die Wandmalereien lassen über die Jahrtausende hinweg erkennen, welche Weisungen der Evangelien die Mönche allezeit vor Augen haben wollten: Den geistlichen Kampf, das Geleit durch Christus, die Erwartung der Wiederkunft des Herrn. $\overline{\text{IC}}$ $\overline{\text{XC}}$ NIKA, Iesous Christos Nika, »Jesus Christus ist Sieger«, verkünden die floral geschmückten Kreuze.

Möge dieser Ruf in unserem Herzen und in unserer Zeit erschallen!

21. März 2018
am Hochfest des
heiligen Benedikt

+ Abt Theodor Hausmann OSB, Augsburg
Vorsitzender der
Salzburger Äbtekonferenz

Zum Geleit der ersten Auflage

Die Bedeutung der Schriften des Johannes Cassian für das Mönchtum der lateinischen Kirche ist allgemein anerkannt. Die Benediktsregel verweist ausdrücklich auf seine Schriften als verbindliche Lektüre für die Brüder (RB 42 und 73). Er ist der große Vermittler der Spiritualität der monastischen Bewegung des Ostens und Ägyptens an den Westen.

Leider entspricht die direkte Kenntnis seiner Schriften seit langem nicht mehr dieser von allen unterstrichenen Bedeutung der Schriften des Johannes Cassian. Ein Grund dafür ist der Mangel an brauchbaren Übersetzungen. Die letzte deutsche Übersetzung der Collationes Patrum erschien 1879 in der *Bibliothek der Kirchenväter.*

Die Johannes-Cassian-Stiftung der Abtei Münsterschwarzach hat sich zum Ziel gesetzt, hier Abhilfe zu schaffen. Der erste Schritt dazu ist die mit diesem Band von Frau Dr. Gabriele Ziegler vorgelegte Neuübersetzung der Collationes Patrum unter dem Titel *Unterredungen mit den Vätern.* Es war leider aus Kostengründen nicht möglich, das Werk in einer lateinisch-deutschen Ausgabe vorzulegen. Für Interessierte ist aber der lateinische Text im Internet zugänglich.

So möchte der hier vorgelegte Band im deutschen Sprachraum ermöglichen, wozu Benedikt auffordert: Die Werke des Johannes Cassian wieder im Zusammenhang und vollständig zu lesen. Allen, die zum Erscheinen dieses Bandes beigetragen haben, gilt ein aufrichtiger Dank. Dem Werk selbst wünsche ich vor allem eines: viele Leserinnen und Leser.

23. Juli 2011
am Festtag des
Johannes Cassian

+ Abt Benno Malfèr OSB, Muri-Gries
Vorsitzender der
Salzburger Äbtekonferenz

In dankbarem Gedenken an
Br. Cornelius Hell OSB
1920–2010

Inhalt

GEORGES DESCOEUDRES

Johannes Cassian und die Mönchssiedlungen in der nitrischen und sketischen Wüste[1]

Nach zögernden Anfängen im 3. Jahrhundert verbreitete sich seit der konstantinischen Wende eine neue Lebensform im christlichen Erdkreis: Das Mönchtum. Männer und auch einzelne Frauen verließen Haus und Familie und zogen sich in die Unwirtlichkeit der Wüste zurück, um ihr Dasein ausschließlich auf die Nachfolge Christi auszurichten. Das Herrenwort »Wenn du vollkommen sein willst, geh und verkaufe, was du hast, und gib es den Armen, und du wirst einen Schatz im Himmel haben; dann komm und folge mir nach« (Mt 19,21), war der Anstoß für Antonios (um 252–356), die Welt zu verlassen und Mönch zu werden. Wie wir aus seiner Vita wissen, war er nicht der erste, der diese Lebensform wählte, aber Antonios war zweifellos einer der bekanntesten Mönche der Spätantike und genoss schon zu Lebzeiten ein hohes Ansehen.

Als »Eremos«, Einsiedelei, Einöde galt in Ägypten die weitgehend vegetationslose Einöde außerhalb des bewässerten Kulturlandes im Niltal und in den Oasen. Um Eremiten, Einsiedler scharten sich Mönche, sodass lose Siedlungen als Wohnstätten solcher Männer entstanden, die mit Gebet und Arbeit ihre Tage verbrachten. Das benediktinische »Ora et labora« (das so nirgends in der Regel erscheint) hatte seinen Ursprung in der Lebensweise der Wüstenväter.

Neben dem Eremitentum entstanden in Ägypten weitere Formen des Zusammenlebens: Etwa das Koinobion, das nach den Anweisungen des Pachomios (um 287–347) durch gemeinsames Gebet, gemeinsame Arbeit und einen gemeinsamen Tisch gekennzeichnet war und unserer Vorstellung von »Kloster« recht nahe kommt. Es dauerte nicht lange, bis diese neuen Lebensformen *in eremo* auf die gemeinschaftlichen Lebensweisen (Oikumene) zurückzuwirken begannen. »The desert«, schreibt Peter Brown, »became the powerhouse of a new culture«.

Literarische Überlieferung

Obwohl davon ausgegangen werden kann, dass das christliche Mönchtum gleichzeitig und unabhängig voneinander in Ägypten, im syrisch-mesopotamischen Raum und in Kleinasien entstanden ist, war das ägyptische Mönchtum besonders hinsichtlich seiner Wirkungsgeschichte weitaus das Wichtigste. Suso Frank spricht vom »monastischen Musterland Ägypten«. Die vorbildhafte Bedeutung der ägyptischen Wüstenväter beruht hauptsächlich auf einer breiten literarischen Überlieferung mehrheitlich griechischer Sprache, die innerhalb einer kurzen Zeitspanne ins Lateinische sowie in verschiedene orientalische Sprachen übersetzt wurde. Hauptquelle sind die *Apophthegmata Patrum*, die gewissermaßen eine Innensicht der frühen Mönchsbewegung wiedergeben. Anfänglich nur mündlich tradiert, wurden diese Vätersprüche seit dem ausgehenden 4. Jahrhundert in verschiedenen Sammlungen aufgezeichnet.

In der zweiten Hälfte des 4. Jahrhunderts entstand eine neuartige Form des Tourismus: Einzelpersonen und ganze Gruppen reisten nach Ägypten, um die neue Lebensform der Mönche kennenzulernen, deren Kunde aus den Wüsten des Nillandes sich schon bald in der gesamten christlichen Welt verbreitet hatte. Teils waren es Bildungsreisen, teils Pilgerfahrten mit der Hoffnung auf Stärkung und gelegentlich auch auf Heilung, und nicht selten waren es Reisen als Initiation und zur Unterweisung für eine eigene Anwartschaft auf diese Lebensform. Der Kappadokier Basileios der Große, Palladios von Helenopolis, Johannes Moschos und Sophronios, der spätere Patriarch von Jerusalem, aus dem griechischen Osten sowie der im Bethlehem ansässige Hieronymus, Rufinus von Aquileia und Johannes Cassian aus dem lateinischen Westen waren einige der prominentesten Besucher, von denen etliche, etwa Palladios oder Johannes Cassian, lange Jahre als Mönche in Ägypten geblieben sind. Offenbar gehörte auch Alypius zu den Besuchern, ein Vertrauter des Augustinus, der 394 vom nordafrikanischen Thagaste zu einer Reise ins Heilige Land aufgebrochen war und nach der Rückkehr in seine Heimat den *Ordo monasterii,* die erste lateinische Mönchsregel, niederschrieb, die sich weitgehend am Tageslauf der Mönche in den Kellia orientierte. Unter den Besuchern waren auch hochgestellte Frauen, Melania die Ältere, Kusine des Paulinus von Nola, und ihre Enkelin, Melania die Jüngere, sowie Paula und Eustochium aus dem geistlichen Kreis des Hieronymus. Möglicherweise gehörte auch die Jerusalempilgerin Egeria dazu, deren Reisebericht zu den Mönchen Ägyptens leider nicht erhalten ist. Die Zahl der weiblichen Besucher scheint nicht unbeträchtlich gewesen zu sein, was den berühmten Wüstenvater Arsenios (gestorben 445) zur unwirschen Bemerkung veranlasste, man wolle wohl »das Meer zu einem Weg für Weiber machen, die zu mir kommen wollen«.

In der Ende des 4. Jahrhunderts in Griechisch aufgezeichneten *Historia monachorum in Aegypto* hat sich der Reisebericht einer Gruppe von Personen geistlichen Standes erhalten, welcher von Begegnungen und Gesprächen mit Mönchen erzählt und innerhalb weniger Jahre von Rufinus von Aquileia, der selber wohl an dieser Reise teilgenommen hatte, ins Lateinische übersetzt wurde. Eine aufschlussreiche Sammlung von Begebenheiten und kurzen Viten verschiedener Mönche hat uns auch Palladios in seiner *Historia Lausiaca* hinterlassen. In diesen Kontext gehören die Schriften des Johannes Cassian, welche nun erstmals eine in Latein verfasste Darstellung der ägyptischen Wüstenväter boten und die sich an ein monastisches Publikum richteten. In seinen auf persönlichen Begegnungen beruhenden *Collationes Patrum* vermittelte er eine tiefgehende Anschauung des vorbildhaften ägyptischen Mönchtums.

Die wichtigsten und am häufigsten besuchten Mönchssiedlungen befanden sich im Hinterland Alexandriens in der nitrischen und sketischen Wüste. Es waren dies in erster Linie die Siedlung Nitria, die Rufinus in seiner Übersetzung der *Historia monachorum* als die berühmteste aller monastischen Siedlungen Ägyptens bezeichnete (*famosissimum in omnibus Aegypti monasteriis locum*), sowie die als Ableger von Nitria gegründeten Kellia, wörtlich Zellen. Zum Kreis dieser Eremitenkolonien gehörte ferner die abgelegene Sketis, die allerdings weit weniger häufig als die beiden anderen Mönchssiedlungen besucht wurde. In der *Historia monachorum in Aegypto* ist uns eine idealisierend überhöhte Beschreibung der Mönche in Nitria überliefert:

»*Wir sind auch nach Nitria hinuntergezogen, wo wir vielen und großen Anachoreten begegneten, einheimischen ebenso wie fremden, die sich gegenseitig in ihrer Tugend und in der Askese überboten. Sie offenbarten vollkommene Tugend und übertrafen sich gegenseitig in ihrer Lebensführung. Die einen richteten ihr Streben auf die Kontemplation, die anderen auf die tätige Nächstenliebe. Als einige von ihnen uns von weitem durch die Wüste kommen sahen, brachten die einen Wasser zur Begrüßung, andere wuschen uns die Füße, wieder andere reinigten unsere Gewänder. Es gab solche, die uns zu einer Mahlzeit einluden, andere zur Unterrichtung in den Tugenden und wieder andere zur Kontemplation und zur Unterrichtung in der Erkenntnis Gottes. Jeder versuchte nach seinem Vermögen, uns nützlich zu sein.*«

Im Milieu dieser Mönchssiedlungen in der nitrischen und sketischen Wüste ist der Kern der *Apophthegmata Patrum* entstanden, und hier fanden auch die ersten zehn Unterredungen Cassians mit den Wüstenvätern statt. Bei Johannes Cassian ist erwähnt, dass es in der Sketis vier Kirchen gab (coll. 10,2), was heißt, dass vier verschiedene Mönchsgemeinschaften nebeneinander existierten, die jede einen eigenen Vorsteher und Priester hatte. Eine dieser Gemeinschaften wurde von Moyses geleitet (ihm sind coll. 1 und coll. 2 gewidmet) und von Johannes Cassian mit der Ortsbezeichnung Calamus (coll. 7,26) in Verbindung gebracht. Als Priester einer weiteren Gemeinschaft wird in coll. 10,2 Paphnutios genannt, dessen Hoffnung, seinen Diakon Daniel als Nachfolger in der Vorsteherschaft der Gemeinschaft zu installieren, durch den frühzeitigen Tod seines Schülers zunichte gemacht wurde. Ein Name fehlt in den Aufzeichnungen: Evagrios Pontikos, der wie Cassian über einen Zwischenhalt im Heiligen Land nach Ägypten gekommen war und in den Kellia lebte. Die Schriften des Griechen Evagrios, der einer der bedeutendsten Theoretiker des Mönchtums war, haben Johannes Cassian nachhaltig beeinflusst. Dennoch erscheint sein Name nirgends in Cassians Schriften, wie auch

Evagrios selbst seinen geistigen Mentor Origenes in den eigenen Schriften nicht erwähnt. Zu sehr waren die beiden Namen in der Polemik um den Anthropomorphismus (vgl. coll. 10) belastet, war Evagrios doch der führende Kopf der als Origenisten verschrieenen Gegner in der theologischen Auseinandersetzung mit den Anthropomorphiten. Diese wuchs sich bald nach dem Tod des Evagrios an Epiphanie des Jahres 399 zu einem gewalttätigen Streit aus und führte zur Vertreibung vieler Mönche aus Nitria und den Kellia. Cassian berichtet, dass drei Priester und Vorsteher der vier Mönchsgemeinschaften in der Sketis den Vorstellungen der Anthropomorphiten zugeneigt waren und sich allein Paphnutios diesen Ansichten widersetzte (coll. 10). Diese unerfreulichen und schließlich sogar gewaltsamen Auseinandersetzungen dürften Anlass für die Abreise Cassians und übrigens auch des Palladios aus Ägypten gewesen sein, die sich beide nach Konstantinopel wandten.

Lokalisierung der Siedlungen

Obwohl die literarischen Quellen, von denen hier nur die wichtigsten erwähnt wurden, im 4. und 5. Jahrhundert ungewöhnlich reichhaltig sind, bot die Lokalisierung der einzelnen Orte erhebliche Schwierigkeiten. So wurde die Siedlung Nitria aufgrund der Namensaffinität lange Zeit im Wadi Natrun (Natrontal) vermutet. Erst in der umfassenden und in den wesentlichen Teilen bis heute gültigen Studie von Evelyn White über die Klöster im Wadi Natrun wurde erkannt, dass nicht die Siedlung Nitria, sondern die Sketis im Bereich des Natrontals zu situieren ist, wo noch heute vier koptische Klöster bestehen, darunter dasjenige des Makarios des Ägypters, Gründervater der Sketis. Wichtiges Indiz in der Beweisführung von Evelyn White war die Identifizierung der Kellia mit der in jüngeren arabischen Quellen als al-Muna bezeichneten Örtlichkeit, deren koptisches Equivalent MONH eine Übersetzung von Kellia ist. Gestützt auf diese Schlussfolgerung gelang es Anthony de Cosson im Jahre 1936, die Siedlung Kellia erstmals im Gelände zu lokalisieren. Er berichtet von mehr als hundert kleinen Erhebungen, unter denen Überreste von Gebäuden lagen, und aufgrund von Oberflächenbeobachtungen zeichnete er einen Teilplan einer Eremitage auf. Da die archäologischen Überreste, wie er schrieb, keinerlei Gefährdungen ausgesetzt waren und sich somit eine Ausgrabung nicht aufdrängte, gerieten die Kellia und deren Lokalisierung im Gelände wiederum in Vergessenheit.

Ein neuer Abschnitt in der Erforschung dieser Mönchssiedlung setzte im Jahre 1964 ein, als Antoine Guillaumont, Herausgeber der Schriften des Evagrios Pontikos, und der Koptologe Rodolphe Kasser von der Universität Genf erneut die Kellia vor Ort lokalisierten. Da sie deren archäologischen Überreste bereits zu einem erheblichen Teil durch neu angelegte Felder zerstört vorfanden und weiterhin eine akute Gefährdung durch eine intensive Urbarmachung der Wüste bestand, gelangte man zum Entschluss, Rettungsgrabungen in den Kellia einzuleiten. Von 1965 bis 1990 wurden vom *Institut français d'archéologie orientale* in Kairo und von der *Mission suisse d'archéologie copte* der Universität Genf mit zeitweiligen Unterbrechungen Ausgrabungen durchgeführt, die zu »einem, wenn nicht zu dem bedeutendsten archäologischen Unternehmen geworden (ist), das byzantinisch-christlichen Stätten in Ägypten in der Nachkriegszeit gewidmet wurde« (Stefan Timm). Mit diesen Ausgrabungen konnten erstmals materielle Überreste aus den Anfängen des christlichen Mönchtums beigebracht werden. Ferner ließ sich die architekturgeschichtliche Entwicklung der Wohn- und Sakralbauten dieser bis ins 8. Jahrhundert bestehenden Siedlung nachvollziehen sowie ein allmähliches Auftreten von Wandmalereien und Inschriften seit dem 6. Jahrhundert beobachten. Die von einer Textstelle der Vita Antonii abgeleitete Formulierung »Die Wüste wurde zur (Himmels-)Stadt«, die Derwas Chitty als Titel seiner berühmten Studie »The Desert a City« wählte, erwies sich in überraschender Weise als zutreffend, denn die Kellia zeigten sich als eine im Laufe der Zeit gewachsene, großflächige Siedlung von Eremitagen in der weiten Wüste im Westen des Nils. Bei diesen Ausgrabungen konnte zudem der sichere Nachweis erbracht werden, dass es sich bei der untersuchten Siedlung tatsächlich um die Kellia handelte. Neben einer nicht geringen Anzahl von Keramikgefäßen und -fragmenten, welche die Bezeichnung

»EK« als aufgemalte Inschrift oder als Graffito aufwiesen, wurde im Jahre 1976 auf dem Hals einer Amphore erstmals die ausgeschriebene Version als ENKLHCIAC KELLIΩN (Kirche [Gen. sing.] der Kellia) fassbar, die als Destinationsbezeichnung des Gefäßes und dessen Inhalt zu verstehen ist. Seit dem Auftreten dieser und ähnlicher Inschriften kann die geographische Zuschreibung der drei wichtigsten Mönchssiedlungen im Hinterland Alexandriens, wie sie von Evelyn White postuliert wurde, als gesichert gelten. Danach lässt sich die um 330 entstandene Siedlung Sketis in der im Süden an das Wadi Natrun angrenzenden Wüstenregion situieren (Abb. 1). Die etwas ältere Siedlung Nitria lag unfern der heutigen Stadt el-Barnugi, wo ebenso wie im Wadi Natrun bereits in der Antike Natron gewonnen wurde. Während die Sketis zur inneren, von den Siedlungsgebieten weit abgelegenen Wüste zu zählen ist, lag Nitria am Rand in der sogenannten äußeren Wüste nahe der bewohnten Gegenden des Nildeltas.

Die Kellia als willentliche Gründung

Das Anachoretentum in seinem ursprünglichen Sinn und Verständnis als Absonderung eines Einzelnen von der Oikumene, das heißt von den bewohnten Gegenden im Niltal, und der damit verbundene Rückzug in die vollkommene Abgeschiedenheit unbewohnter Gegenden hat sich in der geschichtlichen Wirklichkeit nicht als stabile Einrichtung erwiesen. Bedeutenden Persönlichkeiten unter den Anachoreten haben sich alsbald Männer angeschlossen, die deren Beispiel folgten, und wo sich Schüler um einen Meister zu scharen begannen, war die Anachorese im strikten Sinne bereits aufgehoben. Man wird Amun und Makarios dem Ägypter deshalb nicht unterstellen dürfen, sie hätten die Gründung von Mönchssiedlungen in Nitria und in der Sketis beabsichtigt. Diese sind dadurch entstanden, dass ihnen Männer in die Wüste gefolgt sind, die unter ihrer Anleitung Mönche werden wollten. Die Entstehung der Kellia im Jahre 338 war insofern ein Novum, als dabei erklärtermaßen eine Ansiedlung von Eremiten geplant wurde. Die Kellia stellten eine von Amun und Antonios Eremita bewusst vollzogene Gründung dar, die bereits nach dem

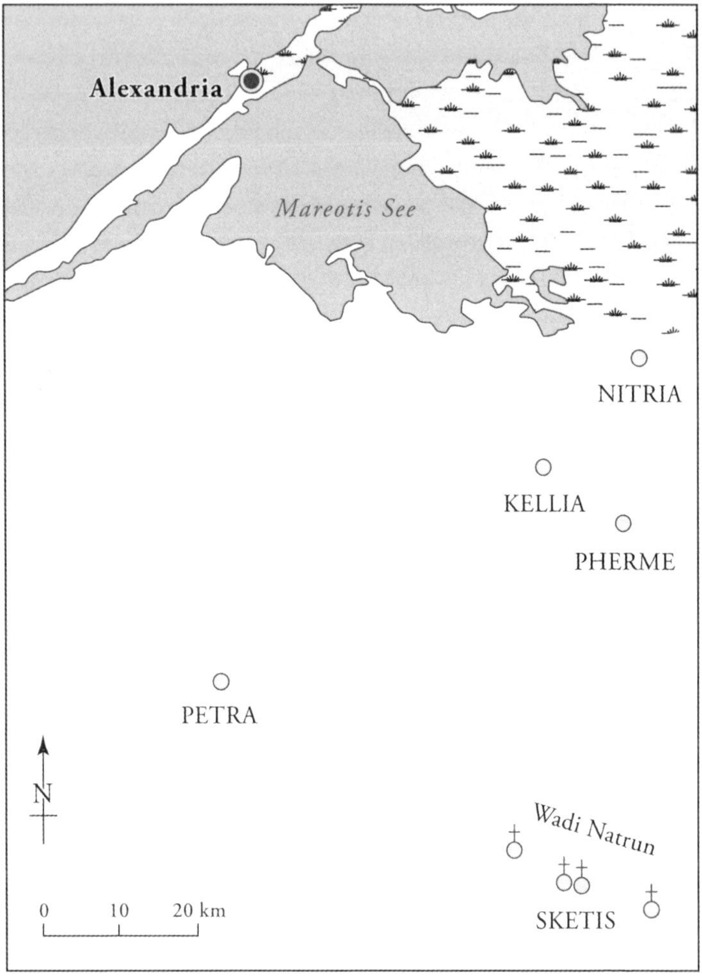

Abbildung 1

Übersicht Mareotis-See bis Sketis: Mönchssiedlungen in der nitrischen und sketischen Wüste westlich des Nildeltas; mutmaßliche spätantike Ausdehung von See und Verlandung.

Olivia Aloisi, Kunsthistorisches Institut der Universität Zürich, nach Vorlagen von Franz Wadsack späteren Muster byzantinischer Klostergründungen mit der Errichtung eines Kreuzes, der sogenannten Stavropegia, vollzogen wurde. Es handelt sich dabei um den ältesten überlieferten Gründungsakt einer monastischen Niederlassung. Von den Kellia gibt uns die *Historia monachorum in Aegypto* eine anschauliche Beschreibung:

»*Neben diesem Ort [Nitria] gibt es noch einen anderen in der inneren Wüste, etwa zehn Meilen von jenem entfernt, den man Kellia nennt wegen der großen Zahl von Zellen, die dort in der Wüste verstreut liegen. Dorthin haben sich jene zurückgezogen, die zuerst in Nitria als Mönche gelebt haben und die ein Leben in größerer Zurückgezogenheit führen wollen. Die Wüste dort ist riesig und die Zellen liegen so weit auseinander, dass sie sich weder sehen, noch die Stimme des anderen hören können. Jeder lebt in einer Zelle. Tiefes Schweigen und eine große Ruhe herrschen dort. Nur am Samstag und Sonntag versammeln sie sich in der Kirche, und dort treten sie einander gegenüber, als ob sie vom Himmel zurückkämen. Wenn einer von ihnen bei der Versammlung fehlt, so nehmen sie an, dass er krank sei, und sie besuchen ihn, aber nicht alle aufs Mal, sondern nacheinander, und jeder bringt ihm etwas mit, was er zur Hand hat und was dem kranken Bruder angenehm sein könnte. Aber sonst stört keiner die Ruhe seines Nachbarn, außer er wüsste ihm einen Rat, um ihn wie einen Wettkämpfer zu ölen durch den Trost seiner Worte. Es gibt manche unter ihnen, die haben drei oder vier Meilen zur Versammlung in der Kirche zu gehen, so weit sind die Zellen, wo sie wohnen, auseinander gelegen.*«

Aus der Anachorese eines einzelnen Mönchs wie Amun und Makarios oder aus der gezielten Ansiedlung von Mönchen wie bei den Kellia entwickelten sich lose Gemeinschaften von einzeln oder in kleinen Gruppen zusammenlebenden Eremiten mit einer Kirche als Zentrum. Die Woche verbrachten die Mönche getrennt von ihren Mitbrüdern in ihrer Eremitage; nur am Samstag und am Sonntag versammelten sie sich in der Kirche zu einer gemeinsamen Mahlfeier sowie zum eucharistischen Gottesdienst. Guillaumont hat das Leben dieser Eremiten treffend als eine ausgewogene Verbindung von Abgeschiedenheit und Gemeinschaftlichkeit charakterisiert.

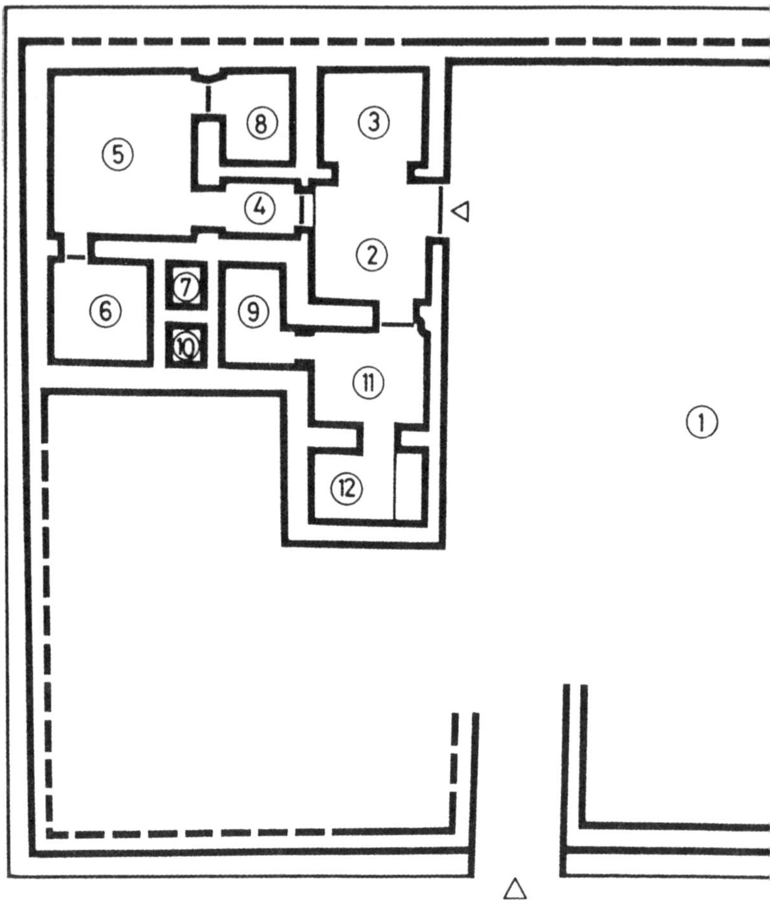

Abbildung 2

Typischer Grundriss einer Eremitage, Qusur el-Izeila (QIz 23), erste Hälfte des 7. Jahrhunderts; Wohn- und Arbeitsbereich für einen Altvater und seinen Schüler. Cassian überliefert die Kritik an immer größeren Kellia in coll. 9,5.

Grundriss entnommen aus: Georges Descoeudres, Zur Entstehung einer Repräsentationshaltung im monastischen Gebet am Beispiel der Kellia, in: Ägypten und Nubien in spätantiker Zeit, Akten des 6. Internationalen Koptologenkongresses Münster 1996, Bd. 1, Wiesbaden 1999, S. 117

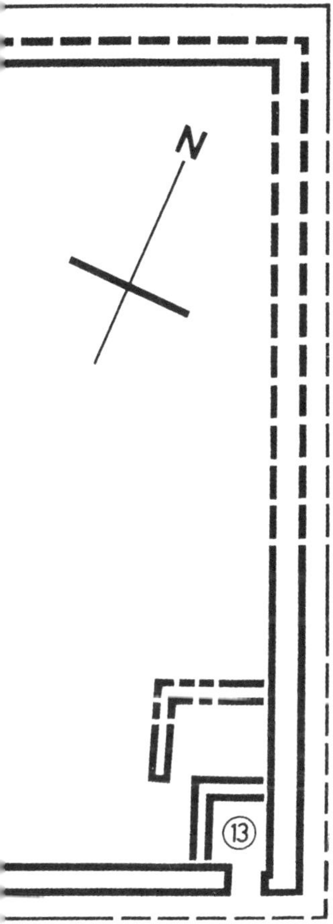

1 Hof und Garten

2–3 Vestibül

4 Gang

5 Oratorium

6 Wohn- und Schlafraum des Abbas

7 Kleine Kammer

8 Zusätzlicher Raum, nach Bedarf genutzt

9 Wohn- und Schlafraum des Schülers

10 Kleine Kammer

11 Arbeitsraum

12 Küche

13 Toiletten

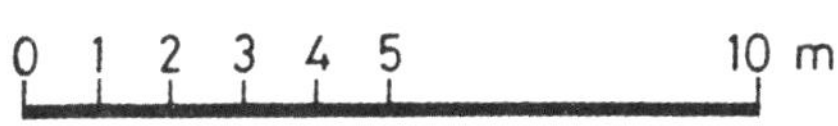

Die Behausung der Mönche wird in den Quellen als *monasterion* oder als *kellion* bezeichnet; die Benennung als Eremitage ist hingegen neuzeitlich. Der griechische Begriff *monasterion* meint im 4. und 5. Jahrhundert die Behausung eines Einzelnen und leitet sich von *monachos*, Mönch, ab. Johannes Cassian verwendet die latinisierte Form *monasterium* in gleicher Weise. Die Bedeutung im Sinne der Wohnstätte einer gemeinschaftlich (koinobitisch) lebenden Mönchsgemeinschaft, was wir heute unter einem Kloster verstehen, entwickelt sich erst im Mittelalter. Der Begriff *Kellion* meint eine Zelle. Das kann eine Höhle sein – Felshöhlen gibt es allerdings nur in der Sketis – oder ein von den Mönchen erbautes Lehmhaus, das zumeist mehrere Räume umfasste (Abb. 2).

»*Wenn es sich traf, dass die Zahl derjenigen, die gekommen waren, um gerettet zu werden [die Mönche werden wollten], groß war, so versammelte sich die ganze Gemeinschaft der Brüder, und der eine schaffte Ziegel herbei, der andere Wasser, so dass die Zellen in einem Tag fertiggestellt waren.*«

Diese Darstellung aus Nitria in der *Historia monachorum in Aegypto* ist etwas verkürzt, denn der Bau einer Eremitage mit der Herstellung und Trocknung der Lehmziegel dürfte deutlich mehr Zeit in Anspruch genommen haben. Wie wir aus den Ausgrabungen in den Kellia wissen, waren die Räume zur Zeit des Johannes Cassian in den Boden eingetieft und mit flachen Gewölben überdeckt, die an der Oberfläche der Wüste sichtbar waren. Vor dem Eingang gab es einen offenen Hof, der zum Schutz vor Wind und Sand von einer Lehmmauer umgeben war.

Topographische Aufnahmen in den Kellia haben gezeigt, dass sich in der anfänglich aus weit verstreuten Eremitagen bestehenden Siedlung in Laufe der Zeit mehrere Agglomerationen herausbildeten (Abb. 3). Diese wurden – aus mangelnder Kenntnis möglicher historischer Bezeichnungen – von den Archäologen mit den geläufigen lokalen Flurnamen beduinischen Ursprungs benannt. Die beiden größten Siedlungsteile sind die *Qusur er-Rubaiyat* (QR) im Westen und die *Qusur Isa* (QIsa) im Osten, an deren Rand sich kleinere Gruppierungen von Eremitagen befinden. Dazwischen ist die mittelgroße Agglomeration der *Qusur el-Izeila* (QIz) situiert, welche im Laufe ihres Bestehens insgesamt rund 150 Eremitagen umfasste.

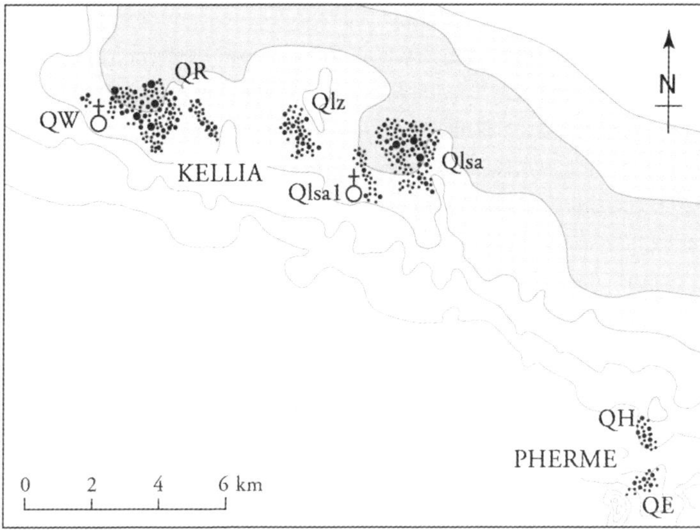

Abbildung 3 Detailkarte zum Wachstum der Siedlungen und zur Lage der Agglomerationen der Eremitagen in Kellia und Pherme.

Olivia Aloisi, Kunsthistorisches Institut der Universität Zürich, nach Vorlagen von Franz Wadsack

Das Konzil von Chalkedon im Jahre 451 hatte wegen des Streits um das Verhältnis der göttlichen und menschlichen Natur in Jesus Christus die Abspaltung der ägyptischen und syrischen Kirche von der Reichskirche zur Folge, die zur Entstehung der national-ägyptischen koptischen Kirche führte. Dies blieb nicht ohne Rückwirkung auf die Mönchsgemeinschaften. So wird überliefert, dass sich die Mönche in den Kellia in zwei Konfessionen aufteilten, und gegen Ende des 5. Jahrhunderts wurde neben dem bisherigen kirchlichen Zentrum – in der Bezeichnung der Archäologen *Qusur Isa 1* (QIsa 1) – eine zweite Kirche, *Qasr Waheida* (QW), errichtet.

Die einzige historische Quelle, die verschiedene Siedlungsteile der Kellia überliefert, stammt vom arabischen Geographen Abu Obeid el-Bekri, der um 1069 aus alten Schriften, die er in Cordobas Archiven vorfand, ein Itinerar von Ägypten in den nordafrikanischen Maghreb zusammenstellte. El-Bekri, der zeit seines Lebens nie einen Fuß nach Afrika gesetzt hatte, wusste über die Kellia (al-Muna) folgendes zu berichten:

»*Der Ort besteht aus drei verlassenen Siedlungen, in denen einzelne Gebäude noch aufrecht stehen. Es existieren dort mehrere großartige Türme, die in einer sandigen Wüste liegen, wo gelegentlich Karawanen von arabischen Nomaden überfallen werden. Diese Türme sind mächtig gebaut; ihre Mauern, die vielfach über Gewölben errichtet wurden, zeigen eine ungewöhnliche Höhe. Einige davon sind von christlichen Mönchen bewohnt.*«

Mit den mächtigen und hoch aufragenden Türmen, von denen hier berichtet wird, sind archäologisch nachgewiesene Turmbauten in einzelnen Eremitagen gemeint, wie sie seit dem Ende des 5. Jahrhunderts offenbar zum Schutz gegen die notorischen Beduinenüberfälle errichtet wurden. Ihre arabische Bezeichnung *Qusur* – im Singular *Qasr*, abgeleitet vom lateinischen *castrum* – entspricht überdies dem Begriff, wie er den erwähnten lokalen Flurnamen vorangestellt wird. Von den Bezeichnungen einzelner Siedlungsteile wie *Qusur Isa* (Türme Jesu) oder *Qusur el-Izeila* (Türme in der kleinen Abgeschiedenheit) möchte man annehmen, dass sie noch im Wissen um eine christliche Mönchssiedlung geprägt worden sind.

Theodor von Pherme und sein Schüler Isaak

Im Zusammenhang mit topographischen Aufnahmen entdeckte Rodolphe Kasser in Jahre 1968 zwei weitere Agglomerationen von je etwa 50 Eremitagen rund 10 km südöstlich der bekannten Siedlungsteile der Kellia (Abb. 3). Es sind dies *Qusur Ereima* (QE) und *Qusur Hegeila* (QH), die zusammen die Eremitensiedlung *Pherme* gebildet haben dürften. Diese liegt am Nordrand eines sandigen, von zahlreichen kleineren und größeren Hügeln gewellten Abschnitts der Wüste, welcher sich bis ins Wadi Natrun, das heißt bis zur Sketis erstreckt. Während die Siedlungsteile der Kellia in einer flachen Depression 60 km von der Meeresküste entfernt rund 10 m über dem Meeresspiegel liegen, sind die *Qusur Hegeila* in der Art eines antiken Theaters am Abhang eines Hügels situiert und die weiter südlich gelegenen *Qusur Ereima* auf einem von niedrigen Erhebungen umgebenen Plateau. Palladios gibt in seiner *Historia Lausiaca* eine knappe topographische Umschreibung:

»*Es gibt in Ägypten einen Ort auf dem Weg in die innere Wüste zur Sketis, der Pherme heißt. Dort wohnen etwa fünfhundert Männer, die sich der Askese hingeben.*«

Die archäologischen Untersuchungen haben den Nachweis erbringen können, dass die Besiedlung von Pherme Ende des 4. Jahrhunderts einsetzte. Die von Palladios angegebene Zahl von fünfhundert Mönchen dürfte freilich zu hoch gegriffen sein, ebenso wie jene fünftausend Eremiten, die Ende des 4. Jahrhunderts angeblich in der Siedlung Nitria gelebt haben sollen.

In den literarischen Quellen werden lediglich zwei Wüstenväter aus Pherme namentlich überliefert. Von einem der beiden, Paulus von Pherme, wird in der *Historia Lausiaca* die ungewöhnliche Praxis berichtet, dass er seine Gebete ähnlich wie mit einem Rosenkranz zu zählen pflegte:

»*Er hatte dreihundert ganz bestimmte Gebete; dabei sammelte er jeweils ebenso viele Steinchen, bewahrte sie in seinem Gewandbausch und pflegte bei jedem Gebet ein Steinchen wegzuwerfen.*«

Eine bedeutende Persönlichkeit war Theodor von Pherme, der an verschiedenen Orten lebte, ehe er sich nach der Heimsuchung der Sketis durch Nomaden im Jahre 407 in Pherme niederließ. Von ihm wird berichtet, dass er über 70 Jahre das Mönchsgewand trug und dass er immer wieder von Mitbrüdern um Rat angegangen wurde. Bei dem in collatio 6 des Johannes Cassian genannten Abbas Theodor dürfte es sich um Theodor von Pherme gehandelt haben, den er als einen Mann mit großer Lebens- und Glaubenserfahrung bezeichnet. Cassian gibt an, dass er die Unterredung mit Theodor in den Kellia führte. Bei Abba Isaak der collationes 9 und 10 handelte es sich wahrscheinlich um einen ehemaligen Schüler des greisen Theodor, der kurz nach 400, also nach den anthropomorphistischen Auseinandersetzungen und nach dem Weggang des

Johannes Cassian aus Ägypten, Priester und Vorsteher der Kellia wurde. Zusammenfassend kann man festhalten, dass die in den überlieferten Quellen evozierte Abgeschiedenheit der Mönche in der Wüste wohl hauptsächlich als literarischer und spiritueller Topos aufzufassen ist. Nur wenige Mönche haben als einsame Anachoreten in der Wüste gehaust, die meisten lebten in Mönchssiedlungen wie Nitria, Kellia oder Sketis und waren Teil einer größeren Gemeinschaft, die von einem Priester geleitet wurde. Charakteristisch für diese verbreitete Form des ägyptischen Mönchtums in der Spätantike war ein ausgewogenes Verhältnis zwischen Abgeschiedenheit unter der Woche im eigenen Kellion und den Zusammenkünften und Feiern am Samstag und am Sonntag in der gemeinschaftlichen Kirche als dem spirituellen und ökonomischen Zentrum der Siedlung.

GABRIELE ZIEGLER

Die Collationes des Johannes Cassian[1]

Über Jahrhunderte hinweg entfaltete sich die Wirkungsgeschichte Cassians verborgen wie die Quellen des Nil. Von Cassiodor (gestorben ca. 580) an empfehlen große Ordensgründer Cassian zur Lektüre der Mönche, so auch Benedikt (Kapitel 42 und 73 seiner Regel). Cassian selbst will nichts Neues, sondern treu die »Lehre der Väter« weitergeben (inst.12,13–19). Im 20. und 21. Jahrhundert greifen Autoren Teilaspekte der Spiritualität heraus. Der Name Cassians wird jedoch oft verschwiegen, stattdessen werden die Collationes Patrum genannt. Cassians Spiritualität wurde prägend für das westliche geistliche Leben. In unseren – vermeintlich modernen – Fragen nach einem authentischen inneren Weg gelangen wir zu Einsichten, die Cassian formuliert hat.

Christusnachfolge mitten in Konflikten

Cassian bewegte sich zwischen Ost und West, Ost-Rom/Konstantinopel und West-Rom, Ägypten und Marseille, zwischen innerkirchlichen und politischen Wirren. Zwar wird angenommen, Cassian stammte von der rumänischen Schwarzmeerküste, doch spricht einiges für die Region Marseille als sein Herkunftsgebiet.[2] In Bethlehem und bei den Mönchen Ägyptens lernt Cassian klösterliches Gemeinschaftsleben und die Eremiten kennen. In Rom setzt er sich für seinen verehrten Lehrer Johannes Chrysostomus ein. Dieser war am kaiserlichen Hof in Ungnade gefallen, weil er die Prunksucht der Kaiserin kritisierte. Vor Papst Innozenz I. verteidigt Cassian seinen Lehrer. Auch innerkirchlich gab es Streit um Johannes Chrysostomus, da dieser angeblich zu sehr mit den Lehren des Origenes (gestorben ca. 254) sympathisierte. Origenes kämpfte für die Unvergleichbarkeit Gottes gegen allzu menschliche Vorstellungen von Gott. Er war Meister der geistigen Auslegung der Schrift. In menschenähnlichen Gottesbildern sah er eher die Vorstellung der Sterblichen denn eine Annäherung an Gott. Collatio 10 bezeugt diese Auseinandersetzung, die als »Anthropomorphitenstreit« in die Geschichte einging. Cassian verließ Ägypten. Chrysostomus weihte Cassian zum Diakon und vielleicht auch zum Priester. Cassian schreibt über seinen Lehrer: »Von Bischof Johannes in den heiligen Dienst aufgenommen, bin ich mit dem Herzen (*affectu*) dort [in Konstantinopel] ...« Von größter Bedeutung war für Cassian das Erleben der ägyptischen Wüste, der Anachoreten und erfahrenen Väter, aber auch der Konflikte, die sich im gemeinsamen Leben der Mönche einstellten. Die Zeiten in der ägyptischen Wüste waren nicht nur beschaulich: Flüchtige Soldaten, Steuereintreiber, entlaufene Bischöfe oder ehemalige Gladiatoren strandeten dort. Nicht immer war der Beweggrund, das raue Leben in Ägypten auf sich zu nehmen, religiöser Art. Es gab Streit. Wenn Cassian in Anlehnung an Mt 11,12 davon spricht, dass einige »den Zwang zur Umkehr an sich rissen«, hat er genau die Mönche im Blick, denen Sketis, Nitria und Kellia die einzig mögliche Alternative ihrer Existenz boten. Auch in Rom oder Konstantinopel hatte Cassian kein sanftes Christentum erlebt. Für Johannes Chrysostomus endete der Konflikt mit dem Kaiserhaus in Konstantinopel tödlich. Er starb im Jahre 407 auf dem Weg in die Verbannung. Von Rom sollte Cassian noch hören, wieder in stürmischen Zeiten. An der Person des Nestorius, Mönch in der Gegend von Antiochien und von Kaiser Theodosius II. im Jahr 428 zum Bischof von Konstantinopel gemacht, entzündete sich erneut Streit über die Christologie.[3]

Erfahrung und sprachliche Meisterschaft

Cassians Erfahrungen mündeten in die Gründung eines Männer- und Frauenklosters an St. Victor Marseille um das Jahr 415/416[4]. Andere, die von der erstaunlichen Entwicklung des Mönchtums in Ägypten gehört hatten, wollten aus den Erfahrungen Cassians lernen. So bitten Bischof Castor von Apt, Bischof Leontius und Helladius um Informationen über Organisation und Spiritualität des klösterlichen Lebens. Im Prolog der

Collationes erwähnt Cassian die Genannten ausdrücklich. Zwischen 419 und 429 entstehen die beiden großen Werke Cassians, die seine Stimme über die Jahrhunderte hinweg hörbar sein lassen: »De Institutis Coenobiorum« und »Collationes Patrum«. Cassian galt als verlässlicher Gewährsmann[5], der authentisch über die ägyptischen Mönche berichten kann.

»Wenn du vollkommen sein willst, verkaufe deinen Besitz und folge mir nach.« (Mt 19,21) Dieses Jesuswort riss Antonios und die, die sich ihm anschlossen, heraus aus ihrem bisherigen Leben. Sie wollten radikal dem armen Christus nachfolgen. Wobei sie schnell merkten, was wir heute so formulieren würden: Sich selbst nimmt man überallhin mit. Besitz aufzugeben war noch die leichteste Übung. Der eigentliche Kampf war zu führen mit den ungeordneten Neigungen, den Lastern, den Leidenschaften, der Gedankenmühle im Kopf, der Gier nach immer mehr. Im Werk »De Institutis Coenobiorum«, »Anordnungen oder Richtlinien für Klöster«, gibt Cassian Weisung für die äußere Organisation und das gemeinschaftliche Leben der Mönche. In den »Collationes Patrum«, den »Worten der Väter« oder »Gesprächen mit den Vätern« schreibt Cassian eine Mischung aus dem damals üblichen Stil des gelehrten Zeitvertreibs und konkreten Weisungen für das geistliche Leben. In langen Reden antworten Erfahrene auf die Fragen der Unerfahrenen. Cassian schreibt für Südgallien. In den Gesprächen und Beispielen ist ein vollständiger spiritueller Lehrplan enthalten. In die Gespräche, die er im Rückblick und als fiktive Dialoge niederschrieb, streut Cassian griechische Sprichwörter und literarische Zitate ein. Er schreibt Latein, aber er denkt und fühlt griechisch.[6] Wir dürfen uns Cassian als einen universal gebildeten Mann seiner Zeit vorstellen. Schon in coll. 1 greift er Cicero auf. Er kennt Vitruv und das Standardwerk des Physiologus ebenso wie die Theologen und berühmten Mönche seiner Zeit. Er beherrscht die Stillehre der Rhetorik.

Collationes Patrum

Die »Unterredungen mit den Vätern« folgen der antiken Vorlage eines Gesprächs zwischen Lehrer und Schüler. Der Schüler fragt oder gibt seine Unkenntnis zu, der Lehrer antwortet. Die Rolle der Schüler übernehmen Cassian und sein Gefährte Germanus. Im Schüler soll sich der Leser, genauer gesagt der Hörer, wiederfinden. Lesen heißt: Hören. Da nicht jeder lesen konnte, geschweige denn ein Buch besaß, kam man zusammen, um einem Lehrer zu lauschen, der aus einem Werk zitierte, seine Erfahrungen und Erkenntnisse weitergab. Cassian gliedert sein Werk in vierundzwanzig Gespräche. Damit lenkt er die Aufmerksamkeit auf die vierundzwanzig Ältesten der Offenbarung des Johannes (Offb 4,4). Letztlich kommen jedoch nur fünfzehn Väter zu Wort, da einigen Vätern zwei oder drei Collationes gewidmet sind. Die Collationes sind Schriftauslegung, basierend auf dem Grundwort Mt 19,21. Wie zu seiner Zeit üblich, zitiert Cassian die Schrift mannigfach und in Anspielungen. Bereits ein Schlagwort genügte und der Leser oder Hörer wusste, was gemeint war. Ausdrücklich erläutert Cassian, dass ein Schriftwort mehrere Bedeutungsebenen haben kann. So zum Beispiel, wenn er über die unterschiedliche Bedeutung des Begriffes »Fleisch« in biblischer Redeweise spricht (coll. 4,10). Selbstverständlich ist er mit der Lehre vom mehrfachen Schriftsinn vertraut. Er will jedoch keine abstrakten Definitionen geben, sondern konkrete Anweisung zum Kampf gegen die von der Gier verursachten Laster. Immer wieder wird von Antonios erzählt. Mit coll. 10 stellt sich Cassian selbst in die Traditionskette Antonios-Isaak-Cassian. Mehrfach zeigt Cassian, dass die »Torheit« des Evangeliums der Weisheit der Philosophen überlegen ist. (Vgl. coll. 5,21; 8,18) In der an Paulus angelehnten Rede vom geistlichen Kampf betont Cassian unermüdlich: Der Mensch selbst baut in seinem Herzen den Feind seines Lebens und die Dämonen[7] auf: Egoistische Gedanken und Ziele; Hass, Wut, Zorn und Neid; die Gier nach Macht, Geld, Lust. Damit zerstört der Mensch sich selbst und andere. Bei der Abwehr von Kriegsfeinden entscheidet militärische Überlegenheit. Auf dem Kampfplatz des Herzens gilt das Paradox: Niemals frontal aus eigener Kraft gegen ein Laster angehen. Vielmehr den Willen einüben, »Nein« zu sagen. Um dieses Paradox erfüllen zu können, braucht der Mensch einen geistlichen Begleiter, vor allem jedoch die Hilfe Gottes. Vorbild der Sanftmut wie des Widerstandes gegen die Dämonen ist Christus. Den Blick fest auf Christus gerichtet, kann der Mensch der Gier und Zerstörung widerstehen. Christus ist Anführer und Vorbild im geistlichen Kampf. »Compassio«, die Fähigkeit, fremdes Leiden mitempfinden zu können, kennzeichnet den erfahrenen und begnadeten geistlichen Vater (vgl. coll. 2,13).

Wegen dieses nach innen gewandten Ansatzes und der Aufforderung, den Willen zum Guten einzusetzen, kam in der südgallischen Umgebung Cassians Argwohn auf: Leugnete der Abt nicht, dass es allein Gottes Gnade zuzuschreiben ist, wenn der Mensch nicht sündigt? Sagt nicht sogar der Apostel Paulus: »Das Gute, das ich will, tue ich nicht, aber das Böse, das ich nicht tun will, tue ich«. (Röm 7)? Eine generelle Verurteilung Cassians kam jedoch nicht zustande. Schon Papst Leo nennt ihn »heilig«.[8]

Vergleicht man die Aussagen Cassians zur Gnade (vgl. coll. 3) mit denen des Augustinus, erscheint der Verdacht gegen Cassian eher angefacht durch andere Irrlehren des 4. und 5. Jahrhunderts. Nach Cassian erweist sich Schuld »fruchtbarer« für das Heil als die Unschuld – die sowieso kein Mensch vorweisen kann. Das Heil wird dem Menschen nicht gegen seinen Willen aufgedrängt, sondern er entscheidet sich willentlich dazu. In seinen Berichten aus Ägypten, in Parabeln bis hin zu legendenhaft Skurrilem will Cassian dies illustrieren. Auch hält er nichts von plötzlichen erhabenen Leistungen oder Visionen, wenn sie zur Missachtung der Brüder führen. Mancher, der Mönch wurde und auf Besitz und Karriere verzichtete, hing dann an Kleinigkeiten wie einer Strohmatte oder einer Nadel (coll.1,6; 4,21). Es gilt also, das rechte Maß zu finden. Dabei helfen kann nur ein erfahrener geistlicher Begleiter. Es ist auf jeden Fall gottgefälliger, Liebe zu üben als die eigene Vollkommenheit verbissen zu verfolgen.

Theoria und Praktikos[9]

Schon in den ersten Zeilen von coll. 1 stellt Cassian die beiden Aspekte dieser Spiritualität vor: Unter Führung des Evangeliums und der Beispiele der Väter zielgerichtet den geistlichen Kampf aufnehmen. Das lateinische Wort »collatio« bedeutet »zusammentragen, vergleichen«. Man könnte »collationes« übersetzen mit: »Konferenzen der Väter«, »Zusammenkünfte mit den Vätern«. »(Alt-)Vater, Pater, Abbas« ist Ehrentitel für einen im geistlichen Kampf und Leben bewährten Mönch.[10] In coll. 1 schildert Cassian dann ausführlich, wie er und sein Freund Germanus, den er schon lange kennt, in der ägyptischen Wüste den Abbas Moyses um Unterweisung bitten. Der Altvater prüft die Ernsthaftigkeit dieses Anliegens und will nicht in Verdacht geraten, mit seinen Worten glänzen zu wollen. Weil die beiden jedoch nicht aufhören zu bitten, gibt er ihnen schließlich Auskunft über das Ziel des Mönchslebens. Natürlich ist das nicht mit wenigen Sätzen getan. Mit Beispielen aus der Umwelt, mit Bildern und in der Auslegung der Schrift erklärt er den staunenden Fragestellern den Weg zur Ruhe des Herzens und zur Schau Gottes.

Lat. »collatio« ist die Übersetzung des griechischen Wortes »symbolon«. Cassian selbst weist darauf in inc. 6,3 hin. Ein »Symbolon« ist ein Glaubensbekenntnis. Für die Beurteilung der Collationes ergibt sich daraus ein nicht zu verachtender neuer Aspekt: Auch wenn der Titel »Collationes« so harmlos klingt, Cassian will mit diesem Werk mehr als nur Mönchsgeschichten erzählen. Darauf deuten schon die langen theologischen Passagen hin. Cassians Werk will auch Bekenntnis sein zu Christus, der sanftmütig und demütig als Mensch dem Menschen die Möglichkeit der Nachfolge eröffnet hat.

Abbildung 4

Wandmalerei in einem Kellion (QIz 90; siehe Abb. 11): Lebensbaum, Kreuz, Gebetsnische mit floralen Motiven.
Paradies (vgl. coll. 8,3), neue Schöpfung und Parusiekreuz (siehe Abb. 14) bilden die Hauptmotive der Wandmalereien. Sie wollen dem Betrachter ein »Bild der künftigen Seligkeit« (coll. 10,7) vor Augen stellen.

Georges Descœudres (Mission suisse d'archéologie copte)

Abbildung 5

Blick über Kellia der Sketis, die dunkleren Erhebungen verbergen Reste zerstörter Einsiedeleien; vgl. coll. 6,1.

Georges Descœudres (Mission suisse d'archéologie copte)

Abbildung 6

Blick in ein ausgegrabenes Kellion aus der Zeit um 400.

Georges Descœudres (Mission suisse d'archéologie copte)

Abbildung 7

Brunnen eines Kellions (QIz 90); solche Brunnen waren bis zu 10 m tief; vgl. coll. 2,5; 3,1.

Georges Descœudres (Mission suisse d'archéologie copte)

Abbildung 8

Münzen aus den Ausgrabungen der Kellia; siehe Anhang, Stichwort > Münze.

Georges Descœudres (Mission suisse d'archéologie copte)

Abbildung 9

Amphore als Münzversteck; vgl. coll. 1,22; 2,2; 5,8; 9,5.

Georges Descœudres (Mission suisse d'archéologie copte)

Abbildung 10

Wandmalerei: Kämpfer für Christus, Athleta Christi.
Im geistlichen Kampf und in der geistlichen Waffenrüstung soll der Sieg über die Laster errungen werden; siehe coll. 1; coll. 5; Stichwort > Kampf

Georges Descœudres (Mission suisse d'archéologie copte)

Abbildung 11

Vestibül eines Kellions (QIz 90) ohne separates Oratorium. Deutlich erkennbar ist die Gebetsnische. Sie versinnbildlicht das Zeltheiligtum des Volkes Israel in der Wüste Sinai, in dem die Bundeslade aufbewahrt wurde (Ex 25) und wird deshalb als »Skene« (»Zelt«) und Tabernaculum (LXX)

Georges Descœudres (Mission suisse d'archéologie copte)

bezeichnet. Sie ist das »Allerheiligste«, von dem her der Beter den »Segen des Herrn« empfängt, und gleicht dem brennenden Dornbusch des Mose (Ex 3,2). Der Mönch stand beim Gebet auf einer Bodenplatte vor der Skene. Cassian beschreibt Gebetshaltungen in coll. 7,27; 9,34; 10,10.

Abbildung 12

Asmodäus, der Dämon des Zorns. Die zerstörte Figur stellte den König Salomo dar. (Tob 3,8; Testamentum Salomonis)

Georges Descœudres (Mission suisse d'archéologie copte)

Abbildung 13

Christus-Medallion, Qusur er-Roubâ'îyât, zweite Hälfte des 7. Jahrhunderts. Dargestellt ist Christus, der vom Himmel als »Anführer im Kampf« (coll. 7,20) die Heiligen führt und der sie nach diesem Leben zu sich in die Herrlichkeit holen wird. Christusdarstellungen wie diese sind in den Kellia äußerst selten.

Georges Descœudres (Mission suisse d'archéologie copte)

Abbildung 14

Wandmalerei: Parusiekreuz, Kreuz, das der (zweiten) Ankunft des Herrn vorangehen wird, darunter Darstellungen von Rebhühnern. In der Betrachtung dieses Kreuzes wird der Mönch ausgerichtet auf das himmlische Jerusalem (Offb 21,2f.16–27). Er betritt diese himmlische Stadt »schon jetzt« in der Reinheit des Herzens (siehe Mt 5,8).
In den vier Winkeln der Kreuzesbalken steht (abgekürzt): »IC XC NIKA« – »Jesus Christus siegt [über den Tod]«. Das Rebhuhn versinnbildlicht den Menschen, der lernt, sich von der Diskretio leiten zu lassen.

Archiv der Mission suisse d'archéologie copte der Universität Genf

Abbildung 15

Eremitage (QIz), Anfang 7. Jahrhundert, Westwand:
Parusiekreuz als Flechtbandkreuz zwischen Pferd mit Reiter, Lebensbaum (Paradies) und Einhorn. Dargestellt ist der geistliche Kampf und sein Ziel: Der himmlische Siegespreis. Ross (vgl. coll. 3,15) und Einhorn (grch. Monokeros) versinnbildlichen den Kampf gegen die Feinde (Laster, Dämonen).

Georges Descœudres (Mission suisse d'archéologie copte)

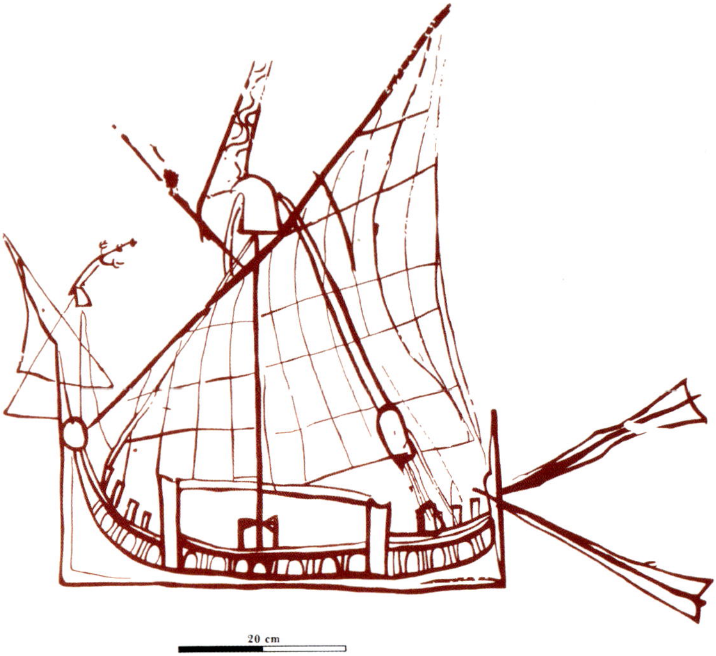
20 cm

Abbildung 16

Nachzeichnung einer Wandmalerei: Schiff; vgl. coll. 1,2; siehe auch Stichwort > Kahn.

Georges Descœudres (Mission suisse d'archéologie copte)

Abbildung 17

Nachzeichnung einer Wandmalerei: Drachentöter; Er ist Sinnbild des Kampfes gegen die »alte Schlange« (Offb 12,9); siehe auch Stichworte > Drache > Schlange.

Georges Descœudres (Mission suisse d'archéologie copte)

Weshalb eine Neuübersetzung der Collationes?

Das Werk Cassians und vor allem die Collationes wurden seit seiner Zeit von Autoren eher fragmentarisch zitiert. Die letzte deutsche Gesamtübersetzung stammt aus dem Jahr 1879 (BKV)[11]. So erscheint es an der Zeit, eine zusammenhängende ganze Übersetzung der Collationes zu erstellen.

Die vorliegende Übersetzung will eine Leseausgabe sein. Sie will ermöglichen, der Weisung des heiligen Benedikt zu folgen, Cassian zusammenhängend zu lesen. Sie weiß sich der geerdeten und konkreten Sprache Cassians verpflichtet. Die archäologischen Ausgrabungen der Kellia und die dem Band beigegebenen Abbildungen belegen, wie nah Cassian der Realität war. Die Collationes spiegeln die Spiritualität der Mönche Ägyptens in ihrer Herbheit und Subtilität. Vor allem jedoch in ihrer Ausrichtung auf das Geheimnis des Glaubens, auf die Osterbotschaft im Ruf: »Jesus Christus siegt über den Tod.«

Gewiss bleiben Fragen nach Quellen oder konkreten Bezügen mancher Aussagen offen. Doch auch dazu möchte diese Übersetzung beitragen: Fragen zu stellen an den Text – und an unsere Praxis der Spiritualität. Neu die Quellen zu entdecken. Einen geistlichen Lehrer wieder zu entdecken. Ein Gespür zu bekommen für die Gleichnishaftigkeit der Welt, wie Cassian sie aufnahm und die Alanus ab Insulis später folgendermaßen beschreiben wird: »Omnis mundi creatura tamquam liber et pictura nobis est et speculum.« – »Jedes Geschöpf dieser Welt ist uns als ein Bild und ein Spiegel vor Augen gestellt.«

Hinweise zur Lektüre

Die Übersetzung will einen Lesetext präsentieren, der Lesen und Hören ermöglicht. Jeder Collatio ist ein charakteristisches Zitat vorangestellt. Zitate aus dem Griechischen werden in Umschrift wiedergegeben.

Das Register bietet ein Verzeichnis der Namen, Orte, Abkürzungen, charakteristischer Begriffe der Collationes sowie ein Verzeichnis der

Schriftstellen. Im fortlaufenden Übersetzungstext wird bei Psalmzitationen sowohl die Nummer der altkirchlichen Psalmzählung wie der neuzeitlichen Zählung (EÜ) angegeben.

Der Leser ist gefordert, die Worte Cassians im Sinn J. A. Bengels zu lesen (Handausgabe des NT 1734): »Te totum applica ad textum et rem totam applica ad te.« Frei übersetzt: »Lasse dich ganz auf den Text ein und stelle immer einen Bezug zu deiner Situation her.«

Dank der Übersetzerin

Mein Dank gilt allen, die mich zu dieser Arbeit ermutigt haben, mich unterstützten und die Herausgabe ermöglichten:

Erzabt Theodor Hogg OSB und *Br. Jakobus Kaffanke OSB*, Erzabtei Beuron, die mich auf die Notwendigkeit einer Cassian-Übersetzung hinwiesen und mir Möglichkeiten gaben, Erträge der Übersetzung vorzustellen.

Abt Michael Reepen OSB, Münsterschwarzach, und den Brüdern der Abtei, die das Wagnis auf sich nahmen, das Cassian-Projekt hier anzusiedeln.

P. Dr. Fidelis Ruppert OSB, dem vormaligen Abt von Münsterschwarzach, dem keine Übersetzungsfrage zu schwierig war.

Kardinal Erzbischof Christoph Schönborn OP, der mir den Weg in die Spiritualität der Vätertheologie eröffnete.

Abt Nikolaus Egender OSB, Chevetogne, vormals Hagia Maria Sion Jerusalem, der mich als Studentin mit den orientalischen Vätern vertraut machte.

P. Alfons Tony OSA, dem Provinzial der Augustiner, Würzburg, und *Prof. P. Dr. Cornelius Mayer OSA* sowie den Mitarbeitern des Zentrums für Augustinusforschung Würzburg, an die ich mich mit allen Fragen zu Quellentexten und Stellennachweisen wenden konnte.

P. Dr. Willibald Kuhnigk OSB, Priorat St. Ansgar Nütschau, für die Gespräche über alte Sprachen und angemessene Übersetzung.

Prof. Dr. Hermann Josef Vogt für die Doktorandenkolloquia an der Universität Tübingen, in denen er uns lehrte, einen Text möglichst genau zu übersetzen.

Avraham Frank, Jerusalem, der mich mit Freundschaft, Dialog und unvergleichlicher Quellenkenntnis beschenkte.

Iros und *Dany Rabinowitz*, Tel Aviv, für die unvergessenen Exkursionen im Sinai und in Ägypten.

Prof. Dr. Georges Descœudres, Zürich, der die Übersetzung in den konkreten Fragen zu Archäologie und Ausstattung der Kellia unermüdlich und großzügig begleitete.

Guntram Förster, Würzburg, und *Thomas Jung*, Schwarzach, für ihre wertvolle Hilfe zur Online-Präsentation, Lemmata- und Registererstellung.

Franz Grundler, Nabburg, und *Doris Harms*, Hamburg, für die alltägliche Entlastung und Ermutigung.

Br. Linus Eibicht OSB, dem Leiter des Vier-Türme-Verlags, und seinem Team, für die Bereitschaft, diese Edition zu wagen;

Dr. Matthias E. Gahr, für die stets sorgfältige, kompetente und unkomplizierte Zusammenarbeit.

Michaela Krug, *Valentin Schreiber*, *Martina Nöth*, *Elisabeth Sebald*, *Simone Hell* und *Hilde Wilbs*, denen keine Frage lästig und keine Arbeit zu viel war.

Den im Vorspann dieses Buches genannten Abteien, welche die Drucklegung der ersten und der zweiten Auflage dieses Buches finanziell unterstützen, danken wir für ihr großherziges Engagement.

Mit der Neuauflage danke ich allen, die in Beiträgen zu den Cassian-Symposien, in Gesprächen, in Rückfragen und Hinweisen zur Väterliteratur mitgeholfen haben, Johannes Cassian als bedeutenden Lehrer des geistlichen Lebens wiederzuentdecken. Mein besonderer Dank gilt Metropolit Hilarion Alfejev, der mir durch die Einladung zur Internationalen Cassian-Konferenz Moskau 2015 die Möglichkeit gab, das reiche Vätererbe der Orthodoxie kennenzulernen.

Mein Dank enthält auch die Hoffnung, dass in Theologie, Spiritualität und Psychologie, in Kunstgeschichte und Philologie die Werke des Johannes Cassian samt den Ergebnissen der Ausgrabungen der längst völlig vernichteten Mönchssiedlungen der Kellia, Sketis und Thebais noch tiefer erschlossen werden.

Ein Gedicht von Hegumen Dionisij Shlenov, entstanden 2015 in der Moskauer Geistlichen Akademie Sergijew Possad (Сергиев Посад), bringt diesen Wunsch zum Ausdruck:

Zwischen Westen und Osten
läuft ein schmaler Pfad zu den Himmeln.
Auf ihm geht in der Tiefe
ob im Schlaf, ob im Wachen

der Mensch. Er weiß nicht die Fristen,
aber er strebt zu bewältigen den Weg.
Was ist der Sinn überirdischer Lektionen?
Atempausen gibt es nicht, kein bisschen!

Der heilige und himmlische Mensch –
er geht, ob unwissend oder wissend.
Er bewältigt den Weg, wenn er in der Seele auch eng ist,
und er findet im Inneren ein reines Licht!

Johannes Cassian auf seitlichem Pfad?
Nein, in der Tiefe theologischer Wasser!
Seine Stimme versinkt nicht im Wasser.
Sie brachte zu uns das Firmament.

Wie ein Regenschauer ist seine Lehre,
wie in einer Hand die Flut zu sammeln.
Durch heilige Lesung, Einhauchung des Geistes,
unmerkliche Gnade.

Der sich in der Tiefe der Nacht verbarg,
schrieb auf der Papiere Festung
die Stimmen der Wüstenväter,
damit nicht verglühe ihre Sommersglut.

Die Jahrhunderte vergingen, und nun
versammelt sich die gelehrte Versammlung,
um in die Festung der Worte einzudringen,
so als ob Cassian alle erwartet.

Ein wenig öffneten sich die Worte des Heiligen,
und alles, was er sagen wollte
den Freunden der Weisheit, nicht allzu streng,
ihnen verzeihend die Flüchtigkeit der Worte.

Als Cassian der Mönche
Leben beschrieb, gebot er auch uns,
die unnötigen Ängste zu meiden
und im Herzen einen Tempel zu errichten.

Übersetzt von Julian Glienke OSB, ergänzt von Gabriele Ziegler

JOHANNES CASSIAN

Unterredungen mit den Vätern

(Teil 1)

Prolog

Das Versprechen, welches ich dem hochverehrten Bischof Castor im Vorwort zu den Bänden, welche die Grundlagen klösterlichen Lebens[1] und die Heilmittel für die acht Hauptlaster der Menschheit mit Gottes Hilfe in zwölf Büchern behandeln, gegeben habe, ist nun – soweit mein schlichtes Talent dies zuließ – jedenfalls eingelöst.

Gerne wüsste ich, wie euer Urteil darüber, sowohl das seine wie das eurige, wohl ausfiel, ob wir in diesen gleichermaßen tiefgründigen wie erhabenen Dingen, die – soviel ich weiß – noch nie zuvor jemandem in die Feder geflossen sind, etwas vorgetragen haben, was eurer kenntnisreichen Erfahrung und dem Wunsch aller heiligen Brüder gerecht wird.

Jetzt aber, nachdem der genannte Bischof Castor uns verlassen hat und zu Christus gegangen ist, glaubte ich, diese mittlerweile zehn Unterredungen der berühmtesten Väter, das heißt der Anachoreten, die in der Wüste Sketis lebten, am ehesten euch, hochverehrter Bischof Leontius und heiliger Bruder Helladius, widmen zu sollen.

Bischof Castor nämlich, glühend im unvergleichlichen Eifer nach Heiligkeit, hatte verlangt, dass ich ihm diese Unterredungen in möglichst originalem Wortlaut niederschreibe, in der Größe seiner Liebe nicht bedenkend, welch schwere Last er auf schwache Schultern lud.

Jedenfalls fordert der eine von euch, der dem Genannten durch die Bruderliebe, die Würde des Priesteramtes und, was mehr als dies ist, durch die Glut eines heiligen Eifers verbunden war, zu Recht als Erbschaft das Guthaben des Bruders.

Der andere hat es unternommen, die erhabenen Einrichtungen der Anachoreten nicht wie andere Leute überheblich und nach eigenem

Gutdünken anzustreben, sondern indem er unter Führung des heiligen Geistes den rechtmäßigen Pfad der Lehre beschritt, noch bevor er [darin] unterrichtet worden war, und erwählte, lieber durch die Überlieferungen der Anachoreten als durch seine eigenen Erfindungen unterwiesen zu werden.

So liegt nun vor mir, der ich im Hafen des Schweigens vor Anker liege, ein unermesslich weites Meer: Ich soll es wagen, etwas über die Grundsätze und die Lehre so großer Männer schriftlich festzuhalten. Doch muss der zerbrechliche Nachen des Geistes hierbei in dem Maß sozusagen in den Gefahren einer gefahrvollen Fahrt über abgründige Tiefen hin und her geworfen werden, wie die Anachorese in der Tat höher zu schätzen ist als das Koinobion, und die Gottesschau, nach der jene unvergleichlichen Männer sich allezeit ausstrecken, erhabener als ein tätiges Leben, das in den Gemeinschaften geübt wird.

Es ist daher an euch, unser Unterfangen mit frommen Gebeten zu unterstützen, damit nicht dieses Ehrfurcht gebietende Thema, das, wenn auch mit ungelenken, dennoch mit wahrheitsliebenden Worten vorgebracht werden will, durch uns Schaden nimmt oder womöglich unsere Unbeholfenheit an den Abgründen dieser Aufgabe scheitert.

Lasst uns deshalb von den äußeren und sichtbaren Verhaltensweisen der Mönche, die wir in den vorhergehenden Büchern geschildert haben, zu der unsichtbaren Verfassung des inneren Menschen übergehen.

Von der Methode der kanonischen Gebete soll die Darstellung aufsteigen zu jener vom Apostel verlangten Beständigkeit im ununterbrochenen Gebet, damit, wer durch die Lektüre des vorigen Werkes schon den Namen jenes Jakob[2] durch die Unterwerfung der fleischlichen Laster in geistiger Beziehung verdient hat, nun auch erfährt, was er auf diesem Gipfel der Vollkommenheit zu beachten hat, indem er weniger die meinen als die Grundsätze der Väter aufnimmt, im Übergang zum Verdienst und sozusagen der Würde Israels und schon im Blick[3] auf die göttliche Reinheit.

Mögen also eure Gebete von dem, der uns für würdig hielt, jene Männer zu sehen, ihre Schüler und in ihrer Nähe zu sein, erreichen, dass er uns die volle Erinnerung an ihre Überlieferungen und eingängige Worte [zur Wiedergabe] der Unterredungen schenkt, damit wir sie so heilig und vollständig, wie wir sie von jenen empfangen haben, wiedergeben und euch jene Männer in ihren Weisungen sozusagen leibhaftig und sogar in lateinischer Sprache disputierend vorstellen können.

Dazu jedoch will ich vor allem den Leser sowohl dieser Unterredungen als auch der früheren Bände ermahnt wissen, dass er, wenn er vielleicht etwas in diesen [Unterredungen] unter dem Blickwinkel seines Standes und seiner Zielsetzung oder für die allgemein übliche Praxis [geistlichen Lebens] als unmöglich oder als zu hart ansieht, dies doch nicht nach seiner begrenzten Fähigkeit, sondern nach der Würde und Vollkommenheit der Sprechenden beurteilen soll, deren Streben und Vorhaben er zuerst bedenken möge.

Sie sind dadurch wahrhaft diesem weltlichen Wandel gestorben und durch keine Bindungen an leibliche Verwandte, durch keine Verpflichtungen zu weltlichen Handlungen gefesselt. Außerdem möge der Leser auch die Beschaffenheit der Gegenden, in denen sie sich aufhalten, betrachten: In der ödesten Einsamkeit leben sie, fernab von jeder Begegnung mit Menschen. Dadurch im Besitz erleuchteter Sinne betrachten und reden sie, was den Unerfahrenen und nicht Eingeweihten entsprechend ihren Voraussetzungen und der Mittelmäßigkeit ihres Lebenswandels vielleicht unmöglich scheinen wird.

Wenn jemand jedoch hierüber zu einer richtigen Beurteilung kommen und erfahren möchte, ob sich derlei verwirklichen lässt – er beeile sich, zuerst mit gleichem Eifer und gleicher Lebensweise ihre Sache zu der seinen zu machen. Dann erst wird er verstehen: Was menschliche Kräfte zu übersteigen schien, ist nicht nur möglich, sondern sogar sehr süß.

Nun aber wollen wir unverzüglich zu den Unterredungen mit den Vätern und ihren Weisungen übergehen.

Ohne Weg mühen sich alle,
die sich anstrengen,
um den Weg,
nicht um den Erfolg.

Collatio 1

Abbas Moyses spricht über Sinn und Ziel des Lebens als Mönch

1 Als ich in der Wüste Sketis, wo die bewährtesten Mönchsväter[1] und jegliche Vollkommenheit zu finden waren, den Abbas Moyses, der unter jenen auserwählten Blüten lieblicher nicht nur in der Tugend der Praxis des asketischen Lebens[2], sondern auch in der Tugend des kontemplativen Lebens[3] duftete, aufgesucht hatte, weil ich begehrte, durch seine Unterweisung erbaut zu werden, begleitete mich der heiligmäßige Abbas Germanus. Mit Germanus verband mich von demselben geistlichen Re krutendienst und den ersten Anfängen im geistlichen Kampf her eine ungeteilte Gefährtenschaft im Koinobion wie in der Wüste schließlich so, dass alle, um die Gleichheit unserer Freundschaft und unseres Vorsatzes zu erklären, von einem Geist und einer Seele in zwei Körpern sprachen. Wir erflehten also beide von diesem Vater ein Wort der Erbauung. Wohl kannten wir die Entschiedenheit seines Geistes, die ganz offenkundig war: Niemals war er bereit, das Tor zur Vollkommenheit denen zu öffnen, die sich nicht aufrichtig danach sehnten und sie nicht mit aller Zerknirschung des Herzens suchten. Er wollte ja auf keinen Fall, wenn er die notwendigen Grundlagen[4] und [die Dinge], die nur denen zu wissen zustehen, welche die Vollkommenheit begehren, ohne Unterschied auch denen, welche die

Vollkommenheit nicht wollen oder [nur] ängstlich danach dürsten, erklärte, in den Verdacht des Lasters der Hybris oder des Vergehens eines Verrates geraten – wenn er [diese Dinge] also Unwürdigen eröffnete oder Leuten, die sie nur widerwillig aufnehmen. Endlich, von unseren Bitten ermüdet, begann er folgendermaßen [zu sprechen] und sagte:

2 Alle Künste und Wissenschaften haben ein bestimmtes erstes[5], vorläufiges Ziel und ein letztes[6] höchstes Ziel. Dies berücksichtigend erträgt ein jeder, der sich ernsthaft um ein Können bemüht, gleichgültig, welche Fertigkeit[7] er beherrschen will, alle Mühen und Gefahren und jeden Schaden mit Gleichmut und gern. Denn auch der Landwirt lässt sich weder durch die sengenden Strahlen der Sonne noch durch Frost und Eis davon abbringen, den Erdboden unermüdlich mit Furchen zu durchziehen und die unförmigen Ackerschollen immer wieder unter die Pflugschar zu zwingen, wobei er zunächst als Ziel verfolgt, den Ackerboden, nachdem er ihn von allen Dornen gereinigt und von jeglichem Unkraut befreit hat, mit diesem Werkzeug zu feinem Sand zu zerkleinern. Dabei vertraut er darauf, dass er das letztendliche Ziel, das heißt die Ernte einer Menge von Früchten und den Überfluss an Getreide nicht anders erreichen kann, damit er nachher gleichermaßen ein Leben ohne Sorgen führen wie sein Vermögen vergrößern kann. Auch nimmt er gerne von den Erträgen, mit denen er die Scheune gefüllt hat, und vertraut sie den aufgelockerten Furchen in unermüdlicher Arbeit an, wobei er der augenblicklichen Minderung des Vorrats im Blick auf die zukünftigen Erntemöglichkeiten keine Beachtung schenkt.

Ebenso fürchten jene, die gewohnt sind, Handel zu treiben, nicht das ungewisse Schicksal einer Meerfahrt. Sie scheuen keine Gefahr, da sie von Hoffnung beflügelt zum letztendlichen Ziel des Erwerbs getrieben werden. Nicht zu vergessen jene, welche angefeuert werden vom Ehrgeiz nach weltlichem Kriegsdienst: Da sie als höchstes Ziel Ehre und Macht ansehen, schenken sie dem unsicheren Ausgang und den Gefahren der Märsche keine Beachtung und werden durch die augenblickliche Mühsal und die Kämpfe nicht gebrochen, da sie sich als Ziel gesetzt haben, die hohe Stellung, die sie begehren, auch zu erreichen.

Auch unsere Berufung hat also ihr eigenes erstes und ihr letztes höchstes Ziel, um dessentwillen wir alle Mühen nicht nur ohne zu ermüden, sondern gerne auf uns nehmen, um dessentwillen uns der Hunger beim Fasten nicht ermüdet, die Mattigkeit während der Nachtwachen erfreut, wir der Lesung und Betrachtung der heiligen Schriften nicht überdrüssig werden, uns auch die unaufhörliche Anstrengung und die Armut, die Beraubung allen Besitzes, ja auch die Angst vor dieser ödesten Einsamkeit nicht schreckt. Um dessentwillen habt auch ihr, ohne jeden Zweifel, die Liebe zu den Eltern mit dem Fuß weggestoßen, die Heimaterde und auch die Vergnügungen der Welt im Durchziehen so vieler Gegenden[8] verachtet, damit ihr zu uns Bauern und Dummköpfen[9], die wir noch dazu in diesem Schmutz der Wüste leben, hindurchgelangen könnt. Also antwortet mir, sagte er, was euer erstes und euer höchstes Ziel ist, das euch herausfordert, dies alles ganz freiwillig auf euch zu nehmen.

3 Als er darauf bestand, uns unsere Meinung zu dieser Frage zu entlocken, antworteten wir, dass dies alles um des Himmelreichs willen ertragen wird.

4 Darauf antwortete er: Gut, ihr habt zutreffend vom letzten Ziel gesprochen. Zunächst jedoch müsst ihr wissen, was unser erstes Ziel zu sein hat, das heißt unsere Bestimmung [und der Sinn unseres Lebens als Mönch]; wenn wir uns diesem Ziel unbeirrbar verschreiben, können wir das letzte und höchste Ziel erreichen[10]. Als wir jedoch in Einfalt unser Nichtwissen eingestanden hatten, fügte er hinzu: Wie ich sagte: Jeder Kunst und Wissenschaft liegt ein bestimmtes erstes Ziel voraus, das heißt eine Übereignung der Seele oder eine unablässige Spannkraft[11] des Geistes. Wenn einer ihr sich nicht mit allem Eifer und aller Ausdauer verpflichtet, wird er nicht zum letzten Ziel, zum ersehnten Ertrag, hindurchgelangen können. Denn wie ich schon sagte: Der Bauer, der als letztes Ziel hat, sicher und mit genügend Vorrat leben zu können, verfolgt beim Heranziehen der Saaten zunächst das Ziel und die Absicht, sein Feld von allen Dornen zu reinigen und es von sämtlichen Saaten, die keine Frucht bringen, zu befreien; und nicht anders glaubt er als letztes Ziel den Wohlstand in aller Ruhe erreichen zu können, als dass er das, was er zu seinem

Niesbrauch ernten will, vorher sozusagen in der Vorstellung seines Tuns und Hoffens schon besitzt. Auch ein Geschäftsmann legt seinen Wunsch nach der Beschaffung von Waren nicht ab, womit er Reichtum mit mehr Gewinn sammeln kann. Hätte er nicht den Weg gewählt, auf dem er danach strebte, würde er vergeblich auf Gewinn warten. Auch die mit ganz bestimmten Auszeichnungen dieser Welt geehrt werden wollen, verschaffen sich vorher einen Überblick, welcher Laufbahn oder Rangordnung sie sich einfügen müssen, damit sie über den angemessenen Pfad der Hoffnung das letztendliche Ziel der ersehnten Stellung erreichen können. So ist auch gewiss letztes Ziel unseres Weges das Reich Gottes. Was aber das zunächst zu erstrebende Ziel ist, gilt es sorgfältig zu untersuchen. Wenn dieses vorläufige Ziel uns nicht ebenso bekannt ist, werden wir in vergeblicher Anstrengung ermüden; denn ohne Weg mühen sich diejenigen, die sich anstrengen, um den Weg, nicht um den Erfolg.

Als wir vor Staunen mit offenem Mund dasaßen, fügte der Greis hinzu: Höchstes Ziel unserer Berufung ist zwar, wie wir sagten, das Reich Gottes oder das Reich der Himmel[12]; unser erstes Streben jedoch gilt der Reinheit des Herzens (Mt 5,8), ohne die es unmöglich ist, zu irgendeinem frommen Ziel hindurchzugelangen. Indem wir also die Blicke unserer Zielausrichtung auf diese Zielsetzung heften, lasst uns den ganz geraden Weg wie die sichere Ziellinie laufen, und wenn uns auch nur etwas von diesem Vorsatz abbringt, dann lasst uns, indem wir von der Abweichung zum [konzentrierten] Schauen auf unser Ziel zurückkehren, unsere Zielsetzung wieder völlig gerade ausrichten an der sicheren Richtschnur, die immer, all unsere Versuche zurückrufend zu diesem einen, sofort ein Zeichen deutlich aufstellt, wenn unser Geist von der vorgenommenen Richtung auch nur ein klein wenig abkommt.

5 Wie ja auch diejenigen, die es gewohnt sind, Kriegsgeschosse zu werfen, wenn sie vor einem Herrscher dieser Welt ihr Können in dieser Kunst zeigen wollen, versuchen, in bestimmte kleinste Schilde, auf denen die Preise aufgemalt sind, die Wurfgeschosse oder Pfeile hineinzubohren, in dem sicheren Wissen, dass sie nicht anders als auf geradem Weg zum Ziel des ersehnten Preises gelangen können, dessen sie sich letztendlich

[nur] bemächtigen, wenn sie das Durchhaltevermögen haben, am vorgenommenen ersten Ziel festzuhalten. Wenn einer zufällig vom Schauen darauf weggezogen wird oder die erfolglose Anstrengung der Unerfahrenen ziemlich weit vom rechten Pfad abkommt, fühlen sie [die Unerfahrenen] sich dennoch nicht von der Ausrichtung auf jene vorgegebene Spur abgewichen, weil sie kein sicheres Zeichen haben, das entweder die Richtigkeit der Abweichung bestätigt oder einen Fehlschlag missbilligt. Und deshalb können sie, wenn sie nutzlose und nichtige Würfe in die Luft vollführen, nicht beurteilen, worin sie Fehler machen oder wodurch sie getäuscht wurden, weil ihnen kein Zeichen zu verstehen gibt, wie weit sie von der geraden Ausrichtung abweichen. Auch kann untätiges Hinsehen nicht lehren, auf welche Weise sie schließlich die Wurflinie berichtigen oder zurücknehmen müssen.

Daraus folgt: Das höchste und letzte Ziel, das wir erstreben, ist das ewige Leben in Übereinstimmung mit dem Apostel, wenn er folgendermaßen verkündet: Die ihr jetzt als eure Frucht die Heiligung habt, als letztes Ziel aber das ewige Leben. (Röm 6,22) Erstes Ziel jedoch ist die Reinheit des Herzens, die er nicht umsonst Heiligung nennt, ohne die das vorgenannte letzte Ziel nicht ergriffen werden kann. Als hätte er mit anderen Worten gesagt: Euer erstes Ziel besteht gewiss in der Reinheit des Herzens, euer letztendliches Ziel aber ist das ewige Leben. Über diese Bestimmung lehrend hat derselbe Apostel von eben diesem ersten Ziel mit folgenden Worten gesprochen: »Vergessend, was vergangen ist, mich aber ausstreckend nach dem, was vor mir liegt, jage ich nach der [mir] bestimmten Belohnung der himmlischen Berufung durch den Herrn.« (Phil 3,13f) Im Griechischen wird dies deutlicher ausgedrückt: κατὰ σκοπὸν διώκω, [kata skopon dioko] ich verfolge entsprechend der Bestimmung, so als ob er gesagt hätte: Durch diese Bestimmung vergesse ich, was hinter mir liegt, das heißt die Laster des früheren Menschen. Ich kämpfe, um zum höchsten Ziel des himmlischen Kampfpreises hindurchzugelangen. Was uns also auf dieses erste Ziel, die Reinheit des Herzens, ausrichten kann, gilt es mit aller Kraft[13] zu verfolgen; was uns aber davon abhält, gilt es als verderblich und schädlich zu meiden. Dafür nämlich tun wir alles und ertragen wir alles, dafür werden Eltern, Heimat, Würden, Reichtum, die Verlockungen der Welt und jedes Vergnügen verachtet – damit nämlich die Reinheit des Herzens festgehalten wird. Deshalb werden durch diese vor Augen gestellte erste Zielsetzung unsere Taten und Gedanken immer auf das Genaueste darauf ausgerichtet, sie zu erhalten. Wenn sie uns nicht immerdar vor Augen steht, wird sie nicht nur, indem sie unsere Mühen zugleich eitel und ohne Bestand macht, erzwingen, dass unser Bemühen ins Leere geht und ohne jeden Erfolg verschwendet wird, sondern sie wird auch alle möglichen und einander entgegengesetzte Gedanken erregen. Notwendigerweise wird der Geist, wenn er nicht hat, wohin er zurückkehren soll oder welcher Ausrichtung er vorrangig anhangen soll, während einzelner Stunden oder Augenblicke, je nach Verschiedenheit der Angriffe, verändert und aus dem heraus, was äußerlich an ihn herankommt, beständig in jenen Zustand verwandelt, der ihm als Erster begegnet.

6 Daher kommt es nämlich, dass wir beobachten, wie so mancher Weltmensch, der die größten Mittel, viele Talente an Gold und Silber, wahrhaftig auch Großtuerei mit Besitztum verachtet, später dann [wenn er als Mönch lebt] wegen eines Messerchens, eines Griffels, einer Nadel oder eines Schreibrohres[14] zum Zorn gereizt wird. Würden solche Leute ihr Sinnen und Trachten lieber fest auf das reine Herz ausgerichtet halten, würden sie gewiss niemals für Kleinigkeiten tun, was sie nicht einmal für große und wertvolle Güter angreifen würden, und wollten sie lieber ganz und gar verachten und wegwerfen. Es gibt ja durchaus einige, die verwahren ein Buch mit so großem Eifer, dass sie es nicht im Geringsten zulassen, dass es von jemandem gelesen oder berührt wird; so laufen sie in Gelegenheiten für Ungeduld und Sterben hinein. Sie werden daher ermahnt, den Lohn der Geduld und der Liebe zu erwerben. Obwohl sie all ihren Reichtum um der Liebe zu Christus willen weggegeben haben, haben sie dennoch die frühere Regung des Herzens in den kleinsten Dingen beibehalten und zürnen ihretwegen manchmal wankelmütig wie solche, die nicht die Liebe der Apostel haben; so werden sie infolgedessen zu Unfruchtbaren und Erfolglosen. Dies im Geist vorhersehend sagt der selige Apostel: »Wenn ich all meinen Reichtum zur Speisung der Armen verteile und meinen Körper ausliefere, damit ich brenne, habe aber die Liebe nicht, bin ich nichts.« (1 Kor 13,3) Woraus zuverlässig bewiesen wird, dass Vollkommenheit nicht dauerhaft durch Entblößung und Selbstenteignung von allem Besitz oder die Verachtung[15] von Würden ergriffen wird, wenn nicht die Liebe jene sein wird, deren Merkmale der Apostel beschreibt, die allein in der Reinheit des Herzens besteht. Denn was bedeutet, nicht heuchlerisch, nicht aufgeblasen zu sein, nicht verkehrt zu handeln, nicht den eigenen Vorteil zu suchen, sich über Ungerechtigkeit nicht zu freuen, nicht Böses zu denken und so weiter (vgl. 1 Kor 13,4), anderes, als allezeit Gott ein vollkommenes und völlig reines Herz entgegenzuhalten und es unversehrt von allen Verwirrungen zu bewahren?

7 Alles also müssen wir um des reinen Herzens willen tun und erstreben. Wir wissen: Dafür ist der Einsamkeit nachzujagen, dafür müssen wir die Nachtwachen und Mühen, die Blöße des Körpers, das Studium der heiligen Schrift und die anderen Tugenden auf uns nehmen, damit wir – wohlgemerkt durch jene Tugenden – unser Herz gegen alle schädlichen Leidenschaften[16] rüsten, es unverletzt bewahren und zur Vollkommenheit der Liebe emporsteigen können, indem wir unseren Fuß auf diese Stufen aufsetzen, und nicht wegen dieser Pflichten, wenn wir vielleicht durch ehrenwerte und notwendige Beschäftigung die ehrwürdige Vorschrift unserer vorherigen Strenge nicht erfüllen können, in Traurigkeit, Zorn oder Akedia fallen wegen der Dinge, die zu bekämpfen sind, [und deretwegen] wir tun wollten, was unterlassen worden war.

Der Gewinn des Fastens ist nämlich nicht so groß wie Abstand zu nehmen vom Zorn, und bei der Lesung wird keineswegs so große Frucht geerntet, wie Schaden genommen wird durch die Verachtung des Bruders. Das aber, was zu befolgen ist, Fasten, Nachtwachen, Einsiedlerleben, Nachsinnen über die Schrift, ist uns aufgetragen wegen des zunächst zu erstrebenden Zieles, das ist die Reinheit des Herzens. (Vgl. Mt 5,8) Es bedeutet, die Liebe zu üben und nicht wegen der asketischen Übungen diese vorrangig zu erstrebende Tugend zu vertreiben. Wenn sie in uns unversehrt und unverletzt anhält, wird kein Schaden entstehen, wenn irgendetwas von den Dingen, die zu befolgen sind, aus Notwendigkeit unterlassen wurde. Auch wird es gewiss nicht nützen, alles getan zu haben, wenn dieses eine Fundament, das wir genannt haben, fehlt. Alles ist zu tun, indem dieses Fundament [die Liebe nämlich] beibehalten wird. Dies gilt auch, wenn sich einer anschickt, die Werkzeuge irgendeiner Kunstfertigkeit für sich zu richten und vorzubereiten, nicht damit er sie müßig besitzt und nicht damit die Frucht jenes Nutzens, der von ihnen erhofft wird, im bloßen Besitz der Werkzeuge besteht, sondern damit er durch ihren Dienst das Können und das letzte Ziel jener Fertigkeit, zu deren Unterstützung sie da sind, erfolgreich in Angriff nehmen kann. Deshalb sind Fasten, Wachen, Nachsinnen über die heilige Schrift, Entblößung und Selbstenteignung von allem Besitz nicht die Vollkommenheit, sondern Werkzeuge zur Vollkommenheit; denn nicht mit ihnen wird schon das letzte und höchste Ziel verwirklicht, sondern mittels jener [Werkzeuge] gelangt man hindurch zum höchsten Ziel. Erfolglos freilich wird diese Übungen bewerkstelligen, wer allzeit auf sie als höchstes Gut ausgerichtet ist und die Aufmerksamkeit seines Herzens ununterbrochen darauf heftet, allen Eifer in der Tugend jedoch nicht an dem zu erstrebenden letzten Ziel ausrichtet, um dessentwillen diese Dinge zu erstreben sind. Er kennt dann zwar die Werkzeuge dieser Kunst, das Ziel aber, das alleine [die ersehnte] Frucht bringt, kennt er nicht. Was immer also die Reinheit und Ruhe unseres Geistes stören kann, wie nützlich und notwendig es auch scheinen mag: es ist als schädlich zu meiden. Durch diesen Maßstab können wir sowohl den Zerstreuungen durch Irrtümer und alle möglichen Abschweifungen entrinnen, als auch zum ersehnten letzten Ziel auf der sicheren Ziellinie gelangen.

8 Dies also muss unser vorrangiges Streben sein, dies die unerschütterliche Zielausrichtung unseres Herzens, die immerfort neu vorgenommen werden muss, damit unser Geist den göttlichen Dingen und Gott unablässig anhangen kann. Was davon abweicht, sei es noch so bedeutend, ist dennoch als zweitrangig oder untergeordnet oder sogar als schädlich zu beurteilen. Ein Modell[17] für diese Einstellung und das entsprechende Verhalten wird auch im Evangelium durch Martha und Maria auf das Schönste vorgeführt: Obgleich sich nämlich Martha durchaus einem heiligen Dienst hingab – sie diente ja dem Herrn selbst und seinen Jüngern – und Maria ganz ausgerichtet auf die geistliche Lehre zu Jesu Füßen saß, die sie küsste und mit dem Balsam eines guten Bekenntnisses[18] salbte, wurde sie dennoch vom Herrn bevorzugt, weil sie den besseren Teil erwählte und den, der ihr nicht weggenommen werden konnte. Denn als Martha sich abmühte mit heiliger Unruhe und Geschäftigkeit, sah sie, dass sie dieser großen Aufgabe nicht gerecht werden konnte, und forderte deshalb vom Herrn die Unterstützung durch die Schwester mit den Worten: »Kümmert es dich nicht, dass meine Schwester mich alleine dienen lässt? Sag' ihr doch, dass sie mir helfen soll!« Sie forderte sie nicht zu einer unsinnigen Arbeit, sondern zu einem lobenswerten Dienst auf. Und trotzdem, was bekommt sie vom Herrn zu hören? »Martha, Martha, du bist beschäftigt und umgetrieben von vielem. Weniges aber, vielmehr eines nur ist notwendig. Maria hat den guten Teil erwählt, der ihr nicht genommen werden soll.« (Lk 10,40–42) Ihr seht also, dass der Herr als das vorrangige Gut die Theoria allein, das heißt das Schauen auf Gott bestimmt hat. Deshalb entscheiden wir, dass die übrigen Tugenden, wenn wir sie auch als notwendig, nützlich und gut ansehen, als zweitrangig einzuschätzen sind, weil sie zum Erreichen dieses Einen vollbracht werden. Wenn nämlich der Herr sagte: »Du bist beschäftigt und umgetrieben von vielem, aber weniges, vielmehr nur eines ist notwendig«, bestimmte er als das höchste Gut nicht das tätige Handeln[19], sei es auch noch so lobenswert und überreich an vielen Früchten, sondern allein das Schauen auf ihn, das wahrhaft einfach und ungeteilt ist, indem er verkündet, dass weniges nur nötig ist zur vollkommenen Seligkeit, das ist jene Theoria[20], die früher in der Schau weniger Heiliger bewahrt wurde.

Von diesem Schauen sich aufschwingend wird derjenige, der noch unterwegs ist zu jenem, welches das Eine genannt wird, nämlich der Blick auf Gott allein, mit Gottes Hilfe hindurchgelangen[21], sodass er schließlich, wenn er über die Taten und herrlichen Dienste der Heiligen hinausgeschritten ist, einzig an der Schönheit Gottes und seiner Erkenntnis

Genüge findet. Maria hat also »den guten Teil erwählt, der ihr nicht weggenommen werden soll«. Doch auch dies ist sorgfältig zu beachten: Wenn der Herr nämlich sagt: »Maria hat den guten Teil erwählt«, sagt er nichts über Martha und scheint sie keineswegs zu tadeln. Aber indem er jene lobt, zeigt er doch auf, dass diese geringer ist.

Umgekehrt jedoch, wenn er sagt, »der ihr nicht weggenommen werden soll«, macht er deutlich, dass sie von diesem ihrem Teil abgebracht werden könnte – ein körperliches Tun kann schließlich nicht endlos bei dem Menschen verbleiben –, aber er lehrt, dass andererseits ihr Streben von keiner Zeit beendet werden kann.

9 Nachdem wir uns von der Erschütterung über diese Worte erholt hatten, sagten wir: Was also? Die Mühe beim Fasten, die Ausdauer beim Studium der heiligen Schrift, die Werke der Barmherzigkeit, der Gerechtigkeit, Frömmigkeit und Menschenliebe sollen uns weggenommen werden und werden nicht mit ihren Urhebern weiterleben, obwohl doch der Herr selbst diesen Werken das Himmelreich als Lohn verspricht, wenn er sagt: »Kommt, ihr Gesegneten meines Vaters, nehmt das Reich in Besitz, das euch seit der Gründung der Welt bereitet wurde; denn ich war hungrig, und ihr habt mir zu essen gegeben; ich war durstig, und ihr habt mir zu trinken gegeben«, und so weiter? (Mt 25,34f) Auf welche Weise soll also das weggenommen werden, was diejenigen, die es tun, in das Reich der Himmel führt?

10 Moyses: Ich habe keineswegs gesagt, dass die Belohnung für ein gutes Werk weggenommen werden soll. Derselbe Herr sagt ja schließlich: »Wer einem von diesen Geringsten auch nur einen Becher kalten Wassers gibt, weil er ein Jünger ist, wahrlich, ich sage euch, er wird seinen Lohn nicht verlieren.« (Mt 10,42) Vielmehr behaupte ich, dass das Tun aufhören wird, welches notwendigerweise unser Körper oder das Drängen des Fleisches oder die Unbill dieser Welt[22] fordert, sich darum zu kümmern. Denn die Beständigkeit in der Lesung oder der Kampf während des Fastens werden nur in dieser Welt zur Reinigung des Herzens sinnvoll eingesetzt, solange »das Fleisch gegen den Geist aufbegehrt« (Gal 5,17). Wir sehen, dass diese Tätigkeiten in dieser Welt zuweilen auch von denen, die durch zu viel Arbeit oder körperliche Krankheit oder durch das Alter geschwächt sind, weggenommen werden und von Menschen nicht beständig ausgeübt werden können. Um wie viel mehr also werden sie im zukünftigen Leben aufhören, wenn »dieses vergängliche Leben das unvergängliche Leben anziehen wird und dieser Leib, der jetzt fleischlich ist, geistig auferstehen wird« (1 Kor 15,53.44) und das Fleisch anfangen wird, nicht mehr so beschaffen zu sein, dass es gegen den Geist aufbegehrt?[23] Dies verkündet offenbar auch der selige Apostel, wenn er sagt: »Die körperliche Übung ist nur eingeschränkt von Nutzen, die Frömmigkeit aber – unter welcher ohne Zweifel die Liebe verstanden wird – ist für alles von Nutzen, da sie die Verheißung hat auf das gegenwärtige und das zukünftige Leben.« (1 Tim 4,8) Die [Übung] aber, von der gesagt wird, dass sie nur eingeschränkt von Nutzen ist, von ihr wird offenbar verkündet, dass sie weder für alle Zeit ausgeführt werden kann, noch dem, der sich damit abmüht, durch sich alleine schon die Gesamtheit der Vollkommenheit einbringen kann. »Eingeschränkt« kann jedoch auf zweierlei bezogen werden, sowohl auf die Kürze der Zeit, dass nämlich dem Menschen die körperliche Übung im gegenwärtigen wie im zukünftigen Leben nicht gleichewig sein kann, oder doch wenigstens auf die Geringfügigkeit des Nutzens, der von der fleischlichen Übung erbracht wird, und zwar deshalb, weil die körperliche Kasteiung zwar gewisse Anfänge des Fortschritts hervorbringt, nicht aber die Vollkommenheit in der Liebe selbst, welche das Versprechen hat des gegenwärtigen und des zukünftigen Lebens. Deshalb sind wir der Überzeugung, dass die vorgenannten Werke notwendig sind, weil ohne sie nicht der steil nach oben führende Weg der Liebe beschritten werden kann.

Auch die Werke der Frömmigkeit und der Barmherzigkeit, die ihr nennt, sind notwendig in dieser Zeit, solange noch die ungerechte Verschiedenheit herrscht. Die Ausübung dieser Werke würde hier nicht einmal erwartet werden, wenn nicht der Anteil der Hilflosen, Bedürftigen und Kranken über die Maßen groß wäre, der durch die Ungerechtigkeit der Menschen verursacht wurde, und zwar derjenigen, die das, was vom gemeinsamen Schöpfer allen zugestanden wurde, als schlechthin nur ihren Besitz beschlagnahmt haben und es nicht einmal einsetzen, um es [sinnvoll] zu gebrauchen. Solange also in dieser Welt sich die Ungerechtigkeit breitmacht, wird dieses Tun notwendig und nützlich für denjenigen sein, der es übt, da es ja der guten Absicht und dem frommen Wollen die Zuteilung des ewigen Erbes in Aussicht stellt; das Tun selbst wird aber in der zukünftigen Welt, wenn Gleichheit herrschen wird, aufhören, weil dann keine Ungerechtigkeit mehr sein wird, derentwegen diese Dinge geübt werden müssten; vielmehr werden alle von dieser vielfachen, das heißt in dieser Welt handelnden Tätigkeit zur Liebe zu Gott und zur Schau (contemplationem) der göttlichen Wirklichkeit durch die andauernde Reinheit des Herzens übergehen. Dieser Schau sich mit all ihrem Streben und nach Kräften zu übereignen[24], haben diejenigen erwählt, deren Sorge es ist, sich entweder der geistlichen Wissenschaft oder der Reinigung des Geistes hinzugeben, obwohl sie noch in dieser Welt sind. Jenem Dienst haben sie sich verschrieben, obwohl sie noch im »verderblichen Fleisch« (Gal 6,8; vgl. 1 Kor 15,44.53) leben müssen. Nach Ablegen der Verderbtheit werden sie ohne Unterlass bei diesem Dienst bleiben, wenn sie hindurchgelangen zu jenem Versprechen des Herrn und Retters, in dem es heißt: »Selig sind, die ein reines Herz haben, denn sie werden Gott schauen.« (Mt 5,8)

11 Was wundert ihr euch, dass jene oben dargestellten Dienste aufhören werden, wenn der heilige Apostel sogar höhere Gaben des heiligen Geistes als vorübergehende bezeichnet, allein aber von der Liebe feststellt, dass sie ohne Ende bleiben wird, wenn er sagt: »Weissagungen – sie werden entkräftet werden; Sprachen – sie werden aufhören; Wissen – es wird zunichtewerden.« Von der Liebe aber sagt er: »Die Liebe wird niemals aufhören.« (1 Kor 13,8) Alle Gaben nämlich werden nach Bedarf und Notwendigkeit für eine bestimmte Zeit zugeteilt. Wenn die bestimmte Zeitspanne vorüber ist, werden sie ohne Zweifel vergehen; die Liebe aber wird zu keiner Zeit weggenommen werden. Denn sie wirkt nicht nur in dieser gegenwärtigen Welt vorteilhaft für uns, sondern sie wird auch in der zukünftigen Welt, wenn das Joch des Körpers, der seine Rechte einfordert, abgelegt worden ist, um vieles wirksamer und herrlicher fortdauern, durch keinerlei Mangel beschädigt, sondern in ewiger Unzerstörbarkeit wird sie Gott glühender und aufmerksamer anhangen (vgl. Ps 72,28).

12 Germanus: »Wer aber kann, noch mit dem vergänglichen Fleisch umkleidet, diesem Schauen immerdar so hingegeben sein, dass er nie an die Ankunft des Bruders denkt, an einen Krankenbesuch, an die Arbeit mit den Händen oder doch wenigstens die Menschenliebe, die man Pilgern oder Ankömmlingen erweisen soll? Schließlich, wer wird nicht abgelenkt durch die Sorge und die Bemühungen gerade um den eigenen Körper? Wir möchten auch belehrt werden, wie oder in wem der Geist jenem unsichtbaren und unbegreiflichen Gott anhangen kann.

13 Moyses: Es ist, wie ihr sagt. Gott beständig anzuhangen und dem Schauen [auf Gott] unabtrennbar verbunden zu werden, ist für den Menschen unmöglich, solange er mit dieser Gebrechlichkeit des Fleisches umgeben ist. Wir sollen aber wissen, worauf wir die Spannkraft unseres Geistes ohne nachzulassen ausgerichtet halten sollen und auf welches erste Ziel wir den Blick unserer Seele immer zurückrufen sollen. Wenn der Geist dies festhalten kann, soll er sich freuen, und wenn er davon weggezogen wurde, soll er Schmerz empfinden und seufzen und soll bemerken, dass er so oft vom höchsten Gut abgeglitten ist, wie er vom Blick darauf abgekommen ist, wobei er schon das geringste Abweichen vom beständigen Blick auf Christus als Untreue gegenüber Christus[25] beurteilen soll. Wenn unser Blick von ihm auch nur ein klein wenig abgewichen ist, dann lasst uns die Augen unseres Herzens wieder zu ihm zurückrufen, indem wir sozusagen die Pupille unseres geistigen Auges[26] wieder auf die Zielgerade einstellen. Voraussetzung für dies alles ist die Zurückgezogenheit der Seele: Wenn der Diabolus aus ihr vertrieben wurde und die Laster in keiner Weise mehr in ihr herrschen, wird folgerichtig das Reich Gottes in uns begründet, wie der Evangelist sagt: »Das Reich Gottes wird nicht so kommen, dass man es beobachten kann; man wird nicht sagen: Siehe, hier ist es. Oder: Dort ist es. Wahrlich, wahrlich, ich sage euch: Das Reich Gottes ist in[27] euch.« (Lk 17,20f)

In uns aber kann nur entweder die Kenntnis oder die Unkenntnis der Wahrheit oder unsere Neigung entweder zu Lastern oder Tugenden sein, wodurch wir entweder dem Diabolus oder Christus ein Reich in unserem Herzen bereiten. Die Beschaffenheit dieses Reiches beschreibt der Apostel mit diesen Worten: »Das Reich Gottes ist nicht Essen und Trinken, sondern Gerechtigkeit, Frieden und Freude im Heiligen Geist.« (Röm 14,17) Folglich: Wenn das Reich Gottes in uns ist, und wenn eben dieses Reich Gottes Gerechtigkeit, Friede und Freude ist, dann ist der, der sich darin aufhält, ohne Zweifel im Reich Gottes. Und im Gegenteil: Jene, die bei Ungerechtigkeit, Zwietracht und Traurigkeit, die den Tod bewirkt, blieben, sind im Reich des Diabolus, in der Unterwelt und im Tod untergebracht. Mit diesen Zeichen nämlich werden das Reich Gottes und das Reich des Diabolus unterschieden. Es ist doch wirklich so: Wenn wir mit dem der Erde abgewandten Blick des Geistes jenen Zustand betrachten, in dem sich die himmlischen und überirdischen Kräfte befinden, die wahrhaft im Reich Gottes sind – welch anderen Zustand als ewige und beständige Freude könnten wir für sie vermuten? Was nämlich ist für die wahre Seligkeit so kennzeichnend und ihr so entsprechend wie beständige Ruhe und ewige Freude?

Doch damit du umso sicherer unterrichtet wirst, dass das soeben Gesagte nicht aufgrund meiner Vermutung, sondern aufgrund der Autorität des Herrn selbst so ist: Höre ihn, wie er die Beschaffenheit und den Zustand jener Welt äußerst deutlich beschreibt. Er sagt: »Siehe, ich schaffe neue Himmel und eine neue Erde. Das Frühere wird nicht mehr im Gedächtnis sein und nicht mehr das Herz erklimmen, sondern ihr werdet euch freuen und jubeln bis in Ewigkeit über das, was ich erschaffe.« Und an anderer Stelle: »Freude und Frohlocken wird man in ihr [der himmlischen Stadt] finden, Danksagung und Loblied. Neumond wird auf Neumond folgen, Sabbat auf Sabbat.« Und weiter: »Freude und Frohlocken werden sie beibehalten, Schmerz und Seufzen werden entfliehen.« (Jes 65,17f; 51,3; 66,23; 35,10) Wenn ihr aber noch deutlicher etwas über jenes Leben und die Stadt der Heiligen erkennen wollt, dann achtet auf die Worte, welche durch die Stimme des Herrn an Jerusalem selbst gerichtet werden. Er sagt: »Ich will als deine Aufsicht den Frieden einsetzen und als deine Vorgesetzten die Gerechtigkeit. Nicht länger mehr wird die Ungerechtigkeit in deinem Land gehört werden, nicht Verwüstung und Betrübnis in deinen Grenzen. Das Heil wird deine Mauern besetzen, Lobpreis deine Tore. Du wirst nicht länger die Sonne als Licht bei Tag brauchen, der Glanz des Mondes wird dich nicht mehr erleuchten, sondern Gott wird für dich das ewige Licht sein, dein Gott dein Ruhmesschein. Deine Sonne wird nicht mehr untergehen, dein Mond wird nicht abnehmen, sondern der Herr wird dein ewiges Licht sein, und die Tage deiner Trauer sind nun genug.« (Jes 60,17–20)

Deswegen bezeichnet auch der selige Apostel nicht schlechthin und allgemein jede Freude als Zeichen des Reiches Gottes, sondern deutlich und ausdrücklich nur jene, die im Heiligen Geist ist (vgl. Röm 14,17). Er weiß nämlich, dass es auch eine andere, tadelnswerte Freude gibt, von der es heißt: »Diese Welt da wird sich freuen.« (Joh 16,20) Und: »Wehe euch, die ihr lacht; denn ihr werdet klagen.« (Lk 6,25)

Das Reich der Himmel kann allerdings dreifach aufgefasst werden. Entweder, erstens, dass die Himmel, das heißt die Heiligen, herrschen werden über andere Untergebene entsprechend jener Schriftstelle: »Sei du [Herrscher] über fünf Städte und du über zehn.« (Lk 19,19.17) Und entsprechend jenem Wort, das zu den Jüngern gesagt wird: »Ihr werdet auf zwölf Thronen sitzen als Richter über die zwölf Stämme Israels.« (Mt 19,28) Oder, zweitens, kann es bedeuten, dass die Himmel selbst anfangen, von Christus regiert zu werden, wenn nämlich Gott anfangen wird, »alles in allem zu sein, nachdem alles ihm [Christus] unterworfen wurde.« (1 Kor 15,28) Oder drittens gewiss doch, dass die Heiligen mit dem Herrn in den Himmeln herrschen werden.

14 Deshalb soll jeder, dem noch aufgegeben ist, in diesem irdischen Leib zu leben, wissen, dass er demjenigen Herrschaftsbereich oder Dienstverhältnis wird zugerechnet werden, als dessen Teilhaber oder Diener er sich in diesem Leben gezeigt hat. Er soll auch nicht bezweifeln, dass er dann, in jener ewigen Zeit Gefährte dessen sein wird, dem er sich jetzt als Untergebener und Verbündeter anschließen wollte, entsprechend dem Wort des Herrn, der sagt: »Wenn jemand mir dient, folge er mir nach, und wo ich bin, da wird auch mein Diener sein.« (Joh 12,26) Denn wie das Reich des Diabolus durch die Nachsicht[28] gegenüber den Lastern des Diabolus übernommen wird, so wird das Reich Gottes durch Einüben der Tugenden, durch Reinheit des Herzens und geistliches Wissen, in Besitz genommen.

Wo aber das Reich Gottes ist, da ist ohne Zweifel auch das ewige Leben zu finden. Wo jedoch das Reich des Diabolus ist, da ist ohne Zweifel Tod und Unterwelt. Wer darin ist, kann Gott auch nicht loben, entsprechend dem Wort des Propheten[29], der sagt: »Die Toten werden dich nicht loben, Herr, noch all diejenigen, welche in die Unterwelt (ohne Zweifel: der Sünde) hinabsteigen.« »Aber wir«, sagt er, »die wir leben (nämlich nicht den Lastern und nicht der Welt, sondern Gott), wir wollen den Herrn preisen, von nun an bis in Ewigkeit. Denn keinen gibt es im Tod, der Gottes gedenkt. In der Unterwelt aber (der Sünde) – wer wird den Herrn da im Lob bekennen?« (Ps 113 = 115,17f; Ps 6,6) Das heißt also: Niemand [wird in der Unterwelt Gott loben]. Keiner nämlich bekennt den Herrn, wenn er sündigt, sollte er auch tausendmal bekennen, Christ oder Mönch zu sein. Keiner denkt an Gott, wenn er das zulässt, was der Herr verachtet, noch erweist er sich wahrhaftig als Diener desjenigen, dessen Gebote er mit eigensinnigem Leichtsinn verachtet. Der selige Apostel bezeugt, dass in diesem Tod sich jene Witwe befindet, die in Vergnügungen lebt, wenn er sagt: »Eine Witwe, die in Vergnügungen lebt, ist bei lebendigem Leib tot.« (1 Tim 5,6) Es gibt durchaus viele, die, obwohl sie noch in diesem Leib leben, schon tot sind und die Gott nicht loben können, weil sie schon in der Unterwelt liegen. Andererseits aber gibt es solche, die, obwohl sie dem Leib nach tot sind, Gott preisen und loben entsprechend jener Stelle: »Preist den Herrn, ihr Geister und ihr Seelen der Gerechten!« (Dan 3,86) und: »Jedes geistbegabte Wesen lobe den Herrn!« (Ps 150,6)

In der Offenbarung heißt es sogar, dass die Seelen der Getöteten Gott nicht nur loben, sondern sogar mit Bitten bedrängen (vgl. Offb 6,9f). Noch deutlicher wird der Herr im Evangelium, wenn er zu den Sadduzäern sagt: »Habt ihr nicht gelesen, was Gott euch in seinem Wort gesagt hat: ›Ich bin der Gott Abrahams, der Gott Isaaks und der Gott Jakobs?‹ Gott ist nicht ein Gott von Toten, sondern von Lebendigen.« (Mt 22,31f)

Denn alle leben ihm. Über sie sagt der Apostel: »Deshalb wird Gott nicht zuschanden, wenn er ihr Gott genannt wird; er hat ihnen nämlich eine Stadt bereitet.« (Hebr 11,16) Denn dass sie weder untätig sind nach der Trennung von diesem Leib, noch unfähig etwas zu empfinden, zeigt auch das Beispiel des Evangeliums, das von jenem armen Lazarus und dem in Purpur gekleideten Reichen erzählt wird (vgl. Lk 16,19ff). Der eine der beiden wird des seligsten Platzes, das heißt der Ruhe im Schoß Abrahams, für würdig erachtet, der andere wird in der Glut des ewigen Feuers verbrannt. Wenn wir jedoch auch jenes Wort beachten wollen, das zum Räuber gesagt wird: »Heute wirst du mit mir im Paradies sein.« (Lk 23,43) Was zeigt es offenbar anderes, als dass in den Seelen nicht nur die früheren Erkenntnisse fortdauern, sondern sie auch entsprechend der Beschaffenheit ihrer Verdienste und Taten durchaus dauerhaft Vergeltung erfahren? Der Herr hätte dies jenem doch auf keinen Fall versprochen, wenn er gewusst hätte, dass die Seele des Räubers nach der Trennung vom Fleisch entweder der Wahrnehmung beraubt oder in Nichts aufgelöst werden müsste; denn nicht das Fleisch des Räubers, sondern seine Seele sollte mit Christus in das Paradies gelangen.

Man muss sich hüten vor jener völlig abscheulichen Unterscheidung, welche die Irrlehrer vornehmen, ja man muss diese Unterscheidung mit größtem Entsetzen ablehnen. Diese [Irrlehrer] glauben nämlich nicht, dass Christus an demselben Tag, an dem er in die Unterwelt hinabstieg, auch im Paradies erfunden werden konnte, und trennen[30] folgendermaßen: »Wahrlich ich sage dir heute« – und nachdem sie hier die Trennung gesetzt haben, fahren sie fort: »Du wirst mit mir im Paradies sein.« So als ob dieses Versprechen nämlich nicht so zu verstehen sei, dass es sofort nach dem Auszug aus diesem Leben erfüllt wurde, sondern erst nach dem Eintritt in die Auferstehung erfüllt werden sollte. Dabei verstehen sie nicht jenes Wort, das der Herr vor dem Tag seiner Auferstehung zu den Juden sagte, die glaubten, dass er wie sie selbst von menschlichen Bedrängnissen und von der Schwachheit des Fleisches festgehalten werde: »Niemand steigt in den Himmel hinauf außer dem, der vom Himmel herabsteigt,[31] der Menschensohn, der im Himmel ist.« (Joh 3,13) Mit diesen

Worten wird klar bewiesen, dass die Seelen der Verstorbenen nicht nur ihrer Sinne nicht beraubt werden, sondern dass sie nicht einmal bestimmte Empfindungen wie Hoffnung und Traurigkeit, Freude und Schmerz entbehren, und dass sie schon anfangen, etwas von dem im Voraus zu kosten, was ihnen bei jener allgemeinen Prüfung zurückgelegt wird. Gewiss werden sie sich nicht – wie gewisse Ungläubige meinen – nach dem Weggang aus diesem irdischen Aufenthalt in nichts auflösen, vielmehr werden sie lebendiger dastehen und sich noch eifriger dem Lob Gottes hingeben. Und wahrhaftig – damit wir nun ein wenig die Natur der Seele selbst untersuchen, soweit die Mittelmäßigkeit unserer Fassungskraft [das erlaubt] und indem wir die Beweise der heiligen Schriften kurz beiseite lassen – ist es denn nicht, ich wage es kaum auszusprechen, schlimmer als die Dummheit jeder Posse, ja schlimmer als Wahnsinn, so leichtsinnig zu argwöhnen, dass jener wertvollere Teil des Menschen, in dem sich nach dem [Wort des] seligen Apostel sogar das »Bild und Gleichnis Gottes«[32] findet (Gen 1,26f), unempfindlich[33] wird, wenn abgelegt wurde das körperliche Joch, durch das es jetzt niedergehalten wird, da [dieser wertvollere Teil] alle Kraft der Vernunft in sich enthält und sogar die unempfängliche Materie des Fleisches durch die Teilhabe an ihm empfänglich werden lässt, da doch nur folgerichtig erscheint und dies sogar die Ordnung der Vernunft enthält, dass der Geist, wenn er jene Behäbigkeit des Fleisches, durch die er jetzt geschwächt wird, abgelegt hat, seine geistigen Kräfte zum Besseren herstellt und sie reiner und feiner zurückerhält, als dass er sie verliert. In so großem Maß anerkennt der selige Apostel diese unsere Worte als wahr, dass er sogar wünscht, von diesem Fleisch wegzugehen und nach der Trennung davon umso enger mit dem Herrn verbunden zu werden, wenn er sagt: »Ich habe Sehnsucht, aufgelöst zu werden, denn es ist viel besser. Solange wir nämlich im Körper sind, sind wir in der Fremde, weit entfernt vom Herrn.« (Phil 1,23) Und deshalb »haben wir den Mut und den guten Willen, lieber weit weg vom Körper, aber nah beim Herrn zu sein. Deshalb bemühen wir uns auch, sei es in der Ferne oder in der Nähe« (2 Kor 5,6), ihm zu gefallen. Der Apostel bezeichnet also den Aufenthalt der Seele in diesem Fleisch als ein Weit-entfernt-Sein vom Herrn und als eine Abwesenheit von Christus und vertraut mit aller Glaubenskraft, dass die Trennung der Seele von diesem Fleisch und ihr Weggang Nähe zu Christus bedeutet. Derselbe Apostel sagt außerdem noch einleuchtender über diesen höchst lebendigen Zustand der Seele: »Ihr seid hinzugetreten zum Berg Zion, zur Stadt des lebendigen Gottes, zum himmlischen Jerusalem und zur Schar vieler tausend Engel, zur Schar der Erstgeborenen, die in den Himmeln verzeichnet sind, zu den Geistern der vollendeten Gerechten.« (Hebr 12,22f) Von diesen Geistern sagt er an anderer Stelle: »Unsere leiblichen Väter waren unsere Erzieher und wir erwiesen ihnen Ehre. Werden wir uns nicht umso mehr dem Vater der Geister unterwerfen und leben?« (Hebr 12,9)

15 Die Gottesschau jedoch kann auf vielfältige Weise ihren Anfang nehmen. Gott wird ja nicht allein durch Bewunderung seines unbegreiflichen Wesens erkannt, das jetzt noch in der Hoffnung auf die [Erfüllung der] Verheißung verborgen ist, sondern schimmert auch durch in der Größe des von ihm Geschaffenen, im Betrachten seiner Gerechtigkeit oder in der Hilfe des täglichen Heilswirkens Gottes[34]. Wenn wir uns nämlich mit ganz lauterem Geist vorstellen, was er mit seinen Heiligen die einzelnen Generationen hindurch getan hat; wenn wir mit Herzklopfen bewundern seine Macht, mit der er alles lenkt, ordnet und regiert, sowie die unermessliche Größe seines Wissens und das Auge, dem sich die Geheimnisse des Herzens nicht verbergen können; wenn wir wie betäubt und staunend den Sand des Meeres und die Zahl der Wellen, die er gezählt hat und die ihm bekannt sind, betrachten, die Tropfen des Regens und die Stunden aller Zeiten, all das Gegenwärtige und Zukünftige, das seinem Wissen zur Verfügung steht; schließlich seine unaussprechliche Milde, mit der er die unzähligen Schandtaten, die in jedem Augenblick vor seinen Augen begangen werden, in nimmermüder Langmut erträgt; die Berufung, in der er uns ohne jegliche vorher geleistete Dienste durch die Gnade seines Erbarmens aufgenommen hat; letztendlich, wenn wir mit einem gewissen Außer-uns-Sein vor Bewunderung betrachten, wie viele Gelegenheiten des Heiles er denen zugeteilt hat, die er als Erben einsetzen wollte: Dass er verordnete, wir sollten so geboren werden, dass uns schon von der Wiege an die Gnade und die Kenntnis seines Gesetzes überliefert wurde, dass er, indem er das Widerstrebende in uns selbst besiegt, uns allein für die Zustimmung des guten Willens die ewige Seligkeit und immerwährenden Lohn schenkt; wenn er sich zuletzt der Annahme des menschlichen Fleisches um unseres Heiles willen unterzog und die Wunder seiner Geheimnisse unter den Völkern verbreitete.

Es gibt jedoch noch andere unzählige Betrachtungsweisen dieser Art, die je nach Beschaffenheit des Lebens und der Reinheit des Herzens in unseren Sinnen aufleuchten, durch die Gott mit reinem Blick geschaut oder begriffen wird. Diese [Betrachtungsweisen] wird sich in der Tat keiner auf Dauer erhalten, in dem noch ein Rest an fleischlichen Leidenschaften lebt; denn der Herr sagt: »Du wirst mein Angesicht nicht sehen können; denn kein Mensch wird mich sehen und leben« (Ex 33,20), nämlich [leben] für diese Welt und die irdischen Leidenschaften.

16 Germanus: Was bedeutet es demnach, dass sich auch gegen unseren Willen, ja sogar ohne unser Wissen überflüssige Gedanken bei uns so heimlich und verborgen einschleichen, dass es nicht nur ungeheuer schwierig ist, sie zu vertreiben, sondern auch sie überhaupt wahrzunehmen und zu fassen? Kann der Geist denn irgendwann von ihnen frei erfunden werden oder jemals nicht von derartigen Täuschungen angegriffen werden?

17 Moyses: Es ist zwar unmöglich, dass der Geist nicht von Gedanken gestört wird. Es ist jedoch jedem, der sich darum bemüht, möglich, sie anzunehmen oder sie zurückzuweisen. Wenn also ihr Entstehen nicht in jedem Fall von uns abhängt, so stehen doch Billigung und Wahl in unserer Macht. Trotz unserer Aussage, dass es für den Geist unmöglich ist, nicht von Gedanken angegangen zu werden, ist dies nicht gänzlich dem Angriff oder jenen Geistern zuzuschreiben, die bemüht sind, uns diese [Gedanken] einzuflößen. Denn andernfalls würde das Wahlvermögen des Menschen nicht frei bleiben, noch würde sich in uns das Streben nach unserer Besserung behaupten. Aber – ich betone – es liegt zu einem großen Teil an uns, ob die Beschaffenheit unserer Gedanken verbessert wird und in unserem Herzen entweder die heiligen und geistlichen [Gedanken] oder die irdischen und fleischlichen wachsen. Deshalb nämlich werden die häufige Lesung und das beständige Nachsinnen[35] über die heilige Schrift angewandt, damit uns von da ausgehend die Möglichkeit gegeben wird zu einem geistlichem Erinnerungsschatz; deshalb das häufige Psalmgebet, damit uns dadurch eine beständige Erschütterung begleitet; deshalb wird die Beflissenheit bei Nachtwachen, bei Fasten und Gebet aufgebracht, damit der mit Narben bedeckte Geist nicht Geschmack an Irdischem findet, sondern Himmlisches anschaut. Wenn hingegen diese Dinge durch eine langsam sich einschleichende Nachlässigkeit ausbleiben, muss der Geist, starrend vom Schmutz der Laster, sich notwendigerweise auf die fleischliche Seite neigen und zusammenbrechen.

18 Diese Veranlagung unseres Herzens wird nicht unpassend mit einem Mühlrad[36] verglichen, das die Strömung des Wassers mit nach vorne schießendem Druck vorwärtstreibt. Unmöglich kann das Mühlrad still stehen von der Arbeit, wenn es von dem Antrieb des Wassers, das es umtost, vorangetrieben wird. Es steht aber in der Macht des Müllers, ob Weizen oder Gerste oder Tollkraut[37] gemahlen wird. Ohne Zweifel soll nur diejenige Getreidesorte gemahlen werden, die von demjenigen eingeschüttet wurde, dem die Aufsicht über diese Arbeit anvertraut ist. Auch unser Geist wird also, durch den Ansturm des gegenwärtigen Lebens und die von überall her andrängenden Wogen der Versuchungen umgeben, nicht ohne die Unstetigkeit der Gedanken sein können; welche er aber wegschicken und welche er zulassen soll, wird die Beharrlichkeit seines Fleißes und seiner Sorgfalt erkennen. Wenn wir nämlich, wie wir sagten, immer wieder zum Nachsinnen über die heiligen Schriften zurückkehren und unser Gedächtnis zur Rückbesinnung auf geistliche Dinge erheben, zur Sehnsucht nach Vollkommenheit und die Hoffnung auf zukünftige Seligkeit, lassen notwendigerweise die hiervon entstandenen geistlichen Gedanken den Geist bei dem verweilen, worüber wir nachgesonnen haben.

Wenn wir jedoch, durch träges Herumsitzen oder Nachlässigkeit besiegt, von den Lastern und müßigen Schwätzereien in Beschlag genommen oder von weltlichen Sorgen und unnötiger Unruhe umgetrieben werden, wird sozusagen das Unkraut, das infolgedessen erzeugt wurde, ein für unser Herz schädliches Gewerbe betreiben, entsprechend dem Wort unseres Erlösers, das besagt, dass da, wo der Schatz unserer Mühen oder unseres beabsichtigten Ertrages ist, auch unser Herz notwendigerweise sein wird (vgl. Mt 6,21).

19 Vor allem allerdings müssen wir dies wissen: Es gibt drei Ursprünge unserer Gedanken: [Sie kommen:] Von Gott, vom Diabolus oder aus uns. Von Gott [stammen sie] dann, wenn er beschließt, uns mit der Erleuchtung durch den Heiligen Geist zu besuchen, und er uns dadurch auf dem Weg zur Vollkommenheit eine Stufe höher hinaufsteigen lässt; oder auch wenn er uns mit äußerst heilsamen Gewissensbissen bei bestimmten Dingen züchtigt, die wir entweder zu wenig erstrebt oder bei denen wir eine Niederlage erlitten haben, weil wir träge gehandelt haben; oder auch wenn er uns himmlische Geheimnisse aufschließt und unseren Vorsatz und unseren Willen auf bessere Taten ausrichtet, so wie damals, als König Artaxerxes (Est 6), vom Herrn gezüchtigt, angespornt wurde, die Jahrbücher zu durchforschen, durch die er, an die Verdienste des Mordechai erinnert, ihn auf den höchsten Ehrenrang erhob und sofort den grausamsten Befehl zum Mord am jüdischen Volk widerrief. Oder wenn sich der Prophet vergegenwärtigt: »Ich will hören, was Gott der Herr in mir redet.« (Ps 84 = 85,9) Ein anderer sagt wiederum: »Es sagte der Engel, der in mir redete.« (Sach 1,14) Oder wenn der Sohn Gottes verspricht, dass er in Einheit mit dem Vater kommen und Wohnung in uns nehmen wird (vgl. Joh 14,23). Oder wenn er sagt: »Nicht ihr seid diejenigen, die reden; sondern der Geist eures Vaters [ist es], der in euch redet.« (Mt 10,20) Und das Gefäß der Erwählung [der Apostel Paulus] sagt: »Ihr verlangt einen Beweis dessen, der in mir redet, Christus.« (2 Kor 13,3)

Vom Diabolus aber stammt die Kette an Gedanken, wenn er versucht, uns sowohl durch Gefallen an Lastern zu Fall zu bringen, als auch durch einen versteckten Hinterhalt, wobei er mit äußerst gerissener Schlauheit das Übel trügerisch als ein Gut[38] darstellt und sich für uns in einen Engel des Lichts verwandelt. So zum Beispiel, wenn der Evangelist berichtet: »Nach dem Mahl, als der Diabolus schon im Herzen des Judas Iskariot eingegeben hatte, den Herrn zu verraten.« Er sagt außerdem: »Nach dem Bissen fuhr der Satan in ihn.« (Joh 13,2.27) Auch sagt Petrus zu Hananias: »Weshalb hat Satan dein Herz verleitet, dass du den Heiligen Geist beleidigst?« (Apg 5,3) Im Evangelium lesen wir auch, was schon lange vorher durch den Prediger [Ecclesiastes] gesagt wurde: »Wenn der Geist eines Machthabers sich über dich aufschwingt, verlasse deinen Platz nicht.« (Eccl 10,4) Oder was zu Gott im dritten Buch der Könige gegen Ahab durch den Mund eines unreinen Geistes gesagt wird: »Ich werde hinausgehen und ein Lügengeist sein im Mund all seiner Propheten.« (3 Reg 22 = 1 Kön 22,22)

Aus uns aber stammen [die Gedanken], wenn wir in natürlicher Weise an das denken, was wir tun oder getan haben oder gehört haben. Davon sagt der selige David: »Ich denke an die früheren Tage und behalte die unvergänglichen Jahre in meinem Geist. Ich habe nachgesonnen, bei Nacht wurde ich beunruhigt in meinem Herzen und grübelte[39] in meinem Geist.« (Ps 76 = 77,6f) Auch heißt es: »Der Herr kennt die Gedanken der Menschen, die ja doch nichtig sind.« (Ps 93 = 94,11) Und: »Die Gedanken der Gerechten urteilen richtig.« (Prov 12,5) Auch sagt der Herr im Evangelium zu den Pharisäern: »Was denkt ihr Schlechtes in euren Herzen?« (Mt 9,4)

20 Diesen dreifachen Ursprung [der Gedanken] müssen wir also sorgfältig beobachten und alle Gedanken, die in unserem Herzen aufsteigen, mit scharfer Unterscheidung auseinanderhalten[40], indem wir ihren Ursprung, ihre Ursachen und Urheber von Anfang an aufspüren, um beurteilen zu können, wie wir uns ihnen gegenüber verhalten müssen, je nach der Bedeutung ihrer Einflüsterungen, damit wir so entsprechend dem Gebot des Herrn verlässliche Münzmeister[41] werden. Denn höchste Erfahrung und Fertigkeit erfordert es, will man prüfen, was reinstes Gold ist – man redet ja auch von ›feuervergoldet‹ – oder welches zu wenig durch die Reinigung im Feuer geläutert ist. [Es gehört auch zu dieser Erfahrung,] mithilfe einer sehr klugen Unterscheidung nicht getäuscht zu werden durch einen wertlosen Denar[42] aus Erz, wenn er mit der Farbe funkelnden Goldes eine wertvolle Münze vortäuscht, sowie nicht nur Münzen, denen das Bildnis der Herrscher aufgeprägt ist, weise zu erkennen, sondern auch jene, die zwar mit dem Bild des wahren Königs, aber nicht legitim hergestellt wurden, davon zu unterscheiden mit noch scharfsinnigerer Erfahrung. Schließlich [gehört dazu] auch, die Waage genau zu überprüfen, ob nicht bei solchen Münzen das gesetzlich vorgeschriebene Gewicht vermindert wurde.

Dass wir dies alles auch auf geistige Weise verstehen sollen, zeigt das Wort des Evangeliums mit dem genannten Gleichnis: Erstens [zeigt es uns], dass wir, was immer sich in unser Herz geschlichen haben mag, oder wenn uns etwas als Lehrsatz hineingeschickt wurde, auf das Sorgfältigste zu prüfen haben, ob es von jenem göttlichen und himmlischen Feuer des Heiligen Geistes gereinigt wurde oder zum Aberglauben[43] gehört oder von der Aufgeblasenheit weltlicher Philosophie stammt und Frömmigkeit nur oberflächlich vorweist. Wir können diese Aufgabe erfüllen, wenn wir entsprechend jenem Wort des Apostels handeln: »Glaubt nicht jedem Geist, sondern prüft die Geister, ob sie aus Gott sind.« (1 Joh 4,1) In dieser Hinsicht wurden auch jene getäuscht, die nach dem Mönchsgelübde durch den Glanz der Rede und gewisse Lehrsätze der Philosophen[44] angelockt wurden – Lehrsätze, die dem ersten Anschein nach die Hörer durch irgendeinen frommen und mit dem Glaubensbekenntnis gleichlautenden Inhalt wie mit Goldglanz täuschen, die einmal durch die Oberfläche Verführten jedoch wie durch falsche Münzen aus Erz getäuschte auf ewig arm und elend machen, indem sie dieselben entweder in den Lärm der Welt zurückrufen oder zu den Irrtümern und aufgeblasenen Überheblichkeiten der Irrlehrer wegschleppen. Wir lesen im Buch Josua (vgl. Jos 7), dass dies auch Acham erlebte, als er aus der Stadt der Feinde einen Goldbarren begehrte und stahl und deshalb mit dem Fluch belegt und zum ewigen Tod verurteilt wurde.

Zweitens geziemt es sich für uns, dass wir sorgfältig prüfen, ob nicht eine schändliche Auslegung, die dem reinsten Gold der heiligen Schriften angepasst wurde, uns im Wert des Metalles täuscht. Damit versuchte ja auch der ziemlich durchtriebene Diabolus den Herrn, unseren Erlöser, wie einen einfachen Menschen hineinzulegen, als er das, was allgemein im Bezug auf alle Gerechten zu verstehen ist, verdrehend in übelwollender Auslegung im Besonderen auf den anwenden wollte, der des Schutzes von Engeln nicht bedarf, indem er sagt: »Er hat seinen Engeln zu deinem Schutz befohlen, dass sie dich behüten auf all deinen Wegen; sie werden dich auf Händen tragen, damit dein Fuß nicht an einen Stein stößt.« (Mt 4,6) Indem er nämlich die kostbaren Worte der heiligen Schriften in schlauer Vereinnahmung verdreht und sie zum gegenteiligen und schädlichen Sinn umdreht, um uns die Prägung des Herrscherbildes unter der Farbe täuschenden Goldes entgegenzuhalten, versucht er entweder uns mit Falschgeld zu irgendeinem frommen Werk zu ermuntern, an das wir uns machen sollen, das jedoch unter Vortäuschung von Tugenden zu Lastern führt, weil es nicht aus der legitimen Münzstätte der Väter kommt. Oder er führt uns zu einem schrecklichen Ende, indem er uns mit maßlosem und ungehörigem Fasten oder übermäßigen Nachtwachen, ungeregelten Gebeten und unangemessener Lesung täuscht. Oder er überredet uns, als Vermittler aufzutreten und uns frommen Besuchen zu widmen, wodurch er uns aus den geistlichen Mauern der Eremitage und der Abgeschiedenheit der liebgewordenen Ruhe herausschlägt; er gibt uns ein, uns um die Geschäfte und Sorgen frommer und im Stich gelassener Frauen zu kümmern, damit er den Mönch, der sich in Fesseln dieser Art unentwirrbar[45] verheddert hat, durch die Beschäftigung mit schädlichen Sorgen vom Ziel abbringt[46]. Oder wenn er uns anstachelt, den heiligen Dienst des geistlichen Standes zu ersehnen unter dem Vorwand der Erbauung vieler und der Liebe zum geistlichen Gewinn, wodurch er uns von der Demut und Entschiedenheit unseres Vorsatzes losreißen will. Obwohl dies alles zu unserem Heil und unserer Berufung in Widerspruch steht, täuscht es doch, wie unter einem Schleier der Barmherzigkeit und ausgeübter Frömmigkeit verhüllt, leicht die Unerfahrenen und Unvorsichtigen. Es ist wie mit den falschen Münzen des wahren Königs: Auf den ersten Blick scheinen sie voller Frömmigkeit, aber sie wurden nicht von den legitim eingesetzten Münzmeistern geprägt, das heißt von den bewährten und katholischen[47] Vätern, noch gehen sie hervor aus der offiziellen Prägung durch die amtliche Münzstätte ihrer Unterweisung, sondern heuchlerisch durch den Betrug der Dämonen hergestellt, werden sie nicht ohne Schaden allen Unerfahrenen und Nichtwissenden zugespielt. Obwohl dies alles nützlich und notwendig zu sein scheint für den Augenblick, ist es dennoch heilsam, es wie ein zwar nötiges, aber Ärger erweckendes Glied von uns abzuschneiden, auch wenn es die Aufgabe der rechten Hand oder des Fußes zu erfüllen scheint, wenn es nachher beginnt, zum Fundament unserer Berufung in Widerspruch zu stehen, und sozusagen den gesamten Körper unseres Vorsatzes zum Wanken bringt. (Vgl. Mt 5,29) Es ist nämlich besser, ohne ein Gesetz bis ins letzte Jota[48] zu erfüllen (vgl. Mt 5,18), das heißt ohne eine Tat oder einen Erfolg, ansonsten aber gesund und stark auszuharren und wie ein Gebrechlicher in das Reich der Himmel einzugehen, als mit der Stärke [der Erfüllung] eines Gebotes einem Ärgernis zu verfallen, das uns, indem es uns durch schädliche Gewohnheit von der strengen Einhaltung der Regel und der Zucht des fest ergriffenen Vorsatzes trennt, in solchen Verlust stürzen würde, der keineswegs die künftigen Nachteile ausgleichend alle früheren Erfolge und die Gesamtheit unseres Wirkens im Feuer der Hölle verbrennen lassen würde. Von diesen Arten der Täuschungen wird auch in den Sprichwörtern treffend gesagt: »Es gibt Wege, welche dem Menschen richtig erscheinen, aber am Ende führen sie in die Tiefen der Unterwelt.« (Prov 14,12, 16,25) Außerdem [heißt es]: »Der Böse schadet, wenn er sich mit dem Gerechten verbündet.« (Prov 11,15) Das bedeutet: Der Diabolus täuscht, wenn er sich mit dem Anstrich der Heiligkeit bedeckt. »Er hasst nämlich die Stimme des Beschützers« (ebd.), das heißt die Kraft der Diskretio, welche aus den Worten und der Ermahnung der Väter kommt.

21 Wir wissen, dass deshalb auch Abbas Johannes, der in Lycon[49] wohnt, vor kurzem zum Spott wurde. Als er mit erschöpftem und ausgemergeltem Körper die Aufnahme von Nahrung während eines zweitägigen Fastens verweigerte, kam zu ihm, als er am nächsten Tag zum Mahl ging, der Diabolus in Gestalt eines schwarzen Äthiopiers, warf sich ihm zu Füßen und sagte: »Verzeihe mir, dass ich dir diese Plage eingeredet habe.« Dadurch sah jener große und in der Methode der Unterscheidung vollkommene Mann ein, dass er unter dem Anstrich von Enthaltsamkeit, die er ungebührlich ausübte, deswegen durch die Verschlagenheit des Diabolus hintergangen worden war und durch dieses Fasten aufgerieben[50] worden war, sodass er nicht nur dem erschöpften Körper eine unnötige Trägheit, sondern sogar eine dem Geist schädliche Erschöpfung auferlegt hatte. So wurde er durch eine falsche Münze zum Spott, als er in Verehrung des Bildnisses eines Königs sie zu wenig überprüfte, ob sie in legitimer Weise geprägt worden war.

Letztendlich: Die Aufgabe eines solchen bewährten Münzmeisters, als die wir im Verlauf unseres Gesprächs die Prüfung des Gewichts bestimmten, erfüllen wir dann, wenn wir, was immer unser Denken uns zu tun einflößt, mit größtmöglicher Genauigkeit immer wieder überprüfen, auf die Waage unseres Herzens legen und mit peinlich genauer Austarierung wiegen, ob es das volle Gewicht an Achtung gegenüber der Gemeinschaft hat, ob es schwergewichtig ist in der Ehrerbietung gegenüber Gott, ob es unbescholten in seiner Gesinnung ist; ob es leicht ist an menschlichem Sichvorzeigen oder irgendeiner überheblichen Neuerungssucht, ob der Ruhm eitlen Sichrühmens in der Kenodoxia nicht das Gewicht seines Verdienstes mindert oder auffrisst. Deshalb wollen wir es schnell auf der öffentlichen legitimen und anerkannten Waage prüfen lassen, das heißt, wir vergleichen es mit den Taten und Worten der Propheten und Apostel und nehmen es dann als unbeschädigt, vollkommen und in Übereinstimmung mit jenen an oder weisen es mit aller Umsicht und Genauigkeit als unvollkommen, schadhaft und nicht im Gleichgewicht mit ihrem Gewicht zurück.

22 Es wird uns also die Diskretio in dieser vierfachen Weise, von der wir gesprochen haben, nötig sein. Das heißt: Erstens soll uns die Zusammensetzung von echtem oder Falschgold nicht unbekannt sein. Zweitens sollen wir gerade diese Gedanken, die uns hinsichtlich der Werke der Frömmigkeit belügen, als verbrecherische und gefälschte Münzen zurückweisen; tragen sie doch ein gefälschtes Bildnis des Herrschers, da sie nicht legitim geprägt wurden. Drittens sollen wir ebenso fähig sein, jene [Münzen], welche unter dem Anschein kostbarsten Goldes durch ihre falsche und häretische Auslegung der [heiligen] Schriften nicht das

Bild des wahren Königs, sondern eines Tyrannen tragen, zu erkennen und zurückzuweisen. Viertens sollen wir jene [Münzen], deren Gewicht und Wert, angefressen vom Rost eitler Nichtigkeit, sie dem Eichgewicht der Väter nicht entsprechen lässt, als wertlose und schadhafte und zu leicht befundene Münzen verwerfen, damit wir nicht in jene Gefahr geraten, vor der wir uns nach dem Gebot des Herrn mit aller Kraft in Acht nehmen sollen, und damit wir nicht um allen Verdienst und Lohn für unsere Mühen betrogen werden. »Sammelt euch nicht Schätze auf Erden, wo Rost und Motten sie fressen, wo Diebe sie ausgraben und stehlen.« (Mt 6,19) Sollen wir doch wissen: Was immer wir mit Blick auf den Ruhm bei Menschen tun, wir sammeln damit laut dem Wort des Herrn Schätze auf Erden, und folglich ist es wie im schmutzigen Boden versteckt und in die Erde eingegraben und wird unweigerlich von unterschiedlichen Dämonen verwüstet werden oder durch den gefräßigen Rost der Kenodoxia weggefressen werden oder so durch die Motten des Hochmuts verschlungen werden, dass es dem, der es versteckt, keinerlei Nutzen oder Gewinn bringt. Alle Winkel unseres Herzens müssen ohne Unterlass durchforscht werden, und die Spuren dessen, was in sie emporsteigt, müssen in genauester Untersuchung entdeckt werden, damit dort nicht vielleicht eine geistige Bestie, ein Löwe oder ein Drache, mit ihrem Eindringen heimlich Verderben bringende Spuren eindrückt, auf denen auch anderen [Bestien] der Zugang in die Abgründe des Herzens durch die Vernachlässigung der Gedanken ermöglicht wird. Deshalb [gilt]: Wenn wir zu jeder Stunde und in jedem Augenblick das Erdreich unseres Herzens mit dem Pflug des Evangeliums, das heißt mit der unablässigen Erinnerung an das Kreuz unseres Herrn durchpflügen, werden wir sowohl die Lagerstätten gefährlicher wilder Tiere als auch die Verstecke giftiger Schlangen hinauswerfen können.

23 Staunend und stumm ob dieser Worte saßen wir da, Feuer und Flamme für die Worte seines Vortrags. Der Greis betrachtete uns und vor Bewunderung für unsere Wissbegierde unterbrach er kurz seine Rede. Dann fuhr er fort: »Da uns euer Eifer, Kinder, zu einer so ausführlichen Erörterung veranlasst hat und ein gewisses Feuer unserer Unterredung noch glühendere Auslegungsmöglichkeiten in Entsprechung zu eurer Wissbegierde nahelegt, sodass ich auch gerade daraus ersehe, dass ihr in Wahrheit nach der Lehre der Vollkommenheit dürstet, so will ich euch noch zur außerordentlichen Bedeutung der Diskretio, der Gnadengabe, die unter allen Tugenden den höchsten und ersten Rang innehat, einiges erläutern, und ihre herausragende Bedeutung und Nützlichkeit nicht nur anhand alltäglicher Beispiele, sondern auch durch die bewährten Ratschläge und Worte der Väter beweisen. Ich erinnere mich nämlich, dass ich oft, wenn einige mit Seufzen und Tränen einen Vortrag darüber forderten, obwohl ich ihnen etwas an Unterricht zukommen lassen wollte, es doch auf keine Weise konnte, und mir so nicht nur der Inhalt, sondern auch die Worte fehlten, sodass ich nicht herausfand, wie ich sie auch nur mit ein bisschen Trost entlassen konnte. Durch diese Beweise wird klar herausgestellt, dass die Gnade des Herrn den Redenden das Wort zuhaucht je nach Verdienst und Verlangen der Hörenden. (Vgl. Röm 10,17) Weil aber die restliche, äußerst knappe Zeitspanne der Nacht nicht lang genug ist für dieses Vorhaben, wollen wir diese Zeit lieber der Ruhe des Körpers gönnen, der sich ganz und gar auflösen müsste, wenn ihm auch noch das wenige verweigert würde. Lasst uns die volle Entfaltung unseres Themas für die unverkürzte Erörterung des kommenden Tages und der Nacht aufbewahren. Es ziemt sich nämlich für die besten Ratgeber in der Sache der Diskretio, zuerst das Durchhaltevermögen ihres Geistes offenzulegen und durch Nachweis und Geduld zu bestätigen, ob sie tauglich sind oder sein können für jene Tugend, damit sie, wenn sie von der Tugend handeln, welche die Mutter des Maßhaltens ist, auf keinen Fall ihrerseits dem Laster der Übertreibung verfallen, das zu ihr [der Diskretio] im Gegensatz steht. Damit würden sie die Kraft ihrer Beschaffenheit und ihres Wesens, die sie mit Worten verehren, durch ihr Verhalten und ihr Tun beschädigen. Darin also soll uns das Gut der Diskretio, über die wir – so der Herr es geben wird – noch eine Untersuchung anstellen werden, zuallererst nützen, dass sie uns nicht erlaubt, das rechte Maß und die Zeit zu überschreiten, wenn wir uns Gedanken machen über ihre herausragende Stellung und die Mäßigung, die ihr als vorrangige Tugend zuerkannt wird.«

Mit diesen Worten beendete der selige Moyses unsere Unterredung und ermahnte uns, die wir noch begierig an seinem Mund hingen, ein wenig Schlaf zu kosten, indem er uns ermunterte, uns auf die Matten, auf denen wir saßen, zu legen, nachdem auch Papyruspolster[51] anstelle von Kopfkissen unter unsere Köpfe gelegt worden waren, die aus dickerem Papyrus zu langen und feinen Bündeln zusammengebunden worden waren. Diese bieten, im Abstand von eineinhalb Fuß gleichmäßig zusammengebunden, je nachdem entweder den Brüdern, wenn sie beim Mahl sitzen, eine ziemlich niedrige Sitzgelegenheit wie ein Schemel, oder aber, unter den Nacken der Schlafenden gelegt, geben sie dem Kopf eine nicht allzu harte, vielmehr biegsame und geeignete Stütze. Sie werden deshalb als bestens geeignet für die Bedürfnisse der Mönche angesehen, weil sie nicht nur etwas weich sind und mit wenig Geld und Mühe hergestellt werden – Papyrus wächst ja überall an den Ufern des Nils, sondern auch, weil sie handlich und leicht genug sind, um sie je nach Bedarf hin und her zu tragen.

So wurden wir durch das Gebot des Greises endlich zur Nachtruhe gebracht, wobei uns die Ruhe doch schwerfiel, da wir in gleicher Weise in Flammen standen vor Freude über die erlebte Unterredung wie gespannt waren in der Erwartung der versprochenen Erörterung.

Die Diskretio unterscheidet
alle Gedanken und Taten des Menschen.
Sie durchschaut und durchleuchtet alle Absichten.

Collatio 2

Abbas Moyses spricht über die Diskretio

1 Wir fanden also erst in der Frühe etwas Schlaf, waren aber dennoch hocherfreut über den Sonnenaufgang. Als wir die versprochene Rede einforderten, begann der selige Moyses folgendermaßen [zu sprechen]:

Nachdem ich euch von solchem Feuer an Wissensbegierde entzündet sehe, dass ich annehme, nicht einmal die äußerst kurze Ruhezeit, die ich der geistlichen Unterredung entzog und lieber für die Erholung des Fleisches verwenden wollte, hat zur Erholung eures Körpers beigetragen, werde ich jedenfalls, wenn ich euren glühenden Eifer betrachte, zu noch größerer Genauigkeit verpflichtet. Es ist nämlich notwendig, dass auch ich beim Einlösen meines Versprechens eine umso größere Sorgfalt auf die Erfüllung des Gelobten verwende, je gespannter ich euch dies von mir einfordern sehe, entsprechend jenem Wort: »Wenn du beim Mahl am Tisch des Mächtigen sitzest, verstehe mit Weisheit, was dir aufgetragen wird, und strecke deine Hand aus in dem Wissen, dass du solches zubereiten musst.« (Prov 23,1f)

Nun denn: Wir wollen über das Gut der Diskretio und ihre Kraft sprechen, auf die wir am Ende unserer nächtlichen Unterredung noch anfangsweise kamen. Wir halten es für angemessen, ihre herausragende Bedeutung zuerst mit Worten der Väter zu belegen, damit wir, wenn offenbar ist, was unsere [geistlichen] Väter über sie in Erfahrung brachten und weitergaben, dann anhand der Verirrungen aus älterer und neuerer Zeit und dem Zu-Fall-Kommen verschiedener [Mönche], die als Strafe dafür, dass sie sich zu wenig an der Diskretio ausgerichtet hatten, schrecklich stürzten, ihre Anwendungen und Vorteile behandeln, soweit wir dazu fähig sind. Sobald dies erörtert ist, werden wir mit mehr Nutzen unterrichtet werden, wie wir sie erstreben und pflegen sollen, indem wir die Erhabenheit ihrer Würde und Wohlgefälligkeit betrachten. Die Diskretio ist ja nicht irgendeine mittelmäßige Tugend, auch nicht eine, welche allenthalben durch menschlichen Eifer erfasst werden kann, wenn sie nicht durch göttliche Freigiebigkeit verliehen wird. Wir lesen ja auch, dass sie vom Apostel unter die edelsten Gaben gezählt wird: »Dem einen wird durch den Geist ein Wort der Weisheit gegeben, einem anderen ein Wort der [geistlichen] Wissenschaft, einem anderen der Glaube in demselben Geist, wieder einem anderen die Gabe, zu leiten in demselben Geist.« Und kurz danach: »Einem anderen die [Gabe der] Unterscheidung der Geister.« (1 Kor 12,8f) Schließlich fügt er am Ende der Aufzählung geistlicher Gnadengaben hinzu: »Dies alles jedoch wirkt ein und derselbe Geist, der einem jeden zuteilt, wie er will.« (1 Kor 12,11)

Ihr seht also, das Geschenk der Diskretio ist keineswegs irdisch oder klein, sondern die größte Gunstbezeugung der göttlichen Gnade. Wenn der Mönch sich nicht mit aller Zielstrebigkeit nach ihr ausstreckt und nicht nach einer sicheren Methode die [Fähigkeit zur] Unterscheidung der in ihm aufsteigenden Geister besitzt, ist die notwendige Folge nicht nur, dass er wie in dunkler Nacht und schwarzer Finsternis umherirrend in furchtbare Fallgruben und Abgründe stürzt, sondern sogar auf geradem und ebenem Weg oft anstößt.

2 Ich erinnere mich demnach, dass damals, als ich noch ein Knabe war, in der Gegend der Thebais, wo der selige Antonios lebte, die älteren Brüder bei ihm zusammenkamen, um sich über die Vollkommenheit auszutauschen, und dass diese Frage den größten Teil der Nacht verbrauchte, weil die Unterredung sich von den Abendstunden bis zum Morgen hingezogen hatte. Sehr lange nämlich wurde die Frage behandelt, welche Tugend oder Pflicht den Mönch allezeit unversehrt vor den Fallstricken und

Täuschungen des Diabolus bewahren und ihn zuverlässig auf rechtem Pfad und mit sicherem Schritt zum Gipfel der Vollkommenheit emporführen kann. Ein jeder äußerte also entsprechend seiner Auffassungsgabe seine Meinung dazu: Die einen sahen dies verwirklicht im Eifer beim Fasten und in den Nachtwachen, weil nämlich der Geist, wenn er dadurch klein gemacht wurde und die Reinheit des Herzens und des Leibes erreichte, unbeschwerter mit Gott eins wird; andere [sahen dies verwirklicht] in der Verachtung allen Besitzes, wenn der Geist davon völlig entblößt wurde, gelangt er unbelasteter zu Gott, weil ihn keine Fesseln mehr zurückhalten; wieder andere schätzten die Anachorese als unabdingbar ein. Anachorese bedeutet Rückzug in die Wüste und die Abgeschiedenheit in ihr. Wer darin aushält, kann mit Gott wie mit einem Freund[1] im Gespräch sein und ihm ganz besonders anhangen; einige legten fest, dass die Werke der Liebe, das heißt der Menschenliebe[2] auszuüben sind, weil der Herr im Evangelium in ganz besonderer Weise diesen versprochen hat, das Reich der Himmel zu geben, wenn er sagt: »Kommt, ihr Gesegneten meines Vaters, nehmt das Reich in Besitz, das euch seit der Gründung der Welt bereitet wurde; denn ich war hungrig, und ihr habt mir Speise gegeben; ich war durstig, und ihr habt mir zu trinken gegeben«, und so weiter. (Mt 25,34ff)

Nachdem sie also anhand unterschiedlicher Tugenden bestimmt hatten, wie der Zugang zu Gott mit mehr Sicherheit erreicht werden kann, und die meiste Zeit der Nacht mit dieser Untersuchung zugebracht worden war, begann endlich der selige Antonios [zu sprechen]: Zwar ist all das, was ihr genannt habt, notwendig und nützlich für die, welche nach Gott dürsten und die sich danach sehnen, zu ihm hindurchzugelangen. Doch die zahllosen Abstürze und die Erfahrung vieler erlauben uns keineswegs, an eine [der genannten Tugenden] den ersten Platz zu vergeben. Denn wir haben oft beobachtet, dass diejenigen, die sich äußerst streng den Nachtwachen und dem Fasten verschrieben und sich wundersam in der Wüste verbargen, auch das Weggeben aller Mittel so befolgten, dass sie nicht einmal den Lebensunterhalt für einen Tag oder einen einzigen Denar übrig lassen wollten, sogar die Pflichten der Menschenliebe mit ganzer Hingabe erfüllten, so getäuscht wurden, dass sie das Werk, das sie begonnen hatten, nicht zu einem entsprechenden Ende bringen konnten, ja sogar den glühendsten Eifer und einen lobenswerten Wandel mit einem abscheulichen Ende beschlossen.

Was also vorrangig zu Gott führen kann, können wir deutlich erkennen, wenn wir die Ursache ihres Sturzes und ihrer Täuschung genauer untersuchen. Allein mangelnde Diskretio nämlich ließ die Werke der vorgenannten Tugenden, die sie im Überfluss besaßen, in ihnen nicht bis zum Ende fortdauern. Man kann sich nämlich keine andere Ursache ihres Falles vorstellen, als dass sie – zu wenig von den älteren Brüdern unterwiesen – nicht fähig waren, die Methode der Unterscheidung in der bestimmten Weise anzuwenden, welche den Mönch, indem sie jede Übertreibung nach einer Seite unterlässt, lehrt, allezeit auf dem königlichen Weg zu wandeln, und ihm weder erlaubt, sich rechts von den Tugenden zu rühmen, das heißt in übertriebenem Eifer das Maß der rechten Enthaltsamkeit in untauglicher trügerischer Hoffung zu überschreiten, noch ihm erlaubt, sich den Lastern der linken Seite durch das Zulassen von allerlei Zeitvertreib zuzuwenden, das heißt unter dem Vorwand, für den Körper sorgen zu müssen, im Gegenteil, durch die Verzärtelung des Geistes zu verweichlichen. Es ist nämlich die Diskretio, welche im Evangelium Auge und Leuchte des Körpers genannt wird, entsprechend jenem Wort des Erlösers: »Die Leuchte deines Körpers ist dein Auge. Wenn dein Auge ohne Falsch ist, wird dein ganzer Körper licht sein; wenn aber dein Auge ein Schelm ist, wird dein ganzer Körper finster sein.« (Mt 6,22) Dies deshalb, weil die Diskretio alle Gedanken und Taten des Menschen unterscheidet und alle Absichten durchschaut und durchleuchtet[3]. Wenn sie im Menschen zu einem Schelm wird, das heißt nicht durch wahrhaftiges Urteil und Wissen gefestigt, sondern durch beliebigen Irrtum und trügerische Hoffnung irregeleitet wird, verfinstert sie unseren ganzen Körper, das heißt, sie verdunkelt jedwede Geistesschärfe und unsere Taten, fest umgarnt von der Blindheit der Laster und der Finsternis der Verwirrung. Wenn nämlich, wie der Herr sagt, »das Licht in dir Finsternis ist, wie groß wird dann die Finsternis selbst sein« (Mt 6,23), hat keiner

Anlass zu zweifeln, dass, wenn das Urteil unseres Herzens irrt und von der Nacht der Unwissenheit in Besitz genommen wurde, auch unsere Gedanken und Werke, die dem Abwägen durch die Diskretio entspringen, von großer Sünden-Finsternis umschlungen werden.

3 Schließlich wurde sogar jener, der als Erster nach Gottes Ratschluss die Königsherrschaft über das Volk erhielt, weil er dieses Augenmaß der Diskretio in keiner Weise hatte, vom Thron gestürzt, nachdem er am ganzen Körper finster geworden war, weil er dieses Augenmaß der Diskretio in keiner Weise hatte. Denn da er urteilte, getäuscht vom Dunkel und vom Irrtum dieser Leuchte, seine Opfer seien Gott wohlgefälliger als der Gehorsam gegenüber dem Befehl Samuels. Gerade womit er gehofft hatte, die göttliche Majestät versöhnen zu können, geriet er in die Situation des Angeklagten. (Vgl. 1 Sam 15) Die Unkenntnis der Diskretio – ich sagte es – trieb Ahab, den König von Israel, nach jenem Triumph des wunderbarsten Sieges, der ihm durch Gottes Gunst zugestanden worden war, zu glauben, seine eigene Barmherzigkeit sei besser als die allerstrengste Ausführung des göttlichen Gebotes und eines wie ihm schien grausamen Befehls. Durch solcherlei Überlegungen erweicht, da er lieber versucht, den grausamen Sieg durch Gnade zu mildern, wird er wegen dieser falsch verstandenen Barmherzigkeit gleichsam am ganzen Körper finster und zu einem unwiderruflichen Tod verurteilt. (Vgl. 1 Kön 20,42)

4 Die Diskretio ist diejenige Tugend, die nicht nur Leuchte des Körpers, sondern vom Apostel sogar »Sonne« genannt wird laut jenem Schriftwort: »Die Sonne soll nicht untergehen über eurem Zorn.« (Eph 4,26) Sie wird auch Lenkerin unseres Lebens genannt mit jenem Wort: »Die keine Lenkung haben, sinken wie Blätter [im Wind zu Boden].« (Prov 11,14LXX) Sehr zutreffend wird die Diskretio »Rat [zum Maßhalten]« genannt, ohne den wir auf Geheiß der Schrift gar nichts tun dürfen, sodass wir nicht den geistlichen »Wein, der das Herz des Menschen erfreut« (Ps 103 = 104,15), ohne ihre Mäßigung aufnehmen dürfen laut jenem Wort: »Tu alles mit Maß, trinke Wein in Maßen.« (Prov 31,3) Außerdem heißt es: »Wie eine Stadt, deren Mauern geschleift sind und die nicht befestigt ist, so ist der Mann, der ohne Maß und Rat handelt.« (Prov 25,28) Das Beispiel und die bildhafte Darstellung dieses Schriftwortes, das den Mönch mit einer geschleiften Stadt ohne Mauern vergleicht, erläutern, welchen Schaden der Mangel an Diskretio einbringt. Diskretio beinhaltet Weisheit, Einsicht und Verstand. Ohne sie kann weder unser inneres Haus erbaut werden, noch können wir geistliche Schätze sammeln in Entsprechung zu jenem Wort: »Durch Weisheit wird das Haus erbaut, durch Einsicht auferbaut; durch Verstand werden die Kammern gefüllt mit allen wertvollen und guten Schätzen.« (Prov 24,3f) Diese Tugend, sagte ich, ist die feste Speise, die nur von den Vollkommenen und Widerstandsfähigen aufgenommen werden kann entsprechend jenem Schriftwort: »Zeichen der Vollkommenen aber ist die feste Speise; sie ist Zeichen derjenigen, welche ihre Urteilskraft entsprechend ihrer Lebensgewohnheit geübt haben, zur Unterscheidung von Gut und Böse.« (Hebr 5,14) So sehr wird diese Tugend als für uns nützlich und notwendig erachtet, dass sie sogar mit dem Wort Gottes und seinen Tugendkräften gleichgesetzt wird: »Lebendig nämlich ist Gottes Wort und wirksam und durchdringender als jedes zweischneidige Schwert; es dringt hindurch bis zur Trennung von Seele und Geist, von Gelenken und Mark, ist strenger Richter[4] der Gedanken und Absichten des Herzens.« (Hebr 4,12) Dadurch wird sehr deutlich darauf hingewiesen, dass keine Tugend ohne die Gnadengabe der Diskretio vollkommen vollendet werden oder Bestand haben kann. Und so wurde sowohl durch die Entscheidung des seligen Antonios wie aller festgelegt: Es ist die Diskretio, welche den unerschrockenen Mönch festen Schrittes zu Gott führt und die vorgenannten Tugendkräfte beständig unverletzt bewahrt. Mit ihr kann man zur erhabenen Höhe der Vollendung mit weniger Ermüdung emporsteigen; ohne sie aber vermochten viele es durchaus nicht, den Gipfel der Vollkommenheit zu erreichen, auch wenn sie sich noch so bereitwillig mühten. Die Diskretio ist Mutter, Wächterin und Lenkerin aller Tugenden.

5 Damit nun wie versprochen ein aktuelles Beispiel ebendiese damalige Definition durch den heiligen Antonios und die übrigen Väter belegt: Erinnert euch, was ihr neulich vor euren eigenen Augen habt geschehen sehen, wie der betagte Hero erst vor wenigen Tagen durch die Verführungskunst des Diabolus von der Höhe in die Tiefe stürzte. Fünfzig Jahre brachte er in dieser Wüste zu. Wir erinnern, wie er mit einer Härte ohnegleichen die Strenge der Enthaltsamkeit durchhielt und die Abgeschiedenheit der Einsiedelei mehr als alle anderen, die hier leben, mit bewundernswertem Eifer suchte. Womit oder aus welchem Grund erschütterte er, nach so großen Mühen vom Hinterhalt des Diabolus getäuscht und so zu Fall gekommen, alle in der Wüste mit trauervollem Schmerz? Lag es nicht daran, dass ihm die Fähigkeit zur rechten Unterscheidung fehlte und er lieber von seinem eigenen Urteil regiert werden wollte, als dem Rat, den Weisungen oder den Regeln derer, die schon Erfahrungen gesammelt hatten, zu gehorchen? Jedenfalls: Er übte allezeit mit überaus großer Strenge unnachgiebige Enthaltsamkeit im Fasten. Die Abgeschiedenheit der Wüste und der Zelle lebte er so übertrieben, dass ihn davon nicht einmal die Feier des Osterfestes abbringen konnte. Er verweigerte sogar die Teilnahme am gemeinsamen Mahl mit den Brüdern. Als die Brüder zur jährlichen Feier in der Kirche blieben, konnte er sich als Einziger nicht unter sie begeben, damit es nur ja nicht so aussah, als würde er durch die Aufnahme von etwas Gemüse von seinem Vorsatz abweichen. Durch solche Überheblichkeit geblendet, nahm er einen Boten Satans mit höchster Verehrung wie einen Boten des Lichts auf. Seinen Befehlen als untertäniger Diener gehorchend, stürzte er sich in einen Brunnen, auf dessen Grund man mit den Augen nicht sehen konnte. Er zweifelte dabei nicht am Versprechen seines Engels, der ihm als Belohnung für seine Tugenden und Leiden zugesichert hatte, ihm werde niemals ein Unglück zustoßen. Im Glauben daran stürzte er sich bei Nacht freiwillig ins Unglück, in der Meinung, es sei ein großer Beweis seiner Tugend, wenn er von da unversehrt herauskäme. Als er halb tot unter großer Anstrengung der Brüder von da herausgezogen worden war und es auch am dritten Tag mit ihm zu Ende ging, beharrte er in der Verstockung durch die Täuschung. Das ist noch schlimmer als alles andere! Nicht einmal die Begegnung mit dem Tod konnte ihn überzeugen, dass er durch die List der Dämonen verhöhnt worden war. Deshalb konnte auch von denen, die an seinem Tod mitlitten, kaum beim Priester und Abbas Paphnutios erreicht werden, dass Hero in Anbetracht seiner ungeheuren Mühen und der großen Zahl an Jahren, die er in der Wüste aushielt, aus Trauer um ihn und aus sehr großer Menschenliebe, [dass er also] nicht unter die Selbstmörder gerechnet wurde, und auch nicht als unwürdig des Gedenkens und des Opfers für die Entschlafenen erklärt wurde.

6 Was soll ich sagen über jene beiden Brüder, die, als sie jenseits jener Wüste von Thebais wohnten, wo einst der selige Antonios lebte, zu wenig von vorsichtiger Diskretio geleitet in die weite Wildnis der Wüste gingen und beschlossen, keinerlei Speise zu sich zu nehmen außer der, die der Herr selbst ihnen verschafft hätte. Als sie nun durch die Wüste irrten und ihnen vor Hunger die Kräfte schwanden, da erblickten sie von weitem Maziken[5]. Dieser Volksstamm ist furchtbarer und grausamer als fast alle anderen Völker. Zum Blutvergießen stachelt die Maziken nämlich nicht wie die anderen Volksstämme die Gier nach Beute an, sondern allein die Wildheit ihres Gemütes. Als den beiden Brüdern nun die Maziken ganz gegen die Natur ihrer Wildheit mit Broten entgegenliefen, nahm der eine von beiden sie als von Gott dargereicht mit Freude und Danksagung an – die Diskretio kam ihm zu Hilfe. Er glaubte nämlich, dass die Speise ihm durch göttliche Fügung gereicht wurde und dass es nicht ohne Gott geschah, dass die Maziken, die sich allezeit am Blut von Menschen ergötzten, den Ausgemergelten, denen die Kräfte schon schwanden, Nahrung schenkten. Der andere jedoch wies die Nahrung als ihm von Menschen angeboten zurück und verhungerte. Obwohl also der Aufbruch beider aufgrund einer tadelnswerten Überzeugung geschah, hat der eine trotzdem mit Hilfe der Diskretio seinen leichtfertigen und unvorsichtigen Beschluss nachgebessert, während der andere, der in törichter Einbildung verharrte, und gänzlich ohne Ahnung von der Diskretio, sich selbst den Tod brachte, den der Herr abwenden wollte, weil er in keiner Weise glaubte, dass es durch göttliche Eingebung geschah, dass hartherzige Barbaren ihre eigene Wildheit vergaßen und ihnen mit Brot anstatt mit Schwertern entgegengekommen waren.

7 Es erübrigt sich auch, von demjenigen zu reden – seinen Namen wollen wir nicht erwähnen, denn er lebt noch –, der, indem er lange Zeit einen Dämon in der Lichtgestalt eines Engels aufnahm und oft geblendet von dessen unzähligen Offenbarungen glaubte, er sei ein Bote der Gerechtigkeit. Außerdem brachte der Dämon jede Nacht in die Zelle [des Mönches] zur Gebetszeit Licht, ohne eine Leuchte zu benutzen. Zuletzt wurde dem Mönch vom Dämon befohlen, Gott seinen Schüler, der sich zu gleicher Zeit mit ihm in der Eremitage aufhielt, zu opfern, damit er – unglaublich! – durch dieses Opfer mit den Verdiensten des Patriarchen Abraham auf eine Stufe gestellt würde. So ungeheuerlich wurde der Mönch durch die Lüge des Dämons verführt, dass er den Mord tatsächlich ausgeführt hätte, wenn nicht der Knabe, durch eine Vorahnung des Verbrechens erschreckt, geflohen wäre, als er sah, wie der Mönch das Messer entgegen seiner Gewohnheit durch Schärfen vorbereitete und Stricke suchte, mit denen er ihn binden wollte, um ihn für die Opferung vorzubereiten.

8 Es würde zu weit führen, auch noch die Täuschung jenes Mönches aus Mesopotamien ausführlich zu erzählen, der in jener Provinz eine Entsagung einhielt, wie sie nur sehr wenigen möglich ist, [eine Entsagung,] die er viele Jahre hindurch als Einsiedler in seinem Kellion zurückgezogen durchgehalten hatte. Zuletzt wurde er von teuflischen Offenbarungen und Träumen zum Narren gehalten.

Nach so vielen Mühen und Tugenden, mit denen er alle Mönche, die dort wohnten, übertroffen hatte, wurde er durch jämmerlichen Fall zur Beschneidung nach jüdischem Vorbild verdreht. Denn nachdem der Diabolus, um ihn durch die Gewöhnung an Visionen zum leichtsinnigen Glauben an künftige Täuschung zu reizen, [ihm] lange Zeit allerlei Wahres als ein Bote der Wahrheit geoffenbart hatte, zeigte er ihm schließlich, dass das Christenvolk zusammen mit den Begründern unserer Religion und unseres Glaubens, nämlich den Aposteln und Märtyrern, umdunkelt, hässlich, abgemagert dahinsiechend und entstellt sei; das Volk der Juden hingegen mit Moses, den Patriarchen und Propheten in höchster Freude und strahlendstem Licht funkelnd. So überredete er ihn, ebenfalls schleunigst die Beschneidung anzunehmen, wenn er teilhaben wolle an deren Verdienst und Glückseligkeit[6].

In der Tat: Keiner der genannten Mönche wäre so bitter betrogen worden, wenn sie die Mühe auf sich genommen hätten, sich die Methode der Unterscheidung, von der wir sprachen, anzueignen. Zusammenfassend können wir sagen: Die Geschicke und Erfahrungen vieler führen [uns] vor Augen, in welch hohem Maß es gefährlich ist, die Gnadengabe der Diskretio nicht zu besitzen.

9 Darauf sagte Germanus: Sowohl die Beispiele aus jüngster Zeit als auch die Worte der Alten legen deutlich genug offen, dass die Diskretio sozusagen Quelle und Wurzel aller Tugenden ist. Wir möchten unterrichtet werden, wie man sie gebührend erwerben kann, oder anders [gefragt], wie man erkennen kann, ob es sich um die echte [Diskretio] aus Gott, oder um die falsche und diabolische handelt, damit wir, entsprechend jenem Gleichnis aus dem Evangelium, das du in der vorigen Unterredung eingebracht hast, in dem wir aufgefordert werden, zuverlässige Münzmeister zu werden, [damit wir also] wenn wir das einer Münze eingeprägte Bild des wahren Königs, wenn wir es sehr genau mustern, beurteilen können, welche Münze nicht in der legitimen Münzstätte geprägt wurde, und diese dann, wie du in Gebrauch eines Wortes aus der Umgangssprache in der gestrigen Unterredung gesagt hast, als Falschmünze zurückweisen, unterwiesen in jener Erfahrung, von der du ziemlich ausführlich und vollständig geschildert hast, dass sie dem geistlichen und am Evangelium ausgerichteten Münzmeister innewohnen muss. Denn was würde es nützen, die Kraft ihrer Tugend und Gnade zu kennen, wenn wir nicht wissen, wie wir sie suchen und erwerben sollen?

10 Moyses antwortete: Echte Diskretio wird nicht anders erworben als durch echte Demut[7]. Die erste Bewährungsprobe der Demut wird es sein, wenn wir nicht nur all unser Vorhaben, sondern auch all unsere Gedanken der Prüfung durch die Älteren unterziehen, damit jeder, der seinem eigenen Urteil nicht traut, in allen Dingen durch die Bestimmungen jener zur Ruhe komme und durch ihre überlieferte bewährte Lehre erkenne, was er als gut oder böse beurteilen soll. Diese Unterweisung wird den unerfahrenen [Mönch] nicht nur lehren, den wahren Weg der Diskretio auf rechtem Pfad zu beschreiten, sondern ihn auch vor allem Betrug und Hinterhalt des Feindes unverletzt bewahren. Keiner nämlich kann getäuscht werden, der nicht nach seinem eigenen Urteil, sondern nach dem Beispiel der Vorfahren lebt. Der schlaue Feind wird dem Unerfahrenen keine Fallen stellen können, wenn Letzterer weit davon entfernt ist, alle Gedanken, die im Herzen aufkommen, in schädlicher Scham zu verbergen, sondern sie nach reiflicher Prüfung durch die Alten entweder zurückweist oder zulässt. Sobald nämlich ein schlechter Gedanke offenbart wird, verliert er seinen Reiz, und noch ehe das Urteil der Diskretio verkündet wird, entflieht die ekelhafte Schlange aus dem finsteren und unterirdischen Schlupfloch, durch die Kraft des Bekenntnisses gewissermaßen an das Licht gezerrt, unter Spott und Hohn. Ihre schädlichen Einflüsterungen herrschen nämlich nur so lange in uns, wie sie im Herzen verborgen werden. Damit ihr den Sinn dieser Behauptung noch besser verstehen könnt, will ich euch eine Tat des Abbas Serapion berichten, die er selbst oft den Jüngeren zur Unterweisung vor Augen führte.

11 Er sagte: Als ich noch ein Knabe war und mit dem Altvater Theon zusammenwohnte, hatte ich eine durch das Anrennen des Feindes gegen mich mir aufgedrängte Gewohnheit, täglich eine Scheibe trocken Brot[8] in der Brustfalte [meines Gewandes] heimlich zu verbergen, nachdem ich mit dem Greis mich zur neunten Stunde gestärkt hatte, die ich später ohne sein Wissen heimlich aß. Obwohl ich diesen Diebstahl mit aller Zustimmung meines Willens und in gleicher Weise in Unenthaltsamkeit vom Begehren, das [in mir] Wurzeln geschlagen hatte, ohne Zögern beging, wurde ich dennoch, sobald die trügerische Gier[9] gestillt war, und ich zu mir selbst zurückkehrte[10], heftiger wegen des begangenen Verbrechens des Diebstahls gepeinigt, als ich von dem Essen Befriedigung empfand. Als ich so getrieben wurde, jenes äußerst lästige Tun Tag für Tag nicht ohne Pein in meinem Herzen zu vollbringen, als wäre es mir von den Treibern des Pharao anstelle der [Fronarbeit zur Herstellung der] Ziegel befohlen (vgl. Ex 5), mich aber trotzdem nicht losreißen konnte von deren grausamster Tyrannei und mich schämte, den heimlichen Diebstahl dem Greis zu offenbaren, da begab es sich durch Gottes Fügung, der mich diesem Joch der Gefangenschaft entreißen wollte, dass einige Brüder das Kellion des Greises aufsuchten, um auf ihrem geistlichen Weg gestärkt zu werden. Als nun nach einer kleinen Stärkung die geistliche Unterredung schon ihren Lauf genommen hatte – der Greis beantwortete Fragen zum Laster der Gastrimargia, zur Macht der geheimen Gedanken, ihr Wesen und die äußerst bedrohliche Gefahr, die sie darstellen, solange sie verheimlicht werden –, da wurde ich von der Kraft dieser Unterredung getroffen und von der Anklage des Gewissens erschreckt wie einer, der glaubt, dass dies alles nur deswegen zur Sprache gekommen war, weil der Herr dem Greis die Geheimnisse seines Herzens, offenbart hatte. Zunächst wurde ich zu stillen Seufzern hingerissen, dann, mit wachsender Selbstanklage meines Herzens, brach ich in lautes Schluchzen und in Tränen aus und holte das Stück Brot, das ich in meiner schändlichen Gewohnheit gestohlen hatte, um es heimlich zu essen, von meiner Brust, der Mitwisserin und Beschützerin meines Diebstahls hervor, legte es in die Mitte und bekannte, auf die Erde niedergeworfen und mit der Bitte um Vergebung, wie ich täglich heimlich aß. Unter Tränen, die reichlich flossen, bat ich, dass sie [die Brüder] vom Herrn meine Befreiung von dieser äußerst harten Knechtschaft erflehen sollten. Da sagte der Greis: »Hab Vertrauen, junger Mann! Auch wenn ich schweige, befreit dich dein Bekenntnis von dieser Gefangenschaft. Denn als Sieger hast du heute über den Feind triumphiert. Heftiger hast du ihn durch dein Bekenntnis zu Boden geworfen, als du durch dein Schweigen von ihm niedergehalten wurdest. Bis jetzt freilich hattest du zugelassen, dass er über dich herrscht, weil du ihn weder durch eigenen – noch durch den Widerspruch eines anderen beschämt hast, in Übereinstimmung mit jenem Wort Salomos: »Weil nicht eilends Widerspruch eingelegt wird von denen, die Böses tun, deshalb ist das Herz der Menschenkinder randvoll angefüllt mit der Bereitschaft, das Böse zu vollbringen.« (Eccl 8,11) Nachdem du ihn so bloßgestellt hast, wird dich dieser ganz und gar niederträchtige Geist nun nicht mehr beunruhigen können, noch wird die abscheulichste Schlange fortan einen Schlupfwinkel in deinem Herzen für sich besetzen können, nachdem sie durch dein heilsames Bekenntnis aus der Finsternis deines Herzens an das Licht gezerrt wurde.

Der Greis hatte diese Worte noch nicht zu Ende gesprochen, siehe, da kam eine brennende Fackel aus meiner Brust und erfüllte das Kellion dermaßen mit Schwefelgeruch, dass die Heftigkeit ihres Gestankes es uns kaum darin aushalten ließ. Die Ermahnung wieder aufnehmend sagte der Greis: »Siehe, der Herr hat dir die Wahrheit meiner Worte sichtbar bestätigt, damit du mit eigenen Augen sehen kannst, dass der Brandstifter jener Leidenschaft durch das heilsame Bekenntnis aus deinem Herzen gejagt wurde, und damit du durch seine offensichtliche Austreibung erkennen kannst, dass der bloßgestellte Feind (vgl. Hab 2,16) fernerhin niemals mehr Raum in dir haben wird.« So ist also, sagte Moyses, in mir durch die Kraft jenes Bekenntnisses die Herrschaft jener teuflischen Tyrannei ausgelöscht und für immer betäubt worden, sodass der Feind niemals mehr versuchte, mir jemals auch nur die Erinnerung an jene Gier einzugeben, und ich mich danach auch nie mehr getrieben fühlte von der Aufreizung zum Verlangen nach jenem Diebstahl. Diese Auslegung [des Moyses] finden wir auch im Buch Ecclesiastes aufs Schönste bildlich dargestellt, wenn es heißt: »Wenn die Schlange ohne Zischen beißt, hat der Beschwörer keine Macht.« (Eccl 10 = Pred 10,11) Das bedeutet: Wenn einem Beschwörer, das heißt einem geistgeführten Mann, der durch die Melodien der heiligen Schriften eine Wunde schnell zu heilen und das tödliche Schlangengift aus dem Herzen zu ziehen pflegt, eine teuflische Einflüsterung oder ein teuflischer Gedanke nicht in der Beichte offengelegt wird, kann er einem Gefährdeten oder jemanden, der schon bald zugrunde gehen wird, nicht zu Hilfe kommen. Wir werden also am leichtesten auf diese Weise zum Wissen um die wahre Diskretio gelangen können, dass wir, den Fußspuren der Älteren folgend, uns weder anmaßen, etwas Neues zu tun noch aufgrund unseres eigenen Urteils zu entscheiden. Vielmehr wollen wir in allem so wandeln, wie es uns ihre überlieferte Lehre und ihre Bewährung im Leben kundtut. Jeder, der durch diese Unterweisung gefestigt wurde, wird nicht nur zur vollkommenen [Anwendung der] Methode der Unterscheidung hindurchgelangen, sondern gewiss auch vor allen Nachstellungen des Feindes immerfort geschützt bleiben. Mit keinem anderen Laster nämlich zieht der Diabolus den Mönch so in die Tiefe und stürzt ihn in tödliche Verführung, als wenn er ihn überredet, unter Vernachlässigung der Ratschläge der Älteren auf sein eigenes Urteil und seine eigene Einschätzung zu vertrauen. Auch alle Künste und Wissenschaften, die vom menschlichen Geist erfunden wurden, und die zu nichts weiter dienen, als dieses Leben angenehm zu gestalten, können ja von keinem recht verstanden werden ohne Unterweisung durch einen Lehrer, obwohl man sie [diese Künste] mit Händen greifen und mit den Augen sehen kann. Wie töricht ist es da, zu glauben, allein diese [Kunst] benötige keinen Lehrer, die doch unsichtbar und verborgen ist, derer man nur mit reinstem Herzen ansichtig wird; deren fehlerhafte Ausübung nicht einen zeitlichen Schaden gebiert, oder einen, der leicht zu beheben wäre, sondern das Verderben der Seele und den ewigen Tod. Denn sie liegt bei Tag und Nacht im Widerstreit nicht mit sichtbaren (vgl. Eph 6,12), sondern mit unsichtbaren und grausamen Feinden; auch führt sie nicht gegen einen oder zwei Feinde einen geistlichen Kampf, sondern gegen unzählige Scharen. Eine Niederlage in diesem Kampf ist in jeder Hinsicht umso vernichtender, je wütender der Feind und je verborgener der Zusammenstoß ist. Deshalb also sollen wir allezeit unter äußerster Vorsicht den Fußstapfen der Väter folgen und vor ihnen unter Wegziehen des Schleiers einer falschen Scham[11] alles offenlegen, was sich in unserem Herzen regt.

12 Germanus: Einen Grund für uns zur falschen Scham, aus der heraus wir bestrebt sind, schlechte Gedanken zu verbergen, schafft besonders jener Vorfall, durch den wir erfahren haben, dass ein gewisser, in dem Gebiet von Syrien wohnender und – wie man glaubte – ausgezeichneter Altvater gegen einen Bruder, der ihm seine Gedanken in einfältigem Bekenntnis offenbarte, nach dessen Bekenntnis von ziemlicher Entrüstung aufgewühlt, schwere Vorwürfe erhob.

13 Moyses: Wie nicht alle jungen Mönche in gleicher Weise brennend im Geist oder in den besten Grundsätzen und Gebräuchen unterwiesen sind, so können gewiss auch nicht alle Alten gleichermaßen als vollkommen oder bestens bewährt erfunden werden. Maßstab für den Reichtum der Alten sollen ja nicht die ergrauten Haare, sondern der Eifer der Jugendzeit und die Früchte ihrer vormaligen Mühen sein. Es heißt nämlich [in der Schrift]: »Was du nicht gesammelt hast in der Jugend, wie willst du es in deinem Alter finden? Denn nicht ein hohes Alter ist ehrenswert, nicht das nach der Anzahl an Jahren berechnete; vielmehr gilt als ergrautes Haupt die Einsicht eines Menschen und als hohes Alter ein unbeflecktes Leben.« (Sir 25,5; Weish 4,8f) Deshalb sollen wir nicht den Fußstapfen aller Alten folgen oder die Überlieferungen und Ermahnungen derjenigen annehmen, deren Haupt lediglich graues Haar bedeckt oder die allein die Länge ihres Lebens empfiehlt, sondern [den Fußstapfen] derer, von denen wir wissen, dass sie ihr Leben in der Jugend lobenswert und gänzlich rechtschaffen vorgezeichnet haben und die auch nicht von ihren eigenen Überheblichkeiten, sondern von den Überlieferungen der Vorfahren unterrichtet wurden. Es gibt durchaus einige – ihre Zahl ist bedauerlicherweise sogar größer [als man vermuten könnte], die, in ihrer Lauheit, die sie von Jugend auf angenommen haben, und in Mutlosigkeit alt geworden, Autorität für sich beanspruchen, nicht aufgrund der Reife ihres Charakters, sondern wegen der Zahl ihrer Lebensjahre. Vor allem an sie richtet sich jener Tadel des Herrn durch den Propheten: »Fremde haben seine Kraft aufgezehrt, doch er selbst merkt es nicht; sogar weiße Haare sind über ihn gebreitet, doch er selbst weiß es nicht.« (Hos 7,9) Diese, behaupte ich, hat zum Vorbild der Jüngeren nicht die Bewährtheit ihrer Lebensführung noch irgendeine lobens- oder nachahmenswerte Strenge in der beabsichtigten Lebensweise befördert, sondern lediglich die hohe Zahl ihrer Lebensjahre. Indem der ziemlich gerissene Feind ihr Haar zur Täuschung der Jüngeren unter Missbrauch der Achtung, die Älteren gebührt, einsetzt, schickt er sich an, auch diejenigen, die zum Weg der Vollkommenheit entweder durch ihre eigenen oder die Erfahrungen anderer ermuntert werden könnten, mit ausgesuchter Hinterhältigkeit durch deren Beispiel [das Beispiel derer, die nicht als Vorbild taugen] zu verdrehen und zu täuschen, wobei er sie durch deren Lehre und Anleitung freilich zu schädlicher Erstarrung und tödlicher Verzweiflung verführt.

Ich will dazu ein Beispiel erzählen, wobei ich aber den Namen des betreffenden Mönches weglassen will, damit nicht auch wir demjenigen gegenüber, der die ihm offengelegten Laster eines Bruders öffentlich machte, uns dergleichen zuschulden kommen lassen. Ich möchte nur den Fall vorstellen, der uns die notwendige Unterweisung geben kann. Zu diesem uns bestens bekannten Altvater kam also eines Tages ein junger Mönch, keiner von denen, die es möglichst leicht haben wollen, wegen seines Fortschritts und seiner Heilung, und gab frei heraus zu, dass er von sexuellen Anfechtungen und vom Geist der Unzucht beunruhigt werde. Er glaubte nämlich, dass er durch das Gebet des Altvaters Trost in seinen Leiden und Heilmittel für die aufgebrochenen Wunden finden werde. Doch das Gegenteil trat ein: Jener schalt ihn mit den bittersten Worten, nannte ihn eine Jammergestalt und Verachtenswert, keinesfalls würdig, ein Mönch zu heißen, wenn er durch ein derartiges Laster und die Begierde gekitzelt werden könne. So verwundete er ihn durch seine Vorwürfe. Er stürzte ihn in tiefste Verzweiflung und mörderische Traurigkeit. Dann befahl er ihm, sein Kellion zu verlassen. Jener ging, von solcher Niedergeschlagenheit zu Fall gebracht, und richtete sein Denken nicht mehr auf die Heilung von seinem Leiden, sondern auf die restlose Befriedigung der aufgebrochenen Begierde. Da begegnete ihm Altvater Apollo, sehr bewährt unter den Alten. Der erkannte die Schwere und Wucht des Kampfes, der ohne Worte im Herzen des Bruders tobte, als er ihm ins Angesicht schaute. Indem er sich vor ihm auf den Boden warf, fragte er nach dem Grund für so große Verwirrung. Doch jener konnte dem Altvater, der ihn sanft anredete, auch nicht eine einzige Silbe antworten. Mehr und mehr merkte der Altvater, dass er nicht ohne Grund die Ursache solch großer Traurigkeit mit Schweigen bedecken wollte, die er nicht einmal in seinem Gesicht verbergen konnte, und begann ihn noch eindringlicher nach den Gründen seines verborgenen Schmerzes zu befragen.

Dadurch gestellt gestand jener, dass er unterwegs sei zu dem Dorf, um, da er laut dem Urteil jenes Altvaters ja doch kein Mönch sein könne, die Sticheleien des Fleisches nicht zügeln und zu den Heilmitteln der Versuchung nicht gelangen könne, sich eine Frau zu nehmen, die Eremitage zu verlassen und in die Welt zurückzukehren. Altvater Apollo spendete ihm süßen Trost mit liebevollen Worten und versicherte ihm, dass er selbst täglich durch dieselben Sticheleien und Gluten der Reizmittel zur Gier umgetrieben werde. Deshalb müsse er nicht Hals über Kopf in Verzweiflung stürzen noch sich wundern über die Hitze des Widerstreits, der weniger durch die Mühe eigener Anstrengung als durch die Barmherzigkeit und die Gnade Gottes besiegt würde. Apollo fordert von ihm nur einen einzigen Tag Aufschub [seiner Rückkehr in die Welt] und bat ihn, in sein Kellion zurückzukehren. Dann brach er in aller Eile zur Eremitage des vorgenannten Mönches auf.

Als er sich diesem genähert hatte, betete er unter Tränen mit ausgebreiteten Armen: »Herr, der du allein der väterliche Richter und verborgene Arzt der menschlichen Schwachheit bist, wende die Anfechtung jenes Mannes gegen diesen Greis, damit er noch im Alter belehrt wird, mitherabzusteigen zu den Leiden derer, die im Kampf stehen und mitzuleiden mit der Verwundbarkeit der Jüngeren.« Als jener dieses Gebet mit Seufzen beendet hatte, sah er deutlich[12] einen schwarzen Äthiopier[13] gegenüber der Zelle jenes Mönches stehen und feurige Pfeile dagegen schleudern. Jener wurde auch sogleich von den Pfeilen verwundet, er stürzte aus seinem Kellion, rannte hierhin und dorthin wie ein Wahnsinniger und Betrunkener, lief bald in das Kellion hinein, bald wieder heraus, konnte sich nicht mehr darin aufhalten. Schließlich begann er, auf demselben Weg hastig davonzulaufen, auf welchem jener junge Mann gegangen war. Als Altvater Apollo ihn erblickte, wie er, als ob er wahnsinnig geworden von nicht wenigen Furien getrieben würde, verstand er, dass das feurige Geschoss des Diabolus, das er gesehen hatte, in seinem Herzen haftete und in ihm jene Verwirrtheit des Geistes und Unordnung der Sinne durch unerträgliche Gluten bewirkte. Er trat auf ihn zu und sagte: »Wohin eilst du? Welche Ursachen regen dich so kindisch auf und treiben dich an, ziellos umherzulaufen?« Weil jener nun infolge der Anklage seines Gewissens und die hässliche Aufreizung verwirrt, glaubte, das Feuer in seiner Brust sei verraten, jedoch auch nicht wagte, dem

Nachfragenden frei heraus zu antworten, da dem Greis die Geheimnisse seines Herzens geoffenbart worden waren, sagte Apollo: »Kehre zurück in dein Kellion und sieh endlich ein, dass du bisher dem Diabolus entweder unbekannt warst oder von ihm verachtet wurdest, auch nicht zur Schar derjenigen gerechnet, von deren Fortschritt und Eifer er täglich als Widersacher zum Kampf [gegen sie] angestachelt wird; nach einer solchen Reihe von Jahren, die du in diesem Stand zugebracht hast, konntest du ein einziges seiner Geschosse, das er gegen dich schleuderte, nicht einmal einen einzigen Tag lang aushalten, geschweige denn abwehren. Der Herr hat deshalb zugelassen, dass du davon verwundet wirst, damit du wenigstens noch im Alter lernst, mitzuleiden mit den Schwachheiten anderer, und damit du durch dein Beispiel und deine eigene Erfahrung gelehrt wirst, mitherabzusteigen zur Verwundbarkeit der Jüngeren. Du hast nämlich den jungen Mann, der unter dem Angriff des Diabolus litt, mit deiner Antwort nicht nur mit keinerlei Trost gewärmt, sondern ihn sogar in die Hände des Feindes gegeben, weil du ihn in todbringende Verzweiflung stürzen ließest, damit er – unter deiner Mithilfe – von diesem [Feind] jämmerlich verschlungen wird. Der Feind hätte ihn ohne Zweifel keineswegs mit so heftigem Anrennen gegen ihn angegriffen – dich jedenfalls hat er bis jetzt eines solchen Angriffs nicht für würdig erachtet –, wenn er sich nicht aus Neid auf dessen künftigen Fortschritt beeilt hätte, jener Tugend, die er in seiner Seele wohnen sah, zuvorzukommen und sie mit seinen feurigen Geschossen auszubrennen; denn ohne Zweifel sah er in ihm den Stärkeren, den er der Mühe wert fand, ihn mit solcher Wucht anzugreifen. Deshalb: Lerne aus deiner eigenen Erfahrung, mit denen, die sich abmühen, mitzuleiden und Gefährdete auf keinen Fall mit bedrohlicher Verzweiflung in Schrecken zu versetzen oder ihr Leiden durch harte Worte zu verschlimmern. Vielmehr erquicke sie mit sanftem und süßem Trost und, wie das Gebot des Salomo, des Größten unter den Weisen, sagt: ›Zögere nicht, auszulösen, die zum Tode geführt werden; loszukaufen die Todgeweihten.‹ (Prov 24,11) Lerne von dem Vorbild unseres Erlösers, das geknickte Rohr nicht zu brechen und den glimmenden Docht nicht auszulöschen (vgl. Mt 12,20) und von Herzen jene Gnade zu erflehen, durch die du auch selbst vertrauensvoll mit Tat und Tugendkraft zu singen vermagst: ›Der Herr gab mir eine gelehrte Zunge, damit ich durch ein Wort den aufzurichten verstehe, der gefallen ist.‹ (Jes 50,4) Keiner nämlich könnte die Nachstellungen des Feindes aushalten oder den Brand der Gier, der wie wir wissen von Natur aus [in uns] schwelt, auslöschen oder niederhalten, wenn nicht die Gnade Gottes unserer Gebrechlichkeit zu Hilfe kommen, sie beschützen und festigen würde. So lass uns nun, da der Anlass für die heilsame Maßnahme der göttlichen Erziehung weggefallen ist, wodurch der Herr ebenso den jungen Mann von der gefährlichen Glut befreien wie dir eine Lektion erteilen wollte über die Heftigkeit der Anfechtung und das Empfinden von Mitleid – lass uns also ihn im gemeinsamen Gebet anflehen, dass er die Entfernung jener Geißel, die er dir zur Heilung auf dich senden wollte, befiehlt. ›Er selbst nämlich verursacht Schmerz und heilt wieder; er schlägt und seine Hände heilen; er erniedrigt und er erhöht; er tötet und macht lebendig; er führt in die Unterwelt und führt zurück.‹ (Hiob 5,18) Er lösche durch den überströmenden Tau seines Geistes die feurigen Geschosse des Diabolus, die er, wie ich mit eigenen Augen sehen konnte, dich treffen ließ.«

Obwohl der Herr die Versuchung ebenso schnell wie er ihren Angriff zuließ, auf ein einziges Gebet des Greises hin wieder wegnahm, zeigte er doch durch dieses einleuchtende Beispiel, dass man nicht nur die offensichtlichen Laster eines anderen diesem nicht zum Vorwurf machen darf, sondern auch nicht einmal den Schmerz dessen, der leidet, verachten darf, sei dieser Schmerz auch noch so gering. Deshalb soll auch euch keinesfalls die Unerfahrenheit oder Nachlässigkeit nur eines einzelnen älteren Mönches oder mehrerer, deren weißes Haar der ziemlich gerissene Feind zur Täuschung der Jüngeren missbraucht, von jenem heilsamen Weg, den wir vorher nannten, und von der Überlieferung der Vorfahren abschrecken oder ausschließen. Vielmehr soll alles ohne jede Verhüllung durch Scham den Älteren offenbart werden und von ihnen sollen die Heilmittel für die Wunden, die Vorbilder für Wandel und Leben vertrauensvoll übernommen werden. Dann werden wir dieselbe Hilfe und ähnlichen Nutzen erleben, wenn wir wirklich nichts aufgrund unseres Urteils und unseres überheblichen Vorurteils versuchen.

14 Schließlich wird diese Haltung so sehr als Gott wohlgefällig anerkannt, dass wir sogar in den heiligen Schriften genau diese Weisung nicht nur nebenbei eingereiht finden, [wenn wir lesen,] dass der Herr den Knaben Samuel, den er nach seinem Ratschluss auserwählt hatte, nicht durch sich selbst, in der Unterweisung durch das göttliche Wort erziehen wollte (vgl. 1 Sam 3,8), sondern ihn immer wieder zu dem Greis [Eli] laufen ließ. Er wollte, dass der, den er [Gott], zum Empfänger seines Wortes berief, sogar durch die Anweisung dessen, der Gott beleidigt hatte, des Älteren schließlich, unterrichtet wird, und er wollte lieber, dass der, den er seiner Berufung als ganz und gar würdig erachtete, durch die Unterweisung des Älteren geprägt wird; damit nämlich sowohl die Demut dessen, der zum heiligen Dienst berufen wurde, auf die Probe gestellt wurde, als auch den Jüngeren das Beispiel dieser Unterwerfung als ein Vorbild vor Augen gestellt wurde.

15 Sogar den Paulus, als Christus selbst ihn berief und anredete, obwohl er ihm den Weg der Vollkommenheit sofort erschließen konnte, will Christus lieber zu Hananias schicken und will ihn durch diesen den Weg der Wahrheit erkennen lassen, wenn er sagt: »Stehe auf und gehe in die Stadt; dort wird dir gesagt werden, was du tun sollst.« (Apg 9,6) Christus schickt also sogar ihn zu einem Älteren und hält es für richtig, dass er besser durch dessen Belehrung als durch die seine angewiesen wird. Das will heißen: Es sollte das, was richtigerweise im Fall des Paulus geschehen wäre, Späteren ein schlechtes Vorbild an Überheblichkeit bieten, wenn ein jeder sich einreden würde, auch er müsse auf ähnliche Weise eher durch das Lehramt und den Unterricht Gottes allein als durch die Einweisung der Älteren ausgebildet werden. Auch der Apostel selbst lehrt nicht nur in seinen Briefen, sondern auch durch sein Tun und Beispiel, dass diese Überheblichkeit in jeder Hinsicht verworfen werden muss. Er versichert, allein deswegen nach Jerusalem hinaufgegangen zu sein, damit er das Evangelium, das er unter Beistand der Gnade des Heiligen Geistes mit der Vollmacht zu Zeichen und Wundern den Völkern verkündete, mit seinen Mitaposteln und Vorgängern einer vertraulichen Prüfung unterziehe, wenn er sagt: »Ich legte ihnen das Evangelium, das ich unter den Heiden verkünde, zur Prüfung vor, damit ich nicht womöglich in das Nichts hinein (vergeblich) lief oder gelaufen wäre.« (Gal 2,3) Wer also könnte so anmaßend und blind sein, dass er es wagt, sich seinem Urteil und seiner eigenen Entscheidung zu überlassen, während das Gefäß der Erwählung bezeugt, die Unterredung mit den Mitaposteln nötig gehabt zu haben? Damit wird sehr deutlich nachgewiesen, dass keinem von Gott der Weg der Vollkommenheit gezeigt wird, der, obwohl er hat, wodurch er unterrichtet werden kann, die Lehre und die Weisungen der Väter verachtet, und damit jenes Wort, das man äußerst sorgfältig beachten sollte, gering schätzt: »Frage deinen Vater, er wird es dir kundtun; frage deine Alten, sie werden es dir sagen.« (Dtn 32,7)

16 Mit aller Anstrengung also müssen wir versuchen, das Gut der Diskretio, die uns unversehrt vor jeder Übertreibung bewahren kann, mithilfe der Tugend der Demut zu erwerben.

Es gibt ein altes Sprichwort: Gipfel sind Fallgruben. Oder: Alle Übertreibungen führen zu demselben Ergebnis[14]. Denn zu ein und demselben Ende kommen übertriebenes Fasten und Gastrimargia; in denselben Schaden verheddert den Mönch die unmäßige Fortsetzung der Nachtwachen wie die Betäubung im Tiefschlaf. Wer nämlich geschwächt ist durch einen Exzess in der Enthaltsamkeit, muss notwendigerweise in jene Verfassung zurückgeholt werden, in welcher ein Nachlässiger durch seine Sorglosigkeit festgehalten wird. Aus diesem Grund beobachten wir oft, wie diejenigen, die durch die Gastrimargia nicht verführt werden konnten, durch übertriebenes Fasten zu Fall kamen und, begünstigt durch ihre Schwäche, gerade zu derjenigen Leidenschaft absanken, die sie überwunden hatten. Auch brachten Nachtwachen und unvernünftiges Durchwachen der Nächte diejenigen zu Fall, die der Schlaf nicht besiegen konnte. Deshalb, mit dem Apostel gesprochen, müssen wir »mit den Waffen der Gerechtigkeit« (2 Kor 6,7) im Einhalten des rechten Maßes an dem, »was zur Rechten und zur Linken ist«, vorübergehen und uns so zwischen beiden Übertreibungen, [zwischen Skylla und Charybdis,] vorwärtsbewegen, damit wir uns weder mit Behagen und bereitwillig vom überlieferten Pfad der Enthaltsamkeit wegführen lassen, noch durch schädliche Nachsicht den Gelüsten des Gaumens und des Bauches verfallen.

17 Ich erinnere mich durchaus, dass ich oft das Verlangen nach Speise so völlig von mir warf[15], dass meinen Geist nach zwei oder drei Tagen ohne Nahrung nicht einmal eine Erinnerung an irgendein Essen überkam. Auch hatte ich, verursacht vom Kampf des Diabolus gegen mich, meine Augen so sehr vom Schlaf entwöhnt, dass ich mehrere Tage und Nächte lang Gott anflehte, über meine Lider wenigstens etwas Schlaf zu gießen. Ja, schwerer fühlte ich mich gefährdet durch die Ablehnung von Schlaf und Speise als durch den Kampf gegen Schlaf und Gier nach Essen. Deshalb gilt: Zwar müssen wir uns anstrengen, nicht durch das Verlangen nach körperlicher Lust in gefährliche Verweichlichung abzugleiten, und dürfen uns nicht herausnehmen, uns vor der festgesetzten Zeit Speise zu erlauben oder das Maß zu überschreiten; doch sollen wir die Erquickung durch Speise und Schlaf zur erlaubten Zeit annehmen, auch wenn wir es nur widerwillig tun.

Der Krieg nach beiden Seiten nämlich entsteht auf Betreiben des Feindes, wobei ungezügelte Enthaltsamkeit schlimmer zu Fall kommen lässt als eine ausgelassene Sattheit. Denn davon kann man sich mithilfe einer heilsamen Zerknirschung hin zu strengem Maßhalten aufraffen, von der maßlosen Enthaltsamkeit jedoch nicht.

18 Germanus: Was aber ist der Maßstab für Enthaltsamkeit, im Blick auf den wir, wenn wir ihn als ruhiges Steuerruder einsetzen, unversehrt zwischen den beiden Gefahren [von Skylla und Charybdis] hindurchgelangen können?

19 Moyses: Wir wissen, dass bezüglich dieser Frage von unseren Vorgängern schon oft das angemessene Verhalten erörtert wurde. Sie diskutierten nämlich die Arten von Enthaltung unterschiedlicher [Mönche], die sich häufig nur mit Hülsenfrüchten oder Gemüse oder nur mit Äpfeln am Leben hielten; sie gaben vor all dem der Ernährung mit Brot den Vorzug. Als angemessenes Maß legten sie zwei kleine trockene Brote fest. Diese nicht gerade großen Brote haben sicherlich kaum das Gewicht eines Pfundes.

20 Germanus: Wir anerkannten das mit Freuden, antworteten jedoch, dass wir dieses Maß kaum für eine Entsagung hielten, da wir es auf keinen Fall ganz verzehren könnten.

21 Moyses: Wenn ihr die Kraft dieses Beschlusses erfahren wollt, dann haltet diese Maßgabe beständig ein, indem ihr nicht, außer am Tag des Herrn oder am Sabbat, zusätzliche Kost aus Gekochtem[16], auch nicht mit irgendeiner Begründung in der Ankunft von Brüdern zu euch nehmt; denn davon gestärkt kann der Leib an den übrigen Tagen nicht nur mit weniger erhalten werden, sondern sogar die gesamte Nahrungsaufnahme ohne Mühe aufschieben, da er ja durch die Zufuhr von Speisen, die er zusätzlich aufgenommen hat, gestärkt wurde. Jeder aber, der sich mit der Menge des vorgenannten Maßes begnügt, wird dies auf keinen Fall tun können oder gar die Stärkung mit Brot auf den folgenden Tag aufschieben können. Ich erinnere mich freilich, dass unsere Väter – worunter auch wir meines Wissens häufig gelitten haben – unter so gewaltiger Anstrengung und Mühe diese Kargheit aushielten und unter so großem Kraftaufwand und mit Hunger das vorgenannte Maß beachteten, dass sie sozusagen nur mit Widerwillen und nicht ohne Seufzen und Klagen sich diese Einschränkung der Nahrung auferlegten.

22 Als allgemeingültiges Maß der Enthaltsamkeit gilt jedoch: Ein jeder soll sich je nach den Möglichkeiten seiner Körperkräfte oder des Alters so viel an Speise erlauben, wie die Erhaltung des Leibes, nicht aber das Verlangen nach Sättigung einfordert. Nach beiden Seiten nämlich wird sich großen Schaden einhandeln, wer dem Unmaß frönt, indem er den Magen bald durch die Dürre des Fastens schrumpfen lässt, bald durch ein Übermaß an Nahrung aufbläht. Wie nämlich der Geist, durch den Mangel an Nahrung erschöpft, die Kraft zum Beten verliert, da er durch zu große Schwäche des Fleisches zu Boden gedrückt in den Schlaf getrieben wird, so wird er umgekehrt durch das Unmaß des In-sich-Hineinschlingens von Nahrung unterdrückt, nicht reine und unbeschwerte Gebete zu Gott aussenden können. Auch wird er nicht einmal die Reinheit gerade der Keuschheit in ununterbrochener Beständigkeit bewahren können, da ihm sogar an jenen Tagen, an welchen er das Fleisch mit härterer Enthaltsamkeit zu züchtigen scheint, der Zunder der Speise aus vorigen Tagen das Feuer der fleischlichen Begierde entfacht.

23 Was sich durch ein Zuviel an Speisen in den Eingeweiden festgesetzt hat, muss ausgeleitet und schon nach dem Gesetz der Natur fortgetrieben werden – der Natur, die nicht duldet, dass ein Übermaß irgendeines überflüssigen Saftes[17], der ihr schadet und zuwider ist, in ihr bleibt. Aus diesem Grund muss unser Leib mit einer vernünftigen und gleichmäßigen Kargheit gezüchtigt werden, damit uns der gesamte Lauf des Jahres eher weniger und nicht öfter als dreimal von diesem Unrat benetzt findet, wenngleich wir, solange wir im Fleisch weilen, von dieser natürlichen Notwendigkeit nicht völlig frei sein können. Doch soll dies der ruhige Tiefschlaf ohne Aufreizen ausführen, nicht ein Trugbild als ein Hinweis auf geheime Lust hervorlocken.

Es ist also die besagte kontinuierliche Gleichmäßigkeit und Maßhaltung in der Enthaltsamkeit, die auch vom Urteil der Väter gebilligt wird – dass nämlich der tägliche Verzehr von Brot vom täglichen Hunger begleitet sein soll, [die Maßhaltung,] die gleicherweise Seele und Leib in demselben Zustand bewahrt, und die nicht zulässt, dass der Geist entweder vor Erschöpfung im Fasten verfällt oder vor Sattheit träge wird. Durch solche Einschränkung wird er in Grenzen gehalten, sodass er zuweilen nach dem Abendgebet weder merkt noch sich erinnert, gegessen zu haben.

24 Dies wird jedoch in solchem Ausmaß nur unter Anstrengung durchgehalten, dass diejenigen, welche die Vollkommenheit der Diskretio nicht kennen, lieber das Fasten auf zwei Tage verlängern wollen und das, was sie heute hätten zu sich nehmen können, für den nächsten Tag aufbewahren, nur damit sie dann beim Essen sich die gewünschte Sättigung verschaffen können. Ihr wisst, dass dies euer Landsmann Benjamin hartnäckig eingehalten hat, der, um nicht täglich mit der Aufnahme von zwei kleinen Broten mit gleichmäßiger Einschränkung die fortgesetzte Kargheit aushalten zu müssen, lieber immer das Fasten zwei Tage lang fortsetzen wollte, nur um dann beim Essen die Unersättlichkeit des Magens mit der doppelten Menge zu stillen, das heißt durch den Verzehr von vier kleinen Broten die ersehnte Sättigung genießen zu können und sozusagen die Überfüllung seines Magens [dann] durch das zweitägige Fasten auszugleichen. Ihr wisst ohne Zweifel, zu welchem Ende er seinen Plan brachte, als er in der Verstockung und Widerspenstigkeit seines Geistes lieber auf seine eigenen Bestimmungen als auf die Überlieferungen der Väter vertraute: Er verließ die Wüste, wurde verstrickt in die eitle Weisheit dieser Welt (vgl. 1 Kor 1,20) und die Nichtigkeit alles Zeitlichen. Möge er die obengenannte Lehre der Väter besiegeln durch das Beispiel seines Falles und durch seinen Untergang alle belehren, dass keiner, der auf sein eigenes Urteil vertraut, den Gipfel der Vollkommenheit je zu besteigen vermag, geschweige denn die verderbenbringende Hinterlist des Diabolus zu durchschauen imstande ist.

25 Germanus: Wie also können wir dieses Maß ununterbrochen einhalten? Manchmal nämlich, wenn zur neunten Stunde, schon nach dem Ende des Fastens, Brüder ankommen, ist es aus Rücksicht auf sie nötig, entweder dem festgelegten und gewohnten Maß etwas hinzuzufügen oder allerdings die Menschenliebe, die wir allen entgegenbringen sollen, ganz zu verleugnen.

26 Es ist angemessen, beides gleicherweise und mit gleicher Sorgfalt zu beachten. Denn wir müssen sowohl das Maß der Nahrung um der Enthaltsamkeit und Reinheit willen mit größter Genauigkeit einhalten als auch den ankommenden Brüdern unter Festhalten an der Liebe Menschenfreundlichkeit und Ermutigung zukommen lassen. Es ist doch ziemlich abwegig, dass du dem Bruder und mit ihm Christus selbst den Tisch anbietest, aber nicht zusammen mit ihm etwas zu dir nimmst oder dich von seiner Mahlzeit absonderst. Wir werden folglich in keinem Fall als tadelnswert erfunden werden, wenn folgende Gewohnheit von uns eingehalten wird: Zur neunten Stunde[18] verkosten wir von den beiden Broten, die uns nach festgesetztem Maß zu Recht gehören, ein Brot sofort. Das zweite heben wir in Erwartung des Besuchs der Brüder für den Abend auf, um es, falls einer der Brüder ankommt, zusammen mit ihm zu uns nehmen zu können, ohne der üblichen Gewohnheit etwas hinzuzufügen. Unter dieser Handhabung wird uns der Besuch eines Bruders, der uns doch höchst willkommen sein sollte, auch keineswegs betrüben. In jedem Fall erweisen wir ihm damit einen Dienst unter Befolgung der [Verpflichtung zur] Menschenfreundlichkeit, ohne in der Strenge der Enthaltsamkeit nachzulassen. Wenn aber keiner kommt, so essen wir auch das andere Brot ohne Bedenken auf, ganz wie es uns nach dem vorgegebenen Maß zusteht. Von solcher Kargheit kann auch der Magen am Abend nicht beschwert werden, da ja um die neunte Stunde ein Brot schon im Voraus verzehrt wurde. Gewöhnlicherweise kommt das [nur] bei denen vor, die in der Meinung, eine strengere Enthaltsamkeit zu üben, den gesamten Verzehr der Brote auf den Abend verschieben. Doch lässt die Aufnahme von Nahrung kurz vorher nicht zu, dass man beim abendlichen oder nächtlichen Gebet zu einer feinen und unbeschwerten Besinnung findet. Deshalb wurde hinlänglich vorteilhaft und nützlich zur neunten Stunde die Zeit zum Essen bewilligt; der Mönch, der zu dieser Zeit Nahrung aufnimmt, wird nicht nur in den nächtlichen Vigilien leicht und frei erfunden werden, sondern auch bestens bereit zur Feier des Abendgebetes, da er die Nahrung schon verdaut hat.

Mit solchem Festmahl einer zweifachen Unterweisung labte uns der heiligmäßige Moyses, indem er uns die Gnade und die Kraft der Diskretio nicht nur in der gerade gehörten Darlegung durch seine Worte, sondern auch in der vorherigen Erörterung die Methode der Absage [an die Welt] sowie Sinn und Ziel unseres Vorhabens aufzeigte. So kam es, dass er uns klarer als bei Licht sehen ließ, was wir vorher in der Glut des Geistes und im Eifer für Gott nur wie mit geschlossenen Augen verfolgt hatten. Er ließ uns erahnen, wie weit und wie lange wir von der Reinheit des Herzens und von der Zielgeraden abgekommen waren.

Denn auch die Ausübung aller sichtbaren Künste in dieser Welt kann ganz und gar nicht ohne Zielbestimmung auskommen und ohne den Blick auf das genau festgelegte Ziel auf keinen Fall das höchste Ziel erreichen.

Komm in das Land, das ich dir zeigen werde.
Nicht in ein Land, das du aus dir selbst kennen
oder durch deine Anstrengung finden könntest,
sondern das ich dir zeigen werde –
dir, der du es nicht nur nicht kennst,
sondern nicht einmal suchst.

Collatio 3

Abbas Paphnutios spricht über die drei Berufungen und die drei Absagen an die Welt

1 In jener Schar der Heiligen, die als hell leuchtende Sterne in der Nacht dieser Welt erstrahlten, sehen wir den heiligen Paphnutios durch die Leuchtkraft seines Wissens wie ein großes Licht funkeln. Er war ja Priester unserer Gemeinschaft, nämlich jener, die in der Wüste Sketis lebte. Er hielt es in ihr bis ins höchste Alter in der Weise aus, dass er nie aus dem Kellion, das er als junger Mann einmal bezogen hatte und das von der Kirche fünf Meilen[1] entfernt war, ging, nicht einmal zum benachbarten [Kellion], damit er aufgrund der Altersschwäche nicht überanstrengt wurde, wenn er am Sabbat oder am Tag des Herrn zur Kirche kommen wollte. Er war jedoch auch nicht zufrieden, von da ohne etwas zurückzukehren; vielmehr lud er ein Gefäß mit dem Wasser, das er für die Woche benötigte, auf seinen Nacken und trug es zu seinem Kellion. Obwohl er schon das neunzigste Lebensjahr überschritten hatte, duldete er niemals, dass sich ein Jüngerer die Mühe machte, ihm das Wasser zu bringen. Er hatte sich von seiner Jugend auf mit solchem Eifer in die Schule der Koinobiten begeben, dass er schon nach kürzester Zeit des Unterrichts gleicherweise einen Schatz an Gehorsam wie an Kenntnis aller Tugenden gesammelt hatte. Indem er nämlich durch das Einüben von Demut und Gehorsam all seinen Eigenwillen tötete, dadurch alle Laster ausgelöscht und die Vollkommenheit in allen Tugenden erreicht hatte, welche durch die Anordnungen der Monasteria sowie die Lehre der ältesten Väter begründet wurde, eilte er später, entzündet von der Sehnsucht nach Fortschritt, der höher emporführt, die Einsamkeit der Wüste zu durchdringen, um leichter mit dem Herrn vereinigt zu werden. Er dürstete ja danach, mitten in die Schar der Brüder gestellt, dem Herrn untrennbar anzuhangen, ohne dass ein menschlicher Umgang ihn davon wegzog. Auch dort wieder übertraf er die Tugenden sogar der Anachoreten durch ungeheuer großen Eifer. In der Sehnsucht und im Verlangen nach jener beständigen Schau Gottes mied er jede menschliche Begegnung, drang zu den ödesten und unzugänglichsten Orten der Wüste vor und verbarg sich dort für lange Zeit, sodass er selbst von den Anachoreten nur schwer und höchst selten ausfindig gemacht werden konnte. Man glaubte, dass er die Freude und Wonne des täglichen vertrauten Umgangs mit den Engeln genieße. Wegen dieser Tugend gaben sie ihm den Beinamen »Bubalus«, das heißt: Büffel.

2 Da wir nun wünschten, durch seine Belehrung unterwiesen zu werden, und außerdem von mancherlei Überlegungen umgetrieben wurden, erreichten wir sein Kellion, als sich der Tag schon zum Abend neigte. Nachdem er eine geraume Zeit geschwiegen hatte, begann er unseren Vorsatz zu preisen, dass wir das Vaterland verlassen und so viele Gegenden aus Liebe zum Herrn durchzogen hatten und mit so großem Eifer danach strebten, die Armut und Ödnis der Wüste und die Härte ihres Lebens zu ertragen[2], die sie ihrerseits, obwohl sie doch für diesen Mangel und diese Armseligkeit geschaffen und darin erzogen wurden, kaum aushalten könnten.

Wir antworteten, uns deshalb nach seiner Lehre und Meisterschaft ausgestreckt zu haben, damit wir durch die Unterweisungen und die Vollkommenheit eines so bedeutenden Mannes wenigstens etwas erquickt werden könnten; hatten wir doch durch unzählige Zeugnisse erfahren, dass ihm diese Vollkommenheit zu eigen sei. Nicht aber seien wir gekommen, um durch irgendwelche Lobreden, die in uns keinen Grund fänden, beschwert zu werden oder in der Überheblichkeit des Herzens, durch die wir auch in unseren Kellia manchmal durch die Einflüsterung des Feindes gereizt wurden, nun auch durch seine Worte aufgeblasen zu werden. Wir baten deshalb, dass uns lieber das eingeflößt wird, wodurch wir zerknirscht und klein werden, nicht jedoch, wodurch wir veranlasst werden könnten, uns selbst zu schmeicheln oder überheblich zu werden.

3 Darauf erwiderte der gottselige Paphnutios: Es gibt drei Arten von Berufungen, und es gibt drei Absagen[3], die dem Mönch, auf welcher Stufe der Berufung er sich auch befinden mag, vonnöten sind. Doch müssen wir zunächst den ersten Grund, dessentwegen es die drei genannten Berufungen gibt, untersuchen, damit wir, wenn wir erkannt haben, dass wir zur Verehrung Gottes auf der ersten Stufe der Berufung herangeführt wurden, dementsprechend an der Höhe dieser Stufe auch die Übereinstimmung unseres Wandels [damit] ausrichten. Denn es ist sinnlos, hoch eingestiegen zu sein, wenn wir das höchste Ziel nicht entsprechend den Anfängen verwirklichen. Auch wenn wir wissen, dass wir in der letzten Reihe[4] aus dem Wandel in der Welt herausgezogen wurden, so lasst uns, je weniger wir uns auf einen bewährten Anfang hinsichtlich der Gottesverehrung zu stützen scheinen, uns selbst umso brennender durch geistliche Glut zu einem besseren Ende anfachen. Auch den zweiten Grund der dreifachen Berufung müssen wir auf jeden Fall kennen; denn wir können niemals zur Vollkommenheit gelangen, wenn wir diese Ursache entweder nicht kennen oder, obwohl wir sie kennen, uns nicht anstrengen, sie in die Tat umzusetzen.

4 Um diese drei Arten der Berufung durch je ein typisches Merkmal darzulegen:

Die erste geschieht durch Gott, die zweite durch einen Menschen, die dritte aufgrund einer Notlage. Die erste Berufung durch Gott ereignet sich, wenn eine gewisse unmittelbare Eingebung in unser Herz – manchmal sogar im Schlaf – uns zur Sehnsucht nach dem ewigen Leben und Heil erweckt und uns mahnt, Gott und seinen Geboten in äußerst heilsamer Erschütterung anzuhangen.

So lesen wir in den heiligen Schriften, dass Abraham durch Gottes Stimme weggerufen wurde vom väterlichen Grund und Boden, aus der Verbundenheit mit jeglicher Verwandtschaft und aus dem Haus seines Vaters, als der Herr zu ihm sagte: »Gehe weg aus deinem Vaterland, von deiner Verwandtschaft und aus dem Haus deines Vaters.« (Gen 12,1) Wir wissen, dass auch der gottselige Antonios auf diese Weise herausgerufen wurde, der den Anstoß für seine Umkehr allein von der Gottheit[5] empfing, als er nach Betreten der Kirche dort den Herrn im Evangelium sagen hörte: »Wer nicht Vater und Mutter, Kinder und Ehegatten und Felder hasst, und außerdem sein eigenes Leben, kann nicht mein Jünger sein.« Und: »Wenn du vollkommen sein willst, geh, verkaufe alles, was du hast, und gib den Armen, und du wirst einen Schatz im Himmel haben. Dann komm, folge mir!« (Mt 19,21) Er nahm dieses Gebot des Herrn mit größter Erschütterung des Herzens als eigens an ihn gerichtet auf, verließ eilends alles und folgte Christus nach, durch keine Ermahnung oder Lehre von Menschen dazu aufgefordert.

Es gibt eine zweite Art der Berufung, die, wie wir schon sagten, durch Menschen geschieht, wenn wir durch das Vorbild oder die Ermahnungen der Heiligen[6] zur Sehnsucht nach dem Heil angespornt und entflammt werden. Wir vergessen nicht, dass so auch wir durch die Gnade des Herrn herzugeführt wurden, die wir uns, angestachelt durch die Ermahnungen und Tugenden des vorgenannten Mannes [Antonios], diesem Streben und dieser Berufung hingegeben haben. Wir lesen auch in den heiligen Schriften, dass auf diese Weise das Volk Israel durch Mose aus der Unterdrückung in Ägypten befreit wurde.

Die dritte Art der Berufung ergibt sich aus einer Notlage: Wenn wir, mit den Reichtümern oder Vergnügungen dieser Welt beschäftigt, durch plötzlich hereinbrechendes Unglück – etwa wenn Todesgefahr droht, wenn Verlust des Besitzes oder öffentliche Ächtung uns treffen, wenn der Tod von uns nahestehenden Menschen uns niederschmettert –, wenn wir also dadurch getrieben werden, wenigstens unfreiwillig zu Gott, den wir im Glück verachtet haben, zu eilen. Die Erwähnung dieser Art von Berufung finden wir in den Schriften ebenfalls recht häufig, wenn wir lesen, dass das Volk Israel, nachdem es wegen seiner sündigen Taten von Gott seinen Feinden ausgeliefert worden war, wegen der Herrschaft und der maßlosesten Grausamkeit der Feinde wieder zum Herrn bekehrt, zu ihm geschrien hat. Es heißt: »Der Herr sandte ihnen den Retter Ehud, den Sohn des Gera, den Sohn des Jamin, der beide Hände wie die rechte Hand gebrauchte.« (Ri 3,15) Außerdem heißt es: »Sie schrien zum Herrn, der ihnen einen Retter erweckte, und sie befreite, Otniel, den Sohn des Kemas, den jüngeren Bruder des Kaleb.« (Ri 3,9) Im Psalm wird von ihnen gesagt: »Als er sie tötete, da suchten sie ihn und kehrten um; in der Morgendämmerung kamen sie zu Gott. Sie erinnerten sich, dass Gott ihr Helfer ist.« (Ps 77 = Ps 78,34f) Und es heißt: »Sie schrien zum Herrn, als sie gequält wurden, und er befreite sie aus ihrer Not.« (Ps 107,19)

5 Zwar scheinen unter diesen drei Arten die beiden ersten sich auf die besseren Anfänge zu gründen, dennoch finden wir, dass sich auch auf der dritten Stufe, welche die unterste und wenig anstrengende zu sein scheint, vollkommene Männer, durchglüht vom Geist, hervorgetan haben, denen ebenbürtig, die unter der besten Voraussetzung zum Dienst für Gott angetreten auch ihr übriges Leben in der lobwürdigen Glut des Geistes zubrachten. Auf der anderen Seite aber [finden wir] viele auf jener höheren Stufe, die lau wurden und sehr oft ein tadelnswertes Ende fanden. Von daher: Wie es jenen nicht schadete, dass sie anscheinend nicht durch ihre eigene Entscheidung, sondern gezwungenermaßen umkehrten, zumal ihnen eben dieses Widerfahrnis, durch das sie getroffen wurden, die Güte des Herrn verschaffte, so nützte es auch jenen überhaupt nichts, einen erhabeneren Anfang der Umkehr gehabt zu haben, weil sie nicht danach strebten, das restliche Leben mit einem entsprechenden Ende zu beschließen. Auch dem Abbas Moyses, der im Gebiet der Wüste wohnte, das Calamus[7] genannt wird, fehlte überhaupt nichts zum Gewinn der vollkommenen Glückseligkeit, als er getrieben von der Furcht vor dem Tod, der ihm wegen des Verbrechens eines Mordes drohte, sich in eine Einsiedelei flüchtete. Er riss[8] den Zwang zur Umkehr so sehr an sich, dass er sie mit fest entschlossener Willenskraft zu eigenem Wollen wandelte und zum Gipfel der Vollkommenheit hindurchdrang. Umgekehrt hat es vielen, die ich nicht namentlich zu erwähnen brauche, nichts genützt, das Joch des Herrn (vgl. Mt 11,29) mit einem besseren Anfang auf sich genommen zu haben, die schließlich durch ihre spätere Trägheit und Härte des Herzens in verderbenbringende Lauheit und den Schlund des Todes stürzten. Diese Tatsache sehen wir auch bei der Berufung der Apostel ganz einleuchtend dargestellt. Was nützte es denn dem Judas, die höchste Würde des Apostelamtes in derselben Weise, in der auch Petrus und die übrigen Apostel berufen worden waren, freiwillig angenommen zu haben, wenn er doch, indem er den herrlichen Anfang seiner Berufung mit dem unseligen Ende der Gier nach Geld beschloss, bis zum Verrat des Herrn als verruchter Mörder seines Herrn abstürzte? Andererseits: Was schadete es dem Paulus, dass er, plötzlich erblindet, anscheinend gegen seinen Willen auf den Weg des Herrn gezerrt wurde, wenn er doch später, dem Herrn mit solcher Glut des Herzens folgend und den erzwungenen Anfang in freiwilliger Hingabe vollendend, sein von herrlichen Tugenden strahlendes Leben mit einem außerordentlichen Ende beschloss?

Es kommt also ganz und gar auf das Ende an (vgl. Hebr 13,7), wobei ebenso einer, der sich den Anfängen einer sehr guten Umkehr widmete, durch Nachlässigkeit auf niedrigerer Stufe erfunden werden kann, wie einer, aus einer Not heraus zum Eintritt in den Mönchsstand herangezogen, durch Ehrfurcht gegenüber Gott und Sorgfalt vollkommen werden kann.

6 Nun gilt es auch, die drei Absagen zu erörtern. Dass es drei sind, zeigt die Überlieferung der Väter und der Heiligen Schrift. Es erübrigt sich zu sagen, dass wir jede dieser drei Absagen mit aller Kraft vollziehen sollen. Erste Absage: Wir verachten körperlich[9] alle Reichtümer und [angeblich] unbedingt notwendigen Güter dieser Welt. Die zweite: Wir weisen die Gewohnheiten, Laster und früheren Affekte der Seele und des Fleisches von uns. Die dritte: Wir ziehen unser Sinnen und Trachten von allem Gegenwärtigen und Sichtbaren ab, betrachten nur das Zukünftige und begehren Unsichtbares. Wir lesen in der Schrift, dass der Herr dem Abraham befohlen hat, diese drei Verweigerungen auf einmal zu vollbringen, wenn er zu ihm sagt: »Geh weg aus deinem Land, aus deiner Verwandtschaft und aus dem Haus deines Vaters.« (Gen 12,1) Zuerst hat er gesagt: »Aus deinem Land.« Das bedeutet: Aus den Möglichkeiten und erdverhafteten Werken dieser Welt. Dann: »Aus deiner Verwandtschaft.« Das bedeutet: Aus unserem Lebenswandel sowie den früheren Gewohnheiten und Lastern, von denen wir wissen, dass sie von Geburt an mit uns verwachsen sind wie durch Familienzugehörigkeit und Blutsverwandtschaft. Drittens: »Aus dem Haus deines Vaters.« Das bedeutet: Von jedem Eindruck von dieser Welt, der sich dem leiblichen Auge bietet. So singt auch David in Stellvertretung Gottes von zwei Vätern, von einem, der zu verlassen ist, und[10] von einem anderen, der aufzusuchen ist: »Höre, Tochter, und sieh, neige dein Ohr: Vergiss dein Volk und das Haus deines Vaters.« (Ps 44 = 45,11) Der nämlich sagt: »Höre, Tochter«, ist gewiss der Vater. Nichtsdestoweniger bezeugt er, dass jener, dessen Haus und Volk er mahnt zu vergessen, der Vater seiner Tochter gewesen ist. Dies geschieht dann, wenn wir mit Christus den Kategorien[11] dieser Welt gestorben, in Übereinstimmung mit dem Apostel »nicht mehr auf das Sichtbare, sondern auf das Unsichtbare« schauen. »Das Sichtbare jedoch ist vergänglich, das Unsichtbare ewig.« (2 Kor 4,18) Indem wir nun im Herzen aus diesem zeitlichen und sichtbaren Haus ausziehen, richten wir unsere Augen und unseren Geist auf jenes [Haus], in dem wir dauerhaft bleiben werden. Wir führen dies dann aus, wenn wir, obwohl wir noch im Fleisch wandeln (vgl. Röm 8,4), nicht anfangen, dem Herrn Kriegsdienst nach dem Fleisch zu leisten, sondern jenes Wort des Apostels in Tat und Tugendkraft verkünden: »Unser Burgerrecht jedoch ist in den Himmeln.« (Phil 3,20)

Auf diese drei [genannten] Absagen beziehen sich insbesondere die drei Bücher Salomos: Die Sprichwörter [Proverbia] entsprechen der ersten Absage; durch sie werden die Gier nach den Gütern des Fleisches und die irdischen Laster beschnitten. Das Buch Ecclesiastes [Kohelet, entspricht] der zweiten Absage; in ihm wird alles, was unter der Sonne getan wird, als eitle Nichtigkeit (vgl. Eccl 1,2; 12,8) bezeichnet. Der dritten Absage entspricht das Lied der Lieder [Hoheslied], in dem der Geist, der über alles Irdische emporsteigt, schon mit [Christus,] dem Wort Gottes in der Schau himmlischer Dinge vereint wird.

7 Es wird also nicht viel nützen, wenn wir zwar die erste Absage mit der größten Hingabe im Glauben auf uns genommen haben, die zweite jedoch nicht mit demselben Eifer und derselben Glut erfüllen. Dann, wenn wir auch diese erreicht haben, können wir schließlich zu jener dritten Absage hindurchgelangen, in der wir, ausgezogen aus dem Haus unseres ersten Vaters, von dem wir erinnern, dass er seit dem Tag unserer Geburt dem alten Menschen nach unser Vater war, als »wir naturgemäß Söhne des Zorns waren wie die anderen« (Eph 2,3), den Blick unseres Geistes strikt zum Himmlischen emporrichten. Von diesem Vater wird auch zu Jerusalem, [der Stadt,] die Gott als ihren wahren Vater verachtet hatte, gesagt: »Dein Vater: Ein Amoriter. Deine Mutter: Eine Hetiterin.« (Ez 16,3) Im Evangelium heißt es: »Ihr stammt vom Teufel als eurem Vater ab und wollt die Begierden eures Vaters ausführen.« (Joh 8,44) Wenn wir ihn verlassen, indem wir vom Sichtbaren zum Unsichtbaren gelangen, können wir mit dem Apostel sagen: »Wir wissen jedoch, dass wir, wenn auch dieses unser irdisches Haus aufgelöst wird, eine Wohnung von Gott her haben, ein ewiges, nicht mit Händen gebautes Haus im Himmel.« (2 Kor 5,1) Ebenso [gilt], was wir eben[12] schon erwähnten: »Wir haben jedoch unser Wohnrecht in den Himmeln, von wo wir auch unseren Retter, Jesus Christus, den Herrn, erwarten, der den Leib unserer Nichtigkeit neu gestalten wird, gleichgestaltig dem Leib seiner Herrlichkeit.« (Phil 3,20f) Oder jenes Wort des seligen David: »Ich bin ein Fremdling auf Erden, ein Pilger wie alle meine Vorfahren.« (Ps 118 = 119,19; 38 = 39,13) [Wir können also so mit dem Apostel sprechen,] damit wir nach dem Wort des Herrn wie jene werden, von denen der Herr im Evangelium zu seinem Vater sagt: »Sie sind nicht von dieser Welt, wie auch ich nicht von dieser Welt bin.« (Joh 17,16) Insbesondere zu den Aposteln sagt er: »Wenn ihr von dieser Welt wäret, würde die Welt das Ihre gewiss lieben. Weil ihr jedoch nicht von dieser Welt seid, sondern ich euch von dieser Welt erwählt habe, hasst sie euch.« (Joh 15,19) Wir werden also dann würdig erfunden werden, die wahre Vollkommenheit der dritten Absage entgegenzunehmen, wenn unser Geist durch keine Berührung mit dem Schmutz des Fleisches abgestumpft, sondern durch sachkundigstes Polieren blank und scharf, gereinigt von jeder Leidenschaft und irdischen Eigenschaft, durch das unablässige Nachsinnen über göttliche Dinge und mit dem Blick des geistigen Auges zu dem, was unsichtbar ist, übergesetzt hat, sodass er, in gespannter Erwartung des Himmlischen und Unkörperlichen, nicht fühlt, dass er mit der Gebrechlichkeit des Fleisches und dem Rost des Körpers umgeben ist. Er wird derart zu einem Außer-dem-Körper-Sein hinweggerissen, dass er weder mit dem körperlichen Gehör noch Laute vernimmt noch beim Blick auf Vergängliches mit Bildeindrücken besetzt wird, ja nicht einmal Gebäude der Umgebung oder große Bäume[13], die im Weg stehen, mit den leiblichen Augen sieht. Die Glaubwürdigkeit und Zuverlässigkeit dieser Tatsache kann jedoch nur verstehen, wer das Gesagte durch die Erfahrung als Lehrmeisterin zu kennen gelernt hat. Der Herr hat die Augen seines Herzens nämlich so sehr von allem Gegenwärtigen weggezogen, dass er es nicht nur als vergehend, sondern gleichsam schon wie nichtigen Rauch in ein Nichts aufgelöst ansieht. Wie Henoch wandelt er mit Gott, und über menschliches Tun und Gehabe hinausgehoben, wird er nicht in der Nichtigkeit dieser Welt erfunden. Dass sich dies an Henoch auch körperlich vollzog, daran erinnert die Lesung aus der Genesis, wenn es heißt: »Henoch wandelte mit Gott und wurde nicht mehr [auf Erden] gefunden, denn Gott nahm ihn hinweg.« (Gen 5,24) Der Apostel sagt ebenfalls: »Durch den Glauben wurde Henoch aus der Welt hinweggenommen, damit er den Tod nicht sah.« (Hebr 11,5) Von diesem Tod sagt der Herr im Evangelium: »Wer lebt und an mich glaubt, wird in Ewigkeit nicht sterben.« (Joh 11,26) Deshalb sollen wir, wenn wir ersehnen, die wahre Vollkommenheit zu erreichen, so wie wir dem Leibe nach Eltern, Heimat, Reichtum und die Lust der Welt verachtet haben, auch im Herzen eilends dies alles verlassen und mit keinerlei Gier zu dem, was wir verlassen haben, zurückkehren. Dies wird ja von jenen berichtet, die durch Mose [aus Ägypten] herausgeführt wurden, dann aber, auch wenn sie körperlich nicht zurückgingen, doch im Herzen nach Ägypten zurückkehrten, als sie nämlich Gott verließen, der sie mit solch starker Kraft der Zeichen aus Ägypten herausgeführt hatte, und als sie die Götterbilder der Ägypter verehrten, die sie verachtet hatten. Die Schrift berichtet also: »In ihrem Herzen kehrten sie nach Ägypten zurück, als sie zu Aaron sagten: ›Mach uns Götter, die uns voranziehen.‹« (Apg 7,39f) Mit ihnen werden wir in gleicher Weise verdammt, die, als sie sich in der Wüste aufhielten, nach der Speise des himmlischen Manna die übelriechenden Speisen der Laster und der schmutzigen Wohlfeilheit ersehnten, mit ihnen scheinen auch wir gleichfalls zu murren: »Gut ging es uns in Ägypten, wo wir an Fleischtöpfen saßen, wo wir Zwiebel und Knoblauch, Kürbisse und Melonen hatten.« (Num 11,5.18; Ex 16,3) Zwar haben wir in diesem Volk ein dunkles Gleichnis aus längst vergangener Zeit, dennoch sehen wir es auch jetzt noch täglich in unseren Reihen und unserem Stand erfüllt. Jeder nämlich, der nach der Absage an diese Welt wieder zum alten Streben zurückkehrt und zu den früheren Sehnsüchten zurückgerufen wird, stimmt mit jenen in Tun und Gedanken überein und behauptet: »Gut ging es mir in Ägypten.« Ich fürchte, es lässt sich eine ebenso große Menge solcher [Leute] finden, wie wir lesen, dass es damals unter Mose eine Unzahl an Verrätern gab. Denn obwohl beim Auszug aus Ägypten sechshunderttausend Bewaffnete gezählt wurden (vgl. Ex 38,26), betraten doch nicht mehr als zwei das Land der Verheißung (vgl. Num 14,38). Wir müssen uns also beeilen, dass wir von den Wenigen und Vortrefflichen die Vorbilder der Tugenden nehmen, weil entsprechend jenem Vorbild, das wir nannten, auch im Evangelium »viele berufen, wenige jedoch auserwählt« (Mt 22,14) genannt werden. Nichts wird uns also die körperliche Absage und der einigermaßen räumliche Auszug aus Ägypten bringen, wenn wir nicht gleichermaßen in unserem Herzen die Absage, die erhabener und nützlicher ist, durchzusetzen vermögen. Von dieser genannten körperlichen Absage spricht ja auch der Apostel [mit den Worten]: »Wenn ich mein gesamtes Vermögen für die Speisung der Armen weggebe, die Liebe jedoch nicht habe, nützt es mir nichts.« (1 Kor 13,3) Der selige Apostel hätte dies niemals gesagt, wenn er nicht für die Zukunft im Geist vorhergesehen hätte, dass manche nach dem Verteilen ihres gesamten Vermögens für die Armenspeisung doch nicht zur Vollkommenheit [im Sinne] des Evangeliums und zu dem steil aufragenden Gipfel der Liebe gelangen können, weil sie – wohlgemerkt – die früheren Laster und die Unmäßigkeit ihres Lebenswandels, zum Beispiel ein Beherrschtwerden von Hochmut oder Ungeduld, in ihrem Herzen zurückhalten und in keiner Weise dafür Sorge tragen, sich davon zu reinigen. Deshalb gelangen sie niemals zu der Liebe Gottes[14], die niemals fällt (vgl. 1 Kor 13,8). Sie stehen gewiss unterhalb der zweiten Stufe der Absage. Noch viel weniger werden sie jene dritte, die ohne Zweifel höher ist, erreichen. Doch überdenkt im Geist sorgfältiger auch dies, dass der Apostel nicht einfach sagt: »Wenn ich mein Vermögen weggebe.« Es könnte nämlich so aussehen, als wollte er von einem reden, der, da er noch nicht das Gebot des Evangeliums erfüllt, noch etwas für sich zurückbehalten hat, wie es einige Feiglinge tun. Der Apostel sagt vielmehr: »Wenn ich mein gesamtes Vermögen für die Armenspeisung weggebe.« Das heißt: Wenn ich vollkommen diesem irdischen Reichtum entsage. Dieser Absage fügt er auch noch etwas Größeres hinzu: »Und wenn ich meinen Leib zum Verbrennen hingebe, die Liebe aber nicht habe, bin ich nichts.« (1 Kor 13,3) Als ob er mit anderen Worten gesagt hätte: Wenn ich mein gesamtes Vermögen für die Armenspeisung weggebe entsprechend jenem Gebot des Evangeliums, mit dem gesagt wird: »Wenn du vollkommen sein willst, geh, verkaufe alles, was du hast, und gib es den Armen, und du wirst einen Schatz im Himmel haben.« (Mt 19,21) Wenn ich nämlich so entsage, dass ich überhaupt nichts für mich zurückbehalte, und diesem Weggeben das Martyrium in der Verbrennung meines Leibes hinzufüge, sodass ich meinen Leib für Christus hingebe – bin aber noch ungeduldig, zornig oder neidisch, hochmütig oder brenne [auf Rache] für das Unrecht anderer [gegen mich], suche das Meine, denke Böses oder ertrage alles, was mir angetan werden kann, nicht geduldig und gerne: Die Verbrennung des äußeren Menschen wird mir nichts nützen, wenn ich im Innern noch an die alten Laster gebunden bin, sodass ich, obwohl ich im Eifer der ersten Umkehr die einfachen Güter dieser Welt verachte, die weder gut noch schlecht sind, sondern als in der Mitte[15] stehend angesehen werden, doch nicht dafür Sorge trage, die schädlichen Besitztümer eines lasterhaften Herzens ebenso wegzuwerfen und die Liebe, die vom Herrn kommt, zu erfassen. Sie ist »geduldig, sie ist gütig; sie ist nicht neidisch, nicht aufgeblasen, lässt sich nicht zum Zorn reizen, handelt nicht falsch, sucht nicht das Ihre und denkt nicht das Böse; sie erträgt alles, hält alles aus« (1 Kor 13,4–7). Schließlich ist sie es auch, die nicht zulässt, dass wer ihr folgt, durch die Täuschung der Sünde zu Fall kommt.

8 Wir müssen uns also unter Aufbietung aller Kräfte anstrengen (vgl. 1 Kor 9,24.26; Gal 2,2; Phil 2,16), dass auch unser innerer Mensch den Vorrat an Lastern, den er im früheren Lebenswandel zusammengeschleppt hat, in Gänze wegwirft und zerstreut. Was dauerhaft an unserem Leib und unserer Seele klebt, ist unser Besitz; er wird auch nach unserem Auszug aus diesem Körper nicht aufhören, uns zu begleiten, wenn er nicht, solange wir noch in diesem Körper leben, von uns weggeworfen und abgeschnitten wird. Wie nämlich die Tugenden und besonders die Liebe, die ihr Ursprung ist, einmal in diesem Leben erworben, nach dem Ende dieses Lebens ihren Liebhaber schön und leuchtend macht, so lassen die Laster den Geist verdunkelt und gewissermaßen mit garstigen Farben besudelt zu jener ewigen Wohnung hinübergehen. Schönheit oder Hässlichkeit der Seele nämlich wird von der Beschaffenheit der Tugenden oder Laster bestimmt; je nachdem, welche Farben von Tugenden oder Lastern [von der Seele] angezogen wurden, wird die Seele entweder leuchtend oder schwarz, stinkend und hässlich. [Wird sie leuchtend,] ist sie würdig, vom Propheten zu hören: »Der König wird deine Schönheit begehren.« (Ps 44 = 45,12) [Wird sie schwarz, stinkend und hässlich,] bekennt sie selbst den Gestank ihrer Hässlichkeit und sagt: »Schwärend und eitrig sind meine Wunden wegen meiner Torheit.« (Ps 37 = 38,6) Der Herr selbst sagt zu ihr: »Weshalb ist die Wunde der Tochter meines Volkes nicht vernarbt?« (Jer 8,22) Dies also sind unsere ureigensten Reichtümer, die immerdar der Seele verbleiben, die uns kein König schenken, kein Feind rauben kann; dies sind unsere ureigensten Reichtümer, die nicht einmal der Tod von der Seele zu trennen vermag. Entweder wir schwören ihnen ab und können zur Vollkommenheit hindurchgelangen, oder wir halten sie fest und werden mit dem ewigen Tod bestraft.

9 Die heiligen Schriften unterscheiden drei Arten von Reichtümern: Schlechte, gute, mittige[16]. Schlecht jedenfalls sind diejenigen, von denen es heißt: »Die Reichen darbten und hungerten.« (Ps 33 = 34,11) Und: »Wehe euch Reichen! Denn ihr habt euren Trost schon empfangen.« (Lk 6,24) Diese Reichtümer weggeworfen zu haben ist also der Gipfel der Vollkommenheit. Davon zu unterscheiden sind jene Armen, die im Evangelium durch das Wort des Herrn gelobt werden: »Selig die Armen im Geist, denn ihnen gehört das Reich der Himmel.« (Mt 5,3) Im Psalm heißt es: »Dieser Arme schrie, und der Herr erhörte ihn.« (Ps 33 = 34,7) Ebenso: »Der Arme und Bedürftige wird deinen Namen loben.« (Ps 73 = 74,21)

Nun gibt es auch gute Reichtümer, die erworben zu haben Zeichen großer Tugend und von Verdienst ist. Ein gerechter Mensch, der sie besitzt, wird von David gelobt, wenn er sagt: »Das Geschlecht derer, die recht wandeln, soll gesegnet werden: Ruhm und Reichtümer in seinem Haus! Seine Gerechtigkeit bleibt allezeit bestehen.« (Ps 111 = 112,2f) Außerdem: »Lösegeld für die Seele eines Mannes ist Reichtum, der sein eigen ist.« (Prov 13,8) Über diesen Reichtum wird in der Apokalypse zu dem, der ihn nicht hat, gesagt, dass er in tadelnswerter Weise arm und nackt ist: »Ich will dich aus meinem Mund ausspeien. Denn du sagst: ›Ich bin reich und begütert, ich brauche niemanden.‹ Doch du weißt nicht, dass du elend und erbärmlich bist, arm, blind und nackt. Ich rate dir, von mir im Feuer geläutertes Gold zu kaufen, damit du begütert wirst, und mit einem weißen Gewand gekleidet und damit nicht die Schande deiner Nacktheit offenbar wird.« (Offb 3,16–18) Es gibt aber auch mittige Reichtümer, das sind solche, die gut oder schlecht sein können. Je nach Entscheidung oder Beschaffenheit derer, die sie gebrauchen, werden sie der einen oder anderen Seite zugerechnet. Darüber sagt der selige Apostel: »Lehre die Reichen dieser Welt, nicht hochmütig zu denken und ihre Hoffnung nicht auf die Unsicherheit von Reichtum zu setzen, sondern auf Gott, der uns überreichlich alles gibt, damit wir es gebrauchen. [Lehre sie,] Gutes zu tun, gern zu geben, zu teilen, sich für die Zukunft einen guten Schatz als Grundlage zu sammeln, damit sie das wahre Leben ergreifen können.« (1 Tim 6,17–19) Jener Reiche im Evangelium aber, von dessen Brosamen der arme Lazarus, der vor seiner Tür lag, gesättigt werden wollte, wurde zum unerträglichen Feuer der Hölle und zu ewigem Brennen verurteilt, weil er seinen Reichtum zurückhielt und dem Armen damit in keiner Weise zu Hilfe kam. (Vgl. Lk 16,19ff)

10 Wenn wir nun die sichtbaren Reichtümer der Welt verlassen, werfen wir nicht unseren eigenen, sondern fremden Besitz weg, obwohl wir uns rühmen, sie durch unsere Arbeit erworben zu haben oder sie als Erbe von unseren Eltern übernommen zu haben. Nichts nämlich – ich sagte es schon – gehört uns als allein das, was wir im Herzen besitzen und unserer Seele anhangt und das uns deswegen von niemandem wieder weggenommen werden kann. Über jene sichtbaren Reichtümer jedoch sagt Christus zu denen, die diese wie ihren eigentlichen Besitz zurückhalten und unwillig sind, ihn zu teilen, wobei er sie tadelt: »Wenn ihr [im Umgang] mit fremdem [Gut] nicht treu gewesen seid, wer wird euch geben, was euer ist?« (Lk 16,12) Sehr deutlich lehrt also die tägliche Erfahrung, erst recht aber zeigt das Wort des Herrn gerade aus diesem Anlass, dass diese Reichtümer fremde sind.

Von den zwar unsichtbaren[17], aber dennoch äußerst verwerflichen Reichtümern aber sagt Petrus zum Herrn: »Sieh, wir haben alles verlassen und sind dir nachgefolgt. Was bekommen wir dafür?« (Mt 19,27) Es ist doch sicher, dass sie [die Jünger] nichts weiter als völlig wertlose und zerrissene Netze verlassen haben. Wenn unter »alles« nicht die Lossagung von den Lastern, die wahrhaft groß und die äußerste ist, verstanden wird, werden wir kaum etwas finden, was die Apostel verlassen haben könnten, oder weswegen der Herr einen Grund gehabt hätte, ihnen eine solche Glückseligkeit zu schenken, dass sie würdig erfunden wurden, von ihm zu hören: »Bei der Wiederherstellung der Welt, wenn der Menschensohn auf dem Thron seiner Herrlichkeit sitzen wird, werdet auch ihr auf zwölf Thronen sitzen als Richter über die zwölf Stämme Israels.« (Mt 19,28) Wenn also diejenigen, die vollkommen diesen irdischen und sichtbaren Gütern entsagen, aus bestimmten Gründen nicht zu jener Liebe, wie sie der Apostel beschreibt, hindurchgelangen können, noch jene höhere Stufe der Absage, die nur wenige erreichen, mit unbeschwerter Kraft besteigen können – wie werden erst jene über sich urteilen müssen, die nicht einmal die erste [Stufe], die sehr niedrig ist, bewältigen[18] können, die aber, obwohl sie den alten Rost ihres Geldes mit der alten Treulosigkeit zurückhalten, meinen, sich schon mit dem bloßen Namen »Mönch« rühmen zu dürfen.

Also: Die erste Absage, von der wir gesprochen haben, bezieht sich auf fremden Besitz und reicht deshalb für sich allein noch nicht aus, dem, der entsagt, die Vollkommenheit einzubringen, wenn er nicht zu der zweiten [Stufe der Absage] vorstößt, die wahrhaft ein Unserem-Eigentum-Entsagen ist. Wenn wir sie durch die Vertreibung aller Laster erreicht haben, werden wir auch die Höhe der dritten Absage erklimmen, mit der wir nicht nur alles, was auf dieser Welt geschieht oder was bruchstückhaft von Menschen besessen wird, sondern gewiss auch die Gesamtheit aller Elemente, die für großartig gehalten wird, als der Nichtigkeit unterworfen und bald vergehend übersteigen, sie mit Herz und Sinn verachten, indem wir mit dem Apostel nur den Blick richten »nicht auf das Sichtbare, sondern das Unsichtbare; das Sichtbare nämlich ist zeitlich, das Unsichtbare ewig« (2 Kor 4,18). Dann werden wir schließlich würdig erfunden werden, jenes Wort zu hören, das zu Abraham gesagt wird: »Komme in das Land, das ich dir zeigen werde.« (Gen 12,1) Dadurch wird deutlich gemacht: Wenn einer nicht jene drei vorgenannten Absagen mit aller Glut des Geistes erfüllt, kann er nicht zu diesem Vierten hindurchgelangen, das einem, der vollkommen entsagt, als Lohn und Siegespreis zugeteilt wird. Er darf das Land der Verheißung betreten, das ihm keinerlei Dornen und Disteln der Laster trägt (vgl. Gen 3,18; Mt 13,7). Dieses Land wird nach der Verbannung aller Leidenschaften durch die Reinheit des Herzens [schon] in diesem Leib in Besitz genommen. (Vgl. Mt 5,5) Doch nicht die Tugend oder der Fleiß dessen, der sich abmüht, sondern der Herr selbst verspricht, dass er es zeigen wird, wenn er sagt: »Komm in das Land, das ich dir zeigen werde.« (Gen 12,1) Dadurch wird offensichtlich bewiesen, dass sowohl der Anfang unserer Rettung durch die Berufung des Herrn geschieht, wenn er sagt: »Geh weg aus deinem

Land!« als auch gleichermaßen die Vollendung der Vollkommenheit und Reinheit von ihm geschenkt wird, wenn er sagt: »Komm in das Land, das ich dir zeigen werde.« (Gen 12,1) Das bedeutet: Nicht in ein Land, das du aus dir selbst kennen oder durch deine Anstrengung finden könntest, sondern das ich dir zeigen werde – dir, der du es nicht nur nicht kennst, sondern auch nicht einmal suchst. Die Folgerung daraus liegt auf der Hand: Wie wir, durch die Einhauchung des Herrn herausgerufen, zum Weg des Heils herbeieilen, so gelangen wir auch, durch seine Unterweisung und Erleuchtung geführt, bis zur Vollkommenheit der höchsten Seligkeit.

11 Germanus: Wie behauptet sich aber der freie Wille, und wie wird unserer Leistung zugutegehalten, dass wir ehrenwert sind, wenn Gott in uns alles, was unsere Vollkommenheit erfordert, sowohl beginnt wie auch vollendet?

12 Paphnutios: Es hätte euch zu Recht beunruhigt, wenn es bei jedem Werk und in jedem Unterricht nur einen Anfang und ein Ende geben könnte und nicht auch eine gewisse Mitte dazwischen. Deshalb: Wie wir erkennen, dass Gott die Gelegenheiten zum Heil auf verschiedene Weisen wirkt, so liegt es an uns, den von der Gottheit zugestandenen Gelegenheiten mehr oder weniger eifrig oder nachlässig nachzukommen. Denn wie die Aufforderung »Geh weg aus deinem Land« (Gen 12,1) Initiative Gottes war, so war der Gehorsam doch Initiative Abrahams, der auszog. Und wie das Wort: »Und komme in das Land« ausgesprochen wurde, damit die Ausführung Werk dessen ist, der gehorcht, so steht jenes Wort, das hinzugefügt wird: »das ich dir zeigen werde« für das Geschenk Gottes, der befiehlt und ein Versprechen gibt. Es steht uns jedoch gut an, wenn wir uns darüber im Klaren sind, dass wir, auch wenn wir uns hinsichtlich der Tugend in unermüdlichen Versuchen üben, keineswegs die Vollkommenheit durch unseren Fleiß und unseren Eifer erreichen können. Keine menschliche Leistung kann das Recht einbringen, zu so hoher Belohnung mit der Seligkeit vorzustoßen. Wir können sie nur erreichen, wenn Gott mit uns zusammenarbeitet und unser Herz auf das ausrichtet, was uns nützt.

Deshalb müssen wir, mit David betend, in jedem Augenblick sagen: »Führe meine Schritte auf deinem Weg zur Vollendung, damit meine Tritte nicht fehlgehen.« (Ps 16 = 17,5) Und: »Er stellte meine Füße auf den Felsen und richtete meine Schritte aus.« (Ps 39 = 40,3) [Wir sollen so beten,] damit jener unsichtbare Lenker des menschlichen Geistes sich nicht zu gut ist, unseren Willen, der entweder in Unkenntnis des Guten oder aus Gefallen an den Leidenschaften geneigter ist, sich den Lastern zu überlassen, lieber zum Streben nach den Tugenden zu wenden. Wir lesen, dass dies sehr deutlich in einem Vers durch den Propheten ausgesprochen wird: »Gehetzt und gejagt wurde ich, fallen sollte ich.« (Ps 117 = 118,13) Damit wird die Schwäche des freien Willens beschrieben. »Aber der Herr half mir auf.« (Ps 117 = 118,13) Mit diesem [Vers] hingegen wird deutlich gemacht, dass die Hilfe des Herrn ihm [dem freien Willen] allezeit verbunden ist. Durch diese [Hilfe] stützt und stärkt er uns sozusagen, indem er uns seine Hände entgegenstreckt, sooft er uns straucheln sieht, damit wir durch den freien Willen nicht gänzlich vom Weg abkommen. Außerdem [heißt es]: »Sooft ich sagte: ›Meine Schritte straucheln‹« (Ps 93 = 94,18), nämlich auf dem schlüpfrigen Grund des Willens, »stützte mich, Herr, dein Erbarmen.« (Ps 93 = 94,18) Wieder verbindet er die Hilfe Gottes mit seinem Wanken, wobei er bekennt, dass es nicht an der eigenen Anstrengung lag, sondern am Erbarmen Gottes, dass die Schritte seines Glaubens nicht wankten. Weiter [sagt er]: »Wegen der Menge meiner Schmerzen in meinem Herzen« – die mir gewiss durch den freien Willen entstanden – »erfreuten deine Tröstungen meine Seele.« (Ps 93 = 94,19) Durch deine Einhauchung nämlich kamen sie in mein Herz und eröffneten mir den Blick auf die künftigen Güter, die du für die bereithältst, welche sich um deines Namens willen mühen. So nahmen sie nicht nur alle Angst meines Herzens weg, sondern brachten auch höchste Freude. Es heißt auch: »Hätte der Herr mich nicht gestützt, hätte meine Seele beinahe in der Unterwelt gewohnt.« (Ps 93 = 94,17) [Der Beter] bezeugt, dass er durch die Verschrobenheit des freien Willens gewiss in der Unterwelt gewohnt hätte, wäre er nicht durch die Hilfe und den Schutz des Herrn gerettet worden. »Vom Herrn« nämlich, nicht vom freien Willen »werden die Schritte eines Menschen gelenkt.« (Ps 36 = 37,23) Und »wenn der Gerechte fällt« (Ps 36 = 37,24), durch den freien Willen natürlich, »wird er nicht zerschlagen.« Weshalb? Weil der Herr seine Hand unter ihn legt. Das soll ganz offensichtlich besagen: Keiner der Gerechten kann aus sich selbst die Gerechtigkeit erlangen, wenn nicht in jedem einzelnen Augenblick die göttliche Güte unter den Strauchelnden und Fallenden ihre Hände als Halt und Stütze breitet, damit er nicht, einmal zu Fall gekommen, völlig untergeht, wenn er durch die Schwäche des freien Willens zusammengebrochen ist.

13 Fürwahr, die heiligen Männer bezeugten, dass sie die Richtung des Weges, auf dem sie im Streben nach Fortschritt und Vollkommenheit in den Tugenden vorangingen, niemals aufgrund eigener Anstrengung beibehalten haben, sondern sie vielmehr vom Herrn erbaten, indem sie sagten: »Leite mich in deiner Wahrheit.« (Ps 24 = 25,5) Und: »Führe meinen Weg vor deinem Angesicht.« (Ps 5,9) Ein anderer aber verkündet, nicht allein durch den Glauben, sondern auch durch Erfahrung und sozusagen die Natur der Sache selbst verstanden zu haben: »Ich habe erkannt, Herr, dass der Weg des Menschen nicht in seiner Macht steht und dass es nicht auf den Menschen ankommt, wie er wandelt und seine Schritte ausrichtet.« (Jer 10,23) Der Herr selbst aber sagt zu Israel: »Ich will ihn in die Höhe ausrichten wie den grünenden Wacholder, an mir soll man deine Frucht finden.« (Hos 14,9)

14 Auch das Wissen um sein Gesetz wollen sie [die heiligen Männer] sich nicht durch den Eifer, mit dem sie darin lesen, aneignen, sondern in der täglichen Unterweisung und Erleuchtung durch Gott, wenn sie zu ihm sagen: »Zeige mir, Herr, deine Wege; lehre mich deine Pfade.« (Ps 24 = 25,4) Und: »Erleuchte meine Augen, dann werde ich das Wunderbare an deinem Gesetz schauen.« (Ps 118 = 119,18) Außerdem: »Lehre mich, deinen Willen zu tun, denn du bist mein Gott.« (Ps 142 = 143,10) Schließlich: »Der du die Menschen Erkenntnis lehrst.« (Ps 93 = 94,10)

15 Sogar noch den Verstand, mit dem er die Gebote Gottes erkennen kann, die er immerhin im Buch des Gesetzes verzeichnet wusste, erbittet der selige David vom Herrn als Geschenk, wenn er sagt: »Dein Diener bin ich; gib mir Verstand, damit ich deine Gebote verstehe.« (Ps 118 = 119,125) Er besaß doch den Verstand, der ihm von der Natur verliehen worden war; auch die Kenntnis der Gebote Gottes, die im Gesetzesbuch[19] niedergeschrieben worden waren, stand ihm gewiss zur Verfügung. Dennoch bat er Gott, dies vollkommener verstehen zu können, in dem Wissen, dass ihm in keiner Weise genügen könne, was durch natürliche Ausstattung verfügbar ist, wenn nicht in der täglichen Erleuchtung durch den Herrn sein [Davids] Sinn von ihm erhellt wurde zum geistigen Verstehen des Gesetzes und zur klareren Erkenntnis seiner Gebote. Was wir sagten, verkündet das Gefäß der Erwählung noch deutlicher [in den Worten]: »Gott nämlich ist es, der in euch das Wollen und das Vollbringen bewirkt je nach gutem Willen.« (Phil 2,13) Wie könnte er deutlicher ausdrücken, was er sagen will, nämlich dass sowohl unser gutes Wollen als auch die Ausführung in der Tat vom Herrn in uns vollbracht wird? Außerdem sagt [der Apostel]: »Euch ist es gegeben, entsprechend dem Namen Christi, nicht nur an ihn zu glauben, sondern auch für ihn zu leiden.« (Phil 1,29) Auch hier erklärt er, dass sowohl der Anfang unserer Umkehr und unseres Glaubens als auch die Fähigkeit, Leiden zu ertragen, uns vom Herrn geschenkt wird. Dies erkennend betet gleichermaßen auch David, dass ihm dies durch das Erbarmen des Herrn zuteilwerde, wenn er sagt: »Festige, o Gott, was du in uns gewirkt hast.« (Ps 67 = 68,29) Damit zeigt er, dass es ihm nicht genügt, die Anfänge des Heils durch Gottes Geschenk und Gnade gewährt zu bekommen, wenn sie nicht durch eben dieses Erbarmen Gottes und seine tägliche Hilfe zur Vollendung gebracht werden. Nicht der freie Wille nämlich, sondern »der Herr löst die Fesseln der Gefangenen« (Ps 145 = 146,7). Nicht unsere Kraft, sondern »Gott richtet die Gebeugten auf« (Ps 145 = 146,8). Nicht der Eifer beim Studium [der Heiligen Schrift], sondern »der Herr erleuchtet die Blinden« (Ps 145 = 146,8), auf Griechisch κύριος σοφοῖ τύφλους, [kyrios sophoi typhlous] das heißt: »der Herr macht weise[20] die Blinden«. Nicht unser Sorgen, sondern »der Herr beschützt die Fremdlinge« (Ps 145 = 146,9). Nicht unsere Stärke, sondern »der Herr stützt alle, die straucheln« (Ps 144 = 145,14). Wir sagen dies jedoch nicht, um unseren Eifer, unser

Mühen unsere Anstrengung, als ob sie sinnlos und nur nutzloser Aufwand wären, auszuhöhlen, sondern damit wir wissen, dass ohne die Hilfe Gottes unsere Versuche weder das Durchhaltevermögen noch den Erfolg haben können, den ungeheuer großen Siegespreis der Reinheit zu ergreifen, wenn er uns nicht durch die Hilfe und das Erbarmen Gottes zuerkannt wird. »Das Ross wird zwar aufgezäumt für den Tag der Schlacht, die Hilfe [im Kampf] aber kommt vom Herrn« (Prov 21,31), denn »ein Mann ist nicht stark aus eigener Kraft« (1 Sam 2,9). Allezeit also müssen wir mit dem seligen David singen: »Meine Stärke und mein Loblied« ist nicht der freie Wille, sondern »ist der Herr; er ist für mich zum Retter geworden« (Ps 117 = 118,14). Auch der Lehrer der Völker wusste dies sehr genau und verkündet deshalb, dass er zum Dienst am Neuen Bund nicht durch sein Verdienst und seinen Schweiß tauglich wurde, sondern durch das Erbarmen Gottes. Er sagt: »Nicht als ob wir tauglich wären, etwas aus uns wie von uns zu denken, sondern unsere Befähigung kommt von Gott.« (2 Kor 3,5) Was man in weniger [gutem] Latein,[21] aber deutlicher [so] ausdrücken könnte: »Unsere Eignung kommt von Gott.« Es folgt ja: »Der uns geeignet gemacht hat, Diener des Neuen Bundes zu sein.« (2 Kor 3,6)

16 In so großem Maß aber waren die Apostel überzeugt, dass ihnen alles, was zum Heil gehört, vom Herrn geschenkt wird, dass sie sogar forderten, der Glaube selbst sollte ihnen vom Herrn geschenkt werden. Wenn sie sagen: »Vermehre unseren Glauben« (Lk 17,5), schreiben sie die Fülle eben dieses Glaubens nicht dem freien Willen zu, sondern glauben, dass sie ihnen als Geschenk Gottes zugeteilt werden muss. Schließlich lehrt uns gerade der Urheber des menschlichen Heiles, wie flüchtig und schwach unser Glaube ist und dass er keineswegs sich selbst genügt, wenn er nicht durch die Hilfe Gottes gestärkt wird. Er sagt nämlich zu Petrus: »Simon, Simon, siehe, der Satan begehrte, euch wie Weizen zu sieben; doch ich habe meinen Vater gebeten, dass dein Glaube nicht hinfällig wird.« (Lk 22,31f) Auch ein anderer, als er bemerkte, dass dies an ihm selbst geschah, und sah, dass seinem Glauben, gleichsam von der Brandung des Unglaubens an die Klippen[22] geworfen, ein tödlicher Schiffbruch drohte, bat den Herrn inständig um Hilfe für seinen Glauben und sagte: »Herr, hilf[23] meinem Unglauben!« (Mk 9,23) So sehr nun empfanden alle Männer des Evangeliums und Apostel, dass alles Gute nur mit Gottes Hilfe vollbracht wird, und vertrauten auch keineswegs darauf, ihren Glauben aus ihren eigenen Kräften oder durch die Freiheit des Willens unverletzt bewahren zu können, dass sie vom Herrn inständig erflehten, den Glauben in ihnen zu stützen oder ihnen zu schenken. Wenn dieser Glaube [schon] in Petrus der Hilfe des Herrn bedurfte, um nicht aufzuhören – wer wird dann so überheblich und blind sein, zu glauben, dass er zur Bewahrung dieses Glaubens nicht die tägliche Hilfe des Herrn braucht? Zumal der Herr selbst im Evangelium ausdrücklich darauf hinweist, wenn er sagt: »Wie der Rebenschößling keine Frucht aus sich selber hervorbringen kann, außer er bleibt am Rebstock, so auch ihr nur, wenn ihr in mir bleibt.« (Joh 15,4) Und dann: »Ohne mich könnt ihr nichts tun.« (Joh 15,5) Wie töricht und gotteslästerlich es also ist, auch nur eine unserer guten Taten unserer Anstrengung und nicht der Gnade Gottes oder der Unterstützung durch ihm zuzuschreiben, wird klar bewiesen durch ein Wort des Herrn, das bezeugt, dass ohne seine Einhauchung und ohne sein Mitwirken niemand geistliche Früchte hervorbringen kann: »Jede gute Gabe nämlich und jedes vollkommene Geschenk kommt von oben herab, vom Vater des Lichts.« (Jak 1,17) Auch sagt Sacharja: »Was es auch immer an Gutem gibt – es bezeugt ihn. Was es auch immer an sehr Gutem gibt – es kommt von ihm.« (Sach 9,17) Und der selige Apostel ist überzeugt: »Hast du irgendetwas, das du nicht empfangen hast? Weshalb rühmst du dich, als ob du es nicht als Geschenk empfangen hättest?« (1 Kor 4,7)

17 Dass auch der Gipfel an Ausdauer, womit wir den anbrandenden Versuchungen standhalten können, weniger auf unserer Kraft als vielmehr auf Gottes Erbarmen und Milderung [der Versuchung] fußt, verkündet der selige Apostel folgendermaßen: »Es hat euch nur menschliche Versuchung getroffen. Doch Gott ist treu, der nicht zulässt, dass ihr über eure Kraft versucht werdet. Vielmehr wird er mit der Versuchung auch das Ende bewirken, damit ihr [in der Versuchung] durchhalten könnt.« (1 Kor 10,13) Derselbe Apostel lehrt, dass Gott auch unsere Seelen geeignet macht und stärkt zu jedem guten Werk und in uns wirkt, was ihm wohlgefällig ist: »Der Gott des Friedens aber, der Jesus Christus, den großen Hirten der Schafe im Blut des ewigen Bundes herausgeführt hat aus der Dunkelheit, befähige euch zu allem Guten, indem er in euch wirkt, was vor ihm Gefallen findet.« (Hebr 13,20f) So bittet er auch für die Thessalonikier mit folgenden Worten: »Er selbst aber, Jesus Christus der Herr, und Gott, unser Vater, der uns geliebt hat und ewigen Trost sowie die gute Hoffnung durch die Gnade gab, ermuntere eure Herzen und stärke sie in jedem guten Werk und Wort.« (2 Thess 2,15f)

18 Schließlich: Dass sogar die Ehrfurcht gegenüber Gott, durch die wir ihn festhalten können, uns von Gott eingegossen wird, bezeugt der Prophet Jeremia in Vertretung Gottes, indem er folgende Worte spricht: »Ich will ihnen ein neues Herz und einen neuen Weg geben, damit sie mich alle Tage fürchten, und es wird ihnen und ihren Nachkommen gut gehen. Einen ewigen Bund will ich mit ihnen schließen und nicht aufhören, ihnen Gutes zu tun. Die Ehrfurcht mir gegenüber werde ich in ihr Herz geben, und sie werden nicht von mir abfallen.« (Jer 32,39f) Auch Ezechiel sagt: »Ich will ihnen ein neues Herz geben und einen neuen Geist in ihr Inneres senden, das steinerne Herz aus ihrem Fleisch wegnehmen und ihnen ein Herz aus Fleisch geben, damit sie auf dem Weg meiner Gebote wandeln und meine Urteilssprüche beachten und nach ihnen handeln. Dann sollen sie mein Volk sein und ich ihr Gott.« (Ez 11,19f)

19 Dadurch werden wir sehr deutlich gelehrt, dass uns sowohl der Anfang des guten Willens durch die Einhauchung Gottes gewährt wird – wenn er uns nämlich entweder durch sich oder durch die Ermahnung eines Menschen oder durch eine Notlage auf den Weg des Heils zieht, als auch, dass die Vollkommenheit in den Tugenden ebenfalls von ihm selbst geschenkt wird. [Wir werden aber auch gelehrt,] dass es an uns liegt, der Ermahnung oder Hilfe Gottes träge oder eifrig zu folgen und uns dafür dementsprechend Lohn oder Strafe zu verdienen. Wir haben ja entweder versäumt oder uns eifrig bemüht, seiner Anordnung und Vorsehung, deren er uns in seiner großen Güte für würdig erachtet und uns zugedacht hat, zu entsprechen in der Hingabe des Gehorsams. Dies wird deutlich und klar im Buch Deuteronomium beschrieben. Es heißt: »Wenn der Herr, dein Gott, dich in das Land führt, das du betrittst, um es zu besitzen, und wenn er viele Völker vor deinen Augen vernichtet, die Hetiter, Girgaschiter, Amoriter, Kanaaniter, Perisiter, Hiwiter und Jebusiter, sieben Völker, viel zahlreicher und stärker als du: Wenn der Herr sie dir ausliefert, vernichte sie bis zum Untergang. Gehe kein Bündnis mit ihnen ein, verbinde dich nicht mit ihnen durch Heirat.« (Dtn 7,1–3) Dass sie also in das Land der Verheißung geführt werden, dass viele Völker vor ihren Augen vernichtet werden, dass in ihre Hände Völker ausgeliefert werden, die zahlreicher und stärker sind als das Volk Israel – es ist Gnade Gottes, verkündet die Heilige Schrift. Ob jedoch Israel sie bis zum Untergang vernichtet oder sie bewahrt und schont, ob es mit ihnen ein Bündnis eingeht oder nicht, ob es sich mit ihnen durch Heirat verbindet oder nicht, bleibt ihnen überlassen. Durch diesen Nachweis wird deutlich unterschieden, was wir dem freien Willen und was wir der Anordnung und täglichen Hilfe des Herrn zuschreiben müssen, auch dass es Sache der göttlichen Gnade ist, uns Gelegenheiten zum Heil, glückliches Vorankommen und den Sieg zu verleihen. Unsere Aufgabe jedoch ist es, die von Gott zugestandenen Wohltaten zielstrebig oder träge umzusetzen. Diese Unterscheidung sehen wir auch in der Heilung jener Blinden augenfällig genug ausgedrückt. Dass Jesus ihnen nämlich begegnet, ist Gnade der göttlichen Vorsehung und Würdigung. Dass sie jedoch ihre Stimmen erheben und rufen: »Erbarme dich unser, Herr, Sohn Davids!« (Mt 20,31), ist Werk ihres Vertrauens und ihres Glaubens. Dass sie das Augenlicht zurückerhalten, ist Geschenk des göttlichen Erbarmens. Dass jedoch auch nach Empfang jeder Gabe sowohl die Gnade Gottes wie die Möglichkeit zur freien Willensentscheidung weiterbesteht, erläutert das Beispiel der zehn Aussätzigen (vgl. Lk 17,11ff), die alle gleichermaßen geheilt wurden. Jedoch nur einer von ihnen hob zur Danksagung an durch die gute Gabe seines Willens. Indem der Herr nach den neun fragt und den einen lobt, zeigt er, dass er sich auch um diejenigen mit der Bereitschaft zur Hilfe kümmert, die sich nicht an seine Wohltaten erinnern. Gerade dies nun ist ein Geschenk der Heimsuchung durch ihn, dass er den Dankbaren annimmt und lobt, die Undankbaren aber sucht und tadelt.

20 Mit unerschütterlichem Glauben jedoch müssen wir daran festhalten, dass überhaupt nichts in dieser Welt ohne Gott geschieht. Man muss doch zugeben, dass alles mit seinem Willen oder weil er es zulässt, geschieht; deshalb wird geglaubt, dass das Gute durch Gottes Wille und Hilfe vollendet wird, was dem entgegengesetzt ist, [geschieht,] weil er es zulässt. Wegen unserer Schandtaten oder Herzenshärtigkeit verlässt uns der göttliche Schutz und duldet, dass uns der Diabolus oder die äußerst schändlichen Leidenschaften des Körpers beherrschen. In diesem Sinn belehren uns auch die Worte des Apostels sehr deutlich, der sagt: »Deshalb hat Gott sie den entehrenden Leidenschaften ausgeliefert.« (Röm 1,26) Und dann: »Weil sie nicht glaubten, Gott nicht anerkannten, lieferte Gott sie dem verkehrten Sinnen und Trachten aus, sodass sie tun, was nicht recht ist.« (Röm 1,28) Der Herr selbst jedoch sagt durch den Propheten: »Aber mein Volk hörte nicht meine Stimme; Israel beachtete mich nicht. Deshalb entließ ich sie in die Einreden ihres eigenen Herzens; sie wandelten auf den Wegen ihrer Einbildung.« (Ps 80 = 81,12f)

21 Germanus: Dieses Schriftwort weist sehr deutlich auf den freien Willen hin, weil es heißt: »Wenn mein Volk mich gehört hätte. Aber mein Volk hörte meine Stimme nicht.« (Ps 80 = 81,14.12) Indem er nämlich sagt: »Wenn es gehört hätte«, zeigt er, das die Entscheidung über Einwilligen oder Nicht-Einwilligen in der Macht des Volkes gestanden hätte. Wie sollen wir aber dann verstehen, dass wir unser Heil nicht aus uns erwarten dürfen, wenn er uns doch die Fähigkeit zugesteht, zu hören oder nicht zu hören?

22 Paphnutios: Scharfsinnig jedenfalls habt ihr die Wendung »wenn es mich gehört hätte« ausgelegt. Doch ihr habt in keiner Weise beachtet, wer es ist, der zu dem Hörenden oder Nicht-Hörenden spricht, noch was darauf folgt. »In Kürze hätte ich seine Feinde gedemütigt und auf die, welche sie bedrängen, hätte ich meine Hand gelegt.« (Ps 80 = 81,15) Niemand soll deshalb wagen, den Beweis, den wir geführt haben, [nämlich] dass nichts ohne den Herrn geschieht, indem er ihn durch schiefe Auslegung zur Verteidigung des freien Willens verdreht, in Überheblichkeit so auszulegen, dass er versucht, vom Menschen die Gnade und tägliche Fürsorge Gottes abzuziehen, weil es [in der Heiligen Schrift] heißt: »Mein Volk hörte nicht meine Stimme.« (Ps 80 = 81,12) Und dann: »Wenn mein Volk mich gehört hätte, wenn Israel auf meinen Wegen gewandelt wäre«, und so weiter. (Ps 80 = 81,12f) Vielmehr soll er berücksichtigen, dass, wie die Fähigkeit zu freier Willensentscheidung durch den Ungehorsam des Volkes bewiesen wird, so wird die tägliche Fürsorge Gottes für dieses Volk gezeigt, wenn er sozusagen fleht und mahnt; denn wenn er sagt: »Wenn mein Volk mich gehört hätte«, zeigt er deutlich, dass er vorher gewiss schon zu ihm gesprochen hat, was auf Veranlassung des Herrn nicht nur das mit Buchstaben niedergeschriebene Gesetz, sondern auch durch tägliche Ermahnungen zu geschehen pflegt, wie durch Jesaja gesagt wird: »Den ganzen Tag habe ich meine Hände ausgestreckt nach einem Volk, das mir nicht glaubt, sondern widerspricht.« (Jes 65,2LXX) Beides also kann durch dieses Schriftzeugnis bewiesen werden, das lautet: »Wenn mein Volk mich gehört hätte, wenn Israel auf meinen Wegen gewandelt wäre; in Kürze hätte ich seine Feinde gedemütigt, und auf die, welche es bedrängen, hätte ich meine Hand gelegt.« (Ps 80 = 81,15) Denn wie die Fähigkeit zur freien Willensentscheidung durch den Ungehorsam des Volkes bewiesen wird, so wird das Heilswirken Gottes[24] und sein Helfen durch Anfang und Ende ebendieses Verses erklärt, wenn er anfangs erwähnt, dass er schon früher gesprochen hat, und dann, dass er seine Feinde demütigen würde, wenn er von ihm [dem Volk] gehört worden wäre.

Wir wollen durch diese unsere Einwände nicht den freien Willen des Menschen aufheben, sondern beweisen, dass die Hilfe und Gnade Gottes ihm an jedem Tag und in jedem Augenblick vonnöten ist.

Abbas Paphnutios entließ uns, durch diese Worte zwar belehrt, jedoch weniger beflügelt als vielmehr mit aufgewühltem Herzen. Durch das Geschenk der Unterredung mit ihm hatte er uns vor allem beigebracht, dass wir, auch wenn wir glaubten, durch die vollendete Hingabe an die erste Absage, die wir mit aller Kraft zu erreichen bemüht waren, schon den

Gipfel der Vollkommenheit erreichen zu können, erst anfangen müssten zu erkennen, dass wir noch nicht einmal im Traum die ersten Schritte auf dem steilen Weg zur Vollkommenheit als Mönche gewagt hätten. Erst recht mussten wir einsehen – auch über die zweite Absage in den Klöstern nicht sonderlich unterrichtet –, von der dritten Absage, in der alle Vollkommenheit enthalten ist und die gewiß die beiden unter ihr stehenden um ein Vielfaches überragt, niemals vorher auch nur im Hörensagen etwas vernommen zu haben.

Inmitten der Triebe des Begehrens steht unser Wille in einer verletzlichen Mitte. Die Gnade jedoch verschmäht es nicht, sogar die Nachlässigen und Zügellosen mit heiligem Anhauch und reichlich strömenden Gedanken zu besuchen. Sie haucht die Unwürdigen an, erweckt die Schlafenden, erleuchtet, die in der Blindheit der Unwissenheit gefangen sind.

Collatio 4

Abbas Daniel spricht über die Gier

1 Von den Männern christlicher Weisheitsliebe trafen wir unter anderen Abbas Daniel. Ohne Frage in jeder Tugend denen gleich, die in der Wüste Sketis lebten, war er doch besonders mit der Gnade der Demut geziert. Obwohl er jünger war als viele andere [Mönche], wurde er wegen seiner besonderen Reinheit und Sanftmut vom seligen Paphnutios, dem Priester der Mönchssiedlung in der Wüste, bevorzugt zum Dienst des Diakons erwählt. So sehr war nämlich gerade der selige Paphnutios über die Tugenden des Abbas Daniel erfreut, dass er sich beeilte, ihn, den er nach Lebensverdienst und Gnade als sich selbst ebenbürtig erkannt hatte, sich auch im priesterlichen Dienst gleichzustellen. Da er es nämlich keineswegs ertragen konnte, dass Abbas Daniel länger in einem untergeordneten Dienst verblieb, und wünschte, einmal den würdigsten als seinen Nachfolger zu sehen, beförderte er ihn zur Würde des Priesteramtes. Doch sollte er [Paphnutios, der Ältere] ihn [Daniel, den Jüngeren] überleben.

Abbas Daniel jedoch, der die Haltung der Demut nicht aufgab, erlaubte sich, wenn jener anwesend war, niemals die Inanspruchnahme des höheren Ranges, sondern blieb immer, wenn Abbas Paphnutios die geistlichen Opfergaben darbrachte, beim Dienst seines früheren Amtes als Diakon. Doch: Obwohl der selige Paphnutios ein so großartiger Mann war, dass er neben vielen anderen Gnaden auch die Gabe des Vorherwissens besaß, wurde diese seine Hoffnung und Entscheidung zur Nachfolgeregelung bezüglich des Abbas Daniel enttäuscht. Denn nur kurze Zeit später musste er ihn, den er als seinen Nachfolger vorgesehen hatte, als seinen Vorgänger zu Gott entlassen.

2 Den seligen Daniel also fragten wir, weshalb [wir folgende widersprüchliche Erfahrungen machen]: Manchmal, wenn wir im Kellion sitzen, werden wir – unser Herz entgleitet uns wie im Flug – mit unsäglicher Freude und mit Überschwang an heiligsten Empfindungen erfüllt, sodass kein Wort dies auszudrücken vermag, ja nicht einmal die sinnliche Wahrnehmung mitkommen kann. Das Gebet geht rein und bereitwillig von den Lippen; der Geist, reich an geistlichen Früchten, merkt, dass seine Bitten wirksam und leicht zu Gott hindurchgelangen, selbst wenn er im Schlaf betet. Doch dann wieder werden wir ohne ersichtlichen Grund plötzlich mit so gewaltiger Angst und einer gewissen unerklärlichen Traurigkeit niedergedrückt, dass wir nicht nur fühlen, wie wir selbst durch die Empfindungen dieser Art austrocknen, sondern es schreckt uns das Kellion, vor der Lesung ekelt uns, selbst das Gebet kommt uns zögerlich, unsicher und wie betrunken von den Lippen, sodass der Geist trotz unserer Seufzer und Versuche nicht zur früheren Ausrichtung zurückgerufen werden kann. Je mehr er unter Anstrengung zum Schauen auf Gott zurückgeführt werden soll, desto heftiger wird er zu haltlosem Straucheln durch schlüpfriges Abschweifen hingerissen. So geschwächt und bar jeder geistlichen Frucht hat er keine Kraft und kann weder von der Sehnsucht nach dem Reich der Himmel noch von der Vorstellung der Höllenqual aus diesem tödlichen Schlaf geweckt werden. Der selige Daniel antwortete folgendermaßen:

3 Für diese von euch beschriebene Unfruchtbarkeit des Geistes wurde uns von den Vorfahren ein dreifacher Grund überliefert: Sie entstammt entweder unserer Nachlässigkeit oder dem Ankämpfen des Diabolus gegen uns oder ist Maßnahme einer heilsamen Prüfung durch den Herrn. Sie entstammt unserer Nachlässigkeit, wenn wir durch unsere Lasterhaftigkeit in vorhergehender Lauheit uns unvorsichtig und zu nachgiebig verhielten, durch feige Trägheit und mit schädlichen Gedanken randvoll, auf diese Weise die Erde unseres Herzens Dornen und Disteln tragen lassen. Wenn diese dann keimen, werden wir in der Folge unfruchtbar und unfähig, in der Kontemplation geistliche Frucht zu tragen. [Die Unfruchtbarkeit des Geistes] entspringt dem Ankämpfen des Diabolus gegen uns, wenn wir durch die verschlagene Hinterhältigkeit, mit welcher der Widersacher unseren Geist durchdringt, trotz unserer manchmal guten Bemühungen, ohne unser Wissen oder obwohl sich unser Wille dagegen auflehnt, von den besten Absichten weggezerrt werden.

4 Für die [Unfruchtbarkeit des Geistes] als Maßnahme der Prüfung durch den Herrn jedoch gibt es zwei Gründe: Erstens, damit wir, wenn wir vom Herrn für kurze Zeit verlassen werden, die Schwäche unseres Geistes demütig betrachten und uns auf keinen Fall wegen der vorherigen Herzensreinheit, die uns durch seine Heimsuchung geschenkt wurde, rühmen, sondern vielmehr anerkennen, dass wir von ihm verlassen mit unserem Seufzen und unserer Anstrengung jenen Zustand der Freude und Reinheit nicht wiedererlangen können, sowie damit wir einsehen, dass wir auch die frühere Behändigkeit des Herzens nicht durch unsere Anstrengung aufbrachten, sondern weil [der Herr] sie uns zuteilwerden ließ, und wir diesen Zustand erneut von seiner Gnade und der Erleuchtung durch ihn flehentlich erbitten müssen. Der zweite Grund für die Prüfung besteht jedoch darin, dass unsere Ausdauer, die Standhaftigkeit unseres Geistes und die Sehnsucht erprobt werden sollen und an uns deutlich werden soll, ob wir mit aller Spannkraft des Herzens und Beständigkeit im Gebet nach der Heimsuchung durch den Heiligen Geist neu verlangen, wenn sie uns verlassen hat. Dabei sollen wir, wenn wir erkennen, mit welcher Mühe diese verlorene geistliche Freude, die Freude an der Reinheit, von Neuem erworben werden kann, uns auch bemühen, die gefundene [Freude] umso sorgfältiger zu hüten und aufmerksamer festzuhalten. Was man nämlich leicht wieder erwerben zu können glaubt, wird man umso nachlässiger bewachen.

5 Dadurch wird unverkennbar nachgewiesen, dass Gottes Gnade und Barmherzigkeit allezeit in uns das Gute wirkt. Wenn sie uns verlässt, vermag die Anstrengung dessen, der sich müht, nichts. Wie groß auch der Eifer dessen, der sich abmüht, sein mag – ohne die Hilfe Gottes kann er den ursprünglichen Zustand nicht wiedererlangen. So erfüllt sich an uns immerfort jenes [Schriftwort]: »Es kommt nicht auf den an, der will oder läuft, sondern auf Gott, der sich erbarmt.« (Röm 9,16) Diese Gnade verschmäht es – wie ihr selbst sagt – im Gegenteil nicht, zuweilen sogar die Nachlässigen und Zügellosen mit heiliger Einhauchung und reichlich strömenden Gedanken zu besuchen; sie haucht die Unwürdigen an, erweckt die Schlafenden, erleuchtet, die in der Blindheit der Unwissenheit gefangen sind. Milde tadelt und züchtigt sie uns. Sie ergießt sich in unsere Herzen, damit wir endlich, durch ihre Anstachelung so vom Schlaf der Trägheit aufgeschreckt, angespornt werden, aufzustehen. Nicht zuletzt werden wir gerade bei diesen ihren unerwarteten Heimsuchungen häufig überdies mit Wohlgerüchen, die jeden Duft aus menschlicher Herstellung übertreffen, erfüllt, sodass unser Sinn, vor Wonne vergehend, hinweggerissen wird zum Außer-sich-Sein des Geistes und vergisst, dass er noch im Fleisch weilt. (Vgl. 2 Kor 5,6)

6 Der selige David jedoch erkannte, dass das besagte Zurückweichen Gottes oder – um es so zu sagen – diese Gottverlassenheit derart von Nutzen ist, dass er keineswegs bitten wollte, von Gott überhaupt niemals verlassen zu werden. (Wusste er doch, dass dies sowohl für ihn wie überhaupt die menschliche Natur für das Hindurchgelangen zu jeglicher Vollkommenheit unangebracht wäre.) Vielmehr bat er lieber um Milderung, indem er sagte: »Verlasse mich nicht allenthalben.« (Ps 118 = 119,8) Als ob er mit anderen Worten sagen wollte: »Ich weiß, dass du deine Heiligen zu ihrem Nutzen zu verlassen pflegst, um sie auf die Probe zu stellen. Anders nämlich können sie vom Widersacher nicht versucht werden, außer sie werden von Dir für kurze Zeit verlassen. Deshalb also bitte ich, dass du mich niemals verlässt; denn es nützt mir nicht, wenn ich, weil ich meine Schwachheit nicht fühle, nicht sage: »Es ist gut für mich, dass du mich gedemütigt hast.« (Ps 118 = 119,71) Es nützt mir auch nicht, wenn ich keine Erfahrung im [geistlichen] Kampf habe. Die ich ohne Zweifel auch nicht haben kann, wenn mir immer und ohne Unterbrechung der göttliche Schutz beisteht. Wenn du [Herr,] mich beschützt und verteidigst, wird der Diabolus nicht wagen, mir oder dir [Herr,] jenes Wort entgegenzuhalten oder als Vorwurf anzubringen, das er gegen deine Kämpfer mit böswilligem Zungenschlag vorzubringen pflegt: »Verehrt Hiob etwa Gott ohne [Erwartung einer] Gegenleistung? Hast du nicht ihn, sein Haus und Hof, mit einem Schutzwall umgeben, beschützt seinen gesamten Besitz ringsum?« (Hiob 1,9f) Doch mehr bitte ich, dass du mich nicht ganz und gar verlässt, was im Griechischen heißt: ἕως σφόδρα, das heißt: Bis zum Übermaß. Sosehr es mir auch nützt, dass du mich für kurze Zeit verlässt, damit die Beständigkeit meiner Sehnsucht erprobt wird, so schädlich ist es doch, wenn du [Herr,] duldest, dass ich zur Strafe für meine Vergehen allzu sehr verlassen werde. Keine menschliche Tugendkraft kann ja aus eigenem Stehvermögen standhalten, wenn sie in der Anfechtung längere Zeit von deiner Hilfe verlassen wird. Unter der Übermacht und den Machenschaften des Gegners wird sie schnell zu Boden gehen, wenn nicht du selbst, der du die menschlichen Kräfte kennst und die Kämpfe einschränkst, »nicht zulässt, dass wir über unsere Kraft angefochten werden, sondern mit der Anfechtung auch deren Ende bewirkst, damit wir durchhalten können« (1 Kor 10,13). Dies lesen wir auch im Buch der Richter verborgen bezeichnet, wenn es dort von der geistlich zu verstehenden Ausrottung der Völker, die Israels Feinde sind, heißt: »Dies sind die Volksstämme, die der Herr übrigließ, um Israel durch sie zu erziehen; sie [die Israeliten] sollten Übung im Kampf mit Feinden bekommen.« (Ri 3,1f) Kurz danach heißt es dann: »Der Herr ließ sie [gewähren], um an ihnen Israel zu erproben, ob es auf die Gebote des Herrn hörte, die er ihren Vätern durch die Hand des Mose vorgeschrieben hatte, oder nicht.« (Ri 3,4) Gewiss nicht, weil Gott den Israeliten die Ruhe neidete und nicht, weil er sie vernachlässigte, ließ Gott diesen Kampf übrig, sondern weil er wusste, dass er nützlich ist, damit das Volk Israel, wenn es unter dem anhaltenden Angriff dieser Völker niedergezwungen wird, niemals meinen sollte, der Hilfe des Herrn nicht zu bedürfen. So sollte es allezeit im Nachsinnen [über Gottes Gebote] und in der Anrufung [des Namens des Herrn] verharren und weder durch untätigen Müßiggang erschlaffen noch das Kriegshandwerk oder die Bewährung in der Tapferkeit verlernen. Oft nämlich brachten Sicherheit und Glück diejenigen zu Fall, welche das Unglück nicht besiegen konnte.

7 Dass dieser Kampf auch unseren Gliedern sinnvoll eingegossen ist, lesen wir in folgenden Worten des Apostels: »Das Fleisch begehrt gegen den Geist, der Geist jedoch gegen das Fleisch. Sie kämpfen aber gegeneinander, damit ihr nicht tut, was ihr eigentlich tun wollt.« (Gal 5,17) Du findest den Kampf also gewissermaßen unserem Körper in die Eingeweide eingegeben [»eingefleischt«] unter Aufsicht des Herrn und in dem Maß, wie er es zulässt. Was nämlich allgemein und ohne Ausnahme allen innewohnt, wie kann es anders beurteilt werden, als dass es dem menschlichen Wesen selbst, nach dem Fall des ersten Menschen, als naturgegeben zugeteilt wurde? Wenn jedoch übereinstimmend angenommen wird, dass dies als allen in gleicher Weise angeboren und eingewachsen zu verstehen ist, wie sollte man nicht glauben, dass es auf Befehl des Herrn eingepflanzt wurde, der nicht schaden, sondern sich kümmern will? Gerade der Apostel verkündet folgenden Streitpunkt [als Veranlassung] dieses Kampfes zwischen Fleisch und Geist, wenn er sagt: »Damit ihr nicht tut, was ihr tun wollt.« (Gal 5,17) Wenn also genau dies, wofür Gott Sorge trug, dass es von uns nicht ausgeführt werden kann – dass wir also nicht tun, was wir wollen –, dennoch ausgeführt wird, wie könnte es anders als schädlich beurteilt werden?

So ist dieser Kampf, der uns auf Anordnung des Schöpfers eingepflanzt wurde, gewiss nützlich; denn er ruft uns heraus und treibt uns zu einem besseren Zustand. Ein Ausbleiben dieses Kampfes hätte im Gegenteil zweifelsohne einen verderbenbringenden Waffenstillstand zur Folge.

8 Germanus: Zwar scheint uns schon eine gewisse Spur des Verstehens aufzuleuchten, dennoch wünschen wir, dass uns dies noch genauer erklärt wird; denn wir können die Aussage des Apostels noch nicht bis zu völliger Klarheit durchschauen. Drei Sachverhalte nämlich scheinen hier angesprochen zu werden: Erstens der Kampf des Fleisches gegen den

Geist, zweitens das Begehren des Geistes gegen das Fleisch, drittens unser Wille, der in der Mitte [zwischen Geist und Fleisch] verortet steht und in Bezug auf den gesagt wird: »Dass ihr nicht tut, was ihr wollt.« Wie ich sagte: Genau über diesen Sachverhalt können wir zwar aufgrund der bisherigen Ausführungen schon einige Vermutungen anstellen, wir möchten jedoch, dass uns dies noch etwas einleuchtender erklärt wird, wenn sich schon die günstige Gelegenheit zu dieser Unterredung ergeben hat.

9 Daniel: Es ist Aufgabe des Verstandes, über die Teile und Abgrenzung von Fragen zu entscheiden. Der wichtigste Teil des Verstehens besteht darin, zu wissen, was man nicht[1] weiß. Deshalb heißt es [in der Schrift]: »Dem, der unwissend fragt, wird [sein Nichtwissen] als Weisheit angerechnet.« (Prov 17,28) Ja man darf sagen: Obwohl derjenige, der eine Frage stellt, die Reichweite der vorgelegten Frage nicht kennt, wird ihm doch, weil er klug fragt und versteht, dass er nicht versteht, gerade dies als Weisheit angerechnet. Umso mehr, als er klug erkannt hat, was er nicht weiß. Laut eurer Einteilung also scheinen vom Apostel an dieser Stelle drei Sachverhalte genannt zu werden: Das Begehren des Fleisches gegen den Geist sowie des Geistes gegen das Fleisch; deren Kampf gegeneinander scheint als Streitpunkt und Ursache zu haben, wie er sagt, dass wir nicht fähig sind, zu tun, was wir wollen. Daraus ergibt sich jedoch noch ein vierter Streitpunkt, den ihr noch in keiner Weise beachtet habt, nämlich, dass wir tun, was wir nicht wollen. Es ist also jetzt nötig, dass wir zuerst die Heftigkeit der beiden Begehren, nämlich des Fleisches und des Geistes erkennen; dann werden wir fähig zu erörtern, was unser Wille ist, dessen Platz zwischen beiden ist. Schließlich können wir davon dann auch abgrenzen, was nicht Aufgabe unseres Willens ist.

10 Die Rede von »Fleisch« finden wir in den heiligen Schriften in unterschiedlichen Bedeutungszusammenhängen. Manchmal nämlich bezeichnet es den ganzen Menschen, also [den Menschen,] der aus Leib und Seele besteht. So wenn es heißt: »Das Wort ist Fleisch geworden.« (Joh 1,14) Oder: »Alles Fleisch wird das Heil sehen, das von unserem Gott kommt.« (Lk 3,6) Manchmal bezeichnet es die Menschen, insofern sie Sünder und vom Fleisch bestimmt sind; so wenn es heißt: »Mein Geist wird nicht in diesen Menschen bleiben, denn sie sind Fleisch.« (Gen 6,3) Zuweilen steht »Fleisch« anstelle der Sünden selbst; wenn es etwa heißt: »Ihr aber seid nicht im Fleisch, sondern im Geist.« (Röm 8,9) Oder an anderer Stelle: »Fleisch und Blut werden das Reich Gottes nicht besitzen.« (1 Kor 15,50) Darauf folgt: »Die Vergänglichkeit wird auch nicht die Unvergänglichkeit besitzen.« (1 Kor 15,50) Manchmal steht »Fleisch« für Verwandtschaft und Zugehörigkeit, zum Beispiel an der Stelle: »Siehe, wir sind dein Gebein und Fleisch.« (2 Sam 5,1) Und der Apostel [schreibt]: »Ob ich irgendwie mein Fleisch zur Eifersucht bringen könnte und einige von ihnen retten.« (Röm 11,14)

Wir müssen also fragen, entsprechend welcher der vier Bedeutungen wir den Begriff »Fleisch« hier auffassen müssen. Offensichtlich kann »Fleisch« hier nicht im Sinn jener [Bedeutung] stehen, die lautet: »Das Wort ist Fleisch geworden.« Oder jener: »Alles Fleisch wird das Heil sehen, das von Gott kommt.« Aber auch nicht in der Bedeutung des Schriftwortes: »Mein Geist wird nicht in diesen Menschen bleiben, denn sie sind Fleisch.« Wenn aber der Apostel sagt: »Das Fleisch begehrt gegen den Geist und der Geist gegen das Fleisch« (Gal 5,17), ist dies nicht ebenso schroff und allgemeingültig vom Menschen als Sünder ausgesagt. Der Apostel spricht ja nicht von einer dem Wesen zugrundeliegenden Beschaffenheit, sondern von Vorgängen, die sich in ein und demselben Menschen entweder gleichzeitig oder einzeln, zeitversetzt oder in anderer Form bekämpfen.

11 Deshalb dürfen wir an dieser Stelle (Gal 5,17) unter Fleisch nicht den Menschen [an sich], das heißt eine Wesensaussage über den Menschen verstehen, sondern den Willen des Fleisches und seiner schlechtesten Triebe der Gier. Entsprechend bezeichnet »Geist« nicht irgendein Wesensmerkmal, sondern das gute und geistliche Verlangen der Seele. Diese Bedeutung brachte derselbe selige Apostel vorher zum Ausdruck, wenn er folgendermaßen [zu sprechen] beginnt: »Ich sage jedoch: Wandelt im Geist, dann werdet ihr die Gier des Fleisches nicht ausführen, denn das Fleisch begehrt gegen den Geist auf, der Geist aber gegen das Fleisch. Sie kämpfen gegeneinander, damit ihr nicht tut, was ihr tun möchtet.« (Gal 5,16f)

Da in ein und demselben Menschen beide Begehren, das Begehren des Fleisches und des Geistes, sind, wird Tag für Tag ein Krieg in unseren Eingeweiden geführt, wobei das Begehren des Fleisches, das Hals über Kopf zu den Lastern stürzt, sich an den Genüssen freut, die für den Augenblick Ruhe verschaffen. Dazu im Gegensatz wünscht das Begehren des Geistes, so völlig dem geistigen Streben anzuhangen, dass es sogar die dringendsten Bedürfnisse des Fleisches ausschließen möchte; es begehrt so sehr, sich unablässig mit jenem zu beschäftigen, dass es sich überhaupt nicht um die Gebrechlichkeit des Fleisches kümmern möchte. Das Begehren des Fleisches freut sich an Luxus und Lust, das des Geistes geht nicht einmal mit einem Mindestmaß auf die naturgemäßen Wünsche ein. Das Fleisch begehrt, sich an Schlaf zu übersättigen, sich vollzustopfen mit Essbarem. Der Geist wird so sehr gesättigt von Nachtwachen und Fasten, dass er nicht einmal so viel Schlaf und Nahrung zulassen will, wie zum Leben nötig ist. Das Fleisch begehrt, alles in Hülle und Fülle zu haben. Der Geist ist zufrieden, selbst wenn ihm nicht einmal der tägliche Mindestbedarf an Brot zur Verfügung steht. Das Fleisch verlangt, sich in Bädern zu pflegen und vom Haufen der Schmeichler Tag für Tag umdrängt zu werden. Der Geist aber freut sich am starrenden Schmutz und der Ödnis der unzugänglichen Wüste; er flüchtet erschreckt vor der Anwesenheit auch nur eines einzigen Sterblichen. Jenes erwärmt sich für Ehrbezeugungen und Lobeshymnen von Menschen, dieses aber rühmt sich des zugefügten Unrechts und der Verfolgungen.

12 Zwischen diesen beiden Begehren steht also der Wille in einer doch verletzlich-instabilen Mitte: Weder freut er sich über die Schandtaten der Laster, noch findet er Ruhe in den Schmerzen der Tugenden. Er versucht so sehr, sich der Leidenschaften des Fleisches zu enthalten, dass er auf keinen Fall die unumgänglichen Schmerzen aushalten möchte, ohne welche man das Begehren des Geistes nicht beherrschen kann. Ohne Zurückschneiden der Triebe[2] möchte er die Reinheit des Fleisches erlangen, ohne die Beschwerde der Nachtwachen die Reinheit des Herzens erwerben, im Verwöhnen des Fleisches Überfluss haben an geistlichen Tugenden, ohne jede harsche Schelte die Gnadengabe der Geduld besitzen, die Demut Christi ohne Aufgeben weltlicher Ehren üben, die Einfachheit eines religiösen Lebens gleichzeitig mit der Rangelei um weltliche Ehren betreiben; Christus unter Lob und Beifall von Menschen dienen, die Strenge der Wahrheit betonen, ohne bei jemandem auch nur den geringsten Anstoß zu erregen. Sogar die ewigen Güter möchte er liebend gerne erreichen, ohne die gegenwärtigen zu verlieren. Ein solcher Wille ließe uns niemals zur wahren Vollkommenheit hindurchgelangen; vielmehr würde er uns in eine äußerst erschreckende Erkaltung unseres Eifers versetzen und uns denen angleichen, die in der Apokalypse durch das tadelnde Wort des Herrn gescholten werden: »Ich kenne deine Werke, dass du weder kalt noch warm bist. Ach wärest du doch kalt oder warm. Jetzt aber bist du lau; doch ich werde dich ausspeien aus meinem Mund« (Offb 3,15f) – es sei denn, dass diesen Zustand völliger Lauheit die Kämpfe, die von der einen oder anderen Seite her aufbrachen, beenden.

Wenn wir uns nämlich als Diener dieses unseres Willens ein wenig dieser Lauheit überlassen wollen, werden sofort die Stachel des Fleisches wach, und da sie uns mit ihren Lastern und Leidenschaften verwunden, lassen sie überhaupt nicht zu, dass wir in jener Art von Reinheit, die uns erfreut, dauerhaft bleiben, sondern ziehen uns auf jenen von Vergnügungen kalten und dornenvollen Weg, den wir fürchten.

Umgekehrt, wenn wir von der Glut des Geistes entzündet die Werke des Fleisches bis in die Wurzel niederbrennen wollen und ohne jede Rücksicht auf die menschliche Gebrechlichkeit versuchen, uns mit überheblichem Herzen unmäßigen Anstrengungen [zum Erreichen] der Tugenden zu überlassen, dann ruft uns die Schwäche des Fleisches, die Widerspruch einlegt, von jener tadelnswerten Übertreibung des Geistes zurück und hemmt sie. So geschieht es, dass durch die beiden Begehren, die sich in einem solchen Widerstreit gegenseitig bekämpfen, der Wille der Seele, der sich weder völlig dem Begehren des Fleisches hingeben noch sich unter den schweißtreibenden Anstrengungen der Tugend[übungen] abmühen will, einigermaßen zurechtgerückt wird, da dieser Streit zwischen den beiden Begehren jenen doch verderblichen Willen der Seele ausschließt und zur Herstellung des Gleichgewichts so etwas wie ein Gewicht auf der Waage unseres Körpers auflegt, welches in gerechter Abwägung die Grenzlinie zwischen Geist und Fleisch zieht[3]. Weder lässt [dieses Gewicht] zu, dass von rechts her unser Sinn, von der Glut des Geistes entzündet, noch von links her das Fleisch mit den Stacheln der Laster das Übergewicht gewinnt.

Wenn dieser Kampf in uns an jedem einzelnen Tag zu unserem Nutzen ausgetragen wird, werden wir heilsam getrieben, zu jenem Vierten zu kommen, das uns keineswegs behagt: Die Reinheit des Herzens nicht in Müßiggang und Sicherheit, sondern mit anhaltender mühevoller Anstrengung und Erschütterung des Geistes zu erwerben sowie die Reinheit des Fleisches mit strengem Fasten, Hunger, Durst und Wachen festzuhalten; auch die Ausrichtung des Herzens in der Lesung, durch Nachtwachen, anhaltendes Gebet und unter den harten Bedingungen der Wüste in unsere Gewalt[4] zu bringen, die Geduld in der Anfechtung einzuüben, unter Schmähungen und sattsamen Vorwürfen unserem Schöpfer zu dienen, an der Wahrheit trotz des Neides dieser Welt und wenn nötig unter Anfeindungen festzuhalten. Durch diesen Kampf, der in unserem Körper tobt, weggezogen von dieser feigen Sicherheit und vorangetrieben zu jener Mühe, die wir scheuen, sowie zur Anstrengung in den Tugenden halten wir bestens das Gleichgewicht in der Mitte. Das Urteil unseres Willens soll von der einen Seite die Glut des Geistes, von der anderen Seite die Eiseskälte des Fleisches durch das genau richtige Maß an Wärme in die rechte Mischung bringen. Weder erlaube das Begehren des Geistes, dass der Sinn zu zügellosen Lastern verführt wird, noch dulde andererseits die Gebrechlichkeit des Fleisches, dass der Geist sich überhebe zum unvernünftigen Erstreben von Tugenden, damit nicht entweder von dorther der Zunder aller Arten von Lastern einen Brand entfacht, noch von hier aus die Überheblichkeit, unsere Hauptkrankheit, auftaucht und uns mit dem noch schrecklicheren Pfeil der Hybris durchbohrt. Vielmehr: Indem auf den Kampf der beiden [Begehren] ein angemessenes Gleichgewicht folgt, bereitet es auch den angemessenen Weg der Tugenden zwischen beiden hindurch, da es lehrt, Kämpfer für Christus zu sein und allezeit den königlichen Weg zu beschreiten. So wird es geschehen, dass unser Sinn, wenn er in Anlehnung an diesen beschriebenen sehr feigen Willen bereitwilliger zum Begehren des Fleisches hinsinkt, durch das Begehren des Geistes zurückgehalten wird, das keinesfalls bei eben diesen irdischen Lastern ausruht. Andererseits: Wenn unser Geist in unmäßiger Glut durch den Überschwang des Herzens zu Unmöglichem und Unüberlegtem hingerissen wird, wird er durch die Gebrechlichkeit des Fleisches zur angebrachten Prüfung zurückgezogen und indem er den äußerst lauen Zustand unseres Willens hinter sich lässt, schreitet er in ganz vorteilhafter Mäßigung und auf ebenem Pfad unter schweißtreibender Anstrengung auf dem Weg der Vollkommenheit voran. Etwas Ähnliches lesen wir ja im Buch Genesis von Gott beim Bau jenes Turmes verordnet, als die plötzlich entstandene Verwirrung der Sprachen den gotteslästerlichen und frevlerischen Versuchen der Menschen Schranken setzt. (Vgl. Gen 11,1–9) Denn es wäre auch dort gegen Gott, ja sogar gegen diejenigen, die begonnen hatten, die göttliche Majestät anzugreifen, eine verderbenbringende Übereinstimmung geblieben, wenn sie nicht auf Anordnung Gottes die Verschiedenheit der Sprache, die sie durch die unterschiedliche Bedeutung der Worte gegeneinander kämpfen ließ, gezwungen hätte, einen besseren Zustand zu erstreben, und wenn nicht diejenigen, welche die schädliche Einigkeit bis zur Selbstzerstörung ermutigt hätte, eine gute und nützliche Zwietracht zum Heil zurückgerufen hätte. Als die Trennung dazwischenkam, begannen sie offenbar, die menschliche Gebrechlichkeit zu fühlen, die sie vorher, übermütig vor sträflicher Einmütigkeit, nicht kannten.

13 Aus den Gegensätzen in diesem Kampf ergibt sich für uns jedoch insofern eine nützliche Verzögerung und aus dem Widerstreit ein heilsamer Aufschub, als wir durch die widerstrebende Schwerfälligkeit des Körpers, die uns abhält von der Ausführung dessen, was wir uns leichtsinnig im Kopf ausgedacht haben, zuweilen in Richtung einer besseren Haltung korrigiert werden, sei es durch die nachfolgende Zerknirschung oder eine gewisse Besserung, die sich meist aus dem Aufschub eines Tuns auf den nächsten Tag oder aus einem nochmaligen Überdenken ergibt.

Wir sehen ja, dass diejenigen, die vom Ausführen der Wünsche ihres Willens durch kein Hindernis des Fleisches abgehalten werden – also die

Dämonen und unreinen Geister, die wir doch, da sie aus dem höheren Rang der Engel gestürzt sind, als verabscheuungswürdiger als jeden Menschen ansehen, nicht zögern, einen einmal gefassten niederträchtigen Plan in einer unwiderruflich üblen Tat auszuführen; denn ihrem Wollen steht die Möglichkeit zur Ausführung zur Verfügung. Wie ihr Sinnen und Trachten schnell ist, etwas auszudenken, so ist ihr Wesen im Kern hurtig und haltlos in der Ausführung. Während sie eine unbeschwerte Leichtigkeit von der Stelle weg davonträgt, um auszuführen, was sie wollen, verbessert das üble Vorhaben auch kein Zweifel, der Einspruch erhebt.

14 Wie nämlich ein Geistwesen, das durch keinerlei Fesseln des Fleisches gebunden ist, keine Entschuldigung für den in ihm entstandenen verdrehten Willen erhält, so schließt es auch Vergebung für Bosheit aus; denn es wurde nicht wie wir durch eine Anfechtung des Fleisches von außen zur Sünde gereizt, sondern [dazu] allein durch die Verfälschung des Willens zum Bösen entflammt. Deshalb gibt es [für diese Geistwesen] keine Vergebung für die Sünde, kein Heilmittel für die Krankheit. Wie es [das Geistwesen] nämlich ohne Aufreizung durch irdische Materie stürzte, so kann es auch keinerlei Vergebung oder einen Ort der Reue erlangen. Daraus ergibt sich zwingend, dass der genannte Widerstreit von Fleisch und Geist nicht nur zu unserem Schaden in uns erweckt wurde, sondern uns sogar einen großen Vorteil einträgt.

15 Erstens: Er deckt unsere Trägheit und Nachlässigkeit sofort auf und erlaubt uns wie ein sehr genauer Ausbilder niemals, von der genauen [Einhaltung der] Ziellinie[5] abzuweichen. Wenn unser Leichtsinn sich auch nur ein klein wenig vom Maß der nötigen Zucht entfernt, so setzt er uns sofort in Brand durch den Zunder der Reizmittel, weist uns zurecht und ruft uns zur angemessenen Kargheit zurück. Zweitens: Wenn wir uns kraft der Unversehrtheit unserer Keuschheit und Reinheit, mit Unterstützung der Gnade Gottes so lange Zeit ohne sexuelle Befleckung sehen, dass wir meinen, in Zukunft nicht einmal mehr auch nur durch die kleinste Regung des Fleisches beunruhigt werden zu können, werden wir heimlich, in unserem Gewissen deshalb überheblich, als ob wir nicht mehr die Verderbtheit des Fleisches an uns tragen würden. Dann demütigt und wirft uns der Widerstreit [von Fleisch und Geist] zurück und erinnert uns mit seinen Stacheln und seiner Heimsuchung daran, dass wir noch Menschen sind.

Wenn wir in die übrigen Arten der Laster, und zwar in die schwereren und schädlicheren weniger aufmerksam hineinzulaufen pflegen und nicht so leicht von Gewissensbissen gequält werden, wenn wir sie zulassen, wird unser Gewissen damit doch außerordentlich gedemütigt und gleichermaßen durch Spott über eine unterlassene Ausführung von Leidenschaften wie durch die Erinnerung [an ausgelebte Leidenschaften] gepeinigt, da es [das Gewissen] mit aller Deutlichkeit versteht, dass es durch natürliche Reizmittel unrein wurde, während es nicht wusste, dass es unreiner durch geistige Laster geworden war. Wenn es nun sogleich zur Verbesserung der vorherigen Feigheit eilt, wird es gleichzeitig ermahnt, dass es nicht auf die Erfolge in der früheren Reinheit vertrauen darf, die es – so erkennt das Gewissen – nur durch ein klein wenig Abweichen vom Herrn verloren hat, und dass das Geschenk dieser Reinigung nur durch Gottes Gnade erworben werden kann. Es lehren uns ja auch die Erfahrungen in dieser Sache, dass wir ohne Unterlass danach streben sollen, die Tugend der Demut zu erwerben, wenn wir Gefallen daran finden, die Reinheit des Herzens dauerhaft zu erstreben.

16 Dass jedoch, langfristig betrachtet, Überheblichkeit wegen der Reinheit gefährlicher ist als alle Vergehen und Schandtaten und dass wir deshalb keinen Vorteil haben werden, wie wunderbar auch die Unversehrtheit unserer Reinheit sein mag, dafür sind jene Kräfte Zeugen, die wir weiter oben erwähnt haben: Obwohl in Bezug auf sie angenommen wird, dass sie keinerlei derartigen Kitzeleien durch das Fleisch verspüren, wurden sie doch allein wegen der Überheblichkeit des Herzens durch einen auf ewig gültigen Sturz aus ihrer hoch erhabenen und himmlischen Stellung geworfen. [Das bedeutet für uns:] Würde uns nicht dieser Kitzel des Fleisches, wenn er aufbricht, demütigen und zurückstoßen, uns aufmerksamer für die Reinigung von den geistigen Lastern machen und zielstrebiger – wir wären lau, ja sogar ohne Heilmittel für die Lauheit, da wir ja im Innern unseres Körpers oder Gewissens keinen Hinweis auf unsere

Nachlässigkeit hätten, noch uns je anstrengen würden, zum glühenden Verlangen nach Vollkommenheit hindurchzugelangen.[6]

18 Germanus: Über den Nutzen des Widerstreites, der zwischen Fleisch und Geist aufbricht, wurden nun, wie uns scheint, deutliche Worte gesprochen. Es kommt uns vor, als könnten wir ihn mit Händen greifen. Gerade deshalb möchten wir auch, dass uns die Begründung für den Unterschied zwischen dem fleischlichen und dem animalischen Menschen erklärt wird, und weshalb der animalische Mensch schlechter sein kann als der fleischliche.

19 Daniel: Laut Bestimmung der Heiligen Schrift gibt es drei Zustandsweisen[7] der Seele: Fleischlich, psychisch oder [lateinisch gesagt] animalisch und geistig. Vom Apostel finden wir diese Zustandsweisen folgendermaßen beschrieben: Er sagt von dem fleischlichen Menschen: »Milch gab ich euch zu trinken, nicht feste Speise; ihr konntet sie nämlich noch nicht verdauen. Doch auch jetzt seid ihr dazu noch nicht imstande, denn noch seid ihr fleischlich.« (1 Kor 3,2) Außerdem heißt es: »Wo es doch unter euch Zank und Streit gibt, seid ihr da etwa nicht vom Fleisch bestimmt?« (1 Kor 3,3) Vom animalischen Menschen wird folgendes gesagt: »Der animalische Mensch versteht nichts vom Geist Gottes; für ihn ist es Torheit.« (1 Kor 2,14) Vom geistigen Menschen aber heißt es: »Der geistliche Mensch jedoch prüft alles; er selbst aber wird von niemandem beurteilt.« (1 Kor 2,15) Und: »Ihr, die ihr geistlich seid, unterrichtet diejenigen, die solchermaßen sind, im Geist der Sanftmut.« (Gal 6,1) Wir müssen uns also anstrengen, sobald wir in der Entsagung aufgehört haben, fleischlich zu sein, das heißt, sobald wir begonnen haben, uns abzusondern vom Wandel der Weltleute und uns fernzuhalten von jener offensichtlichen Beschmutzung durch das Fleisch, ohne Aufschub mit aller Kraft den Zustand eines geistlichen Menschen anzunehmen. Auf keinen Fall dürfen wir uns schmeicheln, weil wir, nach dem äußeren Auftreten beurteilt, den Anschein erwecken, dieser Welt entsagt zu haben oder den Schmutz der Unzucht des Fleisches verlassen zu haben, so als ob wir damit schon den Gipfel der Vollkommenheit erreicht hätten. Andernfalls werden wir infolgedessen zu nachlässig und leichtsinnig gegenüber der

Reinigung von den übrigen Leidenschaften und zwischen beiden zerrissen unfähig, die [nächste] Stufe geistlichen Fortschritts zu erreichen, da wir meinen, zur Vollkommenheit sei es hinlänglich ausreichend, dem äußeren Menschen nach vom Wandel dieser Welt und ihren Vergnügungen weit weg zu erscheinen oder unberührt von der Beschädigung durch das Fleisch und der Komplizenschaft mit ihm.

Doch in jenen Zustand der Lauheit geraten, der als der schlimmste beurteilt wird, sollen wir uns an ein Wort des Herrn erinnern, das besagt, dass wir aus dem Mund des Herrn auszuspeien sind: »Dass du doch warm oder kalt wärest; jetzt aber bist du lauwarm, und ich werde beginnen, dich aus meinem Mund auszuspeien.« (Offb 3,15f) Nicht zu Unrecht verkündet der Herr, dass er die, welche er schon im Schoß der Liebe aufgenommen hatte, die jedoch so gefährlich lau geworden sind, sozusagen mit keuchender Brust ausspeien muss; denn sie wollen lieber aus seinem Innern herausgerissen werden, als dass sie ihm – bildlich gesagt – wohltuende Nahrung hätten bieten können. Umso mehr wurden sie verabscheuungswürdiger als jene Speisen, die niemals in den Mund des Herrn gekommen waren, als wir einmal Erbrochenes vor Ekel verabscheuen. Was kalt ist, wird doch, sobald es in unserem Mund aufgenommen wurde, in Warmes gewandelt und mit angenehmem Wohlgeschmack aufgenommen. Was jedoch einmal, mit dem Makel ekelhafter Lauheit behaftet, abgelehnt wurde, können wir – schon wenn ich davon rede, wird mir übel – nicht an die Lippen bringen, ja sogar aus der Entfernung nur mit größtem Ekel ansehen.

Nur richtig also wird der Laue als ziemlich verwerflich erklärt; denn leichter gelangt einer, der noch fleischlich gesinnt ist, das heißt ein Weltmensch oder Heide, zur heilsamen Umkehr und zur Höhe der Vollkommenheit, als einer, der gelobte, Mönch zu sein, aber dennoch nicht den Weg der Vollkommenheit entsprechend der Weisung zur Zucht anpackt, sondern vor dem Feuer der einstigen geistlichen Glut flüchtet. Jener nämlich [der Weltmensch] wird zumindest durch körperliche Laster gedemütigt, und da er fühlt, dass er unrein ist durch die Einwirkung des Fleisches, läuft er, über kurz oder lang von Gewissensbissen gequält, zur Quelle der wahren Reinigung und zum Gipfel der Vollkommenheit. Zitternd vor Eiseskälte des Unglaubens, in die er geraten ist, wird er, entzündet von der Glut des Geistes, leichter zur Vollkommenheit emporfliegen. Doch wer, wie wir sagten, einmal angefangen hat, ausgehend von einem lauen Beginn, den Namen »Mönch« zu missbrauchen und den Weg dieses Standes nicht in der nötigen Demut und Glut an sich reißt (Mt 11,12), der wird gleichermaßen von dieser elenden Seuche angesteckt wie er auch von ihr aufgefressen wird. Er wird zukünftig weder aus sich selbst Vollkommenes vernehmen noch durch Ermahnungen eines anderen unterrichtet werden können. In seinem Herzen spricht er nämlich nach Auskunft des Herrn: »Ich bin reich und wohlhabend und brauche niemanden.« (Offb 3,17) Auf ihn wird jedoch folgerichtig auch die Fortsetzung angewandt: »Vielmehr bist du elend, erbärmlich, arm, blind und nackt.« (Offb 3,17) Auch darin wurde er verabscheuungswürdiger als ein Weltmensch, da er sich weder als elend, blind oder nackt sieht noch als korrekturbedürftig oder als einen, der von einem anderen Ermahnung oder Anweisung bräuchte. Deshalb lässt er auch nicht ein einziges heilsames Wort der Ermahnung zu, sieht jedoch auch nicht ein, dass er gerade dadurch, dass er sich »Mönch« nennt, schuldig und durch die Achtung, die ihm entgegengebracht wird, belastet wird. Da er nämlich von allen als heiligmäßig angesehen und als Diener Gottes verehrt wird, wird er zwingendermaßen später umso schwererer Verurteilung und Bestrafung unterworfen.

Doch: Was halten wir uns noch länger bei diesen Dingen auf, die uns aus der Erfahrung hinlänglich bekannt und vertraut sind? Oft haben wir bei kalten und vom Fleisch bestimmten Menschen, das heißt bei Weltleuten und Heiden beobachtet, dass sie zur Glut des Geistes hindurchgedrungen sind, was wir bei lauen und animalischen Menschen überhaupt nicht gesehen haben. Wir lesen auch beim Propheten [Jeremia], dass der Herr sie so sehr verabscheut, dass er den geistgeführten Männern und Lehrern befiehlt, von der Ermahnung und Belehrung [der Lauen] Abstand zu nehmen und das Saatgut des heilbringenden Wortes nur ja nicht auf ungeeignetes und unfruchtbares Land auszuwerfen, das mit stechenden Dornen zugewachsen ist. (Vgl. Mt 13,22) Vielmehr sollen sie [das unfruchtbare Land] übergehen und lieber Neuland unter den Pflug nehmen, das heißt, sie sollen auf die Heiden und Weltleute die gesamte Pflanzung der Lehre und die geduldige Pflege des heilbringenden Wortes übertragen. Die [Aufforderung dazu] lautet folgendermaßen: »Dies sagt der Herr dem Mann von Juda, dem Einwohner von Jerusalem: ›Pflügt Neuland, sät nicht unter Dornen!‹« (Jer 4,3)

20 Schließlich – ich schäme mich, es zu sagen – beobachten wir, dass die meisten [der Welt] in der Weise entsagt haben, dass sie offensichtlich nichts weiter an ihren früheren Lastern und Sitten geändert haben als den weltlichen Stand und die weltliche Kleidung. Denn sie trachten danach, Geld zu erwerben, das sie nicht einmal vorher besaßen; oder sie hören nicht auf, Geld, das sie hatten, zurückzuhalten; oder, was noch kläglicher ist, sie streben danach, es unter dem Vorwand und mit der Behauptung zu vermehren, ihre Diener oder Brüder gerechterweise damit noch ernähren zu müssen; oder sie heben es auf mit der Entgegnung, ein Kloster gründen zu wollen, und maßen sich an, es wie Äbte ausstatten zu können. Wenn sie in Wahrheit den Weg der Vollkommenheit suchen würden, würden sie besser mit aller Kraft danach streben, es in der Weise zur Vollkommenheit zu bringen, dass sie – wohlgemerkt – sich nicht nur des Geldes entledigen, sondern auch der früheren Leidenschaften und aller Zerstreuungen, und sich dann allein und bloß[8] so dem Befehl der Väter unterstellen, dass sie nicht nur keine Sorge um andere, sondern nicht einmal um sich selbst tragen müssen.

Stattdessen geschieht folgendes: Während sie darauf aus sind, Brüdern vorzustehen, unterwerfen sie sich selbst niemals den Vätern. Voller Hybris treten sie auf. Während sie andere unterweisen wollen, sind sie selbst unfähig, zu lernen oder zu tun, was gelehrt werden sollte. Wie das Wort des Herrn sagt: Als blinde Blindenführer fallen sie unausweichlich selbst in die Grube. (Vgl. Mt 15,14)

Wenngleich es nur die eine Hybris gibt, so gibt es doch zwei mögliche Erscheinungsformen, [in denen sich diese Hybris zeigt]: Die eine heuchelt ständig Ernst und Würde, die andere löst sich mit zügelloser Freiheit zu törichtem Gekicher und rüdem Lachen auf; jene erfreut sich am Schweigen, diese findet es unter ihrer Würde, sich mit Schweigen Schranken zu setzen, und schämt sich nicht, sogar ungeeignete und unangebrachte Dinge in der Umgebung auszuplaudern, obwohl ihr das Blut in den Kopf steigt, wenn sie im Vergleich mit anderen als geringer und dümmer beurteilt wird. Die eine [Art der Hybris] erstrebt aus Überheblichkeit ein Amt im Klerus, die andere verachtet es, weil sie es für unpassend oder als zu gering hält, gemessen an der vorigen Würde ihres früheren Lebens oder für das Ansehen ihrer Familie. Ein jeder mag selbst herausfinden und überprüfen, welche Art von Hybris verabscheuungswürdiger zu nennen ist. Gewiss ist es ein und dieselbe Art von Ungehorsam, das Gebot eines erfahrenen Abbas zu missachten wegen der anstehenden Arbeit oder wegen der Sehnsucht nach Ruhe; es bringt auch den gleichen Schaden, ob man die Vorschriften des Monasterions dem Schlaf oder dem Wachen zuliebe verletzt. Aber: Das Gebot des Abtes, die Lesung zu halten, zu verachten, ist ebenso ungeheuerlich wie wenn du dich weigerst, zu schlafen. Und es ist dasselbe Auflodern von Hybris, den Bruder zu verachten, weil er fastet, wie ihn zu verachten, weil er isst. Nur sind Laster gefährlicher und weiter von einer Heilung entfernt, die unter dem Anschein von Tugenden geistlichen Dingen zum Verwechseln ähnlich daherkommen – gefährlicher als jene, die aus einem offensichtlichen Vergnügen für das Fleisch entstehen. Sie nämlich werden wie öffentlich ausgelebte und deutlich erkennbare Krankheiten schnell offenbar und werden geheilt. Jene aber, weil sie unter dem Deckmantel der Tugenden verborgen werden, dauern ohne Heilung fort. Diejenigen, welche sie verführen, bringen sie in Gefahr und lassen sie hoffnungslos erkranken.

21 Noch eine andere Lächerlichkeit wagt man fast nicht auszusprechen: Wir beobachten, wie einige, nachdem sie Feuer und Flamme waren für die erste [Stufe der] Absage, als sie ihr Vermögen, ziemlich große Macht und den Dienst für die Welt verließen und sich in die Einsiedelei begaben, mit solcher Hingabe an Dinge gebunden sind, die man, obwohl sie unbedeutend und wertlos sind, nicht völlig aufgeben kann und die man auch im Mönchsstand braucht, dass ihre Sorge um diese Dinge ihre Leidenschaft für ihr gesamtes früheres Vermögen übertrifft.

Es wird ihnen in der Tat nicht viel Nutzen bringen, ihre vormals weitreichendere Macht und den größeren Reichtum verachtet zu haben, weil sie ihr leidenschaftliches Begehren dieser Dinge auf kleine und unwichtige Dinge übertragen haben. [Es ist ja gerade dieses leidenschaftliche Begehren,] das es zu verachten gilt. Denn weil sie das Laster der Gier und Habsucht, in dem sie sich in Bezug auf wertvoll erscheinende Dinge nicht mehr betätigen können, auf wertlose Gegenstände übertragen, beweisen sie, dass sie die frühere Leidenschaft nicht aus [ihrem Herzen] ausgerissen haben, sondern nur verpflanzt. Mit allzu großem Aufwand nämlich mit der Sorge um eine Papyrusmatte, ein Körbchen, ein Säckchen[9], ein Buch oder dergleichen unbedeutende Dinge beschäftigt, werden sie noch immer von derselben Gier wie früher beherrscht. Sie bewachen und verteidigen diese Dinge auch mit solchem Eifer, dass sie sich nicht schämen, deshalb gegen den Bruder ungehalten zu werden, ja – noch schlimmer – sogar mit ihm zu streiten. Da sie noch immer an der früheren Erkrankung des gierigen Habenwollens leiden, sind sie nicht zufrieden, die Dinge, welche die Bedürfnisse des Körpers oder die Umstände als Besitz des Mönches erfordern, in angemessenem Umfang und von der Gemeinschaft zugeteilt zu erhalten. Auch darin lassen sie die Habsucht ihres Herzens erkennen, dass sie einerseits noch eifriger als andere nach dem Besitz dessen, was man alltäglich benötigt, streben, andererseits es in übertriebener Sorgfalt besonders aufmerksam bewachen und vor der Verwendung durch andere schützen, was allen Brüdern gemeinsam sein sollte. (Vgl. Apg 4,32) Als ob nur der Wertunterschied, nicht jedoch das leidenschaftlich-gierige Habenwollen für schädlich gehalten würde und als ob es lediglich nicht erlaubt wäre, wegen großer Dinge zu zürnen, jedoch wegen wertloser zu zürnen, entschuldbar wäre; und als ob wir uns nicht deshalb von wertvolleren Sachen getrennt hätten, damit wir leichter lernten, die wertloseren zu verachten. Der eine frönt der Verwirrung in der Gier nach kostbaren und großartigen Schätzen, der andere nach wertlosem Zeug – worin sollte da ein Unterschied bestehen? [Höchstens darin,] dass er als noch tadelnswerter deshalb beurteilt wird, weil er, der das Größte verachtete, im Kleinlichsten gefangen ist. Die Absage an die Welt führt also nicht zur Vollkommenheit des Herzens, wenn sie zwar das Ansehen eines Armen genießt, den Willen eines Reichen jedoch nicht abgeworfen hat.

So groß auch unser Fortschritt sein mag,
wir können doch nicht das nicht sein,
als das wir geboren wurden: Ein Mensch.

Collatio 5

Abbas Serapion spricht über die acht Hauptlaster der Menschheit

1 In jener Versammlung der äußerst erfahrenen Greise war ein Mann mit Namen Serapion ganz vorzüglich mit der Gnadengabe der Diskretio ausgezeichnet. Ich bin überzeugt: Seine Unterweisung schriftlich festzuhalten dürfte der Mühe wert sein. Da wir nämlich sehr darauf brannten, dass er uns etwas über den Kampf gegen die Laster darlegte, um uns ihre Ursprünge und Ursachen besser verständlich werden zu lassen, begann er folgendermaßen [zu sprechen]:

2 Es gibt acht Hauptlaster[1]. Sie plagen die Menschheit: Erstens Gastrimargia, das bedeutet Unersättlichkeit des Magens [Gier, etwas in sich hineinzuschlingen, die Gier nach unmäßigem Essen]. Zweitens Fornikatio, die Unzucht [Gier nach Lust]. Drittens Filargyria, das bedeutet Geiz oder Hängen am Geld [die Habsucht, die Gier nach Geld]. Viertens Ira, der Zorn. Fünftens Tristitia, die Traurigkeit. Sechstens Akedia, das bedeutet Angst und Trägheit des Herzens [Überdruss, Missmut, Gereiztheit]. Siebtens Kenodoxia, Angeberei oder eitler Ruhm [die Ruhmsucht]. Achtens Hybris [Superbia, die Überheblichkeit, der Hochmut, der Stolz].

3 Es gibt unter diesen Lastern aber zwei verschiedene Hauptarten: Entweder Laster, die schon durch unsere Natur als Menschen mit einem Körper [aufbrechen können] wie die Gastrimargia, oder die nicht schon natürlicherweise in uns angelegten wie die Filargyria. Ihre Ausführung aber ist vierfach möglich. Bestimmte Laster nämlich [erstens] können ohne Beteiligung des Körpers nicht ausgeführt werden, wie die Gastrimargia und die Fornikatio, andere jedoch [zweitens] können ohne jedes körperliches Tun vollbracht werden wie die Hybris und die Kenodoxia. Manche Laster [drittens] finden die Gründe für ihr Aufbrechen außerhalb, so die Filargyria und der Zorn, andere [viertens] werden durch innere Bewegungen[2] erregt, so die Akedia und die Traurigkeit.

4 Aber damit wir diese Hauptlaster nicht nur, soweit wir in der Kürze der zur Verfügung stehenden Zeit dazu fähig sind, in einer Erörterung, sondern auch durch Beweise aus der Heiligen Schrift verdeutlichen: Die Gastrimargia und Fornikatio, die ja von Natur aus in uns sind – manchmal entstehen sie sogar ohne jede Regung der Seele, allein durch die Anstachelung und das Brennen des Fleisches –, benötigen doch Stoff von außen, [ein Objekt der Begierde,] damit sie vollbracht werden; dadurch gelangen sie zur Ausführung in einer körperlichen Tat. »Jeder wird ja von seiner eigenen Gier versucht. Wenn die Begierde dann empfangen ist, gebiert sie die Sünde. Wenn aber die Sünde ausgeführt wird, zeugt sie den Tod.« (Jak 1,14f) Denn auch der erste Adam hätte nicht durch die Gastrimargia getäuscht werden können, wenn er nicht das Objekt seiner Begierde vor Augen gehabt und es entgegen der Erlaubnis missbraucht hätte. Sogar [Christus,] der zweite Adam wurde nicht ohne Verlockung durch ein Äußeres versucht, als ihm gesagt wurde: »Wenn du Gottes Sohn bist, dann befiehl, dass diese Steine zu Brot werden.« (Mt 4,3) Auch ist allen bekannt, dass die Fornikatio nicht anders als durch den Körper vollbracht wird. So sagt Gott darüber zum seligen Hiob im Sturm: »Seine Kraft ist in den Lenden, seine Stärke in der Mitte seiner Eingeweide.« (Hiob 40,16) Deshalb bedürfen gerade diese beiden, die durch die Willfährigkeit des Fleisches ausgeführt werden, außer jener geistlichen Sorge um die Seele besonders der körperlichen Enthaltsamkeit. Jedenfalls reicht, um ihre Stachel stumpf zu machen, die Absicht des Geistes allein nicht aus. – Was üblicherweise gegen den Zorn oder die Traurigkeit oder andere Leidenschaften durchaus hilft, die man allein durch die Anstrengung des Geistes auch ohne Kampf gegen das Fleisch besiegen kann. – Es muss also auch die strenge Behandlung des Körpers dazukommen, die im Fasten, in Nachtwachen und in der Zerknirschung wegen unseres Tuns ihren Ausdruck findet. Auch bedarf es einer gewissen räumlichen Entfernung, denn wie diese Laster durch die Lasterhaftigkeit von Seele und Körper geboren werden, so können sie auch nur durch die Anstrengung beider überwunden werden.

Zwar sieht der selige Apostel sogar alle Laster ganz allgemein als vom Fleisch ausgelöst, jedenfalls zählt er Feindschaften, Zornesausbrüche und Spaltungen zu den übrigen Werken des Fleisches. Wir aber unterscheiden sie dennoch, um besser auf die Heilmittel für die Laster und ihre Eigenarten schließen zu können, durch eine Unterteilung in zwei Gruppen:

Die einen bezeichnen wir als fleischliche [das heißt vom Fleisch verursachte] Laster, die anderen aber als geistige [das heißt vom menschlichen Geist verursachte] Laster. Jene, die als fleischlich gelten, gehören insbesondere zum Sinnen und Trachten des Fleisches; durch sie wird das Fleisch so ergötzt und geweidet, dass sogar die Ruhe die Sinne reizt und sie gegen ihren Willen zur Zustimmung zum Wollen des Fleisches verleitet. Darüber sagt der selige Apostel: »Auch wir verweilten einmal in den Begierden unseres Fleisches, indem wir das Wollen des Fleisches und der Gedanken vollbrachten. Der Natur nach waren wir Söhne des Zorns wie auch die anderen.« (Eph 2,3)

Geistige Laster nennen wir jedoch diejenigen, welche allein aus dem Antrieb der Seele entstanden sind, die nicht nur dem Fleisch kein Vergnügen bereiten, sondern es sogar mit schwersten Krankheiten heimsuchen, die durch das Futter ziemlich elender Wonne die kranke Seele nähren. Deshalb ist [zur Heilung dieser Laster] gewiss das Heilmittel eines einfältigen Herzens nötig. Die fleischlichen Laster benötigen, wie wir sagten, eine zweifache Heilung.

Es ist also für diejenigen, die nach Reinheit streben, von größtem Nutzen, dass sie sich gerade den äußeren Anreizen zu eben diesen fleischlichen Leidenschaften entziehen, durch die entweder die Gelegenheit [zum Ausführen] dieser Leidenschaften oder die Erinnerung daran in einer noch immer kranken Seele entstehen könnte. Es ist ja notwendig, bei einer zweifachen Krankheit auch eine zweifache Heilmethode anzuwenden. Damit nicht die Gier versucht, bis zur Ausführung durchzubrechen, muss dem Körper notwendigerweise das von außen auf ihn eindringende Bild und der verführende äußere Reiz genommen werden. Damit jedoch die Seele ihn nicht trotzdem womöglich in Gedanken empfängt, soll ihr ein aufmerksameres Nachsinnen über die Schrift, hellwache Sorgfalt und der Rückzug in die Einsamkeit in einem angemessenen Maß auferlegt werden.

Bei den übrigen Lastern aber schadet die Gemeinschaft mit anderen Menschen nicht, ja meiner Meinung nach nützt sie gerade denjenigen am meisten, die wahrhaft ersehnen, davon frei zu sein, weil sie durch den Umgang mit Menschen besser korrigiert werden. Da außerdem, was herausgefordert wird, schneller offensichtlich wird, dringen sie durch häufige Anwendung des Heilmittels zur Heilung vor.

5 Deshalb, obwohl das Wort des Apostels verkündet, dass unser Herr Jesus Christus »versucht wurde in allem gleichwie wir«, fügt es doch hinzu: »ohne Sünde« (Hebr 4,15). Das besagt, ohne in Berührung zu kommen mit dieser Art von Leidenschaft. Ganz sicher hatte er niemals die Stachel der Begierde durch das Fleisch erfahren, durch die wir notwendigerweise auch unwissend und unfreiwillig gebrandmarkt werden, zumal da ihm [Christus] ja keinerlei Entsprechung zu menschlicher Zeugung oder Empfängnis anhaftete, als der Engel die Art seiner Empfängnis folgendermaßen verkündete: »Der Heilige Geist wird über dich kommen, die Kraft des Höchsten dich überschatten. Deshalb wird das Heilige, das aus dir geboren wird, Sohn Gottes genannt werden.« (Lk 1,35)

6 Er, [Jesus Christus,] im Besitz des unbeschädigten Bildes und Ebenbild[3] Gottes, musste nämlich auch selbst in jenen Leidenschaften versucht werden, in denen Adam versucht wurde, als er noch in jenem unverletzten Zustand als Bild und Gleichnis Gottes verharrte: In der Gastrimargia, der Kenodoxia und in der Hybris, in der er nicht erst nach Übertretung des Gebotes, nachdem er das Bild und Gleichnis Gottes verletzt und sich in sein Laster verstrickt hatte, gefangen war. Denn es ist die

Gastrimargia, die ihn die Speise vom verbotenen Baum nehmen lässt; die Kenodoxia, die ihn gerne hören lässt: »Eure Augen werden geöffnet werden.« (Gen 3,5); die Hybris, die ihm sagt: »Ihr werdet sein wie Gott, Gut und Böse kennen.« (Gen 3,5) Wir lesen [in der Schrift], dass in diesen drei Lastern auch der Herr, unser Retter, versucht wurde: In der Gastrimargia, als ihm vom Diabolus gesagt wird: »Befiehl, dass diese Steine zu Brot werden.« In der Kenodoxia, [als ihm gesagt wird:] »Wenn du Gottes Sohn bist, dann stürze dich hinab.« In der Hybris, als der Diabolus ihm alle Reiche der Welt und ihre Herrlichkeit zeigt und zu ihm sagt: »Dies alles werde ich dir geben, wenn du vor mir niederfällst und mich anbetest.« (Mt 4,3.6.9) Mit seinem Beispiel zeigte uns der Herr, der mit denselben Widerhaken der Versuchungen gefährdet wurde wie jener [erste Adam], wie wir den Versucher besiegen sollen. Aus diesem Grund werden beide als »Adam« bezeichnet: Jener als der erste hinsichtlich Fall und Tod, dieser als der erste hinsichtlich Auferstehung und Leben. Durch jenen wird das gesamte Menschengeschlecht verurteilt, durch diesen wird es befreit. Jener wird erschaffen aus Asche und unberührter Erde, dieser wird aus der Jungfrau Maria geboren. Zwar musste Jesus Christus, der zweite Adam, unbedingt die Versuchungen des ersten Adam auf sich nehmen, doch wäre es nicht nötig gewesen, darüber hinauszugehen. Der nämlich die Gastrimargia besiegt hatte, konnte nicht durch die Fornikatio versucht werden, die aus dem Überborden und der Wurzel eben jener Gastrimargia hervorgeht. Nicht einmal der erste Adam wäre durch sie [aus dem Paradies] vertrieben worden, wenn er nicht vorher, getäuscht durch die Verlockungen des Diabolus, der Leidenschaft, ihrer Urheberin, Raum gegeben hätte. Deshalb heißt es nicht einfach nur: »Der Sohn Gottes kam im Fleisch der Sünde [auf die Welt].« Sondern es heißt: Er kam »in der Ähnlichkeit mit dem Fleisch der Sünde« (Röm 8,3). Denn obwohl an ihm wirkliches Fleisch war – er aß, trank und schlief ja wirklich, wurde auch tatsächlich mit den Nägeln an das Kreuz geheftet –, nahm er doch die Verfallenheit des Fleisches an Sünde und Tod, welche es durch die Übertretung des Gebotes Gottes auf sich zog, nicht [wie der erste Adam, der durch die Sünde zu Fall kam] als tatsächliche Sünde auf sich, sondern für uns Menschen, in der Ähnlichkeit mit dem Fleisch der Sünde. (Röm 8,3)

Er wurde nicht getroffen von den feurigen Stacheln der Gier, die sich aufgrund unserer Natur sogar gegen unseren Willen in uns rühren, sondern er nahm, indem er einen menschlichen Leib annahm, durch diese Teilhabe an der menschlichen Natur eine gewisse Ähnlichkeit mit dem von der Sünde gezeichneten Fleisch an. Doch weil er alles, was unsere Pflicht und Schuldigkeit wäre, in Wahrheit erfüllte und alle unsere Krankheiten trug (vgl. Jes 53,4), wurde daraus gefolgert, dass er auch der Leidenschaft unterlag, sodass er, bedingt durch diese Krankheiten auch die Begleiterscheinungen von Laster und Sünde an seinem Leib zu tragen schien. Der Diabolus versuchte ihn schließlich nur in den Lastern, mit denen er auch jenen ersten Adam getäuscht hatte, da er vermutete, ihn [Jesus Christus] wie einen Menschen auch in den anderen Lastern verführen zu können, wenn er ihn nur an den Lastern scheitern lassen könnte, durch die er auch den ersten Adam zu Fall gebracht hatte.

Doch konnte er ihm schon die zweite Krankheit, die aus der Wurzel des ersten Hauptlasters erwachsen war, nicht anhängen, da er [der Diabolus] schon im ersten Kampf niedergeschlagen worden war. Er sah nämlich, dass er [Jesus Christus] ganz und gar nicht die auslösende Ursache für diese Krankheit angenommen hatte. So war es sinnlos, die Frucht der Sünde von dem zu erwarten, der, wie der Diabolus sah, keinerlei Samen oder Wurzel davon in sich trug. Nach [dem Evangelisten] Lukas, der als letzte Versuchung jene anführt, in der gesagt wird: »Wenn du Gottes Sohn bist, dann stürze dich hinab« (Lk 4,9), kann darunter die Leidenschaft der Hybris verstanden werden, sodass als jene vorherige, welche [der Evangelist] Matthäus als dritte setzt, in der nach dem schon zitierten Evangelisten Lukas der Diabolus ihm [Jesus Christus] in einem Augenblick alle Reiche der Welt zeigt und verspricht, die Filargyria verstanden werden kann. Der Diabolus konnte nämlich keinen Sieg in der Gastrimargia erreichen und ging deshalb zur [Versuchung in der] Fornikatio über. Weil er [den Sohn Gottes] damit nicht versuchen konnte, schwenkte er zur [Versuchung durch] Filargyria um, von der er wusste, dass sie die Wurzel aller Übel ist.

Auch darin besiegt, wagte er nicht, ihn zu einem der Laster, die sich daraus ergeben, verleiten zu wollen, zumal er wusste, dass sie aus ihr wie aus der Wurzel oder dürrem Brennholz hervorbrechen. So verlegte er sich schließlich auf die Leidenschaft der Hybris, von der er wusste, dass durch sie sogar Vollkommene, die schon alle Laster überwunden haben, zu Fall gebracht werden können. Er erinnerte sich daran, dass aufgrund der Hybris auch er selbst, als er noch Luzifer, Lichtträger war, wie viele andere ohne jeden Reiz durch vorausgehende Leidenschaften vom Himmel gestürzt war. (Vgl. Lk 10,18) Mit dieser Reihenfolge, die wir angeführt haben und die vom Evangelisten Lukas beschrieben wird, stimmt auch sehr zutreffend überein die Verlockung und das Modell der Verführungsversuche, mit denen der Feind sowohl den ersten wie den zweiten [Adam] äußerst hinterhältig angreift, wenn er zum ersten Adam sagt: »Eure Augen werden geöffnet werden.« (Gen 3,5) Und dem zweiten Adam »alle Reiche der Welt und ihre Herrlichkeit zeigt« (Mt 4,8). Wenn er dort sagt: »Ihr werdet wie Götter sein« (Gen 3,5), und hier: »Wenn du Gottes Sohn bist.« (Mt 4,6)

7 Um aber in der Reihenfolge, die wir uns vorgenommen hatten, auch auf die Art und Weise der Ausführung der übrigen Leidenschaften zu sprechen zu kommen – die Schilderung der Gastrimargia und der Versuchung des Herrn nötigte uns zur Unterbrechung unserer Ausführungen: Kenodoxia und Hybris werden üblicherweise bereits ohne jede Mithilfe des Körpers verwirklicht. Wozu sollten auch diejenigen [Laster] eine Umsetzung durch das Fleisch nötig haben, die mit mehr oder weniger Nachlässigkeit[4] oder allein aus freiem Willen genügend Schaden anrichten in einer Seele, die gefangen ist im Haschen nach Lob [durch Menschen] und in der Jagd nach Ruhm bei Menschen? Welche körperliche Umsetzung sollte auch die alte damalige Hybris jenes vorgenannten Luzifer gehabt haben? Hat er sie nicht vielmehr nur im Herzen und im Denken vollbracht? Der Prophet [Jesaja] sagt ja auch in diesem Sinn: »Der du in deinem Herzen sagtest: ›Zum Himmel will ich emporsteigen, über Gottes Gestirne will ich meinen Thron stellen. Ich will emporsteigen über die Höhe der Wolken. Dem Allerhöchsten werde ich gleich sein.‹« (Jes 14,13f) Wie er keinen Brandstifter seiner Hybris hatte, so brachte ihn auch allein sein eigenes Denken zur Ausführung des Verbrechens und zum Sturz für alle Ewigkeit; zumal keinerlei Ausübung der Herrschaft, die er sich anmaßte, folgte.

8 Filargyria und Zorn entstehen, obwohl sie nicht gleichen Charakters sind (erstere ist nicht schon dadurch gegeben, dass wir Menschen sind; letzterer scheint aber doch keimhaft in uns angelegt zu sein), dennoch auf ähnliche Weise. Jedenfalls empfangen sie meist von außen die Ursachen ihres Aufbrechens. Häufig nämlich klagen gerade diejenigen, die noch nicht sehr gefestigt sind, dass sie durch Reizung oder Anstachelung anderer in diese Laster stürzten, und entschuldigen sich damit, dass sie zu Zorn oder Habsucht nur verleitet wurden, weil andere sie herausforderten. Dass die Filargyria uns nicht schon in die Wiege gelegt wurde, wird zuverlässig daran erkennbar, dass sie ihren ursprünglichen Anfang nicht in uns hat und nicht als ein Grundelement begriffen wird, das zum Verbundensein von Seele und Leib oder auch zur Erhaltung des Lebens benötigt wird. Nichts sonst nämlich ist mit Gewissheit zum Lebensunterhalt und aufgrund der Bedürfnisse, die sich durch die allen Menschen gemeinsame Natur ergeben, nötig außer tägliche Speise und Trank. Alle übrigen materiellen Güter jedoch, mögen sie auch mit noch so großer Anstrengung und Hingabe gehütet werden, sind menschlichen Grundbedürfnissen fremd und stehen außerhalb dessen, was die menschliche Natur benötigt. Dies wird auch durch die Praxis des Lebens selbst bestätigt. Daher beschäftigen diese [überflüssigen Güter] nur die lauen und ungefestigten Mönche. Welche Bedürfnisse jedoch zur menschlichen Natur gehören, untersuchen unaufhörlich selbst die bewährtesten Mönche und sogar diejenigen, die als Eremiten leben. Auch insofern erweist sich das [soeben Gesagte] als wahr, als wir sogar einige Volksstämme von dieser Leidenschaft, das heißt von der Filargyria, frei sehen, weil sie die Krankheit dieses Lasters weder durch ihre Lebensart noch aus Gewöhnung annahmen. Wir glauben auch, dass jene frühere Welt vor der Sintflut die längste Zeit den Wahnsinn dieser Gier nicht kannte. Es ist bewiesen: Sie kann sogar in einem jeden von uns, der recht entsagt, völlig mühelos getilgt werden, nämlich dann, wenn derjenige, der sein gesamtes Vermögen weggegeben hat, so sehr die Regel des gemeinsamen Lebens zu erfüllen wünscht, dass er nicht duldet, auch nur einen Denar seines Vermögens für sich selbst zurückzulegen. Als Zeugen hierfür können wir viele tausend Menschen finden, die, sobald sie in nur einem Augenblick ihr gesamtes Vermögen verteilt hatten, diese Leidenschaft so mit der Wurzel aus ihrem Herzen rissen, dass sie fernerhin nicht einmal mehr sanft von ihr gestreift wurden. Dennoch: Sie können nicht [vor ihr] sicher sein, wenn sie nicht, indem sie allezeit gegen die Gastrimargia, mit ungeheurer Umsicht des Herzens und Enthaltsamkeit des Körpers dagegen kämpfen.

9 Traurigkeit und Akedia pflegen gewöhnlich – wie wir oben schon sagten – durch keine von außen herankommende Provokation verursacht zu werden. Denn es ist ja bekannt, dass sie sogar diejenigen, die alleine leben und sich in der Einsamkeit eingerichtet haben und in keine menschliche Gemeinschaft eingebunden sind, häufig und sehr heftig quälen.

Dass dies sehr wahr ist, wird äußerst leicht aus eigener Erfahrungen bestätigen können, wer sich einmal in der Einsamkeit aufgehalten hat und die Kämpfe des inneren Menschen kennt.

10 Wenngleich also die acht Laster verschiedene Anfänge und unterschiedliche Wirkungen haben, sind dennoch die sechs ersten, das sind Gastrimargia, Fornikatio, Filargyria, Zorn, Traurigkeit und Akedia untereinander durch Verwandtschaft oder – um es so zu sagen – durch eine Verkettung verbunden, sodass aus dem Überschäumen des jeweils vorigen [Lasters] der Anfang des folgenden bewirkt wird. Nur folgerichtig keimt aus dem Überborden der Gastrimargia die Fornikatio, aus der Fornikatio die Filargyria, aus der Filargyria der Zorn, aus dem Zorn die Traurigkeit, aus der Traurigkeit die Akedia. Deshalb ist auf ähnliche Weise und nach demselben Plan gegen die Laster zu kämpfen, und es ist notwendig, dass wir die Kämpfe immer von den vorhergehenden Lastern aus gegen die nachfolgenden führen. Leichter nämlich vertrocknet eine Schaden bewirkende Ausdehnung und Höhe eines Baumes, wenn zuvor seine Wurzeln, auf die er sich stützt, entweder bloßgelegt oder beschnitten werden, und ein Wasserzufluß wird schließlich vertrocknen, wenn sein Ursprung, eine

Quelle oder aufbrechende Wasseradern, durch erfindungsreichen Fleiß verstopft wird. Dementsprechend gilt: Damit die Akedia besiegt werden kann, muss vorher die Traurigkeit überwunden sein; damit die Traurigkeit vertrieben werden kann, muss vorher der Zorn entwurzelt werden; damit der Zorn zum Erlöschen gebracht werden kann, muss vorher Filargyria niedergetreten werden; damit die Filargyria ausgerissen werden kann, muss vorher die Fornikatio in Fesseln gelegt werden; damit die Fornikatio niedergerissen werden kann, ist das Laster der Gastrimargia zu zügeln. Die restlichen beiden aber, Kenodoxia und Hybris, sind miteinander auf ähnliche Weise verbunden, wie wir es über die vorigen Laster gesagt haben, sodass das Wachsen des vorigen den Anfang des anderen bewirkt. Das Überborden nämlich der Kenodoxia gebiert den zündenden Funken für die Hybris. Aber von jenen sechs vorhergehenden Lastern sind diese beiden ganz verschieden und werden nicht durch gleiche Teilhabe mit ihnen verbunden, da sie ja nicht nur aus ihnen überhaupt keine Gelegenheit zu ihrer Entstehung annehmen, sondern auch auf entgegengesetzte Art und Weise erweckt werden dürften. Denn wenn jene ausgerottet sind, tragen diese umso reichlicher Früchte, und durch den Tod jener keimen und wachsen sie umso lebhafter. Folglich werden wir auch auf andere Art von diesen beiden Lastern angegriffen. In jedes einzelne jener sechs Laster fallen wir, wenn wir von ihren Vorgängern kampfunfähig gemacht werden. In diese beiden hineinzulaufen sind wir jedoch am meisten gefährdet als Sieger und nach Erfolgen.

Alle Laster müssen jedoch, wie sie durch das Wachsen der vorherigen entstehen, so auch durch deren Zurückschneiden ausgerottet werden. Aus diesem Grund muss die Kenodoxia erstickt werden, damit die Hybris ausgetrieben werden kann. So kommen immer dann, wenn die vorigen besiegt sind, die nachfolgenden zur Ruhe, und durch das Auslöschen der vorhergehenden werden die verbleibenden Leidenschaften ohne Weiteres wirkungslos. Mögen auch diese acht Laster, die wir oben genannt haben, auf jene Art, die wir erwähnt haben, verbunden und vermischt sein, werden sie dennoch im Besonderen in vier Verbindungen und Paare eingeteilt: Der Gastrimargia ist nämlich die Fornikatio durch besondere Nähe verbunden, der Filargyria wird der Zorn, der Traurigkeit die Akedia, der Kenodoxia die Hybris als verwandt zugeordnet.

11 Um nun im Einzelnen die wichtigsten Gattungen eines jeden Lasters zu besprechen: Es gibt drei Hauptarten der Gastrimargia. Die erste treibt den Mönch, vor der festgesetzten und verordneten Stunde zur Mahlzeit zu eilen. In der zweiten ergötzt er sich daran, den Bauch vollzustopfen und alle möglichen Speisen in sich hineinzuschlingen. Die dritte verlangt die manierierte Bereitung der Speisen nach Art der Feinschmecker. Diese drei schlagen den Mönch mit keinem leichten Schaden, wenn er sich nicht von ihnen allen zu befreien sucht, indem er sich anstrengt und die Regeln des gemeinsamen Lebens genau beachtet. Denn wie man sich das Fastenbrechen keinesfalls vor der festgesetzten Stunde herausnehmen darf, so muss man auch das Vollstopfen des Magens und die kostspielige und feinschmeckerische Zubereitung der Speisen kappen. Aus diesen drei Ursachen gehen auch die verschiedensten und hässlichsten Krankheiten der Seele hervor. So entsteht aus der ersten Hass auf die Einsiedelei; dann sträuben sich einem die Haare, wenn man nur an diesen Aufenthaltsort denkt, man kann ihn nicht länger ertragen. Darauf folgt ohne Zweifel der baldige Weggang oder die eiligste Flucht. Die zweite Ursache weckt feurige Stachel der Verschwendungssucht und Triebhaftigkeit. Die dritte schließlich schlingt um den Nacken der Gefangenen unentrinnbare Stricke der Habsucht und lässt nicht zu, dass der Mönch jemals in der vollkommenen Armut Christi gefestigt wird. Dass sich Spuren dieser Leidenschaft in uns finden, können wir auch an diesem Zeichen erkennen: Wenn uns ein Bruder zum Essen bei sich behält, sind wir nicht zufrieden, die Speisen mit dem Geschmack zu uns zu nehmen, mit dem sie vom Gastgeber gewürzt wurden, sondern in unpassender und schamloser Freiheit verlangen wir, dass noch etwas darübergegossen oder hinzugefügt werden soll. Doch genau dies soll nicht geschehen aus drei Gründen: Erstens, weil Herz und Geist des Mönchs immer in jeglicher Geduld und Einübung der Genügsamkeit verweilen sollen und er mit dem Apostel lernen soll, in jeder Situation zufrieden zu sein (vgl. Phil 4,11); denn wer sich schon am Geschmack einer nur etwas zu wenig gewürzten Speise stößt und nicht einmal für einen Augenblick die Gelüste seines Gaumens bändigen kann, wird niemals imstande sein, die geheimen und stärkeren Begierden des Körpers zu zügeln. Zweitens weil – dies kommt oft vor – die Zutat, die wir verlangen, gerade jetzt fehlt und wir die Achtung vor der Bedürftigkeit und Enthaltsamkeit des Gastgebers verletzen, wenn wir seine Armut, die er Gott allein wollte bekannt sein lassen, öffentlich machen. Drittens, weil es öfter vorkommt, dass der Geschmack, den wir beigefügt wissen wollen, anderen nicht behagt und es sich zeigt, dass wir den anderen nicht gerecht werden, wenn wir unsere Gurgel und unsere Gelüste befriedigen wollen. Diese Art von Freiheit müssen wir uns auf jeden Fall verbieten.

Die Fornikatio hat drei Spielarten: Zum einen kann sie sich in der Verbindung der beiden Geschlechter zeigen. Zum anderen auch ohne gegengeschlechtliche Berührung. Es steht geschrieben, dass Onan, der Sohn des Patriarchen Judas, deswegen vom Herrn getötet wurde. (Vgl. Gen 38) In den heiligen Schriften wird sie als Unreinheit bezeichnet, und der Apostel sagt darüber: »Ich sage aber den Unverheirateten und Witwen, dass es gut für sie ist, wenn sie so bleiben wie auch ich. Wenn sie aber nicht sexuell enthaltsam leben [wollen], sollen sie heiraten; denn es ist besser zu heiraten, als ständig in Flammen zu stehen.« (1 Kor 7,8f)

Drittens gibt es eine Spielart der Fornikatio, die nur im Herzen und in Gedanken ausgeführt wird. Darüber sagt der Herr im Evangelium: »Wer eine Frau als Objekt seiner Gier ansieht, ist in seinem Herzen bereits ein Ehebrecher.« (Mt 5,28) Dass diese drei Arten in gleicher Weise abzulehnen sind, sagt der heilige Apostel, wenn er verkündet: »Lasst eure elenden Lieder[5] der Gier nach mehr Genuss auf Erden absterben: Die Gier nach Lust, Unreinheit, Getriebensein.« (Kol 3,5) Über die beiden ersten schreibt er an die Epheser: »Gier nach Lust und Unreinheit sollen unter euch kein Thema sein.« (Eph 5,3) Und dann »Das aber sollt ihr wissen, dass keiner, der andere zum Objekt seiner Gier und Lust macht, kein Unreiner oder Geizhals – das ist Götzendienst[6] – einen Erbanteil hat am Reich Christi und Gottes.« (Eph 5,5) Damit wir uns also vor allen dreien mit gleicher Achtsamkeit hüten, schreckt uns ab, dass sie alle uns vom Reich Christi ausschließen.

Hinsichtlich der Filargyria gibt es drei hauptsächliche Erscheinungsformen: Die erste lässt nicht zu, dass man in freiwilliger Entsagung aller Reichtümer und Güter beraubt wird. Die zweite überredet uns, das, was wir verteilt oder den Bedürftigen gegeben haben, mit umso größerer Begierde zurückzuholen. Die dritte treibt uns, zu begehren oder uns zu verschaffen, was wir nicht einmal vorher besaßen.

Es gibt drei hauptsächliche Arten von Zorn: Eine, die innerlich auflodert, sie wird griechisch θυμός [thymos][7] genannt. Eine zweite, die bis zu Wort und Tat und Folgen durchbricht, die griechisch ὀργή[8] [orgé] heißt. Darüber sagt der Apostel: »Jetzt aber legt auch ihr alles ab: Zorn und Entrüstung.« (Kol 3,8) [Es gibt] eine dritte Art, die nicht wie die beiden anderen bei entsprechendem Anlass ausagiert wird, sondern die über Tage und lange Zeit beibehalten wird, die griechisch μῆνις [menis][9] genannt wird. Alle drei sind von uns mit derselben Abscheu zu verurteilen.

Es gibt zwei hauptsächliche Arten von Traurigkeit: Eine, die entsteht, wenn der Zorn nachlässt oder aus enttäuschter und vergeblicher Erwartung. Eine zweite Art, die sich von einer unerklärlichen Angst[10] des Geistes oder aus Verzweiflung ableitet.

Bezüglich der Akedia gibt es zwei Arten: Eine, welche die immerzu Umgetriebenen in den Schlaf versenkt, und eine andere, die sie antreibt, ihr Kellion zu verlassen und zu fliehen.

Die Kenodoxia wird, obwohl sie vielgestaltig und vielfältig ist und in verschiedene Arten unterteilt, dennoch in zwei Hauptarten geteilt: In der ersten werden wir überheblich wegen fleischlicher Dinge, in der zweiten stehen wir vor Verlangen nach eitlem Lob für geistige und verborgene Dinge in Flammen.

12 In einem Fall aber kann die Kenodoxia von Anfängern nutzbringend eingesetzt werden, jedoch nur von denen, die noch von fleischlichen Lastern mit feinen Stichen gereizt werden.

Zu der Zeit, in der sie durch den Geist der Gier nach Lust bedrängt werden, sollen sie sich um des Namens willen, [den sie tragen, sie heißen ja »Mönch«] im Geist die Würde des priesterlichen Dienstes vorstellen oder die Meinung der vielen, die sie für heilig und untadelig halten. So sollen sie die unreinen Stachel der Gier wenigstens durch diese Vorstellung stumpf machen, indem sie diese als schändlich und unwürdig ihres Rufes und Standes beurteilen. Auf diese Weise halten sie das größere Übel durch ein kleineres im Zaum.

Es ist nämlich für jeden besser, mit dem Laster der Kenodoxia geschlagen zu werden, als in die Glut der Fornikatio zu geraten. Einmal ihr verfallen, gibt es keine oder kaum eine Heilung. Diesen Gedanken hat stellvertretend für Gott einer der Propheten treffend zur Sprache gebracht, indem er sagt: »Um meinetwillen werde ich mein Wüten weit weg sein lassen, und durch mein Lob werde ich dich zügeln, damit du nicht untergehst« (Jes 48,9), das heißt: Weil du durch das Lob von deiner Kenodoxia gehalten wirst, stürzt du nicht in die Tiefen der Unterwelt, wo du unwiderruflich untergehst im Tun der Sünden, die zum ewigen Tod führen. Es ist nicht verwunderlich, wenn dieser Leidenschaft eine solche Kraft innewohnt, dass sie jeden, der in den Schmutz der Fornikatio fällt, unter ihr Joch zu spannen vermag. Durch die Erfahrungen vieler wurde ziemlich häufig erprobt, wie sie denjenigen, den sie einmal durch ihren giftigen Hauch verdorben hat, unermüdlich macht, sodass sie ihn nicht einmal ein zwei- oder dreitägiges Fasten fühlen lässt.

Wie wir wissen, haben auch nicht wenige in dieser Wüste regelmäßig bekannt, dass sie bei ihrem Aufenthalt in den Koinobia Syriens zwar ohne Mühe ausgehalten haben, dass es nur alle fünf Tage eine Mahlzeit gab, nun aber schon von der dritten Stunde an von solchem Hunger gequält werden, dass sie das tägliche Fasten kaum bis zur neunten Stunde aufschieben können. In dieser Sache gab Abbas Makarios eine schöne Antwort. Als ihn einer fragte, warum er in der Wüste von der dritten Stunde an schon vom Hunger gequält würde, wo er doch im Koinobion oft ganze Wochen die Mahlzeit verschmäht und dabei niemals Hunger empfunden hatte, sagte er: »Weil es hier keinen Zeugen für dein Fasten gibt, der dich mit seinem Lob nähren und aufrechterhalten könnte; dort aber sättigte dich der Finger der Menschen und die Erquickung durch die Kenodoxia.«

Ein Bild und ein Modell dafür, dass, wie gesagt, durch das Hinzukommen der Kenodoxia das Laster Fornikatio ausgeschlossen wird, ist hinlänglich schön und bezeichnend im Buch der Könige gegeben, als der heranziehende König der Assyrer, Nebukadnezzar, das von Necho, dem König von Ägypten gefangene Volk Israel aus Ägypten in sein Reich führte (vgl. 2 Kön 24), natürlich nicht um sie in die frühere Freiheit und ihr Heimatland wieder einzusetzen, sondern um sie in sein Land zu verschleppen, noch weiter weg als sie in Ägypten gefangen gewesen waren. Dieses Bild kann auch folgendermaßen ganz gut übertragen werden: Auch wenn es erträglicher ist, dem Laster der Kenodoxia als dem der Fornikatio zu dienen, ist es doch schwerer, von der Herrschaft der Kenodoxia loszukommen. Denn der sozusagen über größere Entfernung verschleppte Gefangene wird unter umso härteren Mühen in sein Heimatland und die Freiheit als Bürger zurückkehren, und zu Recht wird an ihn jener Tadel des Propheten gerichtet werden: »Warum bist du alt geworden in der Fremde?« (Bar 3,11) Sehr richtig wird jedenfalls als derjenige, der »alt geworden ist in der Fremde«, bezeichnet, wer nicht von den irdischen Lastern umkehrt.

Es gibt zwei hauptsächliche Arten der Hybris: Die erste ist fleischlich; die zweite, gefährlichere, ist geistig; denn sie geht in besonderer Weise gegen jene an, die sie in den Tugenden fortgeschritten findet.

13 Obwohl nun diese acht Laster die gesamte Menschheit plagen, greifen sie doch nicht alle gleichermaßen an. In dem einen nämlich steht der Geist der Fornikatio an erster Stelle, in einem anderen ist der Zorn erster unter all den gleich üblen Lastern, in einem dritten beansprucht die Kenodoxia die Alleinherrschaft, und beim nächsten hält die Hybris die Festung. Das heißt: Zwar werden alle [Menschen] von allen [Lastern] angegriffen, doch leiden wir als Einzelne in unterschiedlicher Weise und an verschiedenen Fronten.

14 Deshalb müssen wir die Kämpfe gegen diese Laster so aufnehmen, dass ein jeder nach Erforschung des Lasters, durch das er am meisten gefährdet wird, vorrangig gegen dieses den Kampf aufnimmt. [Dabei soll er folgendermaßen vorgehen:] Alle Aufmerksamkeit und Sorgfalt des Geistes auf die Beobachtung und Bekämpfung dieses einen Lasters heften. Darauf die täglichen Pfeilspitzen des Fastens richten und in jedem Augenblick die sehnsuchtsvollen Klagen des Herzens und zahlreiche Geschosse an Seufzern schleudern. Unaufhörlich unter Tränen vor Gott Gebete ausgießen und die Überwindung der Versuchung ohne Unterlass und allein von ihm erbitten. Es ist nämlich unmöglich, auch nur über eine einzige Leidenschaft einen Sieg zu erringen, bevor man nicht eingesehen hat, dass man durch eigene Mühe und Kraft den Sieg im Kampf nicht gewinnen kann, auch wenn es zum Erreichen der Reinigung notwendig ist, Tag und Nacht in jedweder Sorgfalt und Unruhe zu verharren. Wenn sich dann jemand von dieser Leidenschaft befreit fühlt, durchforsche er erneut die Winkel seines Herzens in derselben Absicht und finde heraus, welche der übrigen Leidenschaften ihm als diejenige erkennbar wird, durch die am ehesten Unheil droht; gegen sie soll er zielgerichtet alle Waffen des Geistes einsetzen. So wird er jedes Mal, wenn die stärkeren [Leidenschaften] überwunden sind, einen schnellen und leichten Sieg über die verbleibenden gewinnen, weil der Geist einerseits im Verlauf der Siege erstarkt, andererseits der nachfolgende Kampf gegen die schwächeren [Leidenschaften] ihm den Erfolg im Kampf leichter macht.

Gewöhnlich verhalten sich so auch diejenigen, welche gewohnt sind, vor den Königen dieser Welt und mit Blick auf den Siegespreis gegen alle möglichen wilden Tiere zu kämpfen. Diese Art des Schauspiels bezeichnet man gemeinhin als Pankarpon[11]. Die [Kämpfer], ich betone es, unternehmen gegen jene Tiere, welche sie als die stärkeren aufgrund ihrer Kraft oder als die gefährlicheren wegen ihrer rasenden Wut erkennen, den ersten Angriff im Kampf; erst wenn diese getötet sind, strecken sie die weniger furchtbaren und wütenden mit einem leichter auszuführenden Todesstoß nieder. So wird auch uns ohne jede Gefahr ein vollkommener Sieg bereitet werden, wenn wir immer erst nach dem Sieg über die stärkeren Laster den Sieg über die schwächeren folgen lassen. Doch sollen wir nicht glauben, dass einer, der hauptsächlich gegen ein bestimmtes Laster kämpft und über die Pfeile der anderen hinwegsieht, als wäre er unvorsichtig, durch irgendeinen unverhofften Schlag leichter verwundet werden könnte. Dies wird gewiss nicht geschehen; denn es ist unmöglich, dass jemand, der sich um die Reinigung seines Herzens sorgt und die

Spannkraft seines Geistes gegen den Angriff eines Lasters wappnet, nicht auch gegenüber den anderen Lastern auf der Hut und wachsam ist. Wie sollte auch jemand, der den Lohn der Reinigung durch die Beschmutzung mit anderen Lastern verspielt, würdig sein, den Sieg über jene Leidenschaft, von der er gereinigt werden will, davonzutragen? Vielmehr [ist es so:] Wenn sich die führende Zielsetzung unseres Herzens vorrangig den Kampf gegen eine bestimmte Leidenschaft vorgenommen hat, wird sie dafür aufmerksamer beten, indem sie mit besonderer Sorgfalt und Dringlichkeit um die Fähigkeit bittet, diese genauer zu beobachten und dadurch einen schnellen Sieg zu erringen.

Dass wir diese Vorgehensweise im Kampf [gegen die Laster] anwenden müssen, ohne dabei jedoch auf unsere eigene Kraft zu vertrauen, das lehrt auch der Gesetzgeber mit folgenden Worten: »Fürchte sie nicht, denn der Herr dein Gott ist in deiner Mitte, der große und furchterregende Gott. Er selbst wird diese Völker nach und nach und Teil für Teil vor deinen Augen vertilgen. Du wirst sie nicht mit einem Schlag vernichten können, damit dich nicht noch mehr wilde Tiere der Erde angreifen. Doch der Herr dein Gott wird sie dir ausliefern und wird sie töten, bis sie völlig vernichtet sind.« (Dtn 7,21–23)

15 Aber er mahnt uns auch, im Sieg über die Laster nicht überheblich zu werden, und sagt: »Wenn du gegessen hast und satt geworden bist, schöne Häuser gebaut hast und sie bewohnst, wenn du Herden von Rindern und Schafen bekommen hast, Gold und Silber und alle Dinge im Überfluss – dann soll dein Herz nicht überheblich werden; vergiss nicht den Herrn, deinen Gott, der dich aus dem Land Ägypten geführt hat, aus dem Haus der Knechtschaft, der dein Führer war in der großen und furchtbaren Wüste.« (Dtn 8,12–15) Auch sagt Salomon in den Sprichwörtern: »Wenn dein Feind fällt, frohlocke nicht; wenn er zugrunde geht, werde du nicht überheblich, damit es dem Herrn nicht missfällt, wenn er es sieht, und er seinen Zorn von jenem abzieht.« (Prov 24,17f) Das heißt, damit der Herr nicht beim Anblick der Überheblichkeit deines Herzens von der Bestrafung des anderen ablässt und du nun, von ihm verlassen, wieder anfängst, von derselben Leidenschaft gequält zu werden, die du durch Gottes Gnade vorher überwunden hattest. Denn der Prophet hätte nicht mit diesen Worten gebetet: »Überlasse, Herr, nicht den wilden Tieren die Seele, die dich bekennt« (Ps 73 = 74,19), wenn er nicht gewusst hätte, dass manche wegen der Aufgeblasenheit ihres Herzens zu ihrer Demütigung wieder denselben Lastern ausgeliefert werden, die sie schon besiegt hatten. Deshalb dürfen wir sicher sein, belehrt sowohl durch die Überprüfung des Sachverhaltes wie durch unzählige Zeugnisse der heiligen Schriften, dass wir mit unseren Kräften solche Feinde nicht besiegen können, wenn wir nicht allein durch die Hilfe Gottes unterstützt werden, und dass wir jeden Tag jeden einzelnen Sieg ihm zu verdanken haben. Dazu ermahnt uns auch der Herr durch Mose: »Sage nicht in deinem Herzen, wenn der Herr, dein Gott, sie vor deinen Augen vernichtet hat: ›Wegen meiner Gerechtigkeit hat mich der Herr in dieses Land geführt, damit ich es in Besitz nehme, weil diese Völker da wegen ihrer Gottlosigkeit vernichtet wurden.‹ Denn nicht wegen deiner Gerechtigkeit und der Aufrichtigkeit deines Herzens wirst du den Besitz ihres Landes in Angriff nehmen, sondern weil jene gottlos gehandelt haben, wurden sie vernichtet, als du eingezogen bist.« (Dtn 9,4f) Ich frage [euch]: Was könnte deutlicher gegen unsere verderbenbringende Selbstüberschätzung und unsere Überheblichkeit, mit der wir all unser Tun unserem freien Willen, unserem Können zuschreiben wollen, vorgebracht werden? Es heißt: »Sage nicht in deinem Herzen, wenn der Herr, dein Gott, sie vor deinen Augen vernichtet hat: ›Wegen meiner Gerechtigkeit hat mich der Herr in dieses Land geführt, damit ich es in Besitz nehme.‹« Bedeutet das nicht für alle, die Augen haben, um zu sehen, und Ohren, um zu hören, in aller Deutlichkeit: Wenn deine Kämpfe gegen die Laster des Fleisches erfolgreich sind, und du siehst dich von ihrem Schmutz und dem Paktieren mit dieser Welt befreit, so schreibe das, im Siegestaumel überheblich geworden, nicht deiner Kraft und Weisheit zu und glaube nur ja nicht, dass du aufgrund deiner Mühen, deiner Anstrengung und der Freiheit deines Willens über den geistigen Schmutz im Innern und die Laster des Fleisches gesiegt hättest. Diese hättest du ohne Zweifel in nichts völlig überwinden können, wenn dich nicht die Hilfe des Herrn stark gemacht und beschützt hätte.

16 Dies sind die sieben Völker, deren Länder Gott dem Volk Israel nach dem Auszug aus Ägypten zu geben versprach. Da nach dem Apostel dies alles zur Warnung für jene geschah (vgl. 1 Kor 10,6), so müssen wir es als für uns zur Ermahnung niedergeschrieben auffassen. Denn es heißt folgendermaßen: »Wenn dich der Herr, dein Gott, hineinführt in das Land, das du in Besitz nehmen sollst, und wenn er viele Völker vor deinen Augen vernichtet, das Volk der Hetiter, Girgaschiter und Amoriter, der Kaananiter und Perisiter, der Hiwiter und Jebusiter, sieben Völker, viel zahlreicher und stärker als du. Wenn der Herr sie dir ausliefert, so schlage sie bis zur völligen Vernichtung.« (Dtn 7,1f) Dass sie jedoch als zahlreicher bezeichnet werden, liegt darin begründet, dass es mehr Laster als Tugenden gibt. Deshalb werden im Verzeichnis zwar sieben Völker aufgezählt, hinsichtlich ihrer Bekämpfung findet sich aber keine Zahlenangabe. Es heißt lediglich: »Wenn er viele Völker vor deinen Augen vernichtet.« Zahlreicher als Israel ist nämlich das Volk der Leidenschaften des Fleisches, welches aus diesem siebenfachen Zunder und der Wurzel der Laster hervorgeht. Denn daraus keimen Mord, Streitereien, Spaltungen, Diebstähle, Falschaussagen, Gotteslästerungen, Gelage, Trunkenheit, Verleumdungen, Spielsucht, Zoten, Lügen, Meineide, dummes Geschwätz, Sensationslust, Unruhe, Raub, Bitterkeit, Geschrei, Gereiztheit, Verachtung, Murren, [Gott] auf die Probe stellen, Verzweiflung und viele andere; alles aufzuzahlen würde zu weit führen. Da diese Laster von uns als nicht so schwerwiegend eingeschätzt werden, sollen wir hören, was der Apostel von ihnen hält und welches Urteil er über sie fällt. Er sagt: »Murrt nicht, wie einige unter ihnen murrten und durch den Verderber umkamen.« (1 Kor 10,10) Über die Versuchung sagt er: »Lasst uns nicht Christus [den Herrn] auf die Probe stellen, wie es einige unter ihnen taten und durch die Schlangen starben.« (1 Kor 10,9) Von der Verleumdung sagt er: »Liebe nicht die Verleumdung, damit du nicht mitsamt der Wurzel ausgerissen wirst.« (Prov 20,13) Von der Verzweiflung: »Die sich vor Verzweiflung der Schamlosigkeit hingaben, um keine Gemeinheit und keine Unreinheit auszulassen.« (Eph 4,19) Dass Geschrei ebenso wie Zorn, Gereiztheit und Gotteslästerung verurteilt werden, werden wir durch die Worte des Apostels gelehrt, wenn er befiehlt: »Jede Bitterkeit, Zorn, Gereiztheit, Geschrei und Gotteslästerung soll wie alle Bosheit von euch weichen.« (Eph 4,31) – Ähnliches sagt er auch anderswo. – Obwohl es nun mehr Laster als Tugenden gibt, so werden doch nach dem Sieg über jene acht hauptsächlichsten, aus deren Wurzel – so viel ist sicher – alle anderen hervorgehen, mit der Vernichtung der Hauptlaster sogleich alle anderen ruhig und ausgerottet.

Aus der Gastrimargia entstehen Gelage und Trunkenheit; aus der Fornikatio: Zoten und Sensationslust, Spielsucht und dummes Geschwätz; aus der Filargyria: Lüge, Betrug, Diebstahl, Meineid, Verlangen nach schmutzigem Gewinn, Falschaussagen, Gewalt, Unmenschlichkeit und Raub.

Vom Zorn kommen Mord, Geschrei und Sichaufregen. Von der Traurigkeit Groll[12], Kleinmütigkeit, Verbitterung, Verzweiflung. Von der Akedia kommen Müßiggang, Träumerei, Unausstehlichkeit, Unruhe, Herumschweifen, Anfälligkeit des Geistes und des Körpers, Geschwätzigkeit, Neugierde. Aus der Kenodoxia kommen Streitereien, Spaltungen, Prahlerei und ständiges Suchen nach Neuigkeiten. Aus der Hybris kommen Verachtung, Neid, Ungehorsam, Gotteslästerung, Murren und Verleumdung.

Dass aber diese Seuchen gewiss stärker sind, merken wir in der Anfechtung deutlich an unserer eigenen Natur. Heftiger nämlich kämpft in unsern Gliedern der Genuss der Leidenschaften des Fleisches als das Streben nach den Tugenden, die nur durch allergrößte Strenge gegen Herz und Körper erworben werden. Betrachte jedoch auch mit den Augen des Geistes jene unzähligen Horden von Feinden, die der selige Apostel mit den Worten aufzählt: »Wir kämpfen nicht gegen [Menschen mit] Fleisch und Blut, sondern gegen Herrscher und Mächte, gegen die Herrscher dieser Welt der Finsternisse, gegen die Geister der Bosheit in den himmlischen Bereichen.« (Eph 6,12) Davon spricht auch jene Stelle über den Gerechten im neunzigsten Psalm: »Fallen werden an deiner Seite Tausend, Zehntausend zu deiner Rechten.« (Ps 90 = 91,7) Daran wirst du deutlich erkennen, dass sie mehr und stärker sind als wir, die wir Menschen mit Fleisch und Blut sind und irdisch, zumal jenen ein geistiges und luftähnliches Wesen verliehen ist.

17 Germanus: Wie kommt es aber, dass es acht Laster sind, die uns anfechten, während von Mose doch sieben Volksstämme aufgezählt werden, die gegen das Volk Israel streiten? Und inwiefern ist es für uns von Vorteil, die Länder der Laster zu besitzen?

18 Serapion: Es sind acht Hauptlaster, die gegen den Mönch kämpfen. Das gilt als gesicherte Lehre aller [Väter]. Da diese [Laster] nun in Form von Völkernamen genannt werden, werden sie deshalb an dieser Stelle nicht alle aufgeführt, weil Mose, beziehungsweise der Herr durch ihn, im Buch Deuteronomium (vgl. Dtn 7,1) ja zu denen spricht, die schon aus Ägypten ausgezogen und von einem sehr starken Volk, nämlich den Ägyptern, befreit sind.

Dieses Bild lässt sich nun auch für uns als sehr zu recht bestehend auslegen, die wir uns als [Menschen] verstehen, die aus den Fesseln der Welt befreit das Laster der Gastrimargia, das heißt des Bauches und der Gurgel nicht mehr haben. Doch führen wir noch gegen die restlichen sieben Völker den Kampf nach ähnlicher Methode. Das erste Volk aber, das schon besiegt wurde, rechnen wir nicht mehr dazu. Dessen Land wird auch dem Volk Israel nicht als Besitz gegeben, sondern es wird durch Gottes Gebot verordnet, dass sie dieses Land auf ewig verlassen und aus ihm wegziehen sollen. Deshalb ist auch das Fasten so zu mäßigen, dass man nicht wegen der Maßlosigkeit in der Enthaltung, die durch Verfall oder Krankheit des Körpers fühlbar wird, wieder nach Ägypten zurückkehren muss, das heißt zur früheren Gier der Gurgel und des Fleisches, die wir von uns warfen, als wir der Welt entsagten. Das haben wie in dem Bild dargestellt jene erfahren, die nach dem Auszug in die Wüste der Tugenden wieder die Fleischtöpfe ersehnten, an denen sie in Ägypten saßen.

19 Ägypten nun, wo die Kinder des Volkes Israel [in der Gefangenschaft] geboren wurden, wurde nicht völlig vernichtet; vielmehr wurde ihnen nur befohlen, dieses Land zu verlassen. Die [genannten] sieben Völker aber sollten sie bis zur völligen Vernichtung auslöschen. Der Grund dafür ist folgender: Wenn wir auch mit noch so glühendem

Verlangen des Geistes die Wüste der Tugenden betreten haben, können wir doch die Nachbarschaft und Dienerschaft der Gastrimargia sowie natürlich den täglichen Umgang mit ihr nicht vergessen. Denn immer wird in uns das Verlangen nach Speise und Essbarem als angeboren und naturgegeben lebendig sein, auch wenn wir uns anstrengen, ihre überflüssigen Wünsche und Sehnsüchte zu beschneiden. Wenn sie auch nicht völlig ausgelöscht werden können, müssen sie doch durch ein gewisses Ausweichen gemieden werden. Darüber heißt es: »Kümmert euch nicht um das Fleisch, indem ihr seine Begierden erfüllt!« (Röm 13,14) Während uns also befohlen wird, die Sorge dafür nicht ganz aufzugeben, sondern nur dabei die Begierden nicht zu bedienen, behalten wir eine Neigung zurück; wir vernichten offenbar nicht das ägyptische Volk, sondern werden nur von ihm durch einen gewissen Abstand getrennt, indem wir nicht an überflüssige und leckere Mahlzeiten denken, sondern entsprechend der Weisung des Apostels mit der täglichen Nahrung und Kleidung zufrieden sind. (Vgl. 1 Tim 6,8) Das wird auch im Gesetz in bildhafter Sprache geboten: »Verachte nicht den Ägypter, denn du warst ein Fremdling in seinem Land.« (Dtn 23,7) Man kann gezwungenermaßen dem Körper die Nahrung nicht verweigern, ohne ihn selbst zu verderben oder der Seele zu schaden. Aber die Beweggründe für jene sieben Ungeordnetheiten müssen, da sie in jeder Hinsicht schädlich sind, vollständig aus den hintersten Winkeln unserer Seele hinausgeworfen werden. Über sie heißt es: »Jede Bitterkeit, Zorn, Gereiztheit, Geschrei und Gotteslästerung soll wie alle Bosheit von euch weichen.« (Eph 4,31). Außerdem: »Von Fornikatio aber, jedweder Unreinheit oder Geiz soll bei euch nicht die Rede sein, auch nicht von Sittenlosigkeit, dummem Geschwätz oder Sensationslust.« (Eph 5,3f)

Wir können also die Wurzeln dieser Laster, welche natürlicherweise nahe an der Oberfläche wachsen, abschneiden; doch die Ausführung der Gastrimargia können wir durchaus nicht ablegen. Denn so groß auch unser Fortschritt sein mag, wir können doch nicht das nicht sein, als das wir geboren wurden. Diese Tatsache beweist sowohl unser Leben, die wir doch unbedeutend sind, als auch Leben und Wandel aller Vollkommenen. Während diese die Stachel der übrigen Leidenschaften beschnitten haben und die Wüste mit aller Glut des Geistes und aller Entsagung des Körpers aufsuchen, können sie dennoch nicht befreit werden von der Sorge um den täglichen Lebensunterhalt und der Zubereitung des jährlichen Bedarfs an Brot.

20 Ein Bild dieser Leidenschaft, von der unabänderlicherweise selbst der noch so geistbestimmte und vollkommene Mönch bedrängt wird, wird sehr treffend im Vergleich mit einem Adler gezeichnet. Obwohl dieser durch seinen Flug in höchste Höhen hoch über den Wolken schwebt und sich den Augen aller Sterblichen verbirgt, ja sogar vor dem Angesicht der ganzen Erde, so wird er doch auf Drängen seines Magens genötigt, sich wieder in die Tiefen der Täler hinabzulassen, zur Erde hinabzusinken und sich unter abgestorbene Kadaver zu begeben. Damit wird sehr deutlich dargestellt, dass der Geist der Gastrimargia keineswegs wie die übrigen Laster ausgeschnitten oder ähnlich restlos ausgemerzt werden kann, sondern dass lediglich seine Sticheleien und überflüssigen Forderungen durch die Kraft der Seele zurückgedrängt und im Zaum gehalten werden können.

21 Als nämlich einmal einer der Väter die Natur dieses Lasters mit Philosophen erörterte, die ihn wegen seiner frommen Einfalt für einen Bauern hielten, den man nur mürbe machen muss, drückte er sich elegant aus, indem er die Probleme mit folgendem Bild beschrieb. Er sagte: »Mein Vater ließ mich vielen Gläubigern als Schuldner zurück. Fast allen zahlte ich die Schulden ab und war befreit von jeder Belastung durch den Vertrag mit ihnen. Einen aber konnte ich auch durch tägliche Zahlung nicht befriedigen.« Da die Philosophen die Bedeutung des vorgestellten Bildes nicht verstanden und mit Bitten die Auflösung des Bildes forderten, sagte er: »Aufgrund meiner menschlichen Natur war ich in viele Laster verstrickt. Doch weil Gott mir die Sehnsucht nach Freiheit eingehaucht hat, habe ich ihnen allen wie sehr lästigen Gläubigern Genugtuung geleistet, indem ich der Welt widersagte und alles Vermögen, das auf mich als Erbe meines Vaters gekommen war, auf einmal weggab und von ihnen allen völlig frei wurde[13]. Doch von den Sticheleien der Gier nach

Befriedigung des Magens, die Stachel, welche die Fresslust aufreizen, vermochte ich auf keine Weise loszuwerden. Obwohl ich die Gastrimargia auf ein kleines und sehr geringes Maß zurückgefahren habe, entrinne ich kaum dem täglichen Umgetriebensein, sondern ich muss durch die täglichen Auseinandersetzungen mit ihr sehr viel Bedrängnis erleiden, durch nicht gerade seltene Willfährigkeit ein unendliches Lösegeld zahlen und ihren Forderungen einen unaufhörlichen Zoll entrichten.« Da erklärten die Philosophen, dass er, den sie vorher für einen Dummkopf und Bauern angesehen hatten, den vornehmsten Teil der Philosophie – das ist das Fach der Ethik[14] – aufs Allerbeste erfasst hätte; und sie wunderten sich ungemein, wie er ganz natürlich erreichen konnte, was ihm keine weltliche Bildung beigebracht hatte, da sie doch selbst nicht einmal mit viel Schweiß und langem Studium fähig gewesen waren, so weit zu kommen.

So viel zur Beschreibung der Gastrimargia. Lasst uns nun zur Darstellung des allgemeinen Wissens über die Laster zurückkehren, dessen Darlegung wir ja schon begonnen hatten.

22 Als Gott zu Abraham über die Zukunft sprach (vgl. Gen 15,18–21), was ihr noch gar nicht berücksichtigt habt, da zählte er, so kann man lesen, nicht sieben Stämme auf, sondern zehn, deren Land er seinen Nachkommen zu geben verspricht. Diese Zahl wird, rechnet man den Götzendienst und die Gotteslästerung hinzu, voll und ganz erfüllt. Diesen beiden [dem Götzendienst und der Gotteslästerung] ist vor der Erkenntnis Gottes und der Gnade der Taufe sowohl die gottlose Menge der Heiden wie die Menge [derjenigen, die Jesus Christus nicht als Gottes Sohn bekennen][15] unterworfen, solange sie in dem geistig verstandenen Ägypten weilen. Wenn aber jemand, der durch Gottes Gnade von da auszieht und nach dem Sieg über die Gastrimargia zur geistigen Wüste hindurchgelangt, dann hat er, von dem Ansturm dreier Stämme befreit, nur noch gegen die sieben, welche von Mose aufgezählt werden, den Kampf aufzunehmen.

23 Dass uns aber befohlen wird, das Gebiet dieser verderbenbringenden Völker zu unserem Heil in Besitz zu nehmen, ist so zu verstehen: Jedes Laster beherrscht in unserem Herzen einen bestimmten Bereich, den es verteidigt; so drängt es Israel aus den Gefilden der Seele hinaus und setzt ihm unaufhörlich Widerstand entgegen. Unter »Israel«[16] ist das Schauen der erhabensten und heiligen Dinge zu verstehen. Es können nicht Tugenden bei Lastern wohnen. »Was hat denn Gerechtigkeit mit Ungerechtigkeit gemeinsam, oder welche Gemeinschaft hat Licht mit Finsternis?« (2 Kor 6,14) Wenn aber die Laster von dem Volke Israel, das bedeutet von den gegen sie kämpfenden Tugenden besiegt werden, so wird den Platz, den in unserem Herzen der Geist der Fornikatio für sich beanspruchte, in Zukunft die Keuschheit innehaben; den die Wut im Griff hatte, wird die Geduld leiten; den die Traurigkeit, die zum Tod führt, besetzt hielt, wird die heilsame und von Freude begleitete Traurigkeit besitzen; den die Akedia verwüstete, wird die Tapferkeit auferbauen; den die Hybris zu Boden trat, wird die Demut ehren. So werden nach der Vertreibung der einzelnen Laster auf die entgegengesetzten Tugenden ihre Plätze, das heißt ihre Energien, übergehen. Diese werden nicht zu Unrecht »Nachkommen Israels«, das heißt Seelen, die Gott schauen, genannt. Wenn sie alle Leidenschaften aus dem Herzen vertreiben, so soll man nicht glauben, dass sie in fremden Besitz eingedrungen sind, sondern vielmehr, dass sie ihr Eigentum zurückgewonnen haben.

24 Es lehrt nämlich eine alte Überlieferung: Die Söhne Sems hatten eben diese Gebiete der Kanaaniter, in welche das Volk Israel geführt wurde, einst bei der Aufteilung des Landes durch das Los als ihren Anteil erhalten, den später mit Gewalt und Macht die Nachkommen Hams durch unberechtigtes Eindringen in Besitz nahmen. (Gen 9,18; 10,1) Darin erweist sich nun auch das Urteil Gottes als vollkommen gerecht, der jene aus dem fremden Eigentum, das sie zu Unrecht besetzt hatten, vertrieb und diesen den althergebrachten Besitz der Väter, der ihrem Stamm bei der Aufteilung des Landes zuerkannt worden war, zurückgab. Dieses Bild hat auch für uns Geltung, erkennbar wird dies aus einem ziemlich zuverlässigen Grund: Der Wille des Herrn hat den Besitz unseres Herzens ursprünglich nicht den Lastern, sondern den Tugenden zugewiesen. Als diese dann nach der Übertretung des Gebotes durch Adam von stärker werdenden Lastern, das heißt den kanaanitischen Völkern aus dem Gebiet, das ihnen gehörte, vertrieben wurden, darf man nicht annehmen, dass sie ein fremdes Land besetzt, sondern das eigene zurückgewonnen haben, als es ihnen durch Gottes Gnade und mit unserer Sorgfalt und Mühe zurückgegeben wurde.

25 Diese acht Laster werden im Evangelium folgendermaßen beschrieben: »Wenn aber der unreine Geist von einem Menschen gewichen ist, irrt er durch öde Gegenden und sucht Ruhe, doch findet sie nicht. Dann sagt er: ›Ich will zurückkehren in mein Haus, aus dem ich auszog.‹ Wenn er dann kommt und es leer findet, mit Besen gereinigt und geschmückt, geht er und nimmt sieben andere Geister mit, die ärger sind als er, die dort einziehen und wohnen. Am Ende wird es mit diesem Menschen schlimmer sein als vorher.« (Mt 12,43–45)

Wohlgemerkt, wie wir dort von sieben Völkern, ausgenommen dem ägyptischen, lesen, aus dem das Volk Israel weggezogen war, so ist auch hier von sieben zurückgekehrten unreinen Geistern die Rede, mit Ausnahme dessen, der, wie gesagt, vorher von dem Menschen gewichen war. Von diesem siebenfachen Zunder der Laster schreibt auch Salomon in den Sprichwörtern: »Wenn dich dein Feind mit lauter Stimme bittet, so gib ihm nicht nach; denn sieben Bosheiten sind in seiner Seele.« (Prov 26,25) Das heißt: Wenn der besiegte Geist der Gastrimargia anfängt, dir mit seiner Unterwürfigkeit zu schmeicheln, dich gewissermaßen bittend, mit dem angefangenen Widerstand gegen ihn nachzugeben und ihm zu schenken, was das Maß der Enthaltsamkeit und die angebrachte gerechtfertige Strenge überschreitet, so lasse dich durch seine Unterwerfung nicht umstimmen; und wenn dir die Sicherheit vor Anfechtung zulächelt, in der du anscheinend ein wenig vor dem Brennen des Fleisches zur Ruhe kommen könntest, so kehre nicht zu der früheren Widerstandslosigkeit oder den alten Begierden der Gurgel zurück. Dann würde nämlich jener Geist, den du besiegt hattest, sagen: »Ich will zurückkehren in mein Haus, aus dem ich ausgezogen bin.« Die sieben sofort aus ihm hervorstürzenden Geister der Laster werden für dich schlimmer sein als jene Leidenschaft, die du ursprünglich schon besiegt hattest, und werden dich bald zu schrecklichen Sünden zerren.

26 Daraus ergibt sich: Wenn wir also Fasten und Enthaltsamkeit praktizieren, so müssen wir uns beeilen, unverzüglich nach dem Sieg über die Leidenschaft der Gurgel unsere Seele nicht leer sein zu lassen von den notwendigen Tugenden, sondern mit ihnen alle verborgenen Winkel unseres Herzens umso sorgfältiger auszufüllen, damit nicht der zurückkehrende Geist der Gier uns von ihnen leer und unbesetzt findet und, nicht zufrieden für sich allein den Zugang zu sichern, noch jenen siebenfachen Zunder der Laster mit sich in unsere Seele einführt und es so um uns am Ende schlechter steht als am Anfang. Entstellter und unreiner wird eine Seele danach sein und in schlimmere Strafe verfangen als vorher in der Welt, als sie sich noch nicht zu Disziplin und Namen eines Mönches verpflichtet hatte, wenn sie jetzt trotz ihrer selbstherrlichen Behauptung, der Welt entsagt zu haben, von diesen acht Lastern beherrscht wird. Die genannten sieben Geister werden deshalb schlechter als jener frühere genannt, der ausgezogen war, weil das Verlangen der Gurgel, also die Gastrimargia an und für sich nicht schädlich wäre, wenn sie nicht anderen schwereren Leidenschaften Tür und Tor öffnete, nämlich der Fornikatio, der Filargyria, dem Zorn, der Traurigkeit oder der Hybris, die zweifelsohne schon durch sich selbst für die Seele schädlich und zerstörend sind. Aus diesem Grund wird derjenige nie die Reinheit der Vollkommenheit erreichen können, der sie allein mit der Enthaltsamkeit in Form von körperlichem Fasten zu erringen hofft, wenn er nicht erkannt hat, dass er diese [Form der Enthaltsamkeit] deshalb üben muss, damit er durch das Fasten um so leichter gegen die übrigen Laster den Kampf aufnehmen kann, wenn er dem Körper in Demut so viel Platz und Rechte einräumt, wie ihm zustehen, ohne dass das Fleisch vor Übersättigung dreist wird.

27 Es ist jedoch wichtig zu wissen, dass die Reihenfolge der Kämpfe nicht für alle von uns dieselbe ist, weil wir, wie gesagt, nicht alle auf gleiche Weise angefochten werden. Ein jeder muss, je nachdem, welcher Angriff ihn hauptsächlich trifft, den Wettkampf aufnehmen. So hat der eine es nötig, zuerst gegen das Laster, welches an dritter Stelle steht, den Kampf einzuüben, ein anderer aber gegen das vierte oder fünfte und so weiter. In Entsprechung dazu, wie die Laster selbst in uns den ersten Rang beanspruchen und wie es die Art der Anfechtung erfordert, müssen wir die Rangfolge unserer Kämpfe gegen die Laster festlegen. Erfolge bis hin zu Sieg und Triumph werden uns dementsprechend zur Reinheit des Herzens und zur Fülle der Vollkommenheit hindurchgelangen lassen.

Soweit Abbas Serapion über das Wesen der acht Hauptlaster. Er öffnete uns sonnenklar das Verständnis für die hauptsächlichen Arten der Leidenschaften, die in unseren Herzen verborgen sind, für ihre Ursachen und Zusammenhänge, die wir vorher, obwohl wir von ihnen täglich verwüstet wurden, weder deutlich erkennen, geschweige denn unterscheiden konnten. Jetzt aber konnten wir sie wie in einem Spiegel uns vor Augen gestellt sehen.

Wir wissen, dass denen, die Gott lieben, alle Dinge zum Guten mitwirken.
Leichter jedoch kann man vom Glück als vom Unglück zerschmettert werden.

Wenn der Fortschritt ins Stocken gerät,
folgt ihm der Rückschritt auf dem Fuß.
Durch Trägheit senkt sich ein Gebälk;
sinken die Hände, wird es tropfen im Haus.

Collatio 6

Abbas Theodor spricht über das Sterben der Heiligen

1 In einem Gebiet Palästinas, nahe bei dem Dorf Tekoa[1], welches den Propheten Amos hervorbringen durfte, erstreckt sich eine ziemlich ausgedehnte Wüste bis nach Arabien und zum Toten Meer, in das die Gewässer des Jordan einmünden; auch die Asche Sodoms liegt in dieser Gegend weiträumig verstreut. Hier lebten lange Zeit Mönche in vollkommenster Lebensweise und Heiligkeit. Sie wurden jedoch plötzlich von umherstreifenden sarazenischen[2] Räubern getötet. Immerhin wussten wir, dass ihre Leichname sowohl von den Bischöfen jener Gegend als auch von dem ganzen Volk der Araba unter größter Verehrung weggebracht und bei den Gräbern der Märtyrer beigesetzt worden waren, sodass ungeheuer viel Volk aus befestigten Orten gegeneinander aufgebracht wurde und in den heftigsten Streit um die heilige Beute geriet, der sogar zum Kampf mit Schwertern ausartete. Denn sie stritten miteinander in hoher Verehrung [für die Märtyrer] darum, wer mehr Recht auf das Grab und die Reliquien [der Getöteten] hätte, wobei die einen sich der Nachbarschaft zu ihrer Wohnstätte der Kommemoration rühmten, die anderen der Nähe zu ihrer Geburtsstätte. Wir jedoch waren ebenso wie einige Brüder aus den streitenden Parteien – sie ganz besonders – von diesem Konflikt aufgewühlt und konnten nicht verstehen, weshalb so hochverdiente und an Tugenden reiche Männer auf diese Weise von Räubern ermordet wurden, und warum Gott es nur zulässt, dass solch ein Verbrechen gegen seine Diener begangen wird, sodass er Männer, die in jeder Hinsicht bewunderungswürdig waren, den Händen der Gottlosen preisgab. Traurig gingen wir zu dem heiligmäßig verehrten Theodorus, einem Mann mit großer Lebens- und Glaubenserfahrung. Er wohnte in den Kellia; dieser Ort liegt zwischen dem Gebiet der Nitria und der Sketis, fünf römische Meilen[3] von den Monasteria der Nitria entfernt, von der Wüste Sketis aber, in der wir uns aufhielten, durch eine dazwischenliegende Wüste von achtzig Meilen getrennt. Ihm also klagten wir unter Tränen unser Leid über die Ermordung der vorgenannten Männer, voller Unverständnis über solche Langmut Gottes, mit der er zugelassen hatte, dass diese verdienten Männer auf solche Weise getötet wurden und dass sie, die doch durch die Kraft ihrer Heiligkeit andere vor solchem Unheil bewahren sollten, nicht einmal sich selbst den Händen der Gottlosen entreißen konnten. Warum nur hatte Gott dieses schreckliche Verbrechen an seinen Dienern zugelassen? Der selige Theodorus antwortete:

2 Diese Frage pflegt die Gemüter derjenigen aufzuwühlen, die zu wenig Glauben und zu wenig Einsicht besitzen, und deshalb meinen, schon in der Kürze dieses zeitgebundenen Lebens würden die guten Taten und Verdienste der Heiligen belohnt. Doch der Lohn wird nicht im gegenwärtigen Leben ausbezahlt, sondern ist für das zukünftige hinterlegt. Lasst uns nicht durch deren Meinungen irre werden. Wir »setzen nicht nur in diesem Leben unsere Hoffnung auf Christus«, damit wir, wie der Apostel sagt, nicht »elender sind als alle Menschen« (1 Kor 15,19). Da wir doch keinerlei Verheißungen für diese Welt empfangen haben, so lasst uns durch solchen Unglauben nicht auch noch [die Verheißungen] für die zukünftige verlieren. Sonst könnten wir, in Unkenntnis der wahren Bestimmung, in Anfechtungen zitternd und furchtsam weichen, sobald wir uns ihnen ausgeliefert sehen. Wohlgemerkt, wir würden Gott Ungerechtigkeit oder Vernachlässigung der menschlichen Anliegen zuschreiben – schon das zu sagen ist Unrecht –, wenn wir ihm unterstellen, dass er heiligmäßige und recht lebende Männer in der Prüfung nicht beschützt und den Guten in diesem Leben nicht Gutes, den Bösen nicht Böses als Lohn zumisst. Wir würden verdienen, mit jenen verurteilt zu werden, die der Prophet Zephania mit den Worten züchtigt: »Sie sprechen in ihrem Herzen: ›Der Herr tut nichts Gutes, er tut nichts Schlechtes.‹« (Zef 1,12) Oder wir könnten zumindest unter jenen erfunden werden, die den Herrn mit Klagen wie den folgenden lästern und sagen: »Jeder, der Böses tut, ist in den Augen des Herrn gut, solche Leute gefallen ihm. Wo ist denn der Gott, der gerecht ist?« (Mal 2,17) Sie verbinden damit auch noch die Gotteslästerung, die nachfolgend wiedergegeben ist: »Umsonst müht sich, wer Gott dient. Welchen Vorteil haben wir denn davon, dass wir seine Gebote befolgten und traurig einhergingen vor dem Herrn? Auf, lasst uns jetzt die Rücksichtslosen selig preisen; sie taten Unrecht und wurden reich, sie versuchten Gott und wurden gerettet.« (Mal 3,14–15) Deshalb: Damit wir dieser Unwissenheit, welche Wurzel und Ursache dieses äußerst fatalen Irrtums ist, entgehen, müssen wir zuerst wissen, was in Wahrheit gut ist und was böse. Dann erst, wenn wir diesbezüglich nicht das falsche Verständnis der breiten Masse, sondern das wahre der heiligen Schriften annehmen, werden wir kaum mehr vom Irrtum ungläubiger Menschen getäuscht werden können.

3 Drei [Kategorien] gelten für alles in dieser Welt: Gut. Böse. Weder-noch in der Mitte.[4] Wir müssen also wissen, welche Merkmale für das Gute gelten, welche für das Böse und welche für das in der Mitte, damit unser Glaube, durch Wissen um die Wahrheit gefestigt, in allen Anfechtungen unerschüttert durchhält. Mit Sicherheit, so müssen wir glauben, gibt es unter den rein menschlichen Dingen kein anderes vorrangiges und höchstes Gut als allein die Tugend der Seele, die uns durch aufrichtigen Glauben zum Göttlichen führt und uns jenem unveränderlichen Gut beständig anhangen lässt. Andererseits muss man sagen, dass nichts ein Übel ist als allein die Sünde,die, indem sie uns von dem guten Gott trennt, uns zu Verbündeten des bösen Diabolus macht. In der Mitte liegt, was in Richtung jeder der beiden Seiten gelenkt werden kann, je nach Neigung und Entscheidung dessen, der [diese Dinge] gebraucht. Darunter fallen Reichtum, Macht, Ansehen, Körperkraft, Gesundheit, Schönheit, sogar Leben oder Tod, Armut, Krankheit des Körpers, Beleidigungen und Ähnliches mehr, was je nach Eigenschaften und Neigung des Gebrauchenden entweder zur Seite des Guten oder des Bösen gehören kann. Denn auch Reichtum nützt oft zum Guten laut dem Wort des Apostels, der »den Reichen dieser Welt« befiehlt, »dass sie leichten Herzens geben, mit den Bedürftigen teilen und sich einen sicheren und guten Schatz für die Zukunft hinterlegen, damit sie« durch den Reichtum »das wahre Leben ergreifen« (1 Tim 6,17–19). Auch nach dem Evangelium ist Reichtum gut für jene, die »sich Freunde mithilfe des ungerechten Mammons machen« (Lk 16,9). Dagegen wird Reichtum zum Bösen verdreht, wenn er nur um ihn sicher anzulegen oder für ein Leben in Luxus gesammelt und nicht für den Bedarf der Notleidenden verwendet wird.

Wie sehr auch Macht und Ehre, Körperkraft und Gesundheit Werte in der Mitte sind und geeignet für jede der beiden Seiten, kann schon daraus leicht einsichtig werden, dass viele Heilige im Alten Bund dies alles zur Verfügung hatten und mit allergrößtem Reichtum, höchsten Ehren und Körperkraft ausgestattet dennoch als Gott in jeder Hinsicht wohlgefällig bekannt sind. Dagegen wurden diejenigen, welche all dies schlecht gebrauchten und es als Mittel ihrer Bosheit missbrauchten, völlig zu Recht bestraft und vernichtet. Das Buch der Könige berichtet, dass dies häufig vorkam. Dass sogar Leben und Tod nur Werte in der Mitte sind, bezeugt die Geburt des heiligen Johannes und des Judas. Das Leben des einen gereichte ihm insofern zum Heil, als seine Geburt auch anderen Freude gebracht hat, laut jener Stelle: »Viele werden sich freuen über seine Geburt.« (Lk 1,14) Von dem Leben des anderen aber heißt es: »Es wäre besser für diesen Menschen, er wäre nicht geboren worden.« (Mt 26,24) Über den Tod des Johannes und aller Heiligen wird gesagt: »Kostbar ist in den Augen des Herrn der Tod seiner Heiligen.« (Ps 115 = 116,15) Von dem Tod des Judas aber und ähnlicher [Leute]: »Der Tod der Sünder ist äußerst schrecklich.« (Ps 33 = 34,22) Dass sogar die Krankheit des Körpers zuweilen von Vorteil sein kann, beweist das Glück jenes armen, mit Geschwüren bedeckten Lazarus. Da die Heilige Schrift keine anderen Verdienste durch Tugenden erwähnt, so hat er allein dadurch, dass er die Bedürftigkeit und Krankheit des Körpers mit sehr großer Geduld ertrug, das glückseligste Schicksal verdient, im Schoß Abrahams zu sitzen. (Vgl. Lk 16,20ff) Wie nützlich und notwendig Armut, Verfolgung und Unrecht sein können, die nach Meinung der ganzen Welt als Übel angesehen werden, wird dadurch ganz klar bewiesen, dass heilige Männer sie nicht nur niemals vermeiden wollten, sondern sie auch mit aller Kraft entweder suchten oder standhaft ertrugen und dadurch als Freunde Gottes den Lohn des ewigen Lebens erhielten. Dem pflichtet der Apostel bei, wenn er sagt: »Deshalb bejahe ich Krankheiten, Beschimpfungen, Not, Verfolgung, Bedrängnis um Christi willen. Denn wenn ich schwach bin, bin ich stark, weil die Kraft in der Schwachheit verwirklicht wird.« (2 Kor 12,10) Man darf also nicht glauben, dass diejenigen, welche durch die größten Reichtümer, Ehren und Macht dieser Welt hervorstechen, deswegen das höchste Gut erhalten haben, von dem gilt, dass es nur in den Tugenden besteht, sondern nur etwas in der Mitte. Denn obwohl diese Werte als nützlich und von Vorteil für diejenigen eingeordnet werden, die sie gerecht und zur Linderung von Not gebrauchen (sie geben Gelegenheit zu gutem Werk und bringen Frucht für das ewige Leben), sind sie für diejenigen, welche sie zu bösen Werken missbrauchen, unnütz und von Nachteil und stiften zu Gelegenheiten zur Sünde und zum ewigen Tod an.

4 Indem wir nun diese Einteilung als fest und unabänderlich beibehalten und wissen, dass es kein Gut gibt außer der Tugend allein, die der Ehrfurcht gegenüber Gott und der Liebe zu Gott entstammt, und dass es kein Übel gibt als allein die Sünde und Trennung von Gott, wollen wir jetzt sorgfältig überprüfen, ob Gott jemals erlaubt hat oder erlaubt, dass seinen Heiligen entweder durch ihn selbst oder einen anderen Böses angetan wird. Ohne Zweifel wird man das niemals feststellen können. Und auch dies ist zu beachten: Niemand konnte je einem anderen gegen dessen Willen und Widerstand das Übel der Sünde zufügen, außer demjenigen, der das Übel in der Trägheit seines Herzens und mit seinem beschädigten Willen selbst auf sich zog. Schließlich: Als der Diabolus den Versuch unternahm, dem frommen Hiob unter Anwendung all seiner hinterhältigen Künste dieses Übel der Sünde anzuhängen, und ihn nicht nur seines gesamten Vermögens beraubte, sondern ihn auch noch vom Scheitel bis zur Sohle mit dem schrecklichsten Geschwür und mit unerträglichen Qualen belud, nachdem er ihm zuvor mit dem Tod seiner sieben Söhne einen unermesslich grimmigen und heftigen Schmerz über diesen Verlust zugefügt hatte, vermochte er [der Diabolus] doch nicht, Hiob auch nur einen einzigen Schandfleck an Sünde zuzufügen. Hiob blieb in allem fest und unerschütterlich und ließ sich zu keiner Gotteslästerung verführen. (Vgl. Hiob 1,22)

5 Germanus: Gelegentlich aber lesen wir in den heiligen Schriften, dass Gott Übel geschaffen und den Menschen auferlegt hat, so an jener Stelle: »Außer mir gibt es keinen Gott. Ich bin der Herr, es gibt keinen anderen. Ich bilde das Licht und erschaffe die Finsternis, ich stifte Frieden und bewirke Unheil.« (Jes 45,6f) Und an anderer Stelle: »Geschieht auch ein Unglück in der Stadt, das nicht der Herr bewirkt hat?« (Am 3,6)

6 Theodorus: Zuweilen pflegt die Heilige Schrift missverständlich das Wort »Übel« anstelle von »Trübsal« zu setzen, nicht als ob dieses von Natur aus selbst ein Übel wäre, sondern weil es von denen als Übel gefühlt wird, denen es zu ihrem Heil zustößt. Denn wenn die göttliche Strenge die Menschen prüft, so muss sie notwendigerweise durch menschliche Worte und Gefühle sprechen. Auch ein heilsames Schneiden oder Brennen, welches ein Arzt bei denjenigen als Heilmittel anwendet, die sich mit eitrigen Wunden angesteckt haben, halten diejenigen, die es ertragen müssen, für ein Übel. Wie das Pferd der Sporn, so sticht den Bösewicht die Strafe.

Auch empfinden alle, die in den Wissenschaften ausgebildet werden, [die Ausbildung] für den Augenblick als hart, wie der Apostel sagt: »Jede Erziehung scheint in der Gegenwart nicht eine Sache von Freude, sondern von Schmerz zu sein; nachher aber bringt sie denen, die in ihr geschult wurden, eine Frucht der Gerechtigkeit und sehr großen Frieden.«

(Hebr 12,11) Und: »Wen der Herr liebt, den züchtigt er; er schlägt mit der Rute sogar jeden Sohn, den er aufnimmt.« »Gibt es einen Sohn, den sein Vater nicht züchtigt?« (Hebr 12,6f) Deshalb pflegt oft »Übel« statt »Trübsal« zu stehen, wie in jener Schriftstelle: »Und es ergriff Gott Reue wegen des Übels, das er ihnen angedroht hatte, und er tat es nicht.« (Joh 3,10) Und ebenso: »Denn du, Herr, bist barmherzig und ein Erbarmer, bist langmütig und überaus barmherzig; es reuen dich die Übel« (Joel 2,13LXX), das heißt die Trübsale und Plagen, welche du [Gott] als Strafe für unsere Sünden auf uns kommen lassen musst. Da ein anderer Prophet wusste, wie nützlich diese [Trübsale] für manche sind, betete er, wahrlich nicht, weil er ihnen das Heil nicht gönnte, sondern aus Sorge für ihr Heil: »Mehre die Übel, o Herr, mehre die Übel für die Herrlichen der Erde!« (Jes 26,15) Der Herr selbst sagt: »Siehe, ich lasse über sie Übel hereinbrechen« (Jer 11,11), das heißt Schmerzen und Verwüstungen, wodurch sie in der Gegenwart heilsam gezüchtigt werden – damit sie gezwungen werden, zu mir, den sie im Glück verachteten, endlich eilends zurückzukehren. Deshalb also können wir nicht festlegen, dass dies generell Übel sind, denn sie gereichen vielen zum Heil und bewirken den Anfang ewiger Freude.

Um auf die vorgelegte Frage zurückzukommen: Alles, was uns als vermeintliches Übel von Feinden oder irgendwelchen anderen zugefügt wird, ist nicht auf der Seite der Übel und nicht auf der Seite des Bösen einzuordnen, sondern in der Mitte. Denn es wird sich nicht als das erweisen, wofür es derjenige hält, der es uns mit zornrasendem Herzen zufügt, sondern wie es derjenige beurteilt, der es erträgt. Wenn also ein heiligmäßig verehrter Mann ermordet wird, darf man nicht glauben, dass ihm ein Übel widerfahren ist, sondern etwas, das [laut der vorgenommenen Definition] in der Mitte steht. Während dies den Sünder betreffend ein Übel ist, bringt es dem Gerechten die Ruhe und Befreiung von den Übeln. »Der Tod bedeutet für den Menschen, dessen Weg verborgen ist, wahrhaft Ruhe.« (Hiob 3,33) Deshalb erleidet der gerechte Mensch durch den Tod auch keinen Nachteil, weil er nichts Unerhörtes duldet, sondern was ihm aus Naturnotwendigkeit auf jeden Fall widerfahren wäre, das nimmt er jetzt durch die Bosheit des Feindes nicht ohne den Lohn ewigen Lebens hin und bezahlt mit dem menschlichen Tod die Schuld, die nach einem unentrinnbaren Gesetz zu erstatten ist, wobei er überreiche Frucht für das Leiden und den Lohn für ein großes Geschenk erntet.

7 Germanus: Wenn also der Gerechte mit seinem Tod nicht nur kein Übel erduldet hat, sondern sogar für sein Leiden belohnt wird, wie kann dann der angeklagt werden, der durch den Mord nicht schadete, sondern nützte?

8 Theodorus: Wir behandeln die Merkmale des Guten und Bösen oder dessen, was wir »das in der Mitte« nannten, begutachten aber nicht die Absichten der Täter. Denn ein Gottloser oder Verbrecher wird nicht ohne Strafe bleiben, nur weil er durch seine böse Tat dem Gerechten nicht schaden konnte. Geduld und Tugend des Gerechten wird doch nicht dem für die Belohnung angerechnet, der tötete oder peinigte, sondern dem, der geduldig hinnahm, was ihm angetan wurde. Also wird der Täter zu Recht bestraft werden für die rohe Gewalt, denn er wollte ja Böses tun. Doch der, dem Böses angetan wurde, hat trotzdem nichts Böses und kein Übel erlitten, weil er durch die Kraft seiner Seele die Prüfungen und Schmerzen geduldig ertrug. Was ihm in böser Absicht angetan wurde, ließ er zu seinem Erreichen eines besseren Zustands und zur Glückseligkeit des ewigen Lebens dienen.

9 Es hat ja auch nicht die Geduld des Hiob dem Teufel Lohn eingebracht, der ihn durch seine Versuchungen nur heller leuchten ließ, sondern eben Hiob, der sie tapfer ertrug. Auch Judas wird nicht von der ewigen Strafe verschont bleiben, nur weil sein Verrat dem Heil der Menschheit diente. Denn man darf nicht auf den Ausgang eines Tuns sehen, sondern auf die Absicht des Handelnden. Deshalb müssen wir diese Definition unveränderlich in uns bewahren, dass keinem von einem anderen ein Übel oder Böses angetan werden kann, wenn er es sich nicht selbst durch die Trägheit seines Herzens und seinen Kleinmut auf sich zieht. Genau diese Aussage bestätigt der selige Apostel in einem Vers: »Wir wissen aber, dass denen, die Gott lieben, alle Dinge zum Guten mitwirken.« (Röm 8,28) Indem er sagt, »alle Dinge wirken mit zum Guten«, versteht er darunter nicht nur, was man als Glück, sondern auch, was man als Unglück betrachtet. An einer anderen Stelle beschreibt der Apostel, dass er dies auch selbst durchgemacht hat, wenn er sagt: »Durch die Waffen der Gerechtigkeit zur Rechten und zur Linken«, das besagt »durch Ehre und Schande, durch üble Nachrede und guten Ruf, als Verführer und doch glaubwürdig, als Traurige und doch voll Freude, als Arme, die jedoch viele reich machen« (2 Kor 6,7–10), und so weiter. Alles also, was man für Glück hält und zur rechten Seite rechnet, was der Apostel aber mit den Worten Ehre und guter Ruf bezeichnet – ebenso wie das, was man für Unglück hält, was der Apostel mit den Worten Schande und üble Nachrede deutlich ausdrückt und als zur linken Seite gehörend darstellt: All das wird für den vollkommenen Menschen zu Waffen der Gerechtigkeit, wenn er was ihm zustößt hochherzig erträgt, weil er nämlich diese Dinge im Kampf einsetzt und sie gerade gegen diejenigen, die als seine Angreifer gelten, als Waffen gebraucht.

Wie mit Bogen, Schwert und äußerst starkem Schild ist er damit gewappnet gegen jene, die ihm dies antun. Er erreicht Fortschritte in Geduld und Tugend, erwirkt gerade durch diese Geschosse der Feinde, die auf ihn gefeuert wurden, um ihn zu vernichten, den herrlichsten Triumph der Standhaftigkeit. Doch wird er im Glück nicht hochmütig, verzweifelt nicht im Unglück, sondern geht geradewegs auf dem königlichen Weg. Aus diesem Zustand der inneren Ruhe wird er weder durch Freude, die ihn überkommt, wie zur rechten Seite geworfen noch durch hereinbrechendes Unglück oder die Macht der Traurigkeit zur anderen, linken Seite. Denn »Frieden ohne Ende haben, die deinen Namen lieben, und für sie gibt es kein Hindernis, das für sie zum Stein des Anstoßes wird« (Ps 118 = 119,165). Von jenen aber, die durch alle möglichen Ereignisse je nach Laune und augenblicklichem Zustand umgestimmt werden, wird folgendes gesagt: »Der Tor aber ändert sich wie der Mond.« (Sir 27,12) Wie nämlich von den Vollkommenen und Weisen gesagt wird: »Denen, die Gott lieben, wirkt alles zum Guten mit« (Röm 8,28), so wird von den Schwachen und Törichten ausgesagt: »Einem törichten Menschen gereicht alles zum Unglück.« (Prov 14,7) Denn aus Glück gewinnt er keinen Vorteil, durch Unglück wird er nicht gebessert. Ein und dieselbe Tugend befähigt, Traurigkeiten tapfer zu ertragen und im Glück das rechte Maß zu wahren. Wer in einem dieser beiden unterliegt, kann ganz gewiss keinem der beiden standhalten. Leichter jedoch kann man vom Glück als vom Unglück zerschmettert werden. Denn Unglück zügelt manchmal sogar diejenigen, die das gar nicht wollen, demütigt sie und lässt sie in sehr heilsamer Erschütterung entweder weniger sündigen oder bessert sie; Glück aber macht den Geist durch schmierige und gefährliche Schmeicheleien übermütig; dann stürzen sie diejenigen, welche sie durch ihre Glückserfolge in Sicherheit gewiegt haben, in einem umso höheren Fall in die Tiefe.

10 Diese sind es also, welche in den heiligen Schriften in bildhafter Ausdrucksweise ἀμφοτεροδέξιοι [amphoterodéxioi] das heißt »wie mit zwei rechten Händen«[5] genannt werden, wie jener Aot im Buch der Richter beschrieben wird, der »beide Hände wie eine rechte gebrauchte« (Ri 3,15). Diese Tugend können auch wir in geistiger Weise besitzen, wenn wir sowohl das, was günstig ist und zur rechten Seite gerechnet wird, wie auch das, was widerwärtig ist und der linken Seite zugeordnet wird, durch guten und richtigen Gebrauch zu rechten Seiten machen, sodass, was immer uns widerfährt, mit dem Apostel gesprochen für uns zu »Waffen der Gerechtigkeit« (2 Kor 6,7) wird.

Wir sehen nämlich, dass unser innerer Mensch aus zwei Teilen und – um es so auszudrücken – aus zwei Händen besteht, wobei kein Heiliger die genannte linke Hand entbehren kann. Vielmehr erkennt man die vollkommene Tugend daran, dass sie beide [Hände] durch guten Gebrauch zur Rechten macht. Und damit das Gesagte deutlicher verstanden werden kann: Ein heiliger Mann hat eine rechte Hand, nämlich die geistigen Erfolge. Dies ist dann der Fall, wenn er glühend im Geiste alle Wünsche und Begierden beherrscht; wenn er, vor allem im Kampf des Diabolus gegen ihn sicher, ohne jede Mühe und Schwierigkeit die Laster des Fleisches entweder verachtet oder vernichtet; wenn er erhaben über die Erde alles Gegenwärtige und Irdische wie nichtigen Rauch und bedeutungslosen Schatten ansieht und als bald vergehend verachtet; wenn er Zukünftiges auch jenseits der Ekstase des Geistes nicht nur mit allem Verlangen begehrt, sondern auch erleuchteter schaut; wenn er durch die Schau mit den Augen des Geistes anhaltender ergötzt wird, indem er die ihm eröffneten himmlischen Geheimnisse in hellerem Licht schaut; wenn er seine Gebete reiner und behänder zu Gott emporsendet, wenn er sich, so von der Glut des Geistes in Flammen stehend, auf den Schwingen der Seele zum Unsichtbaren und Ewigen hinübergleiten lässt, dass er meint, schon nicht mehr in diesem Körper zu sein.

Er hat aber auch eine linke Seite, wenn er in den Wirbelstürmen der Versuchungen nicht mehr weiß, wo ihm der Kopf steht; wenn er in der Hitze der Reize, die leichtentzündlich wie Brennholz sind, für Wünsche des Fleisches in Brand gerät, wenn er zum Wüten im Zornesausbruch durch den Feuersturm der Leidenschaften entbrennt; wenn er getrieben wird von Hochmut und eitler Ruhmsucht; wenn er durch die den Tod bewirkende Traurigkeit niedergedrückt wird; wenn er von der Kriegsmaschinerie der Akedia und der Wucht ihres Kampfes gegen ihn ins Wanken gerät und nach dem Erlöschen der Geistesglut in Ängstlichkeit und unvernünftiger Trauer dahinwelkt, sodass er nicht nur von richtigen und glutvollen Gedanken verlassen ist, sondern ihm sogar gleichermaßen vor Psalmengesang, Gebet, Lesung, dem Rückzug in das Kellion graut und ihm alle Hilfen durch die Tugendkräfte mit ziemlich unerträglichem und abscheulichem Ekel zuwider sind. Wenn dies für einen Mönch zutrifft, so soll er wissen, dass er von der linken Seite her bedrängt wird. Wer immer also auf der rechten Seite, die wir gerade beschrieben haben, auch beim kleinsten aufkommenden Ruhm nicht überheblich wird, und auf der linken Seite, tapfer kämpfend, unter keiner Entsagung zusammenbricht, sondern vielmehr aus den Gegensätzen sich sichere Waffen der Geduld zur Handhabung der Tugend nimmt, der wird beide Hände wie die rechte Hand gebrauchen und, im Einsatz auf beiden Seiten zum Sieger geworden, wird er sowohl aus dem Gefecht zur Linken wie aus dem zur Rechten die Siegespalme davontragen.

Wir lesen, dass der fromme Hiob diese Siegespalme verdient hat, der in der Tat wegen der rechten Seite (Hiob 30,12) gekrönt wurde, als er,

Vater von sieben Söhnen, der wohlhabend und reich lebte und täglich dem Herrn für ihre Heiligung Opfer brachte, da er sie weniger als seine eigenen Schutzbefohlenen und Kinder betrachten wollte als vielmehr vom Herrn angenommen und beschützt. (Vgl. Hiob 1,5) Zu dieser Zeit stand seine Tür jedem Ankömmling offen, Hiob war der Fuß der Lahmen und das Auge der Blinden; die Lenden der Kranken wurden von den Fellen seiner Schafe warm; er war der Vater für die Waisen und der Mann [zum Schutz] der Witwen; er freute sich nicht einmal im Stillen über das Unglück seines Feindes. (Vgl. Hiob 29,15; 31,16–21) Doch gerade er triumphierte auch auf der linken Seite in noch erhabenerer Tugend über das Unglück: Seiner sieben Söhne in einem Augenblick beraubt, verzehrte er sich nicht wie ein Vater in verbitterter Trauer, sondern, wahrhaft ein Diener Gottes, pries er den Willen seines Schöpfers. (Vgl. Hiob 1,21) Als aus dem Wohlhabenden der Allerärmste wurde, ein nackter Bettler aus einem Reichen, ein Aussätziger aus einem Gesunden, aus einem angesehenen und berühmten Mann ein unbedeutender und verachteter, bewahrte er die unbeschädigte Tapferkeit des Herzens.

Als er schließlich, allen Vermögens und aller Mittel beraubt, zum Bewohner eines Haufens Dung geworden war, schabte er wie der grausamste Folterknecht des eigenen Leibes den austretenden Eiter mit einer Scherbe weg und zog mit den Fingern, die er in die tiefen Wunden grub, aus jeder Stelle seiner Glieder Knäuel von Würmern. (Vgl. Hiob 2,8) In alldem verfiel er nicht vor Verzweiflung der Gotteslästerung, er murrte mit keinem Wort gegen seinen Schöpfer. Ja ihm war sogar durch die Versuchung und Bitternis der Prüfungen nicht im Geringsten angst und bange, sodass er sogar das einzig seinem Körper aus dem früheren Vermögen noch übrige Gewand – weil er damit bekleidet war, hatte es als Einziges von der Verwüstung durch den Diabolus gerettet werden können – zerriss, es wegwarf und so zu der Nacktheit, die ihm der reißerische Räuber aufgezwungen hatte, auch noch die freiwillige hinzufügte. Auch sein Haupthaar, das allein von den Resten der früheren Herrlichkeit übrig geblieben war, schnitt er ab und warf es seinem Verfolger hin. (Vgl. Hiob 1,20) Durch die Vernichtung dessen, was der wütende Feind übrig gelassen hatte, trat er frohlockend zum Waffentanz gegen ihn an und verhöhnte ihn mit jenen himmlischen Worten: »Wenn wir das Gute aus der Hand des Herrn empfangen haben, werden wir da nicht auch das Böse ertragen? Nackt bin ich aus dem Leib meiner Mutter gekommen, nackt werde ich dahin zurückkehren. Der Herr hat gegeben, der Herr hat weggenommen; wie es dem Herrn gefiel, so geschah es; der Name des Herrn sei gepriesen.« (Hiob 2,10; 1,21)

Einen Mann »wie mit zwei rechten Händen« könnte ich zu Recht auch Joseph, nennen, der im Glück dem Vater so lieb, den Brüdern so verbunden, Gott so angenehm war; im Unglück keusch, seinem Herrn treu, in den Fesseln im Kerker äußerst sanftmütig, Beleidigungen nicht nachtragend, wohltätig gegenüber Feinden; gegenüber seinen neidischen und, wenn sie gekonnt hätten, sogar mörderischen Brüdern verhielt er sich nicht nur gnädig, sondern sogar freigiebig. (Vgl. Gen 37,45) Solche also und Ähnliche werden zu Recht ἀμφοτεροδέξιοι, »Männer wie mit zwei rechten Händen« genannt; denn sie gebrauchen beide Hände wie die rechte und das, was der Apostel aufzählt, hinter sich lassend, sagen sie ebenfalls: »Durch die Waffen der Gerechtigkeit zur Rechten und zur Linken, durch Ehre und Schande, durch üble Nachrede und guten Ruf«, und so weiter. (2 Kor 6,7f) Von dieser rechten und linken Seite spricht aus dem Munde der Braut auch Salomo im hohen Lied: »Seine Linke liegt unter meinem Haupt, und seine Rechte wird mich umfangen.« (Hld 2,6) Obwohl sie beide als nützlich bezeichnet, lässt sie doch die Linke unter ihr Haupt gelegt sein, weil die entgegengesetzte Seite der vorrangigen, führenden im Herzen untertan sein muss. Sie ist doch nur dazu nütze, dass sie uns eine Zeit lang einübt und erzieht zum Heil und vollkommen macht hinsichtlich der Geduld. Sie wünscht jedoch, dass die Rechte, um sie zu wärmen und in ewiger heilsamer Umarmung des Bräutigams zu erhalten mit ihr verbunden wird und sie unauflöslich umschlingt. Auch wir werden solche »Doppelrechtshänder« sein, wenn uns Besitz oder Mangel an Dingen in der Gegenwart nicht verändert und uns weder Besitz zum Genuss schädlicher Nachlässigkeit treibt noch Mangel uns zur Verzweiflung und Klage hinreißt; sondern wenn wir, in beiden [Situationen] Gott in gleicher Weise danksagend, von Glück wie von Unglück Früchte ernten. Der Lehrer der Völker weist sich wahrhaft als ein solcher doppelter Rechtshänder aus, wenn er sagt: »Ich habe gelernt, zufrieden zu sein mit der Lage, in der ich gerade bin. Ich weiß [wie es ist,] gedemütigt zu werden und [wie es ist,] Überfluss zu haben. Wo auch immer [ich bin] – ich bin mit allem vertraut: Mit Sattsein und Hungern, in Überfluss und Entbehrung. Alles vermag ich durch ihn, der mir Kraft gibt.« (Phil 4,11–13)

11 Obwohl wir also gesagt haben, dass es eine Versuchung nach zwei Seiten gibt, nämlich in Glück und Unglück, so muss man doch wissen, dass alle Menschen aus einem dreifachen Grunde versucht werden: Meistens zur Prüfung, oft zur Besserung, manchmal als Strafe für Schuld. Wir lesen, dass der fromme Abraham, Hiob und viele Heilige als Prüfung unzählige Drangsale erduldet haben. Und im Buch Deuteronomium wird zum Volk Israel durch Mose gesagt: »Du wirst dich an diesen ganzen Weg erinnern, auf dem dich der Herr, dein Gott, vierzig Jahre lang durch die Wüste geführt hat, damit er dich heimsuchte und prüfte, und damit offenbar wurde, was in deinem Herzen wohnte, ob du seine Gebote befolgst oder nicht.« (Dtn 8,2) Im Psalm steht: »Ich prüfte dich am Wasser des Widerspruchs.« (Ps 80 = 81,8) Auch zu Hiob [wird gesagt]: »Glaubst du etwa, dass ich aus anderen Gründen zu dir gesprochen habe, als um deine Gerechtigkeit offenbar werden zu lassen?« (Hiob 40,3LXX) Zur Besserung aber [dient es], wenn [der Herr] seine Gerechten, indem er sie schon für kleine und leichte Sünden oder für die Überheblichkeit wegen ihrer Reinheit demütigt, verschiedenen Versuchungen aussetzt, damit er allen Schmutz der Gedanken und, um es mit den Worten des Propheten zu sagen, die Schlacken (vgl. Jes 1,25), die er in ihrem Inneren eingewachsen sieht, im gegenwärtigen Leben wie reines Gold auskocht und sie [erst dann] dem künftigen Gerichte übergibt. Er lässt keine Rückstände in ihnen zurück, die er später untersuchen und der Reinigung durch die Pein des Feuers des Gerichts bedürftig finden müsste, laut jener Stelle: »Zahlreich sind die Trübsale der Gerechten« (Ps 33 = 34,20), und: »Mein Sohn! Vernachlässige nicht die Erziehung durch den Herrn; gib nicht auf, wenn er dich zurechtweist; denn wen der Herr liebt, den züchtigt er; mit der

Rute schlägt er jeden Sohn, den er aufnimmt; denn wo gibt es einen Sohn, den sein Vater nicht züchtigt? Würdet ihr von der Zurechtweisung ausgenommen, die doch alle getroffen hat, dann wäret ihr nicht [erbberechtigte] Söhne.« (Hebr 12,5–8) In der Apokalypse heißt es: »Ich überführe und unterstelle meiner Zucht, die ich liebe.« (Offb 3,19) An sie richtet sich auch unter dem Bild Jerusalems das Wort, welches der Prophet Jeremia als Stellvertreter Gottes spricht: »Denn ich werde ein Ende machen mit allen Völkern, unter die ich dich zerstreut habe; mit dir aber will ich kein Ende machen. sondern ich werde dich gerecht bestrafen, damit du dich nicht für schuldlos hältst.« (Jer 30,11) Diese heilsame Besserung erbittet David mit den Worten: »Stelle mich auf die Probe, Herr, und prüfe mich; läutere meine Nieren und mein Herz!«[6] (Ps 25 = 26,2) Auch Jeremia sah den Nutzen dieser Prüfung ein und sagte: »Herr, stelle mich auf die Probe, aber gerecht, nicht in deinem Zorn!« (Jer 10,24) Und bei Jesaja heißt es: »Ich preise dich, Herr; du hast mir gezürnt; doch dein Zorn wandte sich, und du hast mich getröstet.« (Jes 12,1) Als Strafe für Sünden aber wird zur Prüfung eine Plage auferlegt, so wenn der Herr droht, dem Volk Israel Plagen zu senden, und spricht: »Reißende Raubtiere werde ich gegen sie loslassen, welche die Erde mit Schrecken überziehen.« (Dtn 32,24) Und: »Vergebens schlug ich eure Söhne, Zucht habt ihr nicht angenommen.« (Jer 2,30) In den Psalmen heißt es: »Viele Schmerzen kommen über die Sünder« (Ps 31 = 32,10), und im Evangelium: »Siehe, du bist gesund geworden; sündige nun nicht mehr, damit dir nicht Schlimmeres zustößt.« (Joh 5,14) Wir erkennen in der Tat auch einen vierten Grund, weswegen über manche [Menschen] Leiden kommen, und zwar, wie wir durch die Autorität der heiligen Schriften erkennen, allein um die Ehre und die Werke Gottes offenbar werden zu lassen, entsprechend jener Stelle im Evangelium: »Weder dieser hat gesündigt noch seine Eltern, sondern die Werke Gottes sollten an ihm offenbar werden.« (Joh 9,3) Und an anderer Stelle: »Diese Krankheit führt nicht zum Tod, sondern zur Ehre Gottes, damit der Sohn Gottes durch sie verherrlicht wird.« (Joh 11,4) Es gibt aber indes noch andere Arten von Strafen, mit denen manche, welche die Bosheit auf die Spitze getrieben haben, in diesem Leben geschlagen werden. So lesen wir, dass Datan, Abiram und Korach verurteilt wurden (vgl. Num 16), besonders aber jene, von denen der Apostel sagt: »Deshalb überließ Gott sie abscheulichen Leidenschaften und einem verwerflichen Sinn« (Röm 1,28), was noch schlimmer zu beurteilen ist als die anderen Strafen. Denn von diesen sagt der Psalmist: »Man findet sie nicht bei der Mühsal der Menschen, und sie werden nicht wie [andere] Menschen geplagt.« (Ps 72 = 73,5) Sie verdienen es gar nicht, gerettet zu werden durch die Heimsuchung des Herrn oder durch zeitliche Qualen ein Heilmittel zu erlangen; »vor Hoffnungslosigkeit haben sie sich der Ausschweifung überlassen, zur Ausführung eines jeden Irrtums, zur Unreinheit.« (Eph 4,19) Durch die Verhärtung ihres Herzens, durch Gewohnheit und Häufigkeit überschreiten sie die Zeitspanne für die Reinigung von ihren Verbrechen in dieser Zeit und für die Bestrafung in diesem irdischen Leben. Gegen sie erhebt auch das Wort Gottes durch den [Mund des] Propheten Anklage: »Ich vernichtete euch, wie Gott Sodom und Gomorra vernichtet hat; ihr seid wie ein angebranntes Holzscheit geworden, das aus dem Feuer gerissen wurde; doch nicht einmal so seid ihr zu mir zurückgekehrt, spricht der Herr.« (Am 4,11) Bei Jeremia: »Ich tötete und vernichtete mein Volk; dennoch sind sie von ihren Wegen nicht umgekehrt.« (Jer 15,7) Und an anderer Stelle: »Du hast sie geschlagen, und sie empfanden keinen Schmerz; du hast sie zutiefst gedemütigt, und sie weigerten sich, Zucht anzunehmen; sie machten ihr Gesicht härter als Felsen und wollten nicht umkehren.« (Jer 5,3) Als der Prophet sieht, dass er die ganze Zeit vergeblich Heilmittel zu ihrer Heilung eingesetzt hatte, ruft er, schon an ihrem Heil verzweifelnd, aus: »Es reicht das Gebläse nicht aus, das Feuer zu entfachen, vergeblich schnaubt der Blasebalg; denn eure Bosheit wird nicht verzehrt. Nennt sie verworfenes[7] Silber, denn der Herr hat sie verworfen.« (Jer 6,29–30) Der Herr beklagt, diese heilsame Reinigung durch Feuer gegenüber denen, die vor Schandtaten versteinert sind, vergeblich angewendet zu haben, indem er zu Jerusalem, das von einer dicken Rostschicht der Sünden verhärtet war, wie zu einer Person spricht: »Setze einen leeren Kessel auf die Kohlen, damit er heiß wird und sein Erz schmilzt, damit die Verschmutzung in ihm wegschmilzt. Unter großer Anstrengung wurde eingeheizt, doch der Rost war zu dick und ging nicht ab, nicht einmal durch Feuer. Deine Unreinheit lässt sich nicht entfernen. Ich wollte dich reinigen, doch du bist nicht gereinigt worden von deinem Schmutz.« (Ez 24,11–13) Nachdem also der Herr wie ein sehr erfahrener Arzt alle Möglichkeiten der Heilung erwogen hatte und sah, dass es keinerlei Mittel mehr für die Anwendung gegen ihre Krankheit gab, da wurde er sozusagen von der Stärke ihrer Verhärtung überwunden; er wurde getrieben, von seiner milden Züchtigung abzulassen, und verkündet ihr [der Stadt Jerusalem] deshalb: »Von nun an werde ich dir nicht mehr zürnen, mein Eifer ließ von dir ab.« (Ez 16,42) Von anderen aber, deren Herz nicht durch die Menge der Sünden verhärtet bleibt und die nicht diese äußerst strenge Medizin des ätzenden Ausbrennens im Feuer – um es so auszudrücken – nötig haben, sondern für die eine heilsame Belehrung durch das Wort zum Heile ausreicht, heißt es: »Ich werde sie bessern, wenn sie von der ihnen bevorstehenden Trübsal hören.« (Hos 7,12) Wir kennen sehr gut auch andere Ursachen für die Ahndung einer Tat und für Vergeltung, welche über Schwerstverbrecher verhängt werden, nicht zur Sühne ihrer Verbrechen oder zur Tilgung ihrer Sündenschuld, sondern zur Besserung und Einschüchterung der Lebenden. Dies erkennen wir deutlich in dem, was, gegen Jerobeam, den Sohn des Nebat, gegen Bascha, den Sohn des Ahija, sowie gegen Ahab und Isebel geschah, wenn das göttliche Urteil folgendermaßen lautet: »Siehe, ich werde Unheil über dich hereinbrechen lassen und deine Nachkommen ausrotten, von Ahabs Nachkommen will ich alles, was männlich ist, bis zum letzten Mann in Israel, ausrotten. Ich will mit deinem Haus verfahren wie mit dem Haus des Jerobeam, des Sohnes des Nebat und wie mit dem Haus des Bascha, des Sohnes des Ahija. Weil du so gehandelt hast, dass du mich zum Zorn gereizt hast, und Israel hast sündigen lassen. Die Hunde werden Isebel auf dem Feld von Jesreel fressen. Wenn Ahab in der Stadt stirbt, werden ihn die Hunde fressen; wenn er auf dem Felde stirbt, werden ihn die Vögel des Himmels fressen.« (1 Kön 21,22–24) Und als furchtbare Drohung wird ausgesprochen: »Dein Leichnam wird nicht im Grab deiner Väter bestattet werden.« (1 Kön 13,22) Nicht als ob eine kurze und zeitlich begrenzte Bestrafung wie die [Bestrafung] für ruchlose Verbrechen dessen, der die goldenen Kälber zur beständigen Untreue des Volkes gegenüber Gott und zur gewissenlosen Trennung von Gott als Erster eingeführt hat oder für die so zahllosen und frevelhaften Verbrechen der Lästerung des Heiligen genügt hätte, diese Vergehen auszuschmelzen, sondern damit auch die Übrigen, welche das Zukünftige entweder vernachlässigten oder gar nicht glaubten, schon allein durch den Blick auf das Gegenwärtige abgeschreckt wurden und damit ihnen durch das Beispiel jener Strafen, die sie fürchteten, Schrecken eingejagt wurde. Durch den Nachweis dieser Strenge sollten sie anerkennen, dass es für jene Majestät und höchste Gottheit keine Vernachlässigung der täglichen Aufsichtspflicht gegenüber menschlichen Angelegenheiten gibt. Durch das, wovor ihnen am meisten graute, sollten sie mit eigenen Augen sehen, dass Gott ein Vergelter aller Taten ist.

Wir stellen aber auch fest, dass einige schon für leichtere Schuld dasselbe Todesurteil für dieses Leben erhielten. Damit wurden jene bestraft, die, wie wir schon sagten, als Urheber der gotteslästerlichen Untreue auftraten. So traf es jenen, der am Sabbat Holz gesammelt hatte (vgl. Num 15,32–36); oder Hananias und Saphira, die beide etwas von ihrem Vermögen zurückbehalten hatten und aus Unredlichkeit logen (vgl. Apg 5,1–11). Nicht als ob hier gleiche Belastung und Anklage wegen begangener Sünden vorgelegen hätte, sondern weil sie sich eine noch nie da gewesene Übertretung anmaßten, mussten sie nach ihrer Entdeckung nun den anderen auch, so wie sie ihnen ein Beispiel der Sünde gegeben hatten, als Beispiel für Bestrafung und zur Abschreckung dienen: Wer immer später dasselbe im Sinn hatte, sollte wissen, dass die Vergeltung ihn nach derselben Vorgabe, durch die jene verurteilt wurden, bei der Prüfung im zukünftigen Gericht treffen wird, auch wenn für jetzt und in diesem Leben die Todesstrafe noch aufgeschoben wird.

Weil es nun scheint, dass wir beim Durchgang durch die hauptsächlichen Arten der Versuchungen und Strafen von der ursprünglich geplanten Darlegung abgewichen sind, in der wir sagten, dass der vollkommene Mensch in jeder Versuchung immer unerschüttert stehen bleibt, so wollen wir nun wieder dahin zurückkehren.

12 Es soll also der Geist des gerechten Menschen nicht dem Wachs oder einem anderen zu weichen Material ähnlich sein, das bei jeder Prägung dem Relief[8] eines Siegels nachgibt und nach seiner Form und seinem Bild gestaltet wird. Es [dieses Material] wird diese Form nur so lange beibehalten, bis es durch ein neu aufgepresstes Siegel wieder anders gestaltet wird. So geschieht es dann, dass es nie in seiner Beschaffenheit fortbesteht, sondern sich je nach Gestalt der Eindrücke ändert und wandelt. Unser Geist muss vielmehr wie ein diamantener Siegelring sein, damit er das Relief seines unverwechselbaren Charakters immer unverletzt bewahrt und alles, was ihn trifft, entsprechend seiner Prägung und Beschaffenheit gestaltet und wandelt, selbst aber durch nichts, was auf ihn trifft, umgestaltet werden kann.

13 Germanus: Aber kann denn unser Geist immerfort einen Zustand beibehalten und allezeit in derselben Verfassung verbleiben?

14 Theodor: Es ist notwendig, dass in Entsprechung zum Wort des Apostels, jeder sich »erneuert in Geist und Sinn« (Eph 4,23) und jeden Tag aufbricht, »indem er sich immer nach vorne ausstreckt« (Phil 3,13). Vernachlässigt er dies, so folgt daraus, dass er rückwärts geht und zum Schlechteren abgleitet. Deshalb kann auch der Geist keineswegs in ein und demselben Zustand verharren. Zum Vergleich: Wenn einer versucht, seinen Kahn mit gewaltigem Ruderschlag gegen die Wasser des Flusses stromaufwärts zu führen, muss er notwendig entweder mit der Kraft seiner Arme den Andrang des reißenden Flusses durchschneiden, um flussaufwärts voranzukommen, oder er wird – wenn die Arme kraftlos werden – mit der Strömung Hals über Kopf weggerissen werden. Es wäre also ein ernst zu nehmender Beweis für unsere Verschlimmerung, wenn wir erkennen, dass wir nichts weiter erreicht haben, und wir dürften nicht zweifeln, dass wir durchweg rückwärts getrieben wurden, wenn wir an einem Tage kein Weiterkommen nach vorn zu Höherem bemerkten; denn, wie gesagt, der Geist des Menschen kann nicht dauerhaft in ein und demselben Zustand beharren, noch wird irgendeiner der Heiligen, solange er in diesem irdischen Körper lebt, den Gipfel der Vollkommenheit so in Besitz nehmen, dass er unveränderlich dort verharrt. Es ist sogar notwendig, dass den Heiligen immer etwas hinzugefügt oder genommen wird. In keiner Kreatur kann eine solche Vollkommenheit sein, dass sie nicht der schmerzlichen Erfahrung von Veränderung unterworfen wäre, entsprechend dem, was im Buch Hiob steht: »Was ist der Mensch, dass er rein wäre und gerecht erscheinen könnte, er, der vom Weib Geborene? Siehe, unter seinen Heiligen ist keiner unveränderlich, selbst die Himmel sind nicht rein vor seinem Angesicht.« (Hiob 15,14) Wir bekennen: Gott allein ist unveränderlich; an ihn allein ist das Gebet jenes heiligen Propheten gerichtet: »Du aber bleibst, der du bist.« (Ps 101 = 102,28) Gott selbst sagt von sich: »Ich bin Gott und ändere mich nicht.« (Mal 3,6) Er allein nämlich ist seinem Wesen nach immer gut, immer die Fülle, immer vollkommen; ihm kann nichts hinzugefügt werden noch jemals etwas genommen werden. Darum müssen wir uns allezeit im Streben nach den Tugenden mit unablässiger Sorge und Sorgfalt anstrengen und uns beständig damit beschäftigen, sie einzuüben. Wenn der Fortschritt ins Stocken gerät, folgt ihm der Rückschritt auf dem Fuß. Wir haben es ja gesagt: Der Geist kann nicht in ein und demselben Zustand verbleiben; das bedeutet, er kann weder eine Vermehrung der Tugenden erreichen noch Schaden nehmen. Nichts erreicht zu haben bedeutet für ihn: Verluste zu haben. Denn wenn der Wunsch nach Fortschritt aufhört, ist die Gefahr, rückwärts zu gehen, nicht weit.

15 Aus diesem Grund ist auch der dauerhafte Aufenthalt im Kellion nicht aufzugeben. Denn sooft einer aus ihm wegging, so oft wird er auch bei seiner Rückkehr als Bewohner wie ein Neuling und Anfänger in ihm wanken und schwanken.[9]

Wenn nämlich die Ausrichtung des Herzens auf das Ziel, die er durch den Aufenthalt in der Zelle erworben hatte, in der Spannkraft[10] nachlässt, so wird er sie nicht ohne Mühe und Schmerz wiedererlangen können; und dadurch zurückgeschlagen wird er nicht den verlorenen Fortschritt bedenken, den er zusätzlich hätte gewinnen können, wenn er nicht aus dem Kellion davongelaufen wäre. Vielmehr wird er sich freuen, wenn er feststellt, wenigstens den Zustand wieder erreicht zu haben, aus dem er fiel. Wie nämlich verlorene und vergangene Zeit nicht mehr zurückgeholt werden kann, so können auch jene Erfolge, die uns verloren gingen, nicht wieder eingebracht werden. Wie sehr die Spannkraft des Herzens darauf zielen mag, es ist nur ein Fortschritt für einen Tag und ein Erwerb für den Augenblick, jedoch keine Rückholung verlorenen Gewinns.

16 Dass auch die himmlischen Mächte, wie wir gesagt haben, der Veränderlichkeit unterworfen sind, bezeugen jene, welche aus ihrer Zahl durch die Schuld ihres verdorbenen Willens herabstürzten. Deshalb dürfen wir auch jene nicht ihrer Natur nach für unveränderlich halten, die in der Seligkeit, in der sie erschaffen wurden, bleiben, weil sie nicht ebenfalls zum widersprechenden Teil entstellt wurden. Denn eine unveränderliche Natur zu haben, ist das eine; etwas anderes aber, sich mithilfe der Gnade des unveränderlichen Gottes im Verlangen nach Tugenden und in der Bewahrung des Guten nicht zu ändern. Was immer durch Sorgfalt erworben oder bewahrt wird, das kann auch durch Nachlässigkeit völlig verloren gehen. Daher heißt es: »Preise keinen Menschen vor seinem Ende glücklich« (Sir 11,30), weil ja jeder, solange er noch im Kampfe und – um es so zu sagen – auf der Kampfbahn [der Athleten] steht, nicht gefeit sein kann vor der drohenden Gefahr und der Vermutung eines ungewissen Ausgangs, auch wenn er zu siegen gewohnt ist und häufig die Siegespalme erringt. Gott allein heißt unveränderlich und gut, da er seine Güte nicht aufgrund von Fleißarbeit, sondern seinem Wesen nach besitzt und nicht anders sein kann als gut. Ein Mensch aber kann keine Tugend unveränderlich besitzen, sondern damit eine einmal [mit Gottes Hilfe] erworbene Tugend dauerhaft beibehalten wird, ist es nötig, sie immer mit demselben Fleiß und Eifer zu bewahren, mit der sie erworben wurde.

17 Fällt einer, so darf man durchaus nicht glauben, dass sein Sturz plötzlich und unerwartet kam, sondern dass er entweder anfangs durch eine falsche Unterweisung getäuscht wurde, oder weil durch lange Nachlässigkeit des Geistes nach und nach die Tugend aus dem Herzen wich und er folglich mit einem schrecklichen Sturz zusammenbrach, da die Laster Schritt für Schritt überhandnahmen. Denn »vor dem Aufgeriebenwerden kommt der Frevel, und vor dem Fall ein böser Gedanke« (Prov 16,18LXX). Auch ein Haus fällt ja nicht durch einen plötzlichen Stoß in sich zusammen, sondern es sind entweder durch einen alten Fehler des Fundamentes oder durch langen Leichtsinn der Bewohner zuerst die kleinsten Tröpfchen [Feuchtigkeit] eingedrungen, dann wurde nach und nach das schützende Dach verdorben. Wenn nun das Dach durch lange Vernachlässigung in größerem Umfang offensteht und zusammenfällt, brechen schließlich Platzregen und Unwetter herein. Denn »durch Trägheit senkt sich ein Gebälk; sinken die Hände, wird es tropfen im Haus« (Eccl 10,18).

Dass dies für die Seele im geistigen Sinn gilt, beschreibt Salomo mit anderen Worten so: »Tropft das Wasser durch das Dach, jagt es den Menschen zur Winterzeit aus seinem Haus.« (Prov 27,15) Gekonnt vergleicht er also die Sorglosigkeit des Geistes mit dem vernachlässigten Dach eines Hauses, durch welches zuerst nur einige ganz kleine Tropfen der Leidenschaften die Seele durchdringen. Werden sie nicht beachtet, weil sie ja noch klein und leicht sind, verderben sie das Gebälk[11] der Tugenden. Danach strömt der Platzregen der Laster herein, durch den der Geist im Winter, das heißt zur Zeit der Versuchung, wenn der Angriff des Diabolus über ihn hereinbricht, aus seiner Wohnung der Tugenden vertrieben wird, in welcher er sich freilich eine Zeit lang durch umsichtige Sorgfalt zurückgezogen und wie in einem Haus, das ihm gehört, geruht hatte.

Nachdem wir also dies alles erfahren hatten, überkam uns eine unermessliche Freude über diese geistige Speise, sodass der Jubel des Herzens, mit dem wir durch diese Unterredung erfüllt wurden, größer war als die Traurigkeit, welche uns vorher wegen der Ermordung der Heiligen befallen hatte. Denn wir wurden nicht nur belehrt über das, womit wir gehadert hatten, sondern wir lernten mittels dieser Fragestellung sogar etwas über Dinge, die wir wegen der Dürftigkeit unseres Verstehens nicht einmal zu erfragen vermochten.

Mit meiner Mühe im Streben nach Reinheit bin ich nur insofern weitergekommen, als ich jetzt weiß, was ich nicht sein kann. Ich merke, dass ich davon nichts anderes habe als Schmerzen, weil mein Herz sich vor Anstrengung völlig aufgerieben hat, sodass mir niemals der Grund für Tränen fehlt, ich aber dennoch nicht aufhöre zu sein, was ich nicht sein soll.

Gott raunt uns nicht nur das Gute zu, sondern er fördert es auch und treibt dazu an, sodass er uns manchmal sogar ohne unser Wollen und Wissen zum Heil zieht.

Collatio 7

Abbas Serenus spricht über die Angriffe der Dämonen und den geistlichen Kampf

1 Da wir sehr wünschen, Abbas Serenus, einen Mann von außerordentlicher Heiligkeit und Enthaltsamkeit, einen Spiegel seines Namens, den wir mehr als alle anderen mit größter Bewunderung verehrten, dem Andenken derer, die [nach einem reinen Herzen] streben, zu empfehlen, so meinen wir, unseren Wunsch nur erfüllen zu können, wenn wir versuchen, die Unterredungen mit ihm in unser kleines Buch aufzunehmen. Ihm [Abbas Serenus] war über das Maß der übrigen Tugenden hinaus, die nicht nur in seinem Tun und seinem Wandel, sondern durch Gottes Gnade auch auf seinem Antlitz leuchteten, durch besondere Gnade die Gabe der Keuschheit so in Fleisch und Blut übergegangen, dass er sich schon nicht mehr durch die natürlichen Reizmittel zu Lastern aus der Ruhe gebracht fühlte, nicht einmal im Traum. Es dürfte sinnvoll sein, zuerst zu erklären, wie er unter dem Beistand der Gnade Gottes zu dieser außergewöhnlichen Reinheit des Fleisches gelangte, die [alle] Bedingungen der menschlichen Natur zu durchbrechen scheint.

2 Abbas Serenus also mühte sich unaufhörlich bei Tag und Nacht um die innere Reinheit des Herzens und der Seele in Gebet, Fasten und Nachtwachen. Als er nun sah, dass das Flehen seiner Gebete erhört worden und alle Glut der Gier des Fleisches in seinem Herzen ausgelöscht worden war, da entbrannte er, wie durch den süßesten Geschmack der Reinheit entzündet, zu einem noch größeren Durst im Eifer für die Keuschheit. Er begann, sich noch intensiver dem Fasten und dem flehentlichen Gebet hinzugeben [und erbat], dass die Abtötung der Leidenschaft, welche seinem inneren Menschen durch Gottes Gabe zuteilgeworden war, doch auch bis zur Reinheit des äußeren Menschen durchdringen sollte, damit er niemals mehr von einem einfachen und natürlichen Bedürfnis, das sich auch bei Kleinkindern und Säuglingen bemerkbar macht, beunruhigt werden könnte.

Er war also durch die Erfahrung der empfangenen Gabe, die er, dessen war er sich bewusst, nicht als Lohn für seine Mühen, sondern durch Gottes Gnade erhalten hatte, von dem brennenden Wunsch beseelt, ähnlich auch diese [erbetene Reinheit des äußeren Menschen] zu erhalten. Er glaubte, Gott könne viel leichter diese Stachel des Fleisches mit der Wurzel herausziehen – auch die Geschicklichkeit der menschlichen Heilkunst pflegt ja dergleichen zuweilen mit einem Trunk, einem Heilmittel oder einem Schnitt zu beseitigen –, wenn er [Gott] schon durch seine Gnade jene Reinheit des Geistes verliehen hätte, die erhabener ist und durch menschliche Mühe oder menschlichen Eifer unmöglich erfasst werden kann. Als er nun dem fortgesetzten Bitten mit unaufhörlichem Flehen unter Tränen oblag, da kam in einer nächtlichem Vision ein Engel zu ihm. Es war, als ob er den Leib des Abbas Serenus öffnen würde, ein brennendes Geschwür aus seinen Eingeweiden herausschneiden, wegwerfen und danach alle Eingeweide wieder an Ort und Stelle zurücklegen würde. Dann sagte der Engel: »Siehe, der Zunder in deinem Fleisch wurde herausgeschnitten. Du sollst wissen, dass du am heutigen Tage die Reinheit des Leibes, die du so treu erfleht hast, für immer erhalten hast.« So viel in aller Kürze zur Gnade Gottes, welche dem erwähnten Manne in besonderer Weise zuteilwurde. Lassen wir es damit gut sein. Im Übrigen halte ich es für überflüssig, etwas über jene Tugenden zu berichten, welche er gemeinsam mit den anderen hochverdienten Männern besaß, damit nicht eine solche Aufzählung in Zusammenhang mit seinem Namen den anderen das zu nehmen scheint, was an ihm besonders herausgehoben wird. Ihn also [Abbas Serenus] in den Tagen der Quadragesima[1] zu sehen, war unser großer Wunsch; wir brannten auf ein Gespräch mit ihm und auf Belehrung [aus seinem Mund]. Nachdem er uns über die Art unserer Gedanken und den Zustand des inneren Menschen in aller Ruhe, aber doch drängend, befragt hatte, und auch darüber, was uns denn ein so langer Aufenthalt in der Wüste für die Reinigung des inneren Menschen gebracht hätte, gingen wir ihn mit unseren Klagen an:

3 Der Zeitverschleiß und der Aufenthalt in der Wüste, in Anbetracht derer du folgerst, dass wir die Vollkommenheit des inneren Menschen hätten erreichen müssen, hat uns lediglich eingebracht, dass wir lernten, was wir nicht sein können, hat aber nicht bewirkt, dass wir sind, wonach wir streben. Wir können uns nicht vorstellen, entweder die feste Beständigkeit der ersehnten Reinheit oder irgendeine deutliche Festigung unseres Wissens erreicht zu haben. Lediglich die Vermehrung von Verwirrung und Scham haben wir erreicht. Während also das Erlernen aller Fertigkeiten deswegen in täglichen Bemühungen geübt und gefördert wird, damit man von den schwachen Anfängen zu einer gesicherten und festgegründeten Erfahrung hindurchgelangt und anfängt zu wissen, was man vorher nur unsicher oder gar nicht wusste, und damit man – ich will es so ausdrücken – mit sicherem Schritt in der gekonnten Ausübung jener Kunst voranschreitend, sich endlich vollkommen und ohne jede Schwierigkeit in ihr bewegen kann: Im Gegensatz dazu finde ich, dass ich mit meiner Mühe im Streben nach Reinheit nur insofern weitergekommen bin, als ich [jetzt] weiß, was ich nicht sein kann. Ich merke, dass ich davon nichts anderes habe als Schmerzen, weil mein Herz sich [vor Anstrengung] völlig aufgerieben hat, sodass mir niemals der Grund für Tränen fehlt, ich aber dennoch nicht aufhöre zu sein, was ich doch nicht sein soll. Also: Was nützt es, zu wissen, was das Höchste ist, wenn das Erkannte[2] doch nicht ergriffen werden kann?

Denn wenn wir meinen, die Ausrichtung des Herzens auf das vorgegebene Ziel aufgeben zu dürfen, wird der Geist unmerklich von da abgedrängt und entgleitet mit umso größerer Wucht zurück zu den früheren Abschweifungen. So wird er, vom täglichen Zerfleddern beansprucht, mit unzähligen Fesseln unaufhörlich abgeführt. Fast verzweifeln wir schon an der ersehnten Besserung, und die Beachtung der Vorschriften erscheint uns überflüssig. Es ist doch so: Selbst wenn der Geist, der jeden Augenblick auf schlüpfrigen Irrwegen abschweift, zur Ehrfurcht gegenüber Gott und zur Schau zurückgeführt wird, entkommt er doch schneller wieder, als er darin gefestigt werden kann. Und wenn wir ihn dann, wie im Traum hochgeschreckt, von der vorgenommenen Richtung abgekommen finden und ihn zu der Schau, von der er abgekommen war, zurückführen, ja ihn mit der größtmöglichen Spannkraft des Herzens wie mit Fesseln festbinden wollen, entschlüpft er noch während unseres Versuches glatter als ein Aal aus den Schlupfwinkeln des Herzens. Da wir uns darüber in den täglichen Beobachtungen dieser Art aufregen und uns daraus für unser Herz doch keinerlei Kraft zur Beständigkeit zufließen sehen, so sind wir, von Verzweiflung entmutigt, zu der Meinung gekommen, dass wir glauben, dieses Ausschweifen des Geistes ist der Menschheit eingegeben nicht durch unsere Schuld, sondern durch einen Fehler der Natur.

4 Serenus: Es ist Zeichen einer gefährlichen Anmaßung, ohne richtige Erörterung der Dinge und ohne einen sicheren Beweis voreilig über das Wesen einer Sache zu entscheiden oder mit Blick auf die eigene Schwäche eine Mutmaßung anzustellen, jedoch nicht aufgrund der Fragestellung oder der Merkmale[3] einer Disziplin oder aufgrund der Erfahrung anderer zu einer Einschätzung zu kommen. Es wird doch auch niemand, der nicht schwimmen kann und der weiß, dass das Wasser nicht das Gewicht seines Körpers tragen kann, aufgrund der Erfahrung seines Nichtkönnens festlegen wollen, dass überhaupt niemand, der mit festem Fleisch umgeben ist, vom Element des Wassers getragen werden kann.

Seine Meinung ist als richtig zu beurteilen, wenn man im Auge behält, dass er sie aufgrund seiner eigenen Erfahrung vorgebracht hat, während ansonsten durch den sichersten Beweis und die untrügliche Beobachtung der Augen bewiesen ist, dass dies nicht nur nicht unmöglich ist, sondern auch sehr leicht durch andere ausgeführt werden kann. Der νοῦς also, das ist der Geist, wird als ἀεὶ κινητὸς καὶ πολὺ κινετὸς, das heißt als »immer in Bewegung und in viele Richtungen beweglich« definiert. Auch dies steht im Buch der Weisheit, die Weisheit Salomos genannt wird, geschrieben: »Γηίνον οἴκημα βαρύνει νοῦν πολὺ φροντίζοντα« [geinon oikema barynei noun poly phrontizonta], das heißt: »Die irdische Wohnung beschwert den vieldenkenden Geist.« (Weish 7,22) Dieser Geist kann also aufgrund der Vorgabe durch die Natur niemals müßig bleiben, sondern er muss, wenn nicht Vorsorge getroffen wird, wo er seine Bewegungen üben und womit er sich beständig beschäftigen kann, notwendigerweise durch die ihm eigene Beweglichkeit hierhin und dorthin umherschweifen und alles durchfliegen, bis er durch ausdauernde Übung und langjährige Erfahrung in der Praxis – ihr nennt es vergebliche Arbeit – erfährt und lernt, welche Materialien er für sein Gedächtnis aufbereiten muss, welche er im nimmermüden Flug umkreisen soll und wo er ausruhen und Kraft schöpfen soll, damit er so die Kraft hat, die feindlichen Einflüsterungen des Feindes, durch die er von seinem Ziel abgelenkt wurde, wegzustoßen und in dem Zustand und der Beschaffenheit zu verharren, die er wünscht. Wir dürfen also dieses Umherschweifen unseres Herzens nicht der menschlichen Natur oder Gott, dem Schöpfer, zuschreiben. Wahr ist das Schriftwort: »Der Herr hat den Menschen recht gemacht, doch sie haben viele Gedanken gesucht.« (Eccl 7,29) Von uns also hängt die Beschaffenheit unserer Gedanken ab, denn es heißt: »Ein guter Gedanke kommt denen, die um ihn wissen; ein kluger Mann wird ihn finden.« (Prov = Spr 19,7LXX) Wenn es aber an unserer Klugheit und unserem Fleiß liegt, ob etwas gefunden werden kann, so ist das Nichtfinden ohne Zweifel unserer Trägheit und Torheit anzurechnen, nicht aber einem Fehler der Natur. Mit dieser Auslegung stimmt auch der Psalmist überein, wenn er sagt: »Selig der Mann, dem von dir, Herr, Hilfe kommt;

in seinem Herzen rüstet er sich für den Aufstieg.« (Ps 83 = 84,6) Ihr seht also, dass es in unserer Macht steht, in unserem Herzen den Aufstieg, das heißt zu Gott hindurchdringende Gedanken, oder den Abstieg, das heißt irdische und vom Fleisch bestimmte Gedanken, vorzubereiten. Wenn Aufstieg oder Abstieg nicht in unserer Macht stünde, hätte auch der Herr die Pharisäer nicht so streng getadelt, [wenn er fragt]: »Was denkt ihr Böses in euren Herzen?« (Mt 9,4) Noch hätte er durch den Propheten befohlen: »Entfernt den Schandfleck eurer Gedanken von meinen Augen!« (Jes 1,16) Oder: »Wie lange noch werden in dir schädliche Gedanken verweilen?« (Jer 4,14) Noch würde am Tag des Gerichts von uns Rechenschaft gefordert werden über die Beschaffenheit unserer Gedanken wie über die unserer Werke. So droht Gott durch Jesaja: »Siehe, ich komme, um ihre Werke und Gedanken mit allen Völkern und Sprachen vor mir zu versammeln.« (Jes 66,18) Wir könnten bei jenem schrecklichen und furchtbaren Gericht nicht einmal durch ihre Zeugenaussage verurteilt oder verteidigt werden, obwohl doch der Ausspruch des Apostels lautet: »Ihre Gedanken klagen sich gegenseitig an oder verteidigen sich an dem Tag, an welchem Gott über die Geheimnisse der Menschen entsprechend meinem Evangelium richten wird.« (Röm 2,15f)

5 Ein Modell dieses vollkommenen Geistes wird uns sehr schön in jenem Hauptmann aus dem Evangelium vor Augen gestellt, dessen Tugend und Standhaftigkeit, kraft derer er nicht durch irgendwelche hereinbrechende Gedanken von seinem Standpunkt abgebracht wurde, sondern nach eigener Entscheidung entweder die guten zuließ oder die entgegengesetzten ohne Schwierigkeit vertrieb, was in dieser Darstellung durch Personen geschildert wird: »Denn auch ich bin ein Mensch, der einer Befehlsgewalt unterstellt ist. Ich habe aber auch selbst Soldaten unter mir, und sage ich zu einem: ›Geh!‹, dann geht er, und zu einem anderen: ›Komm!‹, dann kommt er, oder zu meinem Knecht: ›Tu das!‹, tut er es.« (Mt 8,9) Wenn also auch wir, indem wir männlich gegen die Verwirrungen und Laster streiten, sie unserem Wort und Willen[4] unterwerfen können und, indem wir in unserem Fleisch kämpfen, die Leidenschaften auslöschen können, die flüchtige Schar unserer Gedanken dem Befehl der

Vernunft unterwerfen und unter der heilbringenden Fahne des Kreuzes des Herrn den äußerst zerstörenden und lärmenden Haufen der feindlichen Mächte von den Schranken unserer Brust wegtreiben können: Dann werden wir als Belohnung für diese großen Siege in den Rang eines solchen geistigen Hauptmanns erhoben, wie wir ihn auch im Buch Exodus durch Mose verborgen beschrieben finden: »Setze Befehlshaber ein über je tausend, je hundert, je fünfzig und je zehn.« (Ex 18,21) So werden auch wir auf dem erhabenen Gipfel dieser Würde die Macht und die Tugendkraft haben, um zu herrschen; wir werden nicht von den Gedanken, die wir nicht wollen, weggezogen werden, vielmehr werden wir bei den Gedanken verweilen und ihnen anhangen können, durch die wir im Geist erfreut werden. Sobald wir jedoch den bösen Einflüsterungen gebieten: »Geht«, werden sie gehen. Wenn wir aber zu den guten sagen: »Kommt«, werden sie kommen. So werden wir unserem Knecht, das heißt unserem Körper, ebenfalls auferlegen, was zur Keuschheit und Enthaltsamkeit gehört, und er wird ohne jeden Widerspruch dienen, ohne weiterhin gegen uns die Stachel der Begierde auszufahren; willfähriger Diener des Geistes wird er sein. Welche Waffen setzt nun dieser Hauptmann ein? Zu welchen Manövern werden sie gerüstet? Höre dazu das Wort des seligen Apostels, der verkündet: »Die Waffen unseres Kriegsdienstes sind nicht fleischlich, sondern [sie sind] wirkungsvoll durch Gott.« (2 Kor 10,4) Er sagt, wie beschaffen sie sind, nämlich nicht fleischlich und schwach, sondern geistig und stark durch Gott. Folgerichtig legt er uns dann nahe, zu welchen Einsätzen sie zu gebrauchen sind. »Befestigungen zu schleifen, und indem wir die Gedanken reinigen, auch jedes hohe Gebäude, das sich gegen die Erkenntnis Gottes erhebt; und indem wir jegliche Vernunft gefangen nehmen und dem Gehorsam gegenüber Christus unterstellen und entschlossen sind, jeden Ungehorsam zu strafen, sobald euer Gehorsam vollständig ist.« (2 Kor 10,4–6) Wir bräuchten mehr Zeit, dies alles im Einzelnen durchzugehen, wie es nötig wäre. Ich möchte euch lediglich die hauptsächlichen Arten und kennzeichnenden Eigenarten der Waffen darlegen, für die wir, wenn wir die Kämpfe für den Herrn durchfechten und uns in den Einsatz der Hauptleute im Evangelium einreihen wollen, allezeit gerüstet und gegürtet einhergehen müssen. Es heißt: »Nehmt den Schild des Glaubens, mit dem ihr alle feurigen Geschosse des bösen Feindes löschen könnt.« (Eph 6,16)

Der Glaube also ist der Schild, welcher die brennenden Pfeile der Begierden abfängt und sie durch die Furcht vor dem künftigen Gericht und durch den Glauben an das himmlische Reich vernichtet. Außerdem heißt es [wir sollen uns rüsten mit dem] »Panzerhemd der Liebe« (1 Thess 5,8). Es ist die Liebe, welche die lebenserhaltenden Organe in unserer Brust umgibt und abschirmt gegen tödliche Verwundungen durch die Pfeile der Verwirrung; die gegnerischen Schwerthiebe lässt sie abprallen und lässt nicht zu, dass die Geschosse des Diabolus in unseren inneren Menschen eindringen. »Die Liebe erträgt alles, duldet alles; sie hält allem stand.« (1 Kor 13,7) [Weiter heißt es, wir sollen uns rüsten] »mit dem Helm, der Hoffnung auf das Heil« (1 Thess 5,8). Der Helm ist der Schutz des Hauptes. Da unser Haupt jedoch Christus ist, müssen wir es immer durch die Hoffnung auf die künftigen Güter, wie durch einen unverletzlichen Helm in allen Versuchungen und Verfolgungen schützen und vor allen Dingen den Glauben an ihn unverletzt und unversehrt bewahren. Mag einer auch an einem anderen Körperglied verstümmelt sein, er kann doch weiterleben, wenn er auch geschwächt ist. Ohne das Haupt jedoch kann keiner überleben, nicht einmal für noch so kurze Zeit. »Und das Schwert des Geistes, das ist das Wort Gottes.« (Eph 6,17) »Denn es ist durchdringender als jedes zweischneidige Schwert und schlägt durch bis zur Trennung von Seele und Geist, von Gelenken und Mark, ist Richter[5] über die Gedanken und Absichten des Herzens.« (Hebr 4,12) [Das Wort Gottes] trennt und schneidet ab, was immer es in uns an Fleischlichem und Irdischem findet. Wer immer mit diesen Waffen gerüstet ist, der wird nicht wie ein Gefangener und Unterworfener, von Plünderern gefesselt, fortgeführt in das feindliche Land der Gedanken; denn er ist allezeit gegen feindliche Geschosse und Vernichtung geschützt. Er wird durch den [Mund des] Propheten nicht zu hören bekommen: »Warum bist du alt geworden in einem fremden Land?« (Bar 3,11) Vielmehr wird er triumphierend und als Sieger in dem Gebiet der Gedanken auftreten, in welchem er [Sieger sein] will. Willst du aber die eigentliche Kraft und Tapferkeit dieses Hauptmannes kennen, die ihm hilft, die genannten Waffen, die nicht fleischlich sind, sondern stark durch Gott, zu tragen? Höre den König selbst, der die tapferen Männer zum geistlichen Kampf sammelt, wodurch er sie als seine Kämpfer kennzeichnet und als tüchtig anerkennt. Er sagt: »Der Schwache soll sprechen: ›Tapfer bin ich‹; wer geduldig ist, soll kämpfen.« (Joel 3,10f) Ihr seht also, dass nur die Geduldigen und Schwachen als Kämpfer des Herrn fechten können. Ohne Zweifel sind sie in jener Schwäche fest verankert, von der dieser unser Hauptmann des Evangeliums mit Zuversicht sagte: »Wenn ich schwach bin, dann bin ich stark.« (2 Kor 12,10) Und: »Die Kraft kommt in der Schwachheit zur Vollendung.« (2 Kor 12,9) Von dieser Schwachheit sagt einer der Propheten: »Wer schwach ist unter euch, wird [so stark] sein wie das Haus David.« (Sach 12,8) Auch der Geduldige wird diese Kämpfe ausfechten, und zwar in jener Geduld, von der es heißt: »Geduld habt ihr nötig, damit ihr den Willen Gottes ausführt und die Belohnung empfangt.« (Hebr 10,36)

6 Dass wir aber Gott anhangen können und müssen, verstehen wir sehr gut aufgrund unserer eigenen Erfahrung, wenn wir die Wünsche und Sehnsüchte dieser Welt von uns abgehauen haben. Wir werden darüber auch unterrichtet durch die Autorität jener, die, wenn sie zum Herrn sprechen, voller Vertrauen beten: »Meine Seele hängt an dir.« (Ps 62 = 63,9) Und: »Herr, ich hange deinen Weisungen fest an.« (Ps118 = 119,31) Und: »Für mich aber ist es gut, Gott anzuhangen.« (Ps 72 = 73,28) Außerdem: »Wer dem Herrn anhangt, ist ein Geist [mit ihm].« (1 Kor 6,17)

Wir dürfen also, vom Umherschweifen der Seele ermüdet, nicht in dieser Arbeit nachlassen. »Wer sein Land bebaut, wird satt werden von Brot; wer sich aber dem Nichtstun hingibt, dessen Speicher werden mit Armut gefüllt.« (Prov 18,19) Auch wollen wir uns nicht in der Ausrichtung auf diesen Grundsatz durch verderbenbringende Verzweiflung brechen lassen, denn »sich regen bringt Segen«.[6] »Wer jedoch angenehm und ohne Schmerz lebt, der wird verarmen.« (Prov 14,23LXX) Und es heißt: »Ein Mann in Schmerzen leidet [still] für sich und reißt sein Verderben gewaltsam an sich.« (Prov 16,26LXX) Sogar «das Reich der Himmel leidet

Gewalt, und nur die Gewalttätigen reißen[7] es an sich« (Mt 11,12). Keine einzige Tugend wird ja ohne Mühe vollbracht, und keinem ist es möglich, zur Beständigkeit des Geistes, die er begehrt, ohne großen Kummer im Herzen emporzusteigen. Denn »der Mensch ist zur Mühsal geboren« (Hiob 5,7). Damit er also »zu einem vollkommenen Menschen entsprechend dem Maß des vollkommenen Alters Christi« (Eph 4,13) werden kann, muss er seine Spannkraft äußerst zielbewusst trainieren und vor ständiger Anstrengung schwitzen. Dennoch wird zu dieser zukünftigen Erfüllung des Maßes Christi nur derjenige hindurchgelangen, der sich in der Gegenwart darin eingeübt, damit begonnen und es noch in diesem Leben im Voraus verkostet hat. Zu einem äußerst kostbaren Glied [am mystischen Leib] Christi bestimmt, besitzt er das Unterpfand dieser Verbindung, durch die er mit dem Leib Christi verbunden werden kann, schon in diesem irdischen Leben. Dabei ersehnt er nur eines, dürstet nur nach einem, richtet nicht nur alle seine Taten, sondern auch alle seine Gedanken darauf, dass er das, was über das selige Leben der Heiligen in der Zukunft gesagt wird, schon in der Gegenwart als Unterpfand besitzt, das heißt, »Gott ist ihm alles in allem« (1 Kor 15,28).

7 Germanus: Die Flatterhaftigkeit des Geistes könnte vielleicht noch einigermaßen in Zaum gehalten werden, wenn ihn nicht eine so große Zahl an Feinden umringen und ihn unaufhörlich zu dem antreiben würde, was er nicht will, ja sogar zu dem, wozu ihn schon die Unbeständigkeit seiner Natur hinreißt. Da ihn also so unzählige, ziemlich mächtige und schreckliche Feinde umtreiben, so könnten wir glauben, dass ihnen zumal von diesem gebrechlichen Fleisch unmöglich Widerstand geleistet werden kann, wenn wir nicht durch eure Worte [Abbas Serenus] wie durch himmlischen Orakelspruch doch zu einer solchen Meinung ermutigt würden.

8 Serenus: Gewiss, dass uns unablässig Feinde nachstellen, können diejenigen nicht leugnen, die Erfahrung mit den Kämpfen des inneren Menschen haben. Wir behaupten aber, dass diese nur insofern Hindernisse für unseren Fortschritt darstellen, als wir sie zwar für die Brandstifter des Bösen, nicht aber auch für Mächte halten, die uns zum Bösen zwingen.

Es könnte doch kein Mensch irgendeine Sünde vermeiden, welche jene in unseren Herzen entzünden wollten, wenn sie die gleiche schreckliche Möglichkeit hätten, zur Sünde zu zwingen, wie sie zur Sünde verführen können. Deshalb, wie sie Mittel und Wege haben, zur Sünde anzustacheln, so ist uns die Freiheit verliehen, zurückzuweisen oder zuzustimmen. Wenn uns aber die Macht [der Feinde] und ihr Ankämpfen gegen uns Angst und Schrecken einjagen, so müssen wir auf der anderen Seite auch den Schutz und die Hilfe Gottes danebenstellen, wovon es heißt: »Größer ist derjenige, der in uns ist, als der in der Welt ist.« (1 Joh 4,4) Seine Hilfen kämpfen mit viel größerer Kraft für uns, als die Menge der Feinde gegen uns anstürmt. Denn Gott raunt uns nicht nur das Gute zu, sondern er fördert es auch und treibt dazu an, sodass er uns manchmal sogar ohne unser Wollen und Wissen zum Heil zieht. Es steht also fest: Niemand kann vom Diabolus getäuscht werden außer dem, der ihm freiwillig die Zustimmung seines Willens schenkt. Das drückt der Prediger deutlich mit diesen Worten aus: »Weil nicht schnell Widerspruch eingelegt wird von denen, die Böses tun, ist das Herz der Menschenkinder angefüllt mit der Absicht, Böses zu tun.« (Eccl 8,11) Es ist also offenbar, dass jeder deshalb sündigt, weil den anstürmenden bösen Gedanken nicht sofort die Abwehr des Widerspruches entgegengeschleudert wird. Es heißt ja: »Widersteht dem Diabolus, und er wird vor euch die Flucht ergreifen.« (Jak 4,7)

9 Germanus: Wie steht es, so frage ich, mit dieser keineswegs so ungeschiedenen und verworrenen Gemeinschaft der Seele mit diesen Geistern, in der sie mit der Seele so sehr nicht nur verbunden, sondern sogar vereint werden können, dass sie diese unbemerkt anreden können, sich bei ihr einnisten und ihr, was immer sie wollen, einflüstern und sie zu dem anstacheln können, was ihnen gefällt? Sie können Gedanken und Gemütsregungen der Seele sehen und durchschauen, und so groß wird die Einheit zwischen ihnen und dem Geist, dass ohne die Gnade Gottes schwerlich unterschieden werden kann, was der Aufreizung durch diese Geister und was unserem Willen entspringt.

10 Serenus: Es ist nicht verwunderlich, dass sich ein Geist mit einem anderen Geist unbemerkt verbindet und sie eine verborgene Macht ausüben, um zu dem zu überreden, was ihnen gefällt. Denn wie unter Menschen besteht auch unter ihnen gewisse Ähnlichkeit im Wesen und eine Verwandtschaft. Jedenfalls ist die Begriffsbestimmung, die für die Natur der Seele angewendet wird, gleichermaßen auch geeignet für die Beschreibung ihres Wesens. Es ist aber völlig unmöglich, dass sie ineinander übergehen oder miteinander vereinigt werden, sodass ein Geist einen anderen aufnehmen könnte. Das wird nur der Gottheit[8], die allein unkörperlich und einfach ist, mit vollem Rechte zuerkannt.

11 Germanus: Wir meinen, dass dieser Argumentation widerspricht, was wir bei Besessenen beobachten, wenn es geschieht, dass sie unter der Beeinflussung durch unreine Geister sprechen und tun, was sie nicht wissen. Wie sollen wir glauben, dass ihre Seelen nicht mit jenen Geistern vereint sind, deren Werkzeug sie, wie wir beobachten, scheinbar geworden sind und in deren Bewegungen und Affekte sie unter Verlassen ihres eigenen natürlichen Zustandes so weit übergehen, dass sie nicht mehr ihre eigenen Worte, Gesten und Willensregungen erkennen lassen, sondern die jener.

12 Serenus: Zu unserer vorgenannten Wesensbestimmung steht nicht in Widerspruch, was ihr über die Vorgänge bei Besessenen sagt, wenn sie, von den unreinen Geistern ergriffen, reden oder tun, was sie nicht wollen, oder gezwungen werden, zu sagen, was sie nicht wissen. Es ist nämlich ganz sicher, dass sie nicht in nur einer Weise dieses Eindringen der Geister ertragen. Einige werden so angefacht, dass sie keineswegs verstehen, was sie tun oder reden. Andere jedoch wissen es und erinnern sich später daran. Man darf sich das Einströmen eines unreinen Geistes nicht so vorstellen, dass dieser die Substanz der Seele selbst durchdringt und wie mit ihr vereint, ja wie eingetaucht in sie, die Sprachen und Worte durch den Mund des Leidenden hervorbringt. Man muss annehmen, dass dies in keiner Weise von ihnen bewirkt werden kann. An einem klaren Beweise wird verständlich, dass dies nicht durch eine Schwächung der Seele geschieht, sondern durch die Schwäche des Körpers, wenn nämlich der unreine Geist, der in jenen Gliedern, in denen die Lebenskraft der Seele enthalten ist, seinen Sitz nimmt und ihnen eine unerträgliche, ungeheure

Last auferlegt, mit der schwärzesten Nacht auch den Verstand überdeckt und die Sinne raubt. Wir sehen dies häufig auch ausgelöst von Wein oder Fieber oder durch zu große Kälte oder bei anderen Krankheiten, die uns von außen überkommen. Dass der Diabolus es nicht unternahm, dies auch dem frommen Hiob, über dessen Fleisch er Gewalt bekommen hatte, aufzuerlegen, daran hinderte ihn der Befehl des Herrn, der sprach: »Siehe, ich gebe ihn in deine Hände, doch schone seine Seele« (Hiob 2,6) Das soll heißen: Treibe ihn durch die Schwächung der Wohnung seiner Seele nur nicht in den Wahnsinn und überwältige nicht den Verstand und die Weisheit dessen, der Widerstand[9] leistet, wenn du mit deinem Gewicht den vornehmsten Teil seines Herzens erstickst.

13 Wenn auch dieser dichten und festen Materie, dem Fleisch nämlich, Geist beigemischt werden kann, was sehr leicht möglich ist, so wird deswegen nicht angenommen, dass sich ein Geist mit der Seele, die ebenfalls Geist ist, so vereinen kann, dass er sie befähigt, seine Natur aufzunehmen. Das ist nur der Trinität möglich, die so sehr die gesamte vernunftbegabte Natur durchdringt, dass sie dieselbe nicht nur umfassen und umgeben kann, sondern auch in sie eindringen und sich unkörperlich einem Körper eingießen kann. Obwohl wir durchaus lehren, dass es geistige Naturen gibt, wie die Engel, die Erzengel und die anderen Kräfte, auch unsere Seele selbst oder diese feine Luft, so sind sie doch keineswegs als unkörperlich einzuschätzen. Denn sie haben, ihnen entsprechend, einen Körper, in dem sie existieren, wenn auch einen viel zarteren als wir. Es gibt nämlich [verschiedene Arten von] Körpern entsprechend dem Wort des Apostels, der sagt: »Sowohl himmlische Körper als auch irdische Körper.« (1 Kor 15,40) Und: »Gesät wird ein irdischer Leib, auferstehen ein geistiger Leib.« (1 Kor 15,44) Daraus lässt sich eindeutig schließen, dass es nichts Unkörperliches gibt als Gott allein und dass deshalb allein für ihn alle geistigen und vernunftbegabten Substanzen durchdringbar sein können, umso mehr, als er allein ganz und überall und in allem ist, sodass er die Gedanken der Menschen, ihre inneren Beweggründe und alle Tiefen des Geistes sieht und durchschaut. Nur von ihm nämlich kündete der selige Apostel, als er sagte: »Lebendig ist Gottes Wort und wirksam und durchdringender als jedes zweischneidige Schwert und schlägt durch bis zur Trennung von Seele und Geist, von Gelenken und Mark, ist Richter über die Gedanken und Absichten des Herzens. Keine Kreatur ist unsichtbar vor seinem Angesicht, alles liegt bloß und offen vor seinen Augen.« (Hebr 4,12f) Der selige David sagt: »Er bildet ihre Herzen einzeln.« (Ps 32 = 33,15) Und an anderer Stelle: »Er kennt die Geheimnisse des Herzens.« (Ps 43 = 44,22) Auch Salomo sagt: »Du allein kennst die Herzen der Menschen.« (2 Chr 6,30)

14 Germanus: Laut der Argumentation, die du anführst, können jene Geister nicht einmal unsere Gedanken sehen. Das zu meinen halten wir für sehr abwegig, da die Schrift sagt: »Wenn der Geist des Mächtigen gegen dich aufsteht.« (Eccl 10,4) Und an anderer Stelle: »Als der Diabolus dem Simon Iskariot ins Herz gegeben hatte, den Herrn zu verraten.« (Joh 13,2) Wie kann man also glauben, dass unsere Gedanken nicht offen vor ihnen daliegen, wo wir doch fühlen, dass der Same zu diesen Gedanken in uns größtenteils durch ihre Veranlassung und Anstachelung in uns aufkeimt?

15 Serenus: Niemand bezweifelt, dass die unreinen Geister mit der Beschaffenheit unserer Gedanken in Verbindung stehen. Sie leiten diese jedoch ab aus äußeren wahrnehmbaren Anzeichen, das heißt aus unserer Verfassung, unseren Worten oder den Interessen, denen sie uns mehr zugeneigt sehen. Ansonsten können sie den Gedanken, die noch nicht aus dem Inneren der Seele hervorgetreten sind, durchaus nicht beikommen. Auch ob die Gedanken selbst, welche sie eingeben, angenommen werden oder wie sie angenommen wurden, können sie nicht aus der Natur der Seele selbst, das heißt durch jene innere Bewegung, die, um es so zu sagen, im Mark (vgl. Hebr 4,12) verborgen ist, ableiten, sondern aus den Regungen und Anzeichen des äußeren Menschen. So erkennen sie zum Beispiel, wenn sie die Gastrimargia eingegeben haben, die Annahme der Gier der Gurgel daran, dass sie den Mönch die Augen zu neugierig zum Fenster oder zur Sonne erheben sehen, oder wie er zu genau nach der Tageszeit fragt. Wenn sie beim Eingeben der Fornikatio merken, dass er geduldig den Pfeil der Begierde hinnimmt, oder ihn im Fleisch aufgeregt sehen, oder wenigstens, dass er nicht so, wie er sollte, Seufzer gegen die Zügellosigkeit der unreinen Einflüsterung einsetzt, so erkennen sie, dass der Pfeil der Gier im Inneren seiner Seele festsitzt. Wenn sie Anreize zu Traurigkeit, zu Zorn oder Wut schaffen, so erkennen sie durch die Haltung des Körpers und durch die wahrnehmbare Bewegung, ob diese sich im Herzen eingenistet haben; wenn sie nämlich beobachten, dass der Mönch entweder schweigend zittert oder mit einer gewissen Entrüstung seufzt oder dass in seinem Gesicht Blässe und Röte wechseln. So finden sie raffiniert heraus, welchem Laster einer ergeben ist. Denn aus sicherer Schlussfolgerung wissen sie, dass jeder von uns sich an dem ergötzt, bei dessen aufreizender Darstellung sie bemerken, dass er schnell durch einen Wink oder eine Bewegung des Körpers seine Zustimmung und Geneigtheit zu erkennen gibt. Es ist nicht verwunderlich, dass solche [Zusammenhänge] von jenen ätherischen Kräften in solchem Ausmaß verstanden werden können. Sehen wir doch, dass es auch sehr oft bei klugen Männern vorkommt: Sie erkennen den Zustand des inneren Menschen aus der Gestalt, dem Aussehen und der Beschaffenheit des äußeren. Um wie viel genauer wird also das von jenen entdeckt werden können, die aufgrund ihrer geistigen Natur zweifelsohne viel raffinierter und scharfsinniger als Menschen sind.

16 Wie ja auch manche Räuber in den Häusern, welche sie ausrauben wollen, die Verstecke der Wertsachen der Leute auszukundschaften pflegen, indem sie in der Dunkelheit der Nacht mit vorsichtiger Hand etwas Sand streuen, um die verborgenen Schätze, welche sie mit den Augen nicht erkennen können, durch ein bestimmtes Geräusch erkennen, welches auf das Rieseln des Sandes antwortet, und so aufgrund des dadurch erzeugten Klanges zu einer ziemlich sicheren Einschätzung möglicher Gegenstände und Metalle gelangen: So streuen uns diese [Geister], um den Schatz unseres Herzens zu erforschen, ihre verderbenbringenden Einflüsterungen wie Sandkörner ein; wenn sie dann sehen, dass eine entsprechende körperliche Reaktion einsetzt, die wie ein Echolot aus den innersten geheimen Kammern antwortet, so erkennen sie, was in den Tiefen des inneren Menschen verborgen ist.

17 Doch müssen wir wissen, dass nicht alle Dämonen alle Leidenschaften in den Menschen entzünden. Vielmehr spezialisiert sich jeder Geist auf ein bestimmtes Laster: Die einen ergötzen sich an der Unreinheit und dem Schmutz der Begierden, andere an Gotteslästerungen, andere drohen besonders mit Zorn und Wut, wieder andere weiden sich an der Traurigkeit oder lecken sich das Fell in Ehrsucht und Hochmut. Jeder Dämon pflanzt menschlichen Herzen das Laster ein, an dem er sich selbst hämisch befriedigt. Außerdem geben [die Dämonen] nicht alle ihre Schändlichkeiten zugleich ein, sondern je nachdem, wie ein günstiger Zeitpunkt, ein günstiger Ort oder die Bereitschaft dessen, der sie aufnimmt, dazu herausfordert.

18 Germanus: Muss man also nun glauben, dass es unter den Dämonen eine kampftechnische und sozusagen geordnete Bosheit gibt, sodass eine gewisse Rangordnung in der Abfolge der Angriffe eingehalten und der Angriff im Kampf nach Plan geführt wird, obwohl doch als ausgemacht gilt, dass es nur unter Guten und Ehrenwerten eine vernünftige Planung geben kann, entsprechend jenem Ausspruch der Schrift: »Suchst du Weisheit bei den Bösen – du wirst sie nicht finden.« (Prov 14,11) Und: »Unsere Feinde sind orientierungslos.« (Dtn 32,21) Oder jenes Wort: »Es gibt keine Weisheit, es gibt weder Tugend noch Verständigkeit bei den Gottlosen.« (Prov 21,30)

19 Serenus: Es ist gesicherte Lehre, dass unter Bösen nicht eine immerwährende Übereinstimmung in allem bestehen kann und dass selbst nicht bei jenen Lastern eine vollkommene Eintracht bestehen kann, an welchen sie sich gemeinsam ergötzen. Denn niemals kann, wie ihr gesagt habt, in ungeordneten Angelegenheiten Regel oder Maß eingehalten werden. In einigen Stücken jedoch, sobald es nämlich die eine gemeinsame Unternehmung oder die eine Notwendigkeit erfordert oder ein gemeinschaftlicher Gewinn dazu verlockt, müssen sie sich notwendigerweise zu einer zeitlich begrenzten Einmütigkeit bequemen. Dass es in dieser Kriegstechnik der geistigen Bosheit so ist, leuchtet uns ziemlich deutlich ein. Sie [die Dämonen] sind dafür bekannt, dass sie untereinander nicht nur Zeiten und gegenseitige Abhängigkeiten beachten, sondern bekanntlich auch bestimmte Orte bevorzugen und sie ständig besetzt halten. Denn da sie notwendigerweise mit wechselnden Versuchungen, jedoch mit bestimmten Lastern und zu bestimmten Zeiten ihre Kampfhandlungen beginnen, können wir ganz sicher sein, dass keiner gleichzeitig durch die Eitelkeit der Ruhmsucht zum Besten gehalten werden und vor Gier nach Lust brennen kann; noch kann einer von der geschwollenen Überheblichkeit geistiger Hybris aufgeblasen und zugleich der niederen fleischlichen Gier nach unmäßigem Essen unterworfen sein. Ebenso wenig kann einer im dummen Gekicher und in Gelächter ganz aufgehen und zur selben Zeit von den Stacheln des Zornes gereizt oder doch vom Trübsinn verzehrender Trauer erfüllt sein. Vielmehr muss jeder Dämon einzeln den Angriff auf den Geist [eines Menschen] auf sich nehmen, damit er entweder, wenn er besiegt wird, sich davonmacht, einem anderen Dämon zugunsten einer heftigeren Anfechtung weicht oder, wenn er doch Sieger bleibt, den Besiegten trotzdem einem anderen [Dämon] zu ähnlich üblem Spiel überlässt.

20 Wir dürfen jedoch nicht vergessen, dass nicht alle die gleiche freche Wildheit oder gleiche Absichten haben, auch nicht die gleiche Kraft und Bosheit. Mit den Anfängern jedenfalls und den Schwachen messen sich nur schwächere Geister im Kampf. Wenn diese geistigen Schandtaten besiegt wurden, entbrennen gegen den Kämpfer für Christus[10] stufenweise stärkere Kämpfe. Die Schwere des Kampfes wächst nämlich in Anpassung an die Kräfte und den Fortschritt des Menschen.

Doch kein Heiliger wäre imstande, die Bosheit solcher und so zahlreicher Feinde auszuhalten, ihren heimtückischen Angriffen vorzubeugen oder auch ihrer Grausamkeit und ihrem Wüten standzuhalten, wenn nicht unseren Kampf der gütigste Schiedsrichter und Anführer im Kampf, Christus, führen würde, die Kräfte der Kämpfenden vermehren, die Angriffe, die über die Kräfte gehen, zurückweisen und brechen und mit der Versuchung auch den Ausweg schaffen würde, damit wir standhalten können. (Vgl. 1 Kor 10,13)

21 Wir meinen jedoch, dass jene [Dämonen] diesen Kampf nicht ohne eigene Plage führen. Denn sie haben in ihrem Streit auch selbst eine gewisse Angst und Traurigkeit – besonders dann, wenn sie auf durchaus ebenbürtige Kämpfer, das heißt auf heilige, vollkommene Männer stoßen. Andernfalls wäre es nicht Kampf und Wettstreit, sondern es wäre ihnen nur ein einfacher und sozusagen gefahrloser Betrug der Menschen erlaubt. Wie könnte dann noch jenes Wort des Apostels bestehen, das lautet: »Unser Kampf richtet sich nicht gegen Fleisch und Blut, sondern gegen Herrscher und Mächte, gegen die Beherrscher dieser Welt der Finsternisse, gegen die Geister der Bosheit im himmlischen Bereich.« (Eph 6,12) Außerdem jenes Wort: »So kämpfe ich nicht, als ob ich Luftschläge ausführe.« (1 Kor 9,26) Ebenso: »Ich habe einen guten Kampf gekämpft.« (2 Tim 4,7) Denn wo von Kampf gesprochen wird, von Wettstreit und Schlacht, da geht es notwendigerweise auf beiden Seiten nicht ohne Schweiß, Plage und Beschwerde ab; entsprechend bleibt jenen über eine Niederlage entweder Schmerz und Verwirrung[11], oder es folgt Freude über den Sieg.

Wenn aber in einem Kampf, während einer mit schweißtreibender Anstrengung kämpft, der andere in Muße und Sicherheit streitet und zum Niederwerfen des Gegners nur seinen Willen nach Kräften einsetzt, darf man nicht von Schlacht sprechen, von Kampf oder Wettstreit, sondern von einer gewissen ungerechten und unberechenbaren Unterdrückung des Angriffs. Doch in der Tat, sie [die Dämonen] plagen sich selbst nicht wenig in ihrem Kampf gegen die Menschen und haben große Mühe, um über jeden [Mönch und Menschen] den erwünschten Sieg davonzutragen. Auf sie fällt jene Verwirrung zurück, die uns geblieben wäre, wenn wir von ihnen zerschmettert worden wären, entsprechend jener Stelle: »Der Rammbock ihrer Belagerung, die Lüge auf ihren Lippen, treffe sie selbst.« (Ps 139 = 140,10) Und: »Seine Gewalttat werde gegen sein eigenes Haupt gewendet.« (Ps 7 = 8,17) Außerdem: »Es bringe ihn zu Fall der versteckte Strick; das heimtückische Netz, das er spannte, fange ihn selbst, er falle selbst in die Grube, [die er grub]« (Ps 34 = 35,8], nämlich in jene, die er zur Täuschung der Menschen gräbt. Sie haben also selbst nicht weniger Pein, und wie sie uns niederringen, so werden auch sie niedergeworfen; besiegt weichen sie nicht ohne Scham. Diese ihre Verwüstungen und Angriffe sah täglich jener [Prophet, David], der die gesunden Augen des inneren Menschen besaß. Er beobachtete, wie sie hocherfreut waren über den Untergang und Fall jedes Einzelnen, und weil er fürchtete, es könnte auch seinetwegen eine solche Freude über sie kommen, bat er den Herrn und sprach: »Erleuchte meine Augen, damit ich nicht im Tod entschlafe, damit mein Feind nicht irgendwann sagt: ›Ich habe ihn überwältigt.‹ Die mich bedrängen, werden jubeln, wenn ich wanke.« (Ps 12 = 13,4f) Und: »Mein Gott, sie sollen sich nicht freuen über mich, nicht sprechen in ihren Herzen: »He, he, das gefällt uns. Und sie sollen nicht sagen: ›Wir haben ihn verschlungen.‹« (Ps 34 = 35,24f) Und: »Sie knirschen gegen mich mit den Zähnen. Herr, wann wirst du das sehen?« (Ps 34 = 35,16f) Denn »er lauert im Verborgenen wie ein Löwe in seiner Höhle, er lauert, um den Armen zu reißen« (Ps 9 = 10,9). Und »er verlangt von Gott Nahrung für sich« (Ps 103 = 104,21). Wenn sie jedoch unsere Verführung nach allen dazu unternommenen Versuchen nicht bewerkstelligen können, so ist es nur folgerichtig, dass sie wegen der vergeblichen Mühe »verwirrt werden und erröten, sie, die unseren Seelen nachstellen, um sie zu rauben; mit Scham und Verwirrung sollen bedeckt werden, die Böses gegen uns planen« (Ps 39 = 40,15). Auch Jeremia sagt: »Beschämt sollen jene werden, nicht aber ich. Zittern sollen jene, nicht aber ich. Lass über sie hereinbrechen den Zorn deiner Wut, zermalme sie doppelt[12], reibe sie auf!« (Jer 17,18) Es dürfte keiner daran zweifeln, dass jene [unreinen Geister], wenn sie von uns überwunden wurden, von zwei Mahlsteinen zermalmt werden müssen. Einmal, weil sie die Heiligkeit, nach der die Menschen Verlangen haben, als Besitz verloren haben und für die Menschen zum Verderben wurden. Zweimal, weil sie als geistige Wesen vom Fleischlichen und Irdischen besiegt wurden. Diese Abstürze der Feinde und seine Siege betrachtend ruft daher jeder Heilige mit Frohlocken aus: »Ich werde meine Feinde verfolgen, sie ergreifen und mich nicht abwenden, bis sie vernichtet sind. Zermalmen werde ich sie, und sie werden nicht standhalten können; fallen werden sie unter meine Füße.« (Ps 17 = 18,38f) Gegen sie sagt derselbe Prophet auch in seinem Gebet: »Richte, o Herr, die mir schaden; kämpfe die nieder, die gegen mich kämpfen. Ergreife deine Waffen und deinen Schild und erhebe dich zu meiner Hilfe. Schwinge deinen Speer und mache Schluss mit meinen Verfolgern. Sage zu meiner Seele: Ich bin dein Heil.« (Ps 34=35,1–3) Wenn wir diese [Feinde] durch Unterwerfung und Tilgung aller Leidenschaften besiegt haben, werden wir würdig sein, jenes Wort des Segens zu hören: »Erhoben soll deine Hand werden über deine Feinde, und alle deine Widersacher werden zugrunde gehen.« (Mi 5,8) Wenn wir nun all dies und Ähnliches, das in den heiligen Büchern geschrieben steht, lesen oder singen, ohne es im Kampf gegen diese verderbenbringenden Geister, die uns bei Tag und Nacht nachstellen, anzuwenden, so werden wir nicht nur daraus keine Erbauung zu Sanftmut und Geduld empfangen, sondern sogar eine gewisse harte und der Vollkommenheit des Evangeliums entgegengesetzte Haltung annehmen. Wir werden dann nicht nur angewiesen werden, nicht für unsere Feinde zu beten und sie nicht zu lieben, sondern auch aufgewiegelt werden, sie mit unversöhnlichem Hass zu verabscheuen, sie zu verfluchen und unaufhörlich Gebete gegen sie zu sprechen. Anzunehmen, dass heilige Männer und Freunde Gottes dies in solchem Sinn gesprochen hätten, ist doch zu infam und profan. Für sie war – [sie lebten ja noch] vor der Ankunft Christi – das Gesetz [des Mose] deshalb nicht gültig, weil sie über seine Gebote hinausgingen und lieber, der Zeitordnung zuvorkommend, den Geboten des Evangeliums gehorchen und nach der apostolischen Vollkommenheit streben wollten.

22 Dass sie [diese Geister] aber nicht die Macht haben, irgendeinen Menschen zu verletzen, das zeigt das Beispiel des seligen Hiob in einem deutlichen Beweis: Der Feind wagt nicht, ihn weitergehend zu versuchen, als ihm auf Geheiß Gottes erlaubt wird. Ebenso bezeugt dies das Bekenntnis jener Geister, die, wie es zur Erinnerung in die Schriften des Evangeliums aufgenommen ist, sprechen: »Wenn du uns austreibst, dann schicke uns in diese Schweineherde!« (Mt 8,31) Umso mehr muss man annehmen, dass sie in die Menschen, die doch nach Gottes Bild geschaffen sind, nicht nach ihrer eigenen Wahl fahren können, da sie ohne Gottes Erlaubnis nicht einmal die Macht hatten, in unreine und stumme Tiere zu fahren. Im Übrigen könnte wohl keiner, schon gar nicht von den jungen [Mönchen], die wir in dieser Wüste äußerst standhaft leben sehen, aber auch nicht einmal von den vollkommenen [Mönchen], umzingelt von so gewaltigen Scharen derartiger Feinde alleine in der Wüste leben, wenn sie [die Dämonen] die Macht und Freiheit hätten, nach ihrem Belieben zu schaden und anzugreifen. Noch deutlicher bestätigt dies das Wort unseres Herrn und Erlösers, das er gemäß der Niedrigkeit der angenommenen Menschennatur an Pilatus richtete, indem er sagte: »Du hättest keine Macht über mich, wenn sie dir nicht von oben herab gegeben worden wäre.« (Joh 19,11)

23 Es ist uns jedoch hinlänglich bekannt, sowohl durch unsere Erfahrung wie durch den Bericht der Älteren, dass die Dämonen jetzt nicht mehr dieselbe Kraft haben wie früher in der Anfangszeit der Anachorese, als erst eine kleine Schar von Mönchen in der Wüste lebte. Damals waren die Dämonen noch solche Bestien, dass nicht einmal die wenigen standhaften [Mönche], die schon vorgerückten Alters waren, den Aufenthalt in der Wüste aushalten konnten. Ja selbst in den Koinobia, in welchen acht oder zehn Mönche wohnten, tobte ihre entsetzliche Wildheit so furchtbar und ließen sie häufige und sichtbare Angriffe fühlen, dass nachts nicht alle Mönche gleichzeitig zu schlafen wagten, sondern abwechselnd, während die einen sich im Schlaf erholten, die anderen die Vigilien hielten und fleißig den Psalmen, Gebeten und Lesungen oblagen. Wenn dann die Natur ihr Recht und den Schlaf forderte, so wurden die Schlafenden geweckt und zum Schutz derer, die schlafen wollten, ebenfalls als Wachposten aufgestellt. Es besteht daher kein Zweifel, dass die jetzige Ruhe und Zuversicht, die nicht nur uns, die wir durch die Erfahrung des Alters uns einigermaßen gestärkt sehen, sondern auch den Jüngeren zuteil wird, zwei Ursachen hat: Entweder wurde durch die Kraft des Kreuzes, die auch die Wüste durchdringt, und durch seine Gnade, die überall aufleuchtet, die Bosheit der Dämonen zurückgestoßen. Oder unsere Nachlässigkeit hat bewirkt, dass jene [Dämonen] vom früheren Ankämpfen [gegen die Mönche] ablassen, da sie es als unter ihrer Würde ansehen, gegen uns mit jener Anstrengung zu kämpfen, mit der sie damals gegen jene durch und durch bewährten Streiter Christi wüteten. Doch in der Tat: Sie zwingen uns durch dieses heimtückische Aussetzen der sichtbaren Versuchungen grausiger zu Boden.

Wir sehen nämlich, dass die Lauheit einige so sehr zu Fall gebracht hat, dass es sogar nötig ist, sie auch noch mit den vorsichtigsten andeutungsweisen Ermahnungen zu streicheln, damit sie nun ja nicht ihr Kellion verlassen und zu ziemlich gefährlichen Umtrieben abdriften, und herumvagabundierend und unstet in – um es so zu sagen – noch krassere[13] Laster verstrickt werden. Man meint also bei ihnen schon einen großen Erfolg erzielt zu haben, wenn sie nur, wenn auch mit einer gewissen Trägheit, in der Einsamkeit aushalten, und als großes Heilmittel pflegen ihnen die Alten zu sagen: Sitzt in eurem Kellion, esst, trinkt und schlaft, wie es euch gefällt, wenn ihr nur dauerhaft darin ausharrt.

24 Es steht also fest, dass die unreinen Geister in diejenigen, von deren Körper sie Besitz ergreifen wollen, nicht anders eindringen können, als dass sie vorher deren Geist und Gedanken besetzen. Wenn sie ebendiese dann von der Ehrfurcht gegenüber Gott, dem Denken an Gott oder dem geistlichen Nachsinnen [über die Schrift] abgebracht haben, so greifen sie diejenigen, welche nun ohne jeden göttlichen Schutz und ohne geistliche Waffenrüstung dastehen, als leichte Beute kühn an und nehmen schließlich in ihnen Wohnung wie in einem Besitz, der ihnen als Erbe übergeben wurde.

25 Trotzdem ist sicher, dass viel heftiger und schwerer diejenigen belästigt werden, welche, obwohl sie körperlich durchaus nicht von ihnen erfüllt scheinen, doch gefährdeter sind: Da sie in die Laster und Lüste dieser Geister verstrickt sind, sind sie in ihrem Herzen von ihnen besessen. Denn nach der Aussage des Apostels »wird jeder Sklave dessen, von dem er überwunden wird« (2 Petr 2,19). Nur sind sie insofern noch unheilbarer erkrankt, als sie aufgrund ihrer Sklaverei weder erkennen, dass sie von Dämonen angefochten werden, noch dass sie unter ihrer Herrschaft stehen. Im Übrigen wissen wir, dass schon für die geringsten Vergehen sogar heilige Männer dem Satan oder schweren Krankheiten körperlich ausgeliefert wurden. Da die göttliche Güte nicht duldet, dass an ihnen an jenem Tag des Gerichts auch nur ein bisschen Schmutz oder der geringste

Makel gefunden wird, brennt sie nach dem Wort des Propheten, ja Gottes selbst, alle Schmutzschlacken ihres Herzens in der Gegenwart aus, damit sie als im Feuer geläutertes Gold oder Silber zu jener Ewigkeit zugelassen werden können, ohne dass sie einer reinigenden Strafe bedürften. Es heißt: »Ich werde deine Schlacken bis zur Reinheit ausschmelzen, alles Silber und Blei abtreiben. Danach wirst du heißen: Stadt des Gerechten, treue Stadt.« (Jes 1,25f) Und an anderer Stelle: »Wie Silber und Gold im Feuer geläutert wird, so erwählt der Herr die Herzen.« (Prov 17,3) Außerdem: »Gold und Silber prüft das Feuer, der Mensch aber wird erprobt im Schmelzofen der Demütigung.« (Sir 2,6) Oder jene Stelle: »Denn wen der Herr liebt, den züchtigt er; er schlägt aber jeden Sohn, den er annimmt.« (Hebr 12,6)

26 Wir sehen dies veranschaulicht an jenem Propheten und Gottesmann im dritten Buch der Könige, der wegen einer einzigen Sünde des Ungehorsams, die er nicht einmal absichtlich oder mit Schuld des eigenen Willens, sondern durch die Täuschung eines anderen beging, sogleich von einem Löwen zerrissen wurde, was die Heilige Schrift folgendermaßen erzählt: »Das ist der Gottesmann, der dem Wort des Herrn ungehorsam war. Der Herr gab ihn einem Löwen preis, der ihn zerriss nach dem Wort, das der Herr gesprochen hat.« (1 Kön 13,26) An diesem Geschehen wird die Tilgung des Vergehens in der Gegenwart und des unvorsichtigen Irrtums sowie der Lohn für die Gerechtigkeit, derentwegen der Herr seinen Propheten nur zeitlich dem Peiniger überließ, erkennbar: Der Jäger verschont die Beute und rührt sie nicht an, die gefräßigste Bestie wagt durchaus nicht, etwas von dem ihr preisgegebenen Leichnam zu fressen. Für dieselbe Sache gibt es auch in unseren Tagen einen ausreichend deutlichen und offensichtlichen Beweis durch Abbas Paulus und Abbas Moses, der einen Ort dieser Wüste mit Namen Calamus[14] bewohnte. Der Erstgenannte nämlich hielt sich in der Wüste, die bei der Stadt Panephysus liegt, auf. Wir wissen, dass diese Einöde vor noch nicht allzu langer Zeit durch eine Überflutung mit sehr salzhaltigem Wasser entstanden ist, das, sooft der Nordwind wehte, aus dem See emporgetragen und über die anliegenden Gebiete abgeregnet wurde und so die ganze Oberfläche jener

Gegend bedeckte, wodurch die dortigen alten Siedlungen, die einst aus derselben Ursache von allen Bewohnern verlassen worden waren, wie Inseln wirkten. Hier also war Abbas Paulus in der Ruhe der Einsamkeit und im Schweigen zu einer solchen Reinheit des Herzens fortgeschritten, dass er seinem Blick nicht nur kein weibliches Angesicht – nein, ich wage es kaum zu sagen –, nicht einmal die Kleider dieses Geschlechtes begegnen ließ. Denn als ihm zusammen mit dem Abbas Archebius auf dem Wege zum Kellion eines anderen Altvaters, einem Bewohner derselben Wüste, zufällig eine Frau begegnete, lief er vor Schrecken über die Begegnung mit ihr so schnell flüchtend in seine Eremitage zurück, wie keiner beim Anblick eines Löwen oder eines äußerst bedrohlichen Drachens fliehen könnte; er vergaß dabei völlig die Pflicht zu einem liebevollen Besuch, die er auf sich genommen hatte. Nicht einmal durch die Rufe und Bitten des erwähnten Abbas Archebius, der ihn zurückrief, konnte er bewegt werden, den begonnenen Weg zum Besuch des Greises, wie sie sich vorgenommen hatten, fortzusetzen. Obwohl dies aus Eifer für die Keuschheit und in brennender Liebe zur Reinheit geschah, wurde dennoch die [Grenze zur] Befolgung eines angemessenen Verhaltens und das Maß für eine richtige Beurteilung überschritten; denn es geschah nicht aufgrund von Einsicht: Er hielt ja nicht nur den vertraulichen Umgang mit Frauen, der wahrhaft schädlich ist, sondern schon die äußere Gestalt dieses Geschlechtes für verabscheuungswürdig. Die Strafe folgte ihm auf dem Fuß: Er wurde von einem solchen Krankheitsschub getroffen, dass sein ganzer Körper von einer starken Lähmung befallen wurde und keines seiner Glieder mehr vollständig seinen Dienst zu erfüllen vermochte. Denn nicht nur Füße und Hände, auch die Bewegungen der Zunge, wodurch die Aussprache der Worte zustande kommt, ja selbst die Ohren und damit sein Gehör, verloren das Gefühl, sodass an ihm nicht mehr von einem Menschen übrig blieb als lediglich ein unbeweglicher und gefühlloser Körper. Es kam schließlich so weit, dass die Sorgfalt von Männern nicht mehr ausreichte, ihn in seiner Krankheit zu pflegen. Nur Hilfe durch Frauen konnte ihm Linderung verschaffen. Denn nachdem er in ein Koinobion geweihter Jungfrauen gebracht worden war, wurde er mit Speise und Trank, die er nicht einmal mehr mit einem Nicken erbitten konnte, durch weibliche Hilfe gefüttert. Fast vier Jahre lang, das heißt bis an sein Lebensende, half ihm die Pflege durch Frauen bei der Bewältigung aller Bedürfnisse seines Körpers.

Obwohl er nun durch eine solche Schwäche aller Glieder gelähmt war, dass ihm keines der Gelenke mehr eine lebendige und wahrnehmbare Bewegung erlaubte, ging doch große Gnade von seinen Tugenden aus: Wenn Kranke mit dem Öl gesalbt wurden, das er, man muss wohl eher sagen mit seinem Leichnam als mit seinem Körper, berührt hatte, wurden sie sogleich von allen Leiden geheilt, sodass hinsichtlich seiner Krankheit selbst den Ungläubigen klar und deutlich einleuchtete, dass die Lähmung aller seiner Glieder auf Anordnung und durch die Liebe Gottes zugeteilt worden war und dass die Gnade der Krankenheilung ihm durch die Kraft des Heiligen Geistes als Beweis seiner Reinheit und Offenbarung seiner Verdienste gewährt wurde.

27 Der andere aber, von dem wir sagten, dass er in dieser Wüste wohnte, wurde, obwohl er ein einzigartiger und unvergleichlicher Mann war, wegen eines Tadels mit einem einzigen Wort, das er im Streit gegen Abbas Makarios etwas zu hart vorbrachte, als er durch eine bestimmte Meinung vorpreschte, sogleich einem so grausamen Dämon ausgeliefert, dass er von ihm besessen die menschlichen Ausscheidungen in den Mund nahm. Der Herr bewies jedoch durch die unverzügliche Heilung und den Überbringer des Heilmittels, dass er diese Geißel nur der Reinigung wegen auferlegt hatte, damit nämlich in jenem kein Makel eines nur kurzen Vergehens zurückblieb. Denn sobald sich Abbas Makarios im Gebet niedergeworfen hatte, wurde schneller als ein Wort über seine Lippen kam der schändliche Geist in die Flucht geschlagen und verschwand.

28 Daraus ergibt sich deutlich, dass wir diejenigen nicht verabscheuen oder verachten dürfen, welche wir verschiedenen Versuchungen oder jenen Geistern der Bosheit ausgeliefert sehen. Zwei [Tatsachen] müssen wir fest glauben: Erstens, ohne Erlaubnis Gottes wird überhaupt niemand von ihnen versucht. Zweitens, alles, was uns von Gott auferlegt wird, ob es für den Augenblick auch Schmerz oder Freude zu bringen scheint, wird nur vom gütigsten Vater und mildesten Arzt zu unserem Nutzen verordnet. Jene [die Versuchungen ausgesetzt waren] wurden also sozusagen Zuchtmeistern übergeben, damit sie demütig werden und dann beim Verlassen dieser Welt entweder reiner zum anderen Leben gelangen oder doch mit leichterer Strafe gezüchtigt werden, wenn sie, wie der Apostel sagt, in der Gegenwart »dem Satan übergeben wurden zum Untergang des Fleisches, damit der Geist gerettet wird am Tag unseres Herrn Jesus Christus« (1 Kor 5,5).

29 Germanus: Weshalb aber sehen wir, dass gerade sie nicht nur von den Menschen verachtet und gefürchtet werden, sondern dass sie in unseren Provinzen auch für immer von der Gemeinschaft am Tag des Herrn[15] ausgeschlossen sind aufgrund jenes Wortes des Evangeliums: »Gebt das Heilige nicht den Hunden und werft eure Perlen nicht vor die Schweine«? (Mt 7,6) Wenn man doch, wie du sagst, glauben soll, dass ihnen die Demütigung durch diese Prüfung zum Zweck ihrer Reinigung und ihres Nutzens auferlegt wurde?

30 Serenus: Wenn wir dieses Wissen, ja diesen Glauben, den ich oben zum Ausdruck brachte, haben, dass wir glauben, es geschieht alles durch Gott, und alles wird zum Heil der Seelen [von Gott] sinnvoll verwaltet, so werden wir jene nicht bloß nicht verachten, sondern auch für sie als für unsere Glieder ohne Unterlass beten und von ganzem Herzen mit allem Mitgefühl mit ihnen leiden; »wenn nämlich ein Glied leidet, dann leiden alle Glieder mit.« (1 Kor 12,26) Wir wissen ja, dass wir ohne jene als unsere Glieder nicht völlig vollendet werden können, wie wir auch lesen, dass nicht einmal unsere Vorfahren ohne uns die ganze Fülle der Verheißung erlangen konnten, wenn der Apostel von ihnen verkündet: »Diese alle, bewährt durch das Zeugnis des Glaubens, empfingen nicht die Verheißungen, weil Gott für uns etwas Besseres vorbereitet hatte; vielmehr sollten sie nicht ohne uns vollendet werden.« (Hebr 11,39f) Wir erinnern uns aber nicht, dass ihnen je die Teilhabe am Allerheiligsten verweigert wurde. Sie waren vielmehr der Meinung, dass man ihnen, wenn möglich, die Kommunion sogar täglich zukommen lassen sollte. Denn man darf nicht nach der fälschlicherweise von euch herangezogenen Schriftstelle »Gebt das Heilige nicht den Hunden« (Mt 7,6) glauben, dass die allerheiligste Kommunion zur Speise des Dämons wird, anstatt Körper und Seele zur Reinigung und zum Schutz zu gereichen. Wenn sie vom Menschen empfangen wird, so schlägt sie den Geist, der in seinen Gliedern wohnt oder versucht, sich in ihnen zu verbergen, wie eine lodernde Flamme in die Flucht. Auf diese Weise sahen wir ja neulich auch den Abbas Andronikos und andere mehr geheilt. Denn mehr und mehr wird der Feind den Besessenen verhöhnen, wenn er sieht, dass derselbe von der himmlischen Arznei abgehalten wird, und er wird ihn umso härter und öfter anfallen, je länger er ihm das geistige Heilmittel entzogen sieht.

31 Im Übrigen muss man jene für wahrhaft elend und bemitleidenswert halten, die, obwohl sie sich mit allen Verbrechen und Schandtaten beflecken, dennoch nicht nur kein sichtbares Zeichen einer diabolischen Besessenheit an sich erkennbar werden lassen, sondern denen nicht einmal irgendeine ihren Taten entsprechende Prüfung noch irgendeine Geißel zur Züchtigung auferlegt wird. Sie verdienen nicht die schnell wirkende und für diese Zeit zur Verfügung stehende Arznei, da ihr »Starrsinn und ihr unbußfertiges Herz« (Röm 2,5), das nicht nur eine Strafe in diesem gegenwärtigen Leben verdient, »sich Zorn und Vergeltung ansammelt für den Tag des Zornes und der Offenbarung des gerechten Gerichtes Gottes, an welchem der Wurm in ihnen nicht sterben und das Feuer in ihnen nicht erlöschen wird« (Jes 66,24). Der Prophet, wie geängstigt von der Trübsal der Heiligen, die er verschiedenen Drangsalen und Prüfungen unterworfen sieht, während im Gegenteil die Sünder nicht nur ohne jede Geißel zur Demütigung durch diese Welt schreiten, sondern sich auch an überfließendem Reichtum und höchstem Glück in allen Dingen erfreuen, ruft gegen sie in überschäumendem Eifer und von der Glut seines Geistes entflammt aus: »Meine Füße aber strauchelten fast, beinahe glitten meine Schritte aus. Denn ich ereiferte mich gegen die Gottlosen, als ich den Frieden der Sünder sah; denn sie denken nicht an den Tod, und ihre Plage ist nicht von Dauer. Sie kennen nicht die Leiden der Menschen, werden nicht mit den Menschen gezüchtigt.« (Ps 72=73,2–5) Freilich sollen im zukünftigen Leben mit den Dämonen bestraft werden, die im gegenwärtigen Leben nicht herangezogen wurden, mit den Menschenkindern durch Schicksal und Strafe gezüchtigt zu werden. Auch Jeremia, obwohl er mit Gott über das Glück der Gottlosen hadert, bekennt, dass er an der Gerechtigkeit Gottes nicht zweifelt, und sagt: »Du bleibst freilich im Recht, Herr, wenn ich mit dir um Recht streite.« (Jer 12,1) Er sagt aber doch, als er die Ursachen dieser doch gewaltigen Ungleichheit untersucht: »Trotzdem will ich mit dir um Recht streiten. Warum gelingt der Weg der Gottlosen? Warum geht es allen, welche die Gebote übertreten und Unrecht tun, gut? Du hast sie gepflanzt, sie haben Wurzeln geschlagen, gedeihen und bringen Frucht. Nahe bist du ihren Lippen, doch fern ihrem Inneren.« (Jer 12,1f) Ihren Untergang beklagt der Herr durch den Propheten, zu ihrer Heilung schickt er beunruhigt Ärzte und Lehrer. Er fordert sie gewissermaßen zu ähnlicher Klage auf, wenn er sagt: »Plötzlich fiel Babylon, sie ist zermalmt. Brecht in Klagegeschrei über sie aus, holt eine Salbe für ihren Schmerz! Vielleicht wird sie geheilt.« (Jer 51,8) Doch verzweifelt antworten die Engel, denen die Sorge um das menschliche Heil anvertraut ist, oder wenigstens der Prophet in Vertretung der Apostel oder der geistlichen Männer und Lehrer, die Babylons Starrsinn und unbußfertiges Herz sehen: »Wir haben Babylon geholfen, doch sie wurde nicht heil. Wir wollen [diese Stadt] verlassen und gehen, ein jeder in sein Land; denn bis zum Himmel reicht das Urteil über sie, bis zu den Wolken ragt es empor.« (Jer 51,9) Von solch hoffnungsloser Krankheit spricht anstelle Gottes Jesaja zu Jerusalem: »Von der Fußsohle bis zum Scheitel ist nichts Gesundes an ihr; nur Wunden, Flecken, geschwollene Beulen, die nicht verbunden, nicht mit Heilmittel versorgt, nicht mit gesalbt sind.« (Jes 1,6)

32 Dass es aber bei den unreinen Geistern[16] so viele Vorlieben gibt wie bei Menschen, lässt sich zweifellos beweisen. Denn es ist bekannt, dass einige von ihnen, welche das Volk auch Verführer[17] nennt, in der Weise Irrgeister und Witzbolde sind, dass sie bestimmte Orte und Wege dauerhaft besetzen, sich aber keineswegs an Quälereien, mit denen sie Vorübergehende necken können, ihre Freude haben, sondern, schon zufrieden mit Gelächter und Spott, mehr an der Nase herumführen wollen als schädigen. Andere treiben nur nachts ihr Unwesen, indem sie sich ohne Schaden anzurichten auf Menschen setzen. Wieder andere jedoch sind von solcher Wut und Raserei, dass sie nicht zufrieden sind, nur die Körper jener, die sie besetzt haben, mit furchtbarer Zerfleischung zu quälen, sondern sich auch rasend auf in der Ferne Vorübergehende stürzen und sie grausam ermorden. Als solche werden jene im Evangelium beschrieben, deren Weg aus Furcht vor ihnen niemand zu kreuzen wagte. Sie ergötzen sich ohne Zweifel samt ihresgleichen auch an Kriegen und Blutvergießen, wie es ihrer unersättlichen Raserei entspricht. An anderen, welche das Volk auch Bakuzen[18] nennt, sehen wir, dass sie die Herzen derer, die sie besetzt haben, so sehr mit eitler Aufgeblasenheit erfüllen, dass sie sich über die Höhe ihre Körpergröße aufrichten und sich bald in irgendwelchen Fratzen und Gebärden überheben, bald sich leutselig und schmeichlerisch unterwürfig geben, indem sie sich herablassen zur Haltung einer gewissen Ruhe und Zutraulichkeit. Da sie sich für berühmte und allgemein angesehene Leute halten, so stellen sie zwar durchaus einmal zur Schau, dass sie höhere Gewalten unter Verbeugung des Körpers verehren, dann aber glauben sie wieder, dass sie selbst von anderen verehrt werden, und vollbringen deshalb alle Bewegungen, mit denen aufrichtige Ehrenbezeugungen stolz oder demütig ausgeführt werden. Wir finden auch andere, die nicht bloß auf Lügen sinnen, sondern den Menschen auch Gotteslästerungen eingeben. Auch dafür sind wir Zeugen, weil wir ganz deutlich einen Dämon bekennen hörten, er habe durch Arius und Eunomius die Ruchlosigkeit eines gotteslästerlichen Dogmas verkündet. Das hat auch, wie wir im vierten Buch der Könige lesen, einer von ebendiesen deutlich ausgesprochen: »Ich will ausgehen und ein Lügengeist sein im Munde aller seiner Propheten.« (1 Kön 22,22) Über sie führt der Apostel im Tadel derjenigen, die von ihnen getäuscht werden, folgendes an: »Sie merken auf verführerische Geister und auf die Lehren der Dämonen, die heuchlerisch lügen.« (1 Tim 4,1) Die Evangelien bezeugen, dass es auch noch andere Arten von Dämonen gibt, nämlich stumme und taube. (Vgl. Lk 11,14) Der Prophet erwähnt, dass es auch solche gibt, die Unzucht und Verschwendungssucht entzünden, wenn er sagt: »Der Geist der Unzucht hat sie verführt, und sie wurden ihrem Gott untreu.« (Hos 4,12) Ebenso lehrt die Autorität der Schriften, dass es Dämonen der Nacht, des Tags und des Mittags gibt. (Vgl. Ps 91,5f) Es würde zu weit führen, wenn wir ihre Verschiedenheit betreffend alle Bände der Schriften durchforschen und einzeln erklären wollten, welche vom Propheten als Onokentauren[19], als Haarige, Sirenen, Lamien, als heulende Käuze, Strauße oder Igel bezeichnet werden; welche in den Psalmen Schlangen oder Basilisken[20], im Evangelium Löwen, Drachen oder Skorpione genannt werden; ferner, welche vom Apostel als Fürsten dieser Welt, als Herrscher dieser Finsternisse oder als Geister der Bosheit bezeichnet werden. Wir dürfen nicht meinen, dass ihnen diese Bezeichnungen durch Zufall oder willkürlich beigelegt wurden, sondern durch die Kennzeichnung mit den Namen solcher Tiere, die für uns mehr oder weniger schädlich oder lebensgefährlich sind, werden die Unterschiede in ihrer Wildheit und ihrem Ingrimm kenntlich gemacht. Je nach Ähnlichkeit mit der giftigen Bosheit oder der Vorrangstellung, welche ihnen ihre besondere Bösartigkeit unter den Tieren oder Schlangen einbringt, werden auch andere wie sie bezeichnet: Einer wird also wegen der Heftigkeit seiner Wut und seiner rasenden Wildheit als Löwe bezeichnet; ein anderer wegen jenes todbringenden Giftes, das schon tötet, noch bevor es bemerkt wird, als Basilisk; ein dritter wegen seiner kühlen Bosheit als Onokentaure, Igel oder Strauß.

33 Germanus: Wir bezweifeln nicht, dass auch jene Reihen, welche der Apostel aufzählt, hierzu gerechnet werden müssen, wenn er sagt: »Wir haben nicht gegen Fleisch und Blut zu kämpfen, sondern gegen Gewalten, gegen Mächte, gegen die Herrscher der Welt dieser Finsternisse, gegen die Geister der Bosheit im himmlischen Bereich.« (Eph 6,12) Wir möchten jedoch wissen, woher dieser große Unterschied zwischen ihnen kommt beziehungsweise wie solche Stufen der Bosheit entstanden sind. Wurden sie dazu geschaffen, in diese Rangordnung des Bösen eingefügt zu werden und sozusagen für die Bosheit zu kämpfen?

34 Auch wenn die von euch vorgelegten Fragen unseren Augen alle Zeit zur Nachtruhe so sehr stehlen, dass wir den Anbruch der Morgenröte gar nicht bemerken und uns angetrieben fühlen, an den Worten dieser Unterredung unermüdlich bis zum Aufgang der Sonne weiterzuweben, bin ich der Meinung, dass wir diese [Frage] für die Untersuchung in der folgenden Nacht aufheben sollten, da die Lösung der vorgelegten Frage, wenn man sich erst einmal auf Spurensuche begibt, in ein ziemlich weites und tiefes Meer von Fragen führt, welches die Kürze der zur Verfügung stehenden Zeit nicht zu durchqueren erlaubt. Durch eine umso angeregtere Unterhaltung mit euch kann auch mir aus Gelegenheit dieser Fragestellung geistige Freude und reicherer Nutzen zuteilwerden, und wenn der Heilige Geist uns günstigen Wind gewährt, können wir die Buchten der vorgelegten Fragen weiträumiger durchsegeln.

Lasst uns also, nachdem wir ein wenig Schlaf genossen haben, die Schläfrigkeit, die uns lähmt, aus unseren Augen reiben, sobald der Morgen naht, und sogleich zur Kirche eilen, weil uns die Feier des Tags des Herrn mahnt, dies zu tun. Wenn wir dann nach der Zusammenkunft[21] zurückgekehrt sind, wollen wir das, was der Herr zu unserer beiderseitigen Belehrung eurem Verlangen entsprechend schenkt, mit doppelter Freude zusammentragen.

Wenn auf eine Frage unterschiedliche Antworten gegeben werden, kommt es vor, dass man jede als vernünftig beurteilen kann und sie ohne Schaden für den Glauben sowohl als zutreffend wie auch als unentschieden ansehen kann. Wenn eine Antwort nicht im Widerspruch zum Glauben steht, darf eine Meinung die andere nicht verwerfen.

Collatio 8

Abbas Serenus spricht über Engel, Mächte und Gewalten

1 Nach Abschluss der Feier, die der Tag gebot, und nach der Entlassung der Versammelten aus der Kirche kehrten wir in das Kellion des Greises zurück und erhielten zunächst eine sehr köstliche Stärkung. Denn zum Gemüse, das mit einem Tropfen Öl übergossen üblicherweise zur täglichen Mahlzeit vorgesetzt wurde, nahm er nur wenig Wasser und goss etwas mehr Öl als gewöhnlich darüber. Jenen Tropfen Öl nämlich träufelt jeder Essende nicht deshalb täglich darauf, damit er davon einen Gaumenkitzel hat – die Menge ist ja so gering, dass sie kaum ausreicht, den Weg über Gaumen und Schlund hinabzurinnen, geschweige denn sie zu benetzen –, sondern damit er durch diese Gewohnheit die Prahlerei des Herzens, die sich bei strengerer Entsagung schmeichlerisch und heimlich einzuschleichen pflegt, sowie die Stachel der Überheblichkeit stumpf macht; denn je heimlicher die Entsagung selbst geübt und ohne menschliche Zeugen durchgehalten wird, desto raffinierter hört sie nicht auf, den, der sie verbirgt, heimlich zu versuchen. Dann stellte er geriebenes Salz[1] auf und drei Oliven, worauf er noch einen Korb brachte, der getrocknete Früchte enthielt, was jene Trogalia nennen[2]. Davon nahmen wir nur fünf Getreidekörner, zwei Pflaumen und einzelne Feigen; denn in jener Wüste gilt es als Fehler, diese Zahl zu überschreiten.

Als wir nach dieser Stärkung angefangen hatten, die versprochene Antwort auf unsere Frage einzufordern, sprach der Greis: Tragt eure Frage vor, deren Untersuchung wir auf diese Stunde verschoben hatten.

2 Da sagte Germanus: Woher kommt, so fragen wir, eine so große Vielfalt der dem Menschen feindlichen Gewalten und diese Verschiedenheit, die der selige Apostel folgendermaßen aufzählt: »Wir kämpfen nicht gegen Fleisch und Blut, sondern gegen Mächte und Gewalten, gegen die Herrscher der Welt dieser Finsternisse, gegen die Geister der Bosheit im himmlischen Bereich« (Eph 6,12)? Und an anderer Stelle: »Weder Engel, noch Herrschaften, noch Mächte, noch irgendein anderes Geschöpf wird uns trennen können von der Liebe Gottes, die in Christus Jesus ist, unserem Herrn.« (Röm 8,38–39) Woher also kam für uns die eifersüchtige Feindschaft solch gewaltiger Bosheit? Oder sollte man glauben, dass diese Mächte vom Herrn dazu geschaffen wurden, auf diesen Stufen und in diesen Rangordnungen Krieg gegen den Menschen zu führen?

3 Serenus: Die Autorität der heiligen Schriften hat einiges von dem, worin sie uns unterrichten will, auch für jene, welche der Verstandesschärfe entbehren, so luzide und deutlich ausgesprochen, dass es nicht nur durch keine Dunkelheit eines verborgenen Sinnes verhüllt wird, sondern nicht einmal irgend einer Bevormundung durch eine Auslegung bedarf und auf der Oberfläche des Wortes und des Buchstabens seine Bedeutung und seine Aussage vor sich her trägt. Einiges jedoch ist so verhüllt und durch gewisse Geheimnisse in Dunkel gehüllt, dass es für Auslegung und Verständnis ein weites Feld zu Übung und Sorgfalt eröffnet. Es ist offensichtlich, dass Gott dies aus vielen Gründen verordnet hat:

Einerseits, damit die göttlichen Geheimnisse[3], sollte über ihnen kein Schleier eines geistigen Sinnes mehr liegen, nicht allen Menschen, gläubigen wie ungläubigen, zu gleichem Wissen und Wahrnehmen offen daliegen; dann bestünde ja zwischen Trägen und Eifrigen kein Unterschied hinsichtlich Tugend und Klugheit; andererseits, damit unter denen, die durch den Glauben schon zu Hausgenossen wurden (vgl. Eph 2,19), wenn sich die unermesslichen Weiten des Verstehens vor ihnen öffnen, es möglich wird, die Trägheit der Nachlässigen zu tadeln, die Wendigkeit und den Fleiß der Eifrigen aber zu loben. Daher wird völlig zu Recht die Heilige Schrift mit einem fruchtbaren und nährenden Acker verglichen, der zwar vieles wachsen lässt und hervorbringt, was zur Ernährung der Menschen ohne Kochen auf dem Feuer brauchbar ist, aber auch anderes, das sich für den menschlichen Verzehr als ungeeignet oder gar schädlich herausstellen würde, wenn es nicht zuvor, durch die Hitze der Flamme genießbar und weich gekocht, alle Härte seines rohen Zustandes abgelegt hätte. Einiges aber lässt sich sowohl roh wie gekocht genießen, sodass es ungekocht in rohem Zustand zwar nicht ungenießbar ist oder schadet, aber dennoch in der Hitze des Feuers gekocht besser verträglich wird. Mancherlei wird auch nur zur Ernährung der nicht vernunftbegabten Tiere unter einem Joch, überhaupt der Tiere, der wilden Tiere und Vögel hervorgebracht; es ist kaum für Menschen als Speise tauglich. Den Tieren gewährt es jedoch, auch wenn es roh und ungekocht bleibt, eine lebenserhaltende Gesundheit. Diese Einteilung sehen wir auch hinreichend deutlich eingehalten im überaus fruchtbaren Paradies der geistlichen Schriften, in dem manches schon durch die Bedeutung des Buchstabens so verständlich und einleuchtend erscheint, dass es, ohne einer verfeinerten Auslegung zu bedürfen, schon durch den einfachen Wortlaut die Hörer reichlich weidet und nährt, wie zum Beispiel: »Höre, Israel, der Herr, dein Gott, ist der einzige Gott. Du sollst den Herrn, deinen Gott, lieben aus deinem ganzen Herzen, mit deiner ganzen Seele und all deinen Kräften.« (Dtn 6,4f) Einiges aber wird, wenn es nicht durch allegorische Auslegung weitergehend erklärt und durch die Prüfung im geistigen Feuer weich [und genießbar] wird, durchaus zu keiner heilsamen Speise des inneren Menschen ohne den Nachteil eines Schadens werden; eher wird aus der Aufnahme desselben mehr Verderben als Nutzen folgen, was für jenes Wort gilt: »Eure Lenden sollen umgürtet sein und eure Lampen sollen brennen.« (Lk 12,35) Oder: »Wer kein Schwert hat, der verkaufe sein Kleid und kaufe sich ein Schwert.« (Lk 22,36) Oder: »Wer sein Kreuz nicht aufnimmt und mir nachfolgt, ist meiner nicht wert.« (Mt 10,38)

Einige übertrieben strenge Mönche, die zwar den »Eifer für Gott« hatten, aber nicht »entsprechend der Erkenntnis« (Röm 10,2), haben dies wörtlich aufgefasst und sich Kreuze aus Holz gemacht, die sie ständig auf ihren Schultern umhertrugen und dadurch bei allen, die es sahen, nicht Erbauung, sondern Lachen auslösten. Einige [Schriftworte] jedoch werden nach beiden Richtungen der Auslegung, sowohl nach der historischen als der allegorischen, so einfach und folgerichtig verstanden, dass jede Auslegungsart der Seele erfrischende Getränke anbietet, wie zum Beispiel: »Wenn dich jemand auf deine rechte Wange schlägt, so halte ihm auch die andere[4] hin.« (Mt 5,39) Und: »Wenn sie euch in einer Stadt verfolgen, so flieht in eine andere.« (Mt 10,23) Und: »Wenn du vollkommen sein willst, so gehe hin, verkaufe alles, was du hast, und gib es den Armen, und du wirst einen Schatz haben im Himmel; dann komm und folge mir nach!« (Mt 19,21) Die Schrift »lässt auch Gras wachsen für die Tiere« (Ps 103 = 104,14), alle Felder der Schriften sind davon voll, und zwar die einfache, bloße Erzählung der historischen Lesart, durch welche je nach dem Stand und dem Umfang ihrer Begabung alle diejenigen für ihre Aufgabe und zur Mühe des gegenwärtigen Lebens ermuntert und gestärkt werden, die einfältiger sind und weniger fähig, den vollkommenen gesamten Sinn zu erfassen, und von denen es heißt: »Menschen und Tiere wirst du retten, Herr.« (Ps 35 = 36,7)

4 Deshalb können wir auch in Bezug auf das, was in offensichtlicher Bedeutung ausgesprochen wird, eindeutige Festlegungen treffen und ohne Furcht unsere Meinung sagen. Was jedoch der göttliche Geist in den heiligen Schriften bedeckt hält, indem er es unserem Nachsinnen und unserem Vertrautwerden damit vorbehält und will, dass es erst durch gewisse Entdeckungen und Auslegungen zusammengetragen wird, das muss Schritt für Schritt und vorsichtig so vorgebracht werden, dass Bejahung oder Bestätigung dem Urteil des Redenden und des Hörenden anheimgestellt wird. Denn manchmal, wenn zu einer Frage unterschiedliche Antworten vorgebracht werden, kann man jede als vernünftig beurteilen und sie ohne Schaden für den Glauben sowohl als zutreffend wie auch als unentschieden[5] ansehen, das heißt, man hält sie weder für ganz und gar glaubwürdig noch für gänzlich falsch. Wenn keine [Antwort] als dem Glauben entgegenstehend erfunden wird, darf eine Meinung die andere nicht verwerfen. Dies gilt zum Beispiel [von der Ansicht], dass Elia in Johannes schon gekommen ist und der Ankunft des Herrn vorausgehen wird. (Vgl. Mt 11,14) [Es gilt ebenso] von dem Gräuel[6] des Unheils (vgl. Dan 9,27; Mt 24,15), von dem wir lesen, dass er als Statue Jupiters an heiligem Ort zu Jerusalem im Tempel stand und wieder in der Kirche stehen wird bei der Ankunft des Antichristus. [Und es gilt für] alles, was im Evangelium darauf folgt und was sowohl hinsichtlich dessen zu verstehen ist, was sich bei Eroberung Jerusalems erfüllt hat, als auch dessen, was sich am Ende dieser Welt erst noch erfüllen soll. Keine dieser Auslegungen darf die andere bekämpfen noch darf eine Auslegung die andere verdrängen.

5 Wenn auch die von euch vorgelegte Frage weder ausführlich noch oft unter den Menschen besprochen wurde und nicht sehr vielen zugänglich ist, weswegen manchen das, was wir vorbringen werden, vielleicht zweifelhaft erscheint – wir müssen unsere Ansicht, die ja den Glauben an die Dreieinigkeit nicht schmälert, so maßvoll vortragen, dass sie unter jenes gerechnet wird, das als auslegungsoffen einzuordnen ist, obwohl es nicht durch eine Meinung gebilligt wird, die nur durch Vermutungen und gedankliche Schachzüge zusammengestellt wird, sondern durch offenbare Beweise der heiligen Schriften.

6 Es sei also ferne, dass wir lehren, Gott hätte irgend etwas erschaffen, das seinem Wesenskern nach böse ist. Denn die Schrift sagt: »Alles, was Gott schuf, war sehr gut.« (Gen 1,31) Doch wenn wir behaupten würden, dass jene [obengenannten Geistwesen] so von Gott erschaffen oder dazu gemacht wurden, dass sie diese Stufen der Bosheit innehaben und immer bereitstehen, Menschen zu verführen und zu Fall zu bringen, so würden wir Gott entgegen dem Ausspruch der Heiligen Schrift bezichtigen, Schöpfer und Urheber des Bösen zu sein, weil er dann ja selbst die schlechtesten Willen und Naturen geschaffen hätte, in der Absicht, dass sie immer in der Bosheit verharren und ihre Absicht nie auf ein Wollen des Guten umstellen können. Durch die Überlieferung der Väter haben wir jedoch aus der Quelle der heiligen Schriften folgende Begründung der Verschiedenheit [der Geistwesen] übernommen:

7 Kein Gläubiger bezweifelt, dass Gott vor Grundlegung dieser sichtbaren Schöpfung Geistwesen und himmlische Tugendkräfte schuf, die gerade weil sie wussten, dass sie durch die Güte des Schöpfers aus dem Nichts in ein solch herrliches Licht der Glückseligkeit herausgeführt wurden, ihm ewigen Dank darbringen und unaufhörlich seinem Lob hingegeben sein sollten. Denn wir dürfen nicht glauben, dass Gott erst mit der Gründung dieser Welt begonnen hat, zu erschaffen und zu wirken, so als müsste man glauben, er sei in jenen unzähligen Jahrhunderten vorher untätig, ohne Vorherwissen und ohne göttliches Ordnungswirken gewesen und habe niemanden gehabt, dem er die Wohltaten seiner Güte hätte spenden können, sei einsam und ohne jedes Geschenk der Großzügigkeit gewesen. Das hieße, von jener unermesslichen und unbegreiflichen Majestät, die keinen Anfang hat, ziemlich niedrig und unangemessen zu denken, wo doch der Herr selbst von jenen Mächten so spricht: »Als alle Gestirne erschaffen wurden, lobten mich mit lauter Stimme alle meine Engel.« (Hiob 38,7) Es wird also mit aller Deutlichkeit gesagt, dass noch vor jenem Anfang, mit dem, wie es heißt, Himmel und Erde erschaffen wurden (vgl. Gen 1,1), diejenigen erschaffen wurden, die [dann] bei der Erschaffung der Gestirne zugegen sind; denn es wird ja erzählt, dass sie den Schöpfer für all jene sichtbaren Kreaturen, die sie aus dem Nichts hervorgehen sahen, mit lauter Stimme und großem Erstaunen lobten.

Es besteht also kein Zweifel, dass noch vor jenem zeitlichen Anfang, der von Mose gesetzt wird und der laut der historischen, ja sogar jüdischen Auslegung den Anbeginn dieser Welt bezeichnet – natürlich unbeschadet der Auslegung, nach der wir bekennen, dass Christus der Anfang aller Dinge ist; in ihm hat der Vater alles erschaffen, in Einklang mit jener Stelle: »Alles wurde durch ihn gemacht, ohne ihn wurde nichts erschaffen« (Joh 1,3) – dass also, wie gesagt, vor jenem zeitlichen Anfang der Genesis Gott all jene Mächte und himmlischen Kräfte erschaffen hat. Der Apostel zählt sie der Reihe nach auf und beschreibt sie folgendermaßen: »In

Christus wurde alles erschaffen, was im Himmel und auf Erden ist, das Sichtbare und das Unsichtbare, Engel und Erzengel, Throne und Herrschaften, Mächte und Gewalten. Alles wurde durch ihn und in ihm erschaffen.« (Kol 1,16)

8 Dass nun einige aus der Zahl der Ersterschaffenen gestürzt sind, lehren uns die Klagen des Ezechiel oder des Jesaja doch deutlich, wenn wir hören, dass sie um den Fürsten von Tyrus oder jenen Luzifer, der früh aufging [als einer] von diesen [Ersterschaffenen], mit tränenreicher Klage trauern. Über den Fürsten von Tyrus aber sprach der Herr zu Ezechiel: »Menschensohn, stimme einen Klagegesang an über den Fürsten von Tyrus und sage ihm: Das spricht Gott der Herr: ›Du Siegel der Ebenbildlichkeit, voller Weisheit und vollkommen an Schönheit! Im Garten des Paradieses Gottes bist du gewesen; mit allen kostbaren Steinen warst du übersät, mit Sardis, Topas, Jaspis, Chrysolith, mit Onyx, Beryll und Saphir, Karfunkelstein und Smaragd; aus Gold war dein Schmuck. Deine Verzierungen wurden bereitet am Tag, als du geschaffen wurdest. Du warst ein Cherub, mit weit ausladenden schützenden Flügeln. Ich stellte dich auf den heiligen Berg Gottes; du gingst inmitten feuriger Steine umher, vollkommen in deinem Wandel vom Tage deiner Geburt an, bis sich die böse Tat in dir erhob. Durch deinen weit reichenden Handel wurde dein Inneres mit Unrecht erfüllt, und du hast gesündigt. Deshalb habe ich dich vom Berg Gottes hinabgestürzt, dich verstoßen aus der Mitte der feurigen Steine, du schützender Cherub. Dein Herz wurde überheblich wegen deiner Schönheit, du verlorst deine Weisheit, [geblendet] durch deinen Glanz. Auf die Erde habe ich dich verstoßen und dich den Blicken der Könige preisgegeben, damit sie dich anstarren. Durch die Menge deiner Bosheiten und die Ungerechtigkeit deines Handelns hast du dein Heiligtum entweiht.‹« (Ez 28,11–18)

Und Jesaja sagt von dem anderen: »Wie bist du vom Himmel gefallen, Luzifer, der du früh aufgingst. Du, der du die Völker schlugst, bist zur Erde gestürzt – du, der du in deinem Herzen sagtest: Zum Himmel will ich emporsteigen, über die Sterne Gottes meinen Thron setzen, auf dem Berg des Bundes sitzen, an der Seite des schwarzen Stürmers, des Nordens.

Emporsteigen werde ich über die Höhe der Wolken, gleich sein dem Allerhöchsten.« (Jes 14,12–14)

Dass aber nicht diese allein vom Gipfel des glückseligsten Aufenthaltes herabstürzten, erwähnt die Heilige Schrift ebenfalls, indem sie sagt, dass jener Drache auch den »dritten Teil der Sterne« (Offb 12,4) mit sich herabgerissen hat. Einer der Apostel sagt es noch deutlicher: »Engel jedoch, die ihre Vorrangstellung nicht bewahrt und ihre Wohnstatt verlassen haben, hält er in ewigen Fesseln für das Gericht am großen Tag in der Finsternis zurück.« (Jud 6) Wenn nun zu uns gesagt wird: »Ihr aber werdet sterben wie Menschen, wie einer von den Fürsten werdet ihr zu Fall kommen« (Ps 81 = 82,7), was besagt dies anderes, als dass viele der Fürsten gefallen sind? Aus diesen Beweisen wird nun als Grund für die Verschiedenheit so viel erkennbar, dass die abgestufte Rangfolge, welche die feindlichen Gewalten ähnlich den heiligen und himmlischen Mächten haben, entweder von der früheren Rangstufe übrig geblieben sind, für welche jede Macht erschaffen war; oder dass diejenigen, die aus dem Himmel abstürzten, je nach dem Grad der Bosheit, mit welchem jede sich immer mehr dem Bösen näherte, diese Stufen und Bezeichnungen des jeweiligen Ranges auch auf der Gegenseite für sich in Anspruch genommen haben, in Entsprechung zu jenen Tugendkräften, die nicht stürzten.

9 Germanus: Wir glaubten bis jetzt, Ursache und Anfang des Falles des Diabolus, durch welchen er aus seiner Stellung als Engel gestürzt wurde, wäre vor allem der Neid gewesen, als er Adam und Eva mit missgünstiger Hinterlist betrog.

10 Serenus: Dass dies nicht der Anfang des Aufstandes gegen Gott oder der Verwerfung des Diabolus war, zeigt die Lesung aus der Genesis, welche ihm schon vor der Verführung der Menschen das Brandmal des Schlangennamens aufprägen zu müssen meint, indem sie sagt: »Die Schlange aber war weiser« (Gen 3,1), oder, wie es die hebräischen Bücher ausdrücken, die Schlange war »schlauer als alle Tiere der Erde, die Gott der Herr gemacht hatte«. Ihr versteht also, dass der Diabolus schon vor jenem Betrug des ersten Menschen von der Heiligkeit eines Engels abgefallen war, sodass er nicht nur mit diesem Schimpfnamen belegt werden musste, sondern auch hinsichtlich der Hinterlist seiner Bosheit die übrigen Tiere der Erde übertrifft. Denn mit einem solchen Wort hätte die Schrift weder einen guten Engel bezeichnet, noch würde sie von denen, die in jener Seligkeit verharren, sagen: »Die Schlange aber war schlauer als alle Tiere der Erde.« Dieser Beiname könnte ja nicht nur niemals einem [Engel] Gabriel oder Michael zugeeignet werden, er würde sich nicht einmal für einen guten Menschen schicken. Ganz offensichtlich klingt also sowohl der Name »Schlange« als auch der Vergleich mit den Tieren nicht nach der Würde eines Engels, sondern nach der Schmach eines Verräters. Schließlich: Das Brennholz[7] für Neid und Verführung, durch das er angestachelt wurde, den Menschen zu täuschen, entstand durch seinen früheren Fall, als er nämlich sah, dass der gerade erst aus dem Schlamm der Erde gebildete Mensch zu jener Herrlichkeit berufen werden sollte, aus der er, obwohl er einer der Mächte war, sich herabgestürzt wusste. Und deshalb folgte auf seinen ersten Fall, in dem er durch Hybris stürzte und durch den er auch die Bezeichnung Schlange verdient hatte, der zweite Sturz durch den Neid. Während an ihm bis dahin noch irgendetwas von einer aufrechten Haltung zu finden war, sodass er auch mit dem Menschen Umgang zu einem Gespräch oder einer Beratung haben konnte, wurde er nun durch das Urteil Gottes gehörig in die Tiefe geworfen, damit er nicht mehr wie früher hochmütig einherstolzieren oder irgendetwas in der Höhe betrachten konnte, sondern gekrümmt am Boden kriechen und auf den Bauch geworfen sich an den Speisen und Werken der Laster weiden sollte. Immerhin macht er den verborgenen Feind sichtbar und setzt zwischen sich und den Menschen eine nützliche Feindschaft und ein heilsames Zerwürfnis, damit er nicht weiter durch betrügerische Freundschaft dem Menschen schaden kann, da er ja als ein gefährlicher Feind gemieden wird.

11 Jenes Geschehen aber muss uns vor allem die Lehre erteilen, dass wir uns von bösen Ratschlägen abwenden: Obwohl der Urheber der Verführung mit angemessener Pein und Verurteilung bestraft wird, bleibt doch auch der Verführte nicht straflos, wenn ihm auch eine etwas leichtere Strafe auferlegt wird als dem Urheber der Verführung. Das sehen wir hier ausdrücklich erwähnt. Adam nämlich, der verführt wurde, beziehungsweise der – um die Worte des Apostels zu gebrauchen, »nicht verführt wurde« (1 Tim 2,14), sondern der als derjenige in Erscheinung tritt, welcher der Verführten die Einwilligung gab, die zu einem tragischen Ende führte: Er wurde nur zur Arbeit im Schweiße seines Angesichts verurteilt; [diese Strafe] wurde über ihn jedoch nicht aufgrund seiner eigenen, sondern aufgrund der Verfluchung und Unfruchtbarkeit der Erde verhängt. Die Frau aber, die schuldig wurde, weil sie dazu überredete, verdiente die Vermehrung der Seufzer, der Schmerzen und der Traurigkeit und wurde dem andauernden Joch der Unterwürfigkeit überlassen. Die Schlange jedoch, als erste Anstifterin zu diesem Frevel, wird mit ewigem Fluch bestraft. (Vgl. Gen 3,14–19) Man muss sich also mit größter Sorgfalt und Umsicht vor falschen Ratschlägen hüten, weil sie in gleicher Weise den Urheber strafen, wie sie den Betrogenen nicht ohne Schuld und Strafe lassen.

12 Durch die ungeheure Dichte der Geister jedoch wird die Luft, die zwischen Himmel und Erde verströmt wird, zusammengedrängt. Unruhig und geschäftig fliegen sie darin umher, deshalb hat die göttliche Vorsehung sie dem Anblick der Menschen doch sinnvollerweise entzogen. Denn entweder würden die Menschen durch den Schrecken eines Zusammenstoßes mit ihnen oder durch ihre furchterregenden Mienen, die sie nach Lust und Laune übernehmen oder verändern, vor unerträglichem Grausen bestürzt und hinfällig, da sie so etwas in keiner Weise mit leiblichen Augen anschauen können; oder sie würden gewiss täglich schlechter, verdorben durch ihr andauerndes Vorbild und dessen Nachahmung. Dadurch entstünde zwischen den Menschen und den unreinen Geistern der Luft eine gewisse schädliche Vertrautheit und verderbenbringende Verbindung; denn die Schandtaten, die jetzt unter den Menschen begangen werden, sind doch durch die Umzäunung mit Mauern, durch die örtliche Entfernung und eine gewisse Verstörtheit durch die Scham verborgen. Wenn jedoch [die Menschen] dergleichen dauerhaft offen sehen würden, so würden sie zu noch größerer Raserei der Wut aufgeregt, da ja kein einziger Zeitpunkt eintreten würde, zu dem sie sehen würden, dass diese [Geister] von solchen Verbrechen ablassen. Denn keine körperliche Ermüdung oder häusliche Beschäftigung, keine Sorge um den täglichen Lebensunterhalt zwingt sie wie uns, gelegentlich von begonnenen Unternehmungen – und sei es unfreiwillig – abzulassen.

13 Es ist ziemlich sicher, dass sie sich gegenseitig mit denselben Kämpfen anfeinden wie die Menschen. Denn sie hören nicht auf, ebenso Zwietracht und Streit über einige Völker, die sie sich als zur Familie gehörige Haussklaven ihrer Bosheit genommen haben, in nicht endendem Kampf zu bringen. Das lesen wir auch in einer Vision des Propheten Daniel sehr deutlich dargestellt, wenn der Engel Gabriel folgendes sagt: »Fürchte dich nicht, Daniel; denn vom ersten Tag an, an dem du dein Herz dem Verständnis zuwandtest, sodass du dich vor dem Antlitz Gottes zu Boden warfst, wurden deine Worte erhört, und ich kam wegen deiner Worte. Der [Engel-]Fürst des Perserreiches jedoch stellte sich mir einundzwanzig Tage in den Weg. Doch sieh, Michael, einer der ersten unter den [Engel-]Fürsten, kam mir zu Hilfe, und ich war dort beim König der Perser nicht mehr nötig. So kam ich, um dich zu lehren, was auf dein Volk in den letzten Tagen zukommen wird.« (Dan 10,12–14) Es ist überhaupt nicht zu bezweifeln, dass dieser Fürst des Perserreiches eine feindliche Macht gewesen ist, die dem Volk der Perser günstig, dem Volk Gottes aber feindlich gesinnt war. Er wollte den Nutzen hindern, den er durch die Lösung der Angelegenheit, um die der Prophet Gott gebeten hatte und um die der Engel sich kümmern sollte, vorhersah. Er stellte sich [Gabriel] missgünstig entgegen, um zu verhindern, dass der heilsame Trost durch den Engel schnell zu Daniel gelangte und das Volk Gottes, an dessen Spitze der Erzengel Gabriel stand, stärkte.

Dieser sagt nun, er hätte wegen des erbitterten Widerstands durch jenen nicht einmal jetzt zu Daniel durchkommen können, wenn nicht der Erzengel Michael ihm zu Hilfe gekommen wäre, der sich dem Fürsten der Perser in den Weg stellte, den Kampf gegen ihn aufnahm, seine Angriffe abwehrte und ihn, Gabriel, gegen dessen Angriffe verteidigte und ihn schließlich nach einundzwanzig Tagen zur Unterrichtung des Propheten hätte kommen lassen. Kurz darauf heißt es: »Der Engel sprach: Weißt du, warum ich zu dir gekommen bin? Nun werde ich zurückkehren, um gegen den Fürsten der Perser zu kämpfen; denn als ich wegging, erschien gerade auch der Fürst der Griechen. Doch will ich dir verkünden, was im Buch der Wahrheit steht: Niemand ist in alledem mein Helfer außer Michael, euer Fürst.« (Dan 10,20f) Außerdem heißt es: »In jener Zeit wird sich Michael erheben, ein großer Fürst, der für die Söhne deines Volkes einsteht.« (Dan 12,1) Wir lesen also, dass auch ein anderer Fürst, ein Fürst der Griechen, erwähnt wird, der dem ihm untergebenen Volk günstig, dem Volk Israel jedoch ebenso wie dem der Perser feindlich gesonnen zu sein schien. Daraus wird deutlich erkennbar, dass auch die Mächte gegeneinander kämpfen, so wie die Völker untereinander auf Anstiften eben dieser Geister in Zwietracht, Streit und Feindschaft leben.

In der Freude über den Sieg oder in der Qual über die Niederlage ihrer Schützlinge können sich diese Geister niemals einig sein, da jeder für die, welche er anführt, gegen den Vorkämpfer eines anderen Volkes in ruheloser und ununterbrochener Unverschämtheit streitet.

14 Neben den oben von uns angeführten Aussagen können wir als einleuchtenden Grund, weshalb sie »Fürsten und Mächte« (Eph 6,12) genannt werden, festhalten: Entweder weil sie über verschiedene Völker herrschen oder sie kommandieren, oder wenigstens, weil sie gegenüber untergeordneten Geistern und Dämonen, von denen auch die Evangelien bezeugen, dass es laut ihrem eigenen Geständnis Legionen waren (vgl. Lk 8,30), ihre Befehlsgewalt ausüben. Sie können ja nicht Herrscher genannt werden, wenn sie niemanden haben, dem gegenüber sie ihre Gewalt und Herrschaft durchsetzen können; noch können sie Mächte oder Fürsten heißen, wenn es niemanden gibt, über den sie Befehlsgewalt beanspruchen. Wir finden dies auch im Evangelium durch den lästernden Pharisäer ganz deutlich gesagt: »Durch Beelzebul[8], den Fürsten der Dämonen, treibt dieser die Dämonen aus.« (Lk 11,15) Wir lesen außerdem, dass sie »Beherrscher der Finsternisse« (Eph 6,12) genannt werden und dass ein anderer »Fürst dieser Welt« (Joh 14,30) heißt. Diese Rangordnung soll es jedoch, wie der selige Apostel bekräftigt, in der Zukunft, wenn alles dem Christus unterworfen sein wird, nicht mehr geben. Er sagt: »Wenn Christus Gott dem Vater das Reich übergibt, wenn er vernichtet jede [Fürsten-] Gewalt, Macht und Herrschaft.« (1 Kor 15,24) Das wird gewiss nicht anders geschehen, als dass diejenigen ihrem Herrschaftsanspruch entzogen werden, über die sie, wie wir wissen, in dieser Zeit Macht, Herrschaft und Gewalt ausüben.

15 Es besteht dabei kein Zweifel, dass solche Bezeichnungen für die Rangordnung nicht ohne Grund und Ursache dem guten Teil [der Geister] gegeben sind und dass sie Ämter, Verdienste oder Würden bezeichnen. Es ist nämlich klar, dass sie entsprechend der Aufgabe, Botschaften zu bringen, Engel, das heißt Boten, genannt werden, und schon die Eigentümlichkeit des Namens selbst zeigt, dass die Erzengel deshalb so heißen, weil sie die Engel anführen. »Herrscher« heißen sie deshalb, weil sie über andere herrschen, und Fürsten, weil sie solche Fürstentümer beherrschen. Andere heißen »Throne«, weil sie Gott so nahe sind, ihm so sehr Hausgenossen und Vertraute sind, dass auf ihnen die göttliche Majestät wie auf einem Thron ruht und sich sozusagen fester an sie anlehnt. (Kol 1,16)

16 Dass aber die unreinen Geister von den schlechteren Mächten beherrscht werden und ihnen untertan sind, lehren uns jene Beweise der heiligen Schriften, welche wir in den Evangelien aufgezeichnet finden, wenn der Herr auf die Ränkereden der Pharisäer antwortet: »Wenn ich durch Beelzebul, dem Obersten der Dämonen, die Dämonen austreibe.« (Lk 11,19) Auch die überdeutlichen Visionen und vielen Erfahrungen der Heiligen lehren uns das. Als nämlich einmal einer von unseren Brüdern in dieser Wüste unterwegs war und, als der Tag sich schon zum Abend neigte, eine Höhle fand, blieb er dort, um das Abendgebet zu halten. Während er nun wie gewohnt die Psalmen sang, verstrich die Stunde der Mitternacht. Als er sich nach dem Ende des Gebetes ein wenig hingesetzt hatte, um dem müden Körper etwas Erholung zu gönnen, sah er plötzlich unzählige Scharen von Dämonen, die von allen Seiten zusammenströmten und in unübersichtlichem Gedränge und sehr langer Reihe einziehend ihrem Fürsten teils vorausgingen, teils folgten. Dieser kam auch endlich, an Größe alle überragend und noch schrecklicher anzuschauen, und begann, nachdem er sich auf einen sehr hohen Richterstuhl gesetzt hatte, die Taten eines jeden in genauer Prüfung zu untersuchen. Jene, die sagten, dass sie ihre Gegner nicht hätten stürzen können, ließ er als Träge und Feige mit Schimpf und Schande von sich wegjagen, wobei er ihnen wutschnaubend die verschwendete Zeit und die vergeblich aufgewandte Mühe vorwarf. Diejenigen aber, welche meldeten, dass sie die für sie Bestimmten verführt hätten, entließ er mit höchstem Lob, unter Jubel und Beifall aller, als sehr tapfere Kämpfer und als Vorbild für alle, hochgeehrt vor allen. Nachdem nun unter ihnen ein äußerst scheußlicher Geist ziemlich fröhlich herbeigekommen war, um einen besonders herrlichen Triumph zu berichten, nannte er den Namen eines bestens bekannten Mönches und versicherte, dass er ihn, nachdem er ihn fünfzehn Jahre lang beständig angegriffen hätte, nun endlich überwunden hätte, dass er ihn gerade in dieser Nacht durch Unzucht in den Fall stieß; denn er hätte ihn nicht nur zur Unzucht mit einer gottgeweihten jungen Frau getrieben, sondern ihn auch überredet, sie als seine Frau bei sich zu behalten. Nachdem über seinen Bericht bei allen ungeheure Freude aufgekommen war, wurde er von dem Fürsten der Finsternis mit höchstem Lob gefeiert und entfernte sich, mit hoher Ehre gekrönt. Als dann die Morgenröte anbrach und die ganze Schar der Dämonen vor seinen Augen verschwunden war, zweifelte der Bruder an der Behauptung des unreinen Geistes und war eher der Meinung, dass dieser ihn nach seiner Gewohnheit mit verruchter Schlauheit hatte täuschen und einem unbescholtenen Bruder ein Vergehen hatte anhängen wollen. Er dachte an das Wort des Evangeliums, dass er »nicht in der Wahrheit steht, weil keine Wahrheit in ihm ist; wenn er Lüge redet, spricht er sein Ureigenstes; denn er ist ein Lügner und der Vater der Lüge« (Joh 8,44). Er ging also nach Pelusium[9], wo, wie er wusste, jener Bruder lebte, dessen Fall der unreine Geist behauptet hatte und mit dem er sehr gut bekannt war. Als er ihn suchte, erfuhr er, dass er in derselben Nacht, in welcher jener ekelhafte Dämon seinen Sturz der versammelten Schar und ihrem Fürsten gemeldet hatte, sein früheres Kloster verlassen hatte, in das Dorf gegangen war und mit dem bezeichneten Mädchen in diesem bedauernswerten Fall gestürzt war.

17 Die Heilige Schrift bezeugt, dass mit einem jeden von uns zwei Engel verbunden sind, ein guter und ein böser. Von den guten Engeln sagt der Erlöser: »Verachtet nicht einen von diesen Kleinen; denn ich sage euch, ihre Engel im Himmel sehen allezeit das Angesicht meines Vaters, der im Himmel ist.« (Mt 18,10) Oder jene Stelle: »Lagern wird sich der Engel des Herrn rings um jene, die ihn fürchten; er wird sie befreien.« (Ps 33 = 34,8) Nicht zu vergessen, was in der Apostelgeschichte von Petrus gesagt wird: »Es ist sein Engel.« (Apg 12,15) Über beide [den guten und den bösen Engel] jedoch lehrt das Buch des Hirten Hermas[10] sehr ausführlich. Wenn wir aber auch jenen einbeziehen, der den frommen Hiob angriff, so werden wir deutlich darauf hingewiesen, dass es jener [der böse Engel] war, der ihm immer nachstellte und ihn nie zur Sünde verführen konnte und der deshalb Macht vom Herrn forderte; besiegt wurde er nicht durch die Kraft Hiobs, sondern durch die Verteidigung durch den Herrn, der ihn [Hiob] immer schützte. Auch von Judas heißt es: »Der Diabolus soll zu seiner Rechten stehen.« (Ps 108 = 109,6)

18 Über die Unterschiede unter den Dämonen haben wir ebenso reichliche Kenntnis erlangt durch jene beiden Philosophen, die einst durch magische Künste sowohl deren Unfähigkeit wie auch ihre Kraft und rasende Bosheit hinreichend kennen gelernt haben. Diese [beiden] verachteten nämlich den seligen Antonios als einen unerfahrenen und ungelehrten Mann und wollten, wenn sie ihm schon nicht schlimmer schaden könnten, ihn wenigstens durch magische Gaukeleien und dämonische Trugbilder aus seinem Kellion verjagen. Sie schickten ihm die scheußlichsten Geister und ließen sich durch den Biss des Neides zu solchem Ankämpfen gegen ihn reizen, weil zu ihm als einem Diener Gottes täglich sehr große Scharen von Menschen kamen. Da sich ihm jedoch, sobald er Brust und Stirn mit dem Zeichen des Kreuzes siegelte und sich inständig dem Gebete hingab, nicht einmal die grausigsten Dämonen auch nur zu nähern wagten und zu denen, welche sie abgerichtet hatten, ohne jeden Erfolg zurückkehrten, sandten jene wieder andere, in der Bosheit noch unverschämtere, und nachdem diese, ihre Kräfte gleichfalls vergeblich einsetzend, unverrichteter Dinge zurückkehrten, nichtsdestoweniger noch mächtigere, die, ebenfalls gegen den siegreichen Streiter Christi abgesandt, überhaupt nichts zustande brachten. Umso mehr lieferten ihre ziemlich üblen Nachstellungen, die mit solch magischer Kunst versucht worden waren, den allerdeutlichsten Beweis dafür, dass dem christlichen Bekenntnis eine große Kraft innewohnt. Denn diese so wütenden und mächtigen Schatten, von denen man hätte glauben können, sie könnten Sonne und Mond verfinstern, wenn sie darauf losgelassen wären, vermochten Antonios nicht nur nicht zu schaden, sondern ihn nicht einmal ein klein wenig aus seinem Kloster wegzuzerren.[11]

19 Als diese [beiden genannten Philosophen] nun vor Verwunderung darüber eilends zu Abbas Antonios gekommen waren und die Ungeheuerlichkeit ihrer Feindseligkeiten sowie deren Ursachen und die Nachstellungen ihres geheimen Neides offengelegt hatten, verlangten sie, auf der Stelle Christen zu werden. Nachdem Antonios sie daraufhin über den Tag der zugegebenen Nachstellungen befragt hatte, offenbarte er ihnen, dass er damals von äußerst schmerzlichen Gedankenstacheln umgetrieben wurde. Durch diese Erfahrung billigte und bestätigte der selige Antonios unsere Kernaussage, die wir in der gestrigen Unterredung vortrugen, dass die Dämonen keinesfalls in den Geist oder Körper eines Menschen eindringen können, noch die Möglichkeit haben, in die Seele eines Menschen vollständig einzubrechen, wenn sie die Seele nicht zunächst aller heiligen Gedanken und der Schau im Geist beraubt und entblößt haben. Erst recht muss man wissen, dass die unreinen Geister den Menschen auf zwei Arten gehorchen: Entweder werden sie der Heiligkeit der Gläubigen durch göttliche Gnade und Kraft unterworfen, oder sie ducken sich wie Gesindel und Haussklaven, durch Opfer oder gewisse Gesänge der Gottlosen zahm gemacht. Durch diese Haltung getäuscht glaubten auch die Pharisäer, dass unser Herr und Erlöser ebenfalls mit solcher Kunst über die Dämonen herrscht, und sagten: »Durch Beelzebul, den Obersten der Dämonen, treibt dieser die Dämonen aus.« (Lk 11,15) Sie kannten ja die Gewohnheit ihrer Magier und Zauberer, durch Anrufen des Namens [des Beelzebul] und den Vollzug der Opfer, von denen sie wussten, dass sie ihn ergötzen und erfreuen, gleichsam als seine

Hausgenossen auch Macht zu haben über die ihm untergebenen Dämonen.

20 Germanus: Vorhin wurde ein Wort aus der Genesis über das göttliche Ordnungswirken in die Runde geworfen. Es hat uns rechtzeitig daran erinnert, dass jetzt der richtige Zeitpunkt wäre, zu fragen, was wir schon immer einmal wissen wollten. Wir möchten also wissen, was man von jenen abgefallenen Engeln halten soll, die sich mit den Töchtern der Menschen verbunden haben sollen (vgl. Gen 6,2), und ob das, buchstäblich verstanden, einem geistigen Wesen überhaupt möglich ist. Ebenso möchten wir hinsichtlich jener Schriftstelle, die du vorhin über den Diabolus angeführt hast, nämlich »dass er ein Lügner ist und[12] seinVater« (Joh 8,44), hören, wer mit seinem Vater gemeint sein soll.

21 Serenus: Ihr habt gleichzeitig zwei nicht gerade unbedeutende Fragen vorgelegt, über welche ich – soweit ich dazu fähig bin – in derselben Reihenfolge antworten will, in der ihr sie vorgelegt habt. Auf gar keinen Fall darf man glauben, dass geistige Wesen sich mit Frauen körperlich verbinden können. Wenn dies jemals im wortwörtlichen Sinn hätte geschehen können, warum sollte dasselbe nicht auch jetzt noch öfter vorkommen, und warum sollten wir nicht der Meinung sein, dass manche von Frauen ohne Samen und Umgang mit einem Mann geboren würden, empfangen durch einen Dämon? Zumal feststeht, dass jene sich sehr ergötzen an schmutziger Lust und ihr lieber selber frönen würden, als sie den Menschen zu überlassen, wenn es nur irgend möglich wäre. Auch der Prediger sagt: »Was ist das, was war? Eben das, was ist. Und was ist das, was geschehen ist? Eben das, was geschehen wird. Es gibt nichts Neues unter der Sonne, sodass man sagen und sprechen könnte: Sieh, das ist etwas Neues. – In den Jahrhunderten vor uns gab es das ja schon längst!«[13] (Eccl 1,9f)

Die vorgelegte Frage jedoch lässt sich folgendermaßen beantworten: Nach dem Tod des gerechten Abel wurde, um nicht von einem Brudermörder und Gottlosen das gesamte Menschengeschlecht abstammen zu lassen, als Ersatz für den getöteten Bruder Set geboren, der nicht nur als Stammvater für Nachkommen, sondern auch der Frömmigkeit und

Gerechtigkeit seinem Bruder nachfolgen sollte. Seine Nachkommen folgten der Gerechtigkeit ihres Vaters und blieben von der Gemeinschaft und Verbindung mit jenen Verwandten, die von dem verfluchten Kain abstammten, getrennt, wie auch die Aufzählung des Stammbaums klar macht, wenn es heißt: »Adam zeugte Set, Set zeugte Enosch, Enosch zeugte Kenan, Kenan aber zeugte Mahalalel, Mahalalel aber zeugte Jered, Jered zeugte Henoch, Henoch zeugte Mathusalam, Mathusalam zeugte Lamech, Lamech zeugte Noach.« (Gen 5,4–30) Derselbe Stammbaum wird andererseits so aufgeteilt: »Kain zeugte Henoch, Henoch zeugte Kenan, Kenan zeugte Mahalalel, Mahalalel zeugte Mathusalam, Mathusalam zeugte Lamech, Lamech zeugte Jobel und Jubal.« (Gen 4,17–21)[14] Jenes Geschlecht also, welches aus der Nachkommenschaft des gerechten Set hervorging, vermischte sich beständig innerhalb seiner Linie und Verwandtschaft und bestand lange Zeit in der Heiligkeit der Väter und des Urahns fort, keineswegs angesteckt von den Gräueln und der Bosheit der allerschändlichsten Nachkommenschaft, die den Samen der Gottlosigkeit wie durch den Urahn weitergegeben immer weiter vererbte. Solange also unter ihnen diese Trennung zwischen ihrer Nachkommenschaft anhielt, wurden jene Nachkommen Seths, da sie ja aus der besten Wurzel hervorgingen, wegen ihrer Heiligkeit »Engel Gottes« oder, wie andere Bücher [der Heiligen Schrift] beinhalten, »Söhne Gottes« genannt (vgl. Gen 6,3). Auf der anderen Seite hießen jene sowohl wegen der Gottlosigkeit – ihrer eigenen wie der ihrer Väter – als auch wegen ihrer irdischen Werke »Söhne der Menschen«. Nachdem also zwischen ihnen bis auf jene Zeit diese nützliche und gottgewollte Trennung bestanden hatte, sahen später die Söhne Sets, die Söhne Gottes waren, die Töchter derer, die der Nachkommenschaft des Kain entstammten, und nahmen sich, entbrannt von der Sehnsucht nach ihrer Schönheit, aus ihnen Frauen, welche ihren Männern die Bosheiten ihrer Väter einflößten und sie so schnell von jener angeborenen Heiligkeit und väterlichen Einfalt abbrachten. An sie ist, völlig zutreffend, jener Ausspruch gerichtet: »Ich habe zwar gesagt: Ihr seid allesamt Götter, Söhne des Allerhöchsten. Ihr werdet jedoch sterben wie Menschen, wie jeder der Fürsten werdet ihr fallen.« (Ps 81 = 82,6f)

Sie fielen also ab von jener wahren Lehre der natürlichen Erkenntnis der Wahrheit, die ihnen von den Vorfahren überliefert worden war, und die offenbar jener erste Mensch, welcher der Anweisung, über alle Kreaturen [zu herrschen] (vgl. Gen 1,28), sogleich Folge leistete, hatte erreichen und seinen Nachkommen sicher begründet hatte weitergeben können. Zumal er die Welt in ihrer zarten Kindheit gesehen hatte, als sie gleichsam noch zappelnd und unbearbeitet war. In ihm wohnte nicht nur eine solche Fülle der Weisheit, sondern auch die göttliche Gabe der Weissagung, die ihm durch jene göttliche Anhauchung eingegossen worden war, dass er als Bewohner dieser noch unbearbeiteten Welt allen Lebewesen Namen gab. Er konnte nicht nur die Kampfeswut und giftigen Säfte aller Arten von Tieren und Schlangen richtig einschätzen, sondern teilte auch die Kräfte der Pflanzen und der Bäume, die Natur der Steine und den Wechsel der Zeiten, die er noch gar nicht kannte, richtig ein, sodass er mit Fug und Recht sagen konnte: »Gott gab mir wahre Erkenntnis dessen, was ist, sodass ich den Aufbau des Erdkreises kenne und die Kräfte der Elemente, Anfang, Ende und Mitte der Zeiten, den Wechsel in Veränderung durch die Sonnenwenden und die Einteilung der Zeit, die Jahreszeiten und die Stellung der Gestirne, die Natur der Tiere und die Wut der Bestien, die Gewalt der Geister und die Gedanken der Menschen, die Verschiedenheit der Pflanzen und die Kräfte der Wurzeln. Was verborgen ist und was offensichtlich ist, weiß ich.« (Weish 7,17–21) Diese Kenntnis also aller Naturen übernahm die Nachkommenschaft Sets in allen aufeinanderfolgenden Generationen durch väterliche Überlieferung, solange sie von den Nachkommen des Verfluchten [Kain] getrennt blieb. Auch was sie als heilig übernommen hatte, setzte sie sowohl zur Verehrung Gottes als auch zum Wohl des gemeinsamen Lebens ein. Nachdem sie sich aber mit der gottlosen Generation vermischt hatte, verkam, ebenfalls auf Betreiben der Dämonen, was sie gottesfürchtig gelernt hatte, zu unheiligen und schädlichen Dingen. Keck stellten sie daraus seltsame Zauberkünste, Blendwerk und magischen Aberglauben her, ihren Nachkommen zur Lehre, dass sie jene heilige Verehrung des göttlichen Namens verlassen und diese Elemente, das Feuer oder die Dämonen in der

Luft anbeten und verehren sollten. Wie jedoch diese Kenntnis absonderlicher Dinge, die ich schilderte, in der Sintflut nicht unterging und den nachfolgenden Zeiten bekannt wurde, meine ich doch kurz streifen zu müssen, auch wenn es die Lösung der vorgelegten Frage nicht unbedingt verlangt, sondern lediglich weil sich uns die Gelegenheit zu dessen Darstellung bietet. Soviel die alten Überlieferungen berichten, hat Ham[15], der Sohn des Noach (vgl. Gen 5,32), der in diesen abergläubischen, gotteslästerlichen und unheiligen Künsten unterrichtet war, in dem Wissen, dass er kein Buch zur Erinnerung daran in die Arche, in die er mit seinem gerechten Vater und seinen heiligen Brüdern gehen wollte, bringen konnte, diese verbrecherischen Künste und unheiligen Erfindungen auf verschiedenen Metallplatten eingraviert, die durch das Versinken im Wasser nicht verdorben werden konnten, und auf die härtesten Steine eingemeißelt. Nach dem Ende der Sintflut suchte er danach mit derselben Frechheit, aus der heraus er sie versteckt hatte, und überlieferte so den Samen der Gottlosigkeiten und der ewigen Bosheit den Nachkommen. Dies ist die eigentliche Begründung für die Wahrheit des Volksglaubens, der meint, dass Engel die Zauberei und verschiedene andere Künste den Menschen überliefert haben. Von den genannten Söhnen nun des Set und den Töchtern Kains sind noch verwerflichere Söhne erzeugt worden, die sehr kräftige Jäger waren, sehr gewalttätige und grobe Männer, die wegen der ungeheuren Größe ihrer Körper, ihrer Grausamkeit und Bosheit »Giganten« genannt wurden. (Gen 6,4) Diese fingen als Erste an, ihre Nachbarn zu plündern und Menschen auszurauben, da sie lieber ihr Leben durch Beute fristen wollten, als bei Schweiß und Plage der Arbeit zufrieden zu sein. Ihre Verbrechen jedoch hatten so himmelschreiend zugenommen, dass die Welt nur durch die Sintflut[16] entsündigt werden konnte. So musste also für die Söhne Sets, welche jenes Gebot durch die Anstachelung der Begierde übertreten hatten, das von Anbeginn der Welt durch einen natürlichem Instinkt so lange eingehalten worden war, nachher durch den Buchstaben des Gesetzes wiederhergestellt werden: »Gib deine Tochter nicht seinem Sohne zur Frau, noch nimm von ihren Töchtern für deinen Sohn [eine Frau], weil sie eure Herzen verführen werden, sodass ihr von eurem Gott abfallt, ihren Göttern folgt und ihnen dient.« (Dtn 7,3)

22 Germanus: Zu Recht hätte jenen, wegen der Anmaßung, eine solche Verbindung einzugehen, ein Verbrechen der Gesetzübertretung vorgeworfen werden können, wenn ihnen dieses Gebot schon gegeben gewesen wäre. Aber da doch die Befolgung dieser Trennung noch nicht gesetzlich vorgeschrieben war, wie konnte ihnen eine geschlechtliche Verbindung als Schuld angerechnet werden, die durch kein Verbot untersagt war? Ein Gesetz pflegt doch nicht vergangene Verbrechen zu verbieten, sondern künftige!

23 Serenus: Als Gott den Menschen schuf, hat er ihm die ganze Kenntnis des Gesetzes von Natur aus eingepflanzt. Wäre dieses Gesetz in Einklang mit dem Gebot Gottes vom Menschen wie am Anfang befolgt worden, so wäre es nicht nötig gewesen, ein anderes Gesetz zu erlassen, das später schriftlich bekannt gemacht wurde. Es war ja überflüssig, von außen ein Heilmittel anzubieten, solange das im Inneren eingesenkte [Heilmittel] noch wirksam war. Aber weil dieses, wie gesagt, völlig verdorben war durch die Freiheit und die Gewohnheit zu sündigen, da wurde als sein Vollstrecker und Rächer und, um mit der Heiligen Schrift zu reden, auch als sein Helfer der strenge Anspruch des mosaischen Gesetzes dazugegeben, damit wenigstens aus Furcht vor der Strafe in diesem Leben die gute Gabe der natürlichen Erkenntnis nicht völlig ausgelöscht wurde, in Entsprechung zum Wort des Propheten, der sagt: »Er gab das Gesetz als eine Hilfe.« (Jes 8,20) Beim Apostel wird das Gesetz als Erzieher beschrieben, der den Kindern gegeben ist, um sie zu unterrichten und darauf zu achten, dass sie nicht von jenem Fachwissen, in dem sie von Natur aus unterrichtet worden waren, durch Vergesslichkeit abweichen.

Denn dass den Menschen jegliche Kenntnis des Gesetzes mit dem Anfang der Erschaffung eingegossen worden war, zeigt sich klar daran, dass, wie wir wissen, schon vor dem Gesetz, ja schon vor der Sintflut alle Heiligen die Gebote des Gesetzes hielten ohne Lesen des geschriebenen [Gesetzes]. Denn wie hätte Abel, da noch kein Gesetz es befahl, wissen können, dass er Gott von den Erstlingen seiner Schafe und von ihrem

Fett ein Opfer darbringen muss, wenn ihn das nicht von Natur aus ein ihm eingepflanztes Gesetz gelehrt hätte? (Vgl. Gen 4,4) Wie hätte Noach entscheiden können, welches Tier rein und welches unrein ist ohne ein Gesetzesgebot, wenn er nicht durch das natürliche Wissen unterrichtet gewesen wäre? (Vgl. Gen 7,2) Woher lernte Henoch, mit Gott zu wandeln, da er doch keine Erleuchtung über das Gesetz von irgendjemandem erhalten hatte? (vgl. Gen 5,24) Wo hatten Sem und Japhet gelesen: »Du sollst die Blöße deines Vaters nicht aufdecken« (Gen 9,23), sodass sie rückwärts hingingen, um die Scham ihres [betrunkenen] Vaters zu verhüllen? (Gen 9,23) Woher erhielt Abraham die Ermahnung, die Habe der Feinde, die ihm als Beute angeboten wurde, nicht zu nehmen, um so keinen Lohn für seine Anstrengung anzunehmen? (Vgl. Gen 14,23) Oder warum gab er dem Priester Melchisedek den Zehnten, der durch das Gesetz des Moses vorgeschrieben ist? (vgl. Gen 14,20) Weshalb hat eben dieser Abraham, weshalb hat Lot, als das Gebot des Evangeliums noch nicht leuchtete, den Vorbeikommenden und Fremdlingen die Rechte, welche die Menschenliebe anweist, und die Fußwaschung unter Bitten angeboten? (Vgl. Gen 18,4ff; 19,2–3) Woher hatte Hiob einen solch hingebungsvollen Glauben, eine so reine Keuschheit, ein solches Wissen um Demut, Sanftmut, Barmherzigkeit und Menschenliebe erlangt, wie wir sie jetzt nicht einmal von denen, welche die Evangelien auswendig im Gedächtnis haben, erreicht sehen? Von welchem Heiligen [aus der Zeit] vor dem Gesetz lesen wir, dass er irgendein Gebot des Gesetzes nicht beachtet hätte? Wer von ihnen hat nicht das Wort bewahrt: »Höre, Israel: Der Herr, dein Gott, ist der einzige Herr«? (Gen 6,4) Wer von ihnen hat das Gebot nicht eingehalten: »Du sollst dir kein geschnitztes Gottesbild machen noch irgendeine Darstellung von dem, was im Himmel ist oder auf der Erde oder in den Wassern unter der Erde«? (Ex 20,4) Wer von ihnen hat nicht das Gebot beachtet: »Ehre deinen Vater und deine Mutter«, oder die im Dekalog folgen: »Du sollst nicht töten, nicht ehebrechen, nicht stehlen, du sollst keine Falschaussage machen, sollst nicht die Frau deines Nächsten begehren« (Ex 20,12–17), und andere, viel größere als diese, wodurch sie nicht nur den Geboten des Gesetzes, sondern sogar denen des Evangeliums zuvorkamen?

24 So verstehen wir also, dass Gott von Anfang an alles vollkommen geschaffen hatte und dass es nichts gab, was seiner ersten Anordnung, als wäre sie kurzsichtig oder unvollkommen, hätte hinzugefügt werden müssen, wenn alles in dem Zustand und der Ordnung geblieben wäre, worin er es erschaffen hatte. Und deshalb halten wir daran fest, dass Gott mit Recht gegen jene mit einem gerechten Urteil eingeschritten ist, welche vor dem Gesetz, ja sogar vor der Sintflut sündigten, weil sie für ihre Übertretung des natürlichen Gesetzes ohne jede Entschuldigung Strafe verdienten. Wir wollen auch nicht der gotteslästerlichen Schmährede jener verfallen, die in Unkenntnis diesen Grund dem Gott des Alten Testamentes absprechen, und indem sie unseren Glauben in den Schmutz ziehen, höhnisch fragen: »Was bewog denn euren Gott, nach so vielen tausend Jahren ein Gesetz verkünden zu wollen, nachdem er so viele Jahrhunderte ohne Gesetz hatte vorübergehen lassen? Wenn er nachher etwas Besseres gefunden hat, so ist doch klar, dass er beim ersten Anfang der Welt weniger oder Schlechteres wusste und dass er später, sozusagen durch Erfahrung belehrt, angefangen hat, genauer hinzusehen und seine ursprünglichen Anordnungen zu verbessern[17].« Das kann keineswegs mit dem unendlichen Vorherwissen Gottes übereinstimmen und wird gegen ihn nicht ohne ungeheuerliche Gotteslästerung von häretischer Vernunftlosigkeit vorgebracht, wo doch der Prediger sagt: »Ich erkannte, dass alles, was Gott von Anfang an schuf, in Ewigkeit sein wird. Es gibt nichts, was hinzugefügt, und nichts, was weggenommen werden könnte.« (Eccl 3,14) Und deshalb »ist das Gesetz nicht für die Gerechten eingesetzt, sondern für die Gesetzlosen und Ungehorsamen, für die Gottlosen und Sünder, für Verbrecher und Unzüchtige« (1 Tim 1,9). Jene nämlich, welche die gesunde und unverletzte Zucht des natürlichen und angeborenen Gesetzes besaßen, benötigten keineswegs dieses von außen angewandte und schriftlich aufgezeichnete Gesetz, das jenem natürlichen als Hilfe gegeben worden war. Daraus ergibt sich nun mit ganz deutlichem Beweis, dass weder jenes schriftlich festgehaltene Gesetz von Anfang an gegeben werden musste – es war überflüssig, solange noch das natürliche Gesetz unverletzt bestand –, noch die Vollkommenheit des Evangeliums vor der Beachtung des Gesetzes geoffenbart werden konnte. »Wenn einer dich auf die rechte Wange schlägt, so halte ihm auch die linke hin!« (Mt 5,39) [Dieses Wort] hätten gewiss diejenigen nicht hören können, welche nicht zufrieden waren, erlittene Gewalt mit gleicher Vergeltung[18] zu rächen, sondern die für leichteste Schläge tödliche Stöße und Wunden von Pfeilen zurückgaben und für einen Zahn das Leben dessen, der ihn ausgeschlagen hat, forderten. Auch konnte das Wort: »Liebt eure Feinde!« (Mt 5,44) denen nicht gesagt werden, bei welchen es als großer Erfolg und Nutzen galt, seine Freunde zu lieben, sich von den Feinden aber abzuwenden, und sich lediglich im Hass von ihnen zu trennen, ohne sie zu unterdrücken oder zu töten.

25 Wenn euch das Wort beunruhigte, [weil ihr es so verstanden habt,] dass »der Teufel ein Lügner ist und sein Vater[19]« (Joh 8,44), dass nämlich er selbst und sein Vater vom Herrn als Lügner bezeichnet zu werden scheinen, so ist es ziemlich absurd, das auch nur im Geringsten so zu verstehen. Denn wie wir kurz vorher gesagt haben, ein Geist zeugt nicht einen anderen [Geist], wie auch eine Seele nicht eine andere [Seele] hervorbringen kann, obgleich wir nicht zweifeln, dass die Gestaltung des Fleisches durch den menschlichen Samen geschieht, da ja der Apostel hinsichtlich der beiden Substanzen von Fleisch und Seele klar unterscheidet, welchem Urheber jede der beiden zuzuschreiben ist. Er sagt: »Wir hatten schließlich die Väter unseres Fleisches als Erzieher und verehrten sie; werden wir uns nun nicht viel mehr dem Vater der Geister unterwerfen und leben?« (Hebr 12,9) Was konnte er durch diese Unterscheidung deutlicher lehren, als dass er zwar Menschen als die Väter unseres Fleisches anerkannte, aber beharrlich betonte, dass Gott allein der Vater unserer Seelen ist? Davon abgesehen ist auch bei der Gestaltung unseres Körpers selbst dem Menschen nur die dienende Haltung zuzuschreiben, das Wichtigste der Erschaffung aber Gott, dem Schöpfer aller, wie David sagt: »Deine Hände haben mich gemacht, mich gebildet.« (Ps 118 = 119,73) Und der selige Hiob spricht: »Hast du mich nicht wie Milch hingegossen und mich wie Käse gerinnen lassen, mit Knochen und Nerven mich durchwoben?« (Hiob 10,10f) Und zu Jeremia sagt der Herr: »Ehe ich dich im

Mutterleib bildete, kannte ich dich.« (Jer 1,5) Der Prediger [Ecclesiastes] jedoch erfasst ziemlich deutlich und treffend die Natur und den Ursprung jeder dieser Substanzen durch die Prüfung der Herkunft und des Anfangs, woraus jede hervorging, und durch die Betrachtung des Zieles, zu welchem jede strebt, und indem er ebenso ihre Trennung in Leib und Seele untersucht, erklärt er folgendes: »Ehe der Staub zu Erde wird, wie er war, und der Geist zurückkehrt zu Gott, der ihn gab.« (Eccl 12,7) Deutlicher könnte nicht gesagt werden, dass er die Materie des Fleisches, die er Staub nennt, weil sie aus dem Samen des Menschen ihren Anfang nimmt und durch seine dienende Haltung gesät wird, als von der Erde genommen wieder zur Erde zurückkehren lässt, vom Geist jedoch, der nicht durch die Verbindung beider Geschlechter erzeugt, sondern eigens von Gott gegeben wird, feststellt, dass er zu seinem Urheber zurückkehrt? Das wird auch deutlich durch jene Anhauchung Gottes ausgedrückt, durch die er Adam zuerst beseelte. Wir folgern aus diesen Beweisen, dass niemand Vater der Geister genannt werden kann als Gott allein, da er sie aus dem Nichts erschafft, wann er will; dass aber Menschen nur Väter unseres Leibes genannt werden. Deshalb hatte auch der Diabolus, insofern er als Geist oder Engel gut erschaffen worden war, niemanden zum Vater als Gott, seinen Schöpfer. Als er in seiner Hybris überheblich geworden war und in seinem Herzen gesagt hatte: »Ich werde über die Höhe der Wolken emporsteigen, werde gleich sein dem Allerhöchsten« (Jes 14,14), da wurde er ein »Lügner« und »stand nicht in der Wahrheit« (Joh 8,44), sondern brachte aus dem eigenen Schatz der Bosheit die Lüge hervor und wurde nicht nur zum Lügner, sondern auch der Vater der Lüge, durch die er dem Menschen die Göttlichkeit versprach und sagte: »Ihr werdet wie Götter sein.« (Gen 3,5) Er stand nicht in der Wahrheit, sondern war ein Menschenmörder von Anfang an, da er sowohl Adam in das Geschick der Sterblichkeit führte als auch Abel unter seiner Anstachelung durch die Hand des Bruders töten ließ.

Doch schon beendet die anbrechende Morgenröte unsere Erörterung, über der wir nun zwei Nächte lang gesessen haben, und aus den Meerestiefen der Fragen lässt die ruhige Fahrt unseres einfachen Lebens den

Kahn dieser Unterredung in den gänzlich sicheren Hafen des Schweigens einlaufen. Je weiter der innere Hauch des göttlichen Geistes uns in diese Untiefe führt, desto unendlicher eröffnet sich dem Blick der Augen die Unermesslichkeit, und nach dem Wort Salomos »entschwindet immer mehr in die Ferne, was war; die undurchdringliche Tiefe, wer könnte sie ergründen?« (Eccl 7,24). Deshalb wollen wir den Herrn bitten, dass in uns sowohl die Ehrfurcht vor ihm wie die Liebe, die niemals aufhört, unerschütterlich erhalten bleibt, damit sie uns in allem weise sein lässt und allezeit unverletzt bewahrt vor den Pfeilen des Diabolus. So beschützt ist es unmöglich, dass einer in die Fesseln des Todes gerät. Der Unterschied zwischen Vollkommenen und Unvollkommenen jedoch besteht darin, dass in den Vollkommenen die fest verwurzelte, sozusagen reifere und beharrlichere Liebe fortdauert, sie kräftiger schützt und leichter in der Heiligkeit aushalten lässt; in den Unvollkommenen aber ist sie schwächer verankert, erkaltet leichter und treibt sie häufiger, sich in die Fallstricke der Sünder zu verheddern.

Als wir das gehört hatten, setzten uns die Worte dieser Unterredung so in Flammen, dass die Glut des Geistes, mit der wir aus der Zelle des Greises weggingen, größer war als der Durst nach der Fülle seiner Lehre, mit dem wir zu ihm gekommen waren.

Das Gebet ist nicht vollkommen,
solange der Mönch noch sich oder sein Gebet versteht.

Collatio 9

Abbas Isaak lehrt die Beharrlichkeit im Gebet

1 Die Gespräche mit dem Greis, auf die wir jetzt unsere Aufmerksamkeit richten, die Gespräche mit Abbas Isaak über das immerwährende und beharrliche Gebet, werden, so Gott will, das Versprechen einlösen, das wir im zweiten Buch der Institutiones[1] gegeben haben.

Mit diesen Ausführungen glaube ich, sowohl das Gebot des Bischofs Castor seligsten Andenkens als auch euren Wunsch, hochwürdigster Vater Leontius und ehrwürdiger Bruder Helladius[2], zu erfüllen. Doch entschuldigt im Voraus den Umfang des Bandes, der trotz unserer Absicht, die Rede nicht nur in geraffter Form wiederzugeben, sondern sogar sehr vieles stillschweigend zu übergehen, doch umfangreicher geworden ist, als wir geplant hatten. Nachdem also der selige Isaak eine weit ausholende Erörterung über die verschiedenen Einrichtungen [der Mönche] voraus geschickt hatte, die wir der Kürze wegen lieber weglassen wollen, sprach er zuletzt folgende Worte:

2 Jegliche Zielausrichtung des Mönches und Vollkommenheit seines Herzens streckt sich aus nach der beständigen und ununterbrochenen Beharrlichkeit im Gebet und strebt, soweit menschliche Gebrechlichkeit es erlaubt, zur unerschütterlichen Ruhe des Geistes und zur immerwährenden Reinheit. Deshalb suchen wir unermüdlich gleichermaßen die Mühe des Körpers wie das Aufbrechen[3] [der Verhärtung] des Geistes und üben uns darin ohne Unterlass. Zwischen beiden besteht eine gewisse Abhängigkeit und untrennbare Verbindung. Denn wie die Erbauung [des

Turmes] aller Tugenden zur Vollendung im Gebet strebt, so werden diese auch keineswegs kräftig und ständig bestehen können, wenn nicht durch dieses Dach[4] alles zusammengehalten und befestigt wird. Und wie diese immerwährende und beständige Ruhe im Gebet, von der wir reden, ohne jene Tugenden weder erworben noch vollendet werden kann, so können auch diese Tugenden, die ja den Unterbau bilden, ohne die Beharrlichkeit im Gebet [ihre Tragfähigkeit] nicht vollkommen entfalten. Deshalb können wir auch nicht in rechter Weise über die Wirkung des Gebetes sprechen noch sofort auf das höchste Ziel des Gebetes – es gipfelt im Ins-Werk-Setzen[5] aller Tugenden – zu sprechen kommen. Vielmehr müssen wir zuvor alles der Reihe nach aufzählen und besprechen, was entweder entfernt oder herbeigeschafft werden muss, um dieses Ziel erreichen zu können. Wir müssen also entsprechend der Vorgabe durch das Gleichnis im Evangelium (vgl. Lk 14,28) alles, was zum Aufbau jenes geistigen und hoch erhabenen Turmes gehört, zuvor berechnen und fleißig zusammentragen.

Doch auch diese Vorbereitung wird nichts nützen, noch wird sie zulassen, darauf [als Krönung] das himmelstrebende Dach der Vollkommenheit zu setzen, wenn nicht zuvor eine gründliche Reinigung von den Lastern durchgeführt wurde, die niedersinkenden und gebrochenen Fechtstäbe[6] der Leidenschaften weggeworfen wurden und danach die festesten Grundmauern der Einfachheit und Demut in das – wie man sagt – lebendige und feste Erdreich unseres Herzens, ja in jenen Felsen, von dem das Evangelium spricht (vgl. Lk 6,48), eingesenkt werden. Auf einer solchen Verankerung kann der Turm der geistigen Tugenden in die Höhe gezogen werden, ohne zu wanken feststehen und im Vertrauen auf seine Festigkeit zur höchsten Himmelshöhe hinaufgeführt werden. Mögen auch Wolkenbrüche von Leidenschaften über ihn hereinbrechen, gewaltige Sturzbäche von Verfolgung wie Sturmböcke gegen ihn anprallen oder auch der wütende Sturm feindlicher Geister über ihn hereinbrechen und ihn umtoben. – Wenn er sich auf solche Fundamente stützt, wird ihn kein Sturz zu Boden reißen, ja noch viel mehr: Kein Angriff vermag ihn auch nur im Geringsten zu erschüttern.

3 Damit also das Gebet mit der gebührenden Glut und Reinheit frei strömen kann, ist auf jeden Fall folgendes zu beachten: Zuerst ist generell die Unruhe wegen der Dinge des Fleisches abzulegen; zweitens darf man keinerlei Sorge um irgendein Geschäft oder Anliegen, ja nicht einmal die Erinnerung daran im Innersten zulassen. Verleumdungen, leeres Geschwätz, das viele Gerede, auch Possen sind gleichfalls zu kappen. Vor allem aber muss die Verwirrung durch Zorn oder Traurigkeit gründlich ausgegraben werden, der schädliche Keim der vom Fleisch gesteuerten Gier concupiscentia und der Gier nach Geld, der Filargyria, mit der Wurzel ausgerissen werden.

Wenn nun diese und ähnliche Laster, die auch den Blicken der Menschen sichtbar sein können, völlig ausgerissen und abgeschnitten wurden und diese obengenannte Reinigung vorgenommen wurde, welche durch die Reinheit der Einfachheit und Unschuld vollendet wird, dann müssen zuerst die unerschütterlichen Grundmauern tiefer Demut gelegt werden; sie nämlich vermögen den bis zum Himmelstor emporstrebenden Turm zu tragen. Auf diese [Grundmauern] ist dann der geistige Bau der Tugenden aufzumauern: Unser Geist ist von allem ziellosen Hin-und-her-Rennen und von dem Herumvagabundieren auf schlüpfrigem Grund abzuhalten, damit er sich auf diese Weise nach und nach zur Gottesschau und zum Schauen mit den Augen des Geistes zu erheben beginnt. Was auch immer unsere Seele vor der Stunde des Gebetes aufgenommen hat, das muss uns notwendigerweise, sobald wir beten und die Erinnerung [daran] einsetzt, vorgeführt werden. Deshalb müssen wir vor der Gebetszeit vorbereiten, in welcher Verfassung wir uns beim Gebet einfinden wollen. Je nach seinem vorigen Zustand nämlich wird der Geist beim Gebet beeinflusst. Während wir uns dem Gebet widmen, werden vor unseren Augen die Eindrücke aus vorhergehenden Taten, Worten und Empfindungen ihr Spiel treiben und uns entsprechend unserer vorangehenden Verfassung zornig oder traurig machen oder vergangene Begierden oder Anliegen auffrischen; oder sie werden uns – man schämt sich, es zu sagen – durch den Kitzel einer leichtsinnigen Rede oder Tat zu törichtem Gelächter reizen; oder uns veranlassen, auf früheren Abwegen umherzuschlendern. Deshalb gilt: Wovon wir beim Gebet nicht überrumpelt werden wollen, das müssen wir vor dem Gebet schleunigst aus den Abgründen unserer Brust herausziehen, damit wir so jenes Wort des Apostels erfüllen können: »Betet ohne Unterlass!« (1 Thess 5,17) Und: »An jedem Ort erhebt reine Hände ohne Zorn und Streit!« (1 Tim 2,8) Anders werden wir dieses Gebot gewiss nicht erfüllen können, als wenn unser Geist von aller Ansteckung mit Lastern gereinigt und den Tugenden als seinem naturgemäßen Gut ergeben, die beständige Schau des allmächtigen Gottes genießt.

4 Die Beschaffenheit unserer Seele wird nicht unpassend mit allerfeinstem Flaum oder einem sehr leichten Federchen verglichen. Wenn es nicht verdorben wird durch Feuchtigkeit, die es von außen beschädigt oder innen durchnässt, wird es durch die Leichtigkeit seines Wesens mit dem Auftrieb schon des leisesten Windhauchs wie von selbst in himmlische Höhen getragen.

Wenn dieses Federchen jedoch durch Regen oder Tau von Feuchtigkeit schwer geworden ist, so wird es trotz seiner natürlichen Beweglichkeit nicht nur zu keinem Flug durch die Lüfte hingerissen, sondern vielmehr durch das Gewicht der Feuchtigkeit zu den Tiefen der Erde hinabgedrückt. So wird auch unser Geist, wenn er nicht durch die Laster, die uns angreifen, und die Sorgen der Welt belastet wird und nicht beschädigt ist durch die Feuchtigkeit einer verderbenbringenden Begierde, sozusagen durch das natürliche Geschenk seiner Reinheit emporgehoben. Beim sanftesten Anhauch [durch den Atem Gottes] während unserer geistlichen Praxis wird er in die Höhe emporgetragen, und indem er das Niedere und Irdische hinter sich lässt, zum Himmlischen und Unsichtbaren hinübergetragen. Deshalb werden wir durch das Gebot des Herrn ziemlich deutlich ermahnt: »Seht zu, dass eure Herzen nie und nimmer durch Taumel, Rausch oder weltliche Sorgen beschwert werden.« (Lk 21,34) Daraus folgt: Wenn wir möchten, dass unsere Gebete nicht nur die Himmel, sondern auch was über den Himmeln ist, durchdringen, so lasst uns dafür sorgen, dass unser Geist von allen irdischen Lastern frei und von allem Schmutz der Leidenschaften gereinigt in seine natürliche Leichtigkeit überführt wird, damit sein Gebet, von keiner Sündenlast beschwert, zu Gott emporsteigen kann.

5 Nun müssen wir jedoch genau darauf achten, welche Gründe der Herr für die [niederdrückende] Belastung des Geistes anführt. Nicht Ehebruch oder Unzucht führt er an, nicht Mord, Gotteslästerung oder Raub, die jedermann als dem Tod verfallen und als verdammenswert ansieht, sondern Taumel, Rausch und die Sorgen der Welt. Kein Mensch dieser Welt hütet sich davor oder betrachtet sie als verdammenswert, sodass sogar einige – ich schäme mich, es auszusprechen –, die sich Mönche nennen, sich in diese Irrungen und Wirrungen verheddern, als wären sie unschädlich oder gar nützlich.

Obwohl diese drei [genannten Laster], wenn man sie im wortwörtlichen Sinn in die Tat umsetzt, die Seele beschweren, von Gott trennen und zum Irdischen hinunterdrücken, so ist es doch leicht, sich von ihnen abzuwenden – besonders für uns, die wir durch eine so große Entfernung von aller Begegnung mit dieser Welt getrennt sind und nahezu keine Gelegenheit haben, in jene Sorgen um Sichtbares, in Rausch und Taumel hineinzugeraten. Doch gibt es noch einen anderen, nicht weniger schädlichen Taumel und eine geistige Trunkenheit, die schwerer zu meiden ist, sowie eine weltliche Sorge und Unruhe, die uns auch nach der vollkommenen Hingabe unseres gesamten Vermögens und trotz der völligen Enthaltung von Wein und Tafeleien, und obwohl wir in der Wüste leben, häufig umgarnt. Der Prophet sagt darüber: »Wacht auf, die ihr betrunken seid, aber nicht vom Wein.« (Joel 1,5) Ein anderer sagt: »Staunt und wundert euch, wankt und schwankt, seid betrunken, aber nicht vom Wein; taumelt, aber nicht vor Trunkenheit!« (Jes 29,9) Der Wein dieser Trunkenheit muss folglich nach dem Propheten die »Raserei, von Schlangen[bissen ausgelöst]« (Dtn 32,33) haben. Beachte nun, aus welcher Wurzel auch der Wein selbst wächst: »Aus dem Weinberg Sodoms stammt ihre Rebe, ihr Setzling aus Gomorra.« (Dtn 32,32) Willst du auch die Frucht dieser Rebe und den Trieb, der aus dem Setzling [wächst,] kennen? »Ihre Traube ist eine Traube voller Galle; die Beere der Bitterkeit wächst daran.« (Dtn 32,32) Dies alles wird, wenn wir nicht von allen Lastern gereinigt und vom Taumel der Leidenschaften ausgenüchtert sind, auch ohne Weinrausch und ohne Schwelgereien unser Herz in noch gefährlicherer Weise mit Rausch und Taumel beschweren. Denn dass die Sorgen der Welt zuweilen auch uns, die wir uns auf keine Händel mit dieser Welt einlassen, überfallen können, wird offenkundig aus den Vorschriften der Alten bewiesen, die festlegten, dass alles, was den täglich nötigen Lebensunterhalt und den unvermeidlichen Bedarf des Leibes überschreitet, zur Sorge und Unruhe der Welt gehört. So – mit Verlaub gesagt – wenn wir uns mit noch mehr Mühe und Arbeit anstrengen wollen, um zwei oder drei Goldmünzen[7] zu erwerben, obwohl der Verdienst einer einzigen Münze ausreichend wäre, den Bedürfnissen unseres Körpers Genüge zu tun. Oder wenn wir dafür arbeiten, Besitzer von drei oder vier Gewändern[8] zu werden, obwohl zwei Gewänder – eines für den Tag und eines für die Nacht – ausreichen. Oder wenn wir, obwohl ein oder zwei Zellen als Wohnstätte genügen, aus weltlichem Ehrgeiz heraus oder aus Großtuerei vier oder fünf Räume erbauen[9], und zwar vorzüglich ausgestattet und geräumiger, als es die Notwendigkeit erfordert. Damit lassen wir, so viel wir können, die Leidenschaft für weltlichen Genuss gedeihen.

6 Dass dies nicht ohne Anstachelung durch die Dämonen geschieht, lehren zur Genüge Erfahrungen [wie die folgende]: Ein sehr bewährter unter den erfahrenen Mönchen ging einst am Kellion eines Bruders vorbei, der an obengenannter Seelenkrankheit litt, sodass er sich in seiner Unruhe völlig zerrieb im Beschaffen und Versorgen von überflüssigen Sachen für jeden Tag. Der Altvater hatte schon von weitem gesehen, wie dieser Bruder sich mühte, den allerhärtesten Felsen mit einem schweren Hammer zu zertrümmern. Er hatte aber auch eine gewisse schwarze Gestalt bei ihm stehen sehen, und es schien, als ob diese Gestalt die Hände des Mönches mit den ihren verbunden hätte und sie mit ihm zusammen die Schläge führte. Gleichzeitig aber schien sie ihn mit brennenden Fackeln in die Arbeit zu treiben. Sehr lange blieb der Altvater stehen, wobei er sich wunderte über die Kraft des grässlichen Dämons und den Lug und Trug so großer Täuschung. Als nämlich der Bruder, ermüdet durch die allzu große Ermattung seiner Kraft, ausruhen und die Arbeit beenden wollte, wurde er durch die Anstachelung jenes Geistes gezwungen, den Hammer wieder zu schwingen und nicht von der Fortsetzung der begonnenen Arbeit zu lassen. Endlich, durch die üble Verspottung des Dämons erschüttert, ging der Altvater zum Kellion des Bruders und nachdem er ihn begrüßt hatte, sagte er zu ihm: »Bruder, was ist das für eine Arbeit, die du da tust?« Jener antwortete: »Wir arbeiten gegen diesen äußerst harten Felsen an, doch konnten wir ihn auch nicht im Geringsten zertrümmern.« Da antwortete der Altvater: »Richtig hast du gesagt, ›wir konnten nicht‹. Denn du warst nicht allein, als du den Felsen behauen wolltest. Ein anderer, den du nicht gesehen hast, stand bei dir; aber nicht um dir bei dieser Mühe beizustehen, sondern um dich elendiglichst hineinzutreiben.«

Deshalb: Dass die Krankheit des an der Welt orientierten Ehrgeizes unserem Geist nicht eingewachsen ist, wird nicht schon allein die Enthaltung von denjenigen Geschäften beweisen, die wir, selbst wenn wir wollten, weder erstreben noch ausführen könnten, noch die Verachtung jener Dinge, die wir nicht anstreben könnten, ohne sowohl bei geistgeführten Menschen wie bei Weltleuten schon auf den ersten Blick abgeschrieben zu sein. Vielmehr lässt sich dies nur beweisen, wenn wir auch das, was in unserer Macht steht, ja sogar mit dem Anschein einer gewissen Ehrenhaftigkeit umgeben ist, mit unerbittlicher Entschiedenheit des Geistes zurückweisen. Denn in der Tat – diese kleinen und äußerst unbedeutend scheinenden Dinge, die, wie wir sehen, von Leuten unseres Standes als nicht entscheidend, [als weder gut noch schlecht] erlaubt werden, belasten entsprechend ihrer Beschaffenheit den Geist wie jene größeren, welche die Sinne der Weltmenschen, ihrem Zustand angemessen, gewohnlich benebeln. Dabei lassen sie nicht zu, dass der Mönch, nachdem er den Erdenschmutz von sich entfernt hat, zu Gott hin seufzt, auf den sein Streben allezeit fest als auf sein Ziel gerichtet sein soll. Schon die kleinste Trennung von diesem höchsten Gut sollte er als Tod bei lebendigem Leib und den schlimmsten Untergang ansehen.

Wenn aber der Geist in solcher Ruhe fest verankert und von den Banden aller Leidenschaften des Fleisches frei ist, wenn das Sehnen des Herzens, das Ziel zu erreichen, sich an jenes eine und höchste Gut klammert und ihm anhängt, dann wird er jenes Wort des Apostels erfüllen: »Betet ohne Unterlass!« (1 Thess 5,17) und: »An jedem Ort erhebt reine Hände ohne Zorn und Streit!« (1 Tim 2,8) Wenn von dieser Reinheit das Empfinden des Geistes – wenn man so sagen kann – verschlungen wurde und von der irdischen Daseinsweise zur Ähnlichkeit mit der geistigen und engelgleichen neu gestaltet wurde, so wird alles, was er in sich aufnimmt, bedenkt oder tut, reinstes und aufrichtigstes Gebet.

7 Germanus: Wenn wir doch in ähnlicher Weise und mit derselben Behändigkeit, mit der wir die Samen geistlicher Gedanken zumeist empfangen, sie auch als Besitz halten könnten!

Denn obwohl sie entweder durch die dem Gedächtnis eingeprägten Worte der heiligen Schriften oder durch die Erinnerung an bestimmte geistgewirkte Taten oder gewiss doch durch den Blick[10] auf die himmlischen Geheimnisse in unseren Herzen empfangen wurden, so entgleiten sie uns und entschwinden ungeheuer schnell in einer wahrhaft unmerklichen Flucht. Wenn dann der Geist irgendwelche andere Gelegenheiten zu geistlichen Wahrnehmungen findet, so schleichen sich doch auch andere ein, und die schon eingefangenen flattern unhaltbar und schnell davon. Man muss folglich annehmen, dass unser Bewusstsein, da es weder aus sich selbst Bestand hat, noch aus eigener Kraft die auf Heiliges gerichteten Gedanken festhalten kann, selbst dann, wenn es diese [Gedanken] irgendwie zu behalten scheint, sie doch nur zufällig und nicht absichtlich empfangen hat. Wie nämlich sollte ihr Entstehen unserem Willen zugeschrieben werden, wenn ihr Bleiben nicht in unserer Macht steht? Aber damit wir nicht durch die Beschäftigung mit dieser Frage von der begonnenen Ordnung der Ausführung zu weit abschweifen und die beabsichtigte Darstellung der rechten Einstellung zum Gebet noch länger hinauszögern, wollen wir dies für einen anderen Zeitpunkt aufsparen und bitten inständigst, über die rechte Art des Gebetes unterrichtet zu werden, zumal der selige Apostel uns ermahnt, zu keiner Zeit davon abzulassen, wenn er sagt: »Betet ohne Unterlass!« (1 Thess 5,17)

Deshalb möchten wir zuerst über die Eigenschaften des Gebetes unterrichtet werden, welches Gebet nämlich allezeit dargebracht werden soll, und dann, [zweitens,] wie wir ebendieses Gebet, welcher Art es auch sein mag, ohne Unterlass besitzen und praktizieren können. Dass es sicherlich nicht mit nur mäßiger Spannkraft des Herzens erreicht werden kann, zeigt ja die tägliche Erfahrung; und deine Einleitung, ehrwürdiger [Vater], in der du festgelegt hast, dass das Ziel des Mönches und der Gipfel der Vollkommenheit in der Vollendung des Gebetes besteht.

8 Isaak: Keine der Gebetsformen kann meiner Meinung nach ohne große Reinheit des Herzens und der Seele noch ohne Erleuchtung durch den Heiligen Geist begriffen werden. Es gibt ja so viele [Gebetsformen], wie in einer Seele, ja sogar in allen Seelen zusammengenommen, [verschiedene] Zustände und Eigenschaften vorkommen. Obwohl wir wissen, dass wir wegen der Dumpfheit unseres Herzens nicht alle Gebetsarten bis ins Letzte erfassen können, wollen wir doch wenigstens versuchen, sie durchzunehmen, soweit das unsere mittelmäßige Erfahrung leisten kann.

Entsprechend dem Maß der Reinheit nämlich, zu dem jeder Geist gelangt, und je nach der Beschaffenheit des Zustandes, in dem er durch äußere Ereignisse verändert oder durch seine eigene Anstrengung erneuert wird, ändern sich die Gebetsweisen mit der Verfassung [des Betenden]. Daher ist es ganz sicher, dass niemand allezeit ein und dieselben Gebete darbringen kann. Anders nämlich betet einer, wenn er heiter ist; anders, wenn er von der Last der Traurigkeit oder der Verzweiflung niedergedrückt wird; wieder anders, wenn er sich durch geistigen Fortschritt gekräftigt fühlt; und noch anders, wenn er von der Wucht der Kämpfe gegen ihn niedergeschlagen wird. Anders betet einer, wenn er die Verzeihung der Sünden, wieder anders, wenn er den Erwerb der Gnade oder einer Tugend erfleht oder wenigstens um die Tilgung eines Lasters fleht; anders, wenn er in Anbetracht der Hölle und durch die Furcht vor dem künftigen Gericht gequält wird; anders, wenn er durch die Hoffnung auf die künftigen Güter und im Verlangen danach entflammt ist. Anders betet er, wenn er sich in Not und Gefahr, anders, wenn er sich in Sicherheit und Ruhe befindet; anders, wenn er durch Offenbarungen himmlischer Geheimnisse erleuchtet wird, und wieder anders, wenn er unfruchtbar und ausgetrocknet, ohne den Ertrag der Tugenden, ohne jegliches Empfinden und wie gelähmt ist.

9 Nachdem wir nun dies über die Beschaffenheit des Gebetes dargelegt haben, wenn auch nicht ganz so, wie es die Weitläufigkeit des Themas eigentlich verlangen würde, sondern nur soweit es die Kürze der Zeit zulässt, oder wenigstens so, wie es das geringe Fassungsvermögen unseres Verstandes und die Dumpfheit unseres Herzens erlauben, steht uns jetzt die größere Schwierigkeit bevor, die verschiedenen Gebetsformen[11] einzeln zu benennen.

Der Apostel unterscheidet vier Arten [von Gebet], wenn er sagt: »Ich ermahne euch also vor allem: Bringt Bitten, Gebete, fürbittendes Flehen und Danksagungen dar.« (1 Tim 2,1) Es besteht kein Grund zu zweifeln, dass der Apostel nicht umsonst so unterschieden hat. Wir müssen also zuerst untersuchen, was er unter Bitten, unter Gebeten, unter fürbittendem Flehen und Danksagungen versteht. Dann müssen wir weiterforschen, ob der Beter sich diese vier Arten gleichzeitig zu eigen machen soll, indem er nämlich alle zugleich in einem einzigen Gebet vereint, oder ob sie abwechselnd und einzeln dargebracht werden sollen, sodass [der Beter] einmal Bitten, ein andermal Gebete, dann fürbittendes Flehen oder Danksagungen aussprechen soll; oder ob vielleicht jeweils ein anderer Bitten, Gebete, fürbittendes Flehen und Danksagungen Gott darbringen soll, je nach dem Maß der Reife, zu dem jeder Geist durch konsequente Zielorientierung gelangt.

10 Behandeln wir also zuerst die eigentümlichen Bedeutungen[12] der Begriffe und Worte und erörtern wir, welcher Unterschied zwischen Gebet, Bitte und fürbittendem Flehen besteht. Dann ist ebenso zu untersuchen, ob sie einzeln oder gleichzeitig darzubringen sind. Drittens müssen wir erforschen, ob auch die Reihenfolge an sich, welche in dieser Weise durch die Autorität des Apostels festgelegt wurde, den Hörer noch etwas Weitergehendes lehrt oder ob diese Unterscheidung einfach nur hinzunehmen ist oder ob es als bedeutungslos anzusehen ist, dass sie vom Apostel so geordnet wurde, was mir jedoch reichlich unangemessen erscheint. Man darf ja nicht glauben, dass der Heilige Geist etwas nur beiläufig und grundlos durch den Apostel vorgetragen hat. Deshalb also behandeln wir, so der Herr will, die einzelnen [Arten des Gebetes] entsprechend der angegebenen Reihenfolge.

11 »Ich ermahne also vor allem: Bringt Bitten dar.« Die Bitte ist ein Flehen oder ein Ansuchen wegen der Sünden, wodurch jemand für seine gegenwärtigen oder vergangenen Vergehen hilflos um Vergebung bittet.

12 Unter »Gebeten« [ist zu verstehen], dass wir Gott etwas darbringen oder geloben, was im Griechischen εὐχή heißt, also Gelübde. Denn wenn es im Griechischen heißt: τὰς εὐχάς μου τῷ κυρίῳ ἀποδώσω, [tas euchas mou to kyrio apodoso] liest man im Lateinischen: »Meine Gelübde werde ich dem Herrn erfüllen« (Ps 115 = 116,14), was nach der eigentümlichen Bedeutung des Wortes auch so ausgedrückt werden kann: »Meine Gebete werde ich dem Herrn darbringen.« Was wir im Buch Kohelet lesen, nämlich: »Wenn du Gott ein Gelübde weihst, dann zögere nicht, es zu erfüllen« (Eccl 5,3), wird im Griechischen einfach so beschrieben: ἐάν εὔξῃ εὐχὴν κυρίῳ [ean euxe euchen kyrio] – das heißt: »Wenn du dem Herrn ein Gebet darbringen willst, so zögere nicht, es auszuführen.« Jeder von uns kann dies folgendermaßen erfüllen: Wir beten, wenn wir dieser Welt widersagen, und geloben, dass wir, allen Taten und allem Treiben der Welt gestorben, dem Herrn mit aller Spannkraft unseres Herzens dienen wollen. Wir beten, wenn wir geloben, weltliche Ehre zu verachten, irdische Schätze zu verschmähen und dem Herrn mit einem Herzen, das bereit ist, sich wie ein Samenkorn aufbrechen zu lassen und in der Armut des Geistes anhangen zu wollen. Wir beten, wenn wir versprechen, eine völlige reine Keuschheit des Körpers und unerschütterliche Geduld allezeit üben zu wollen, oder wenn wir geloben, aus unserem Herzen die Wurzel des Zornes oder der todbringenden Traurigkeit von Grund auf ausreißen zu wollen. Wenn wir dies jedoch aus Feigheit oder durch den Rückfall in alte Laster nicht tun, dann werden wir schuldig an unseren Gebeten und Gelübden, und es wird von uns heißen: »Besser nicht geloben, als geloben und nicht halten« (Eccl 5,4), was nach dem Griechischen auch heißen kann: »Besser ist es für dich, nicht zu beten, als zu beten und nicht zu erfüllen.«

13 An dritter Stelle steht das fürbittende Flehen, das wir in der Glut des Geistes auch für andere darzubringen pflegen, wenn wir für unsere Lieben oder um den Frieden für die ganze Welt beten, und wenn wir, um mit den Worten des Apostels zu sprechen, »für alle Menschen, für die Könige und alle, welche hochgestellt sind«, flehen. (1 Tim 2,1f)

14 An vierter Stelle schließlich stehen die Danksagungen. Der Geist bringt sie in einem mit Worten nicht zu erklärenden Außer-sich-Sein Gott dar, wenn er entweder die zurückliegenden Wohltaten Gottes bedenkt oder die gegenwärtigen betrachtet; wenn er auf das Große sieht, das Gott für die Zukunft denen bereitet hat, die ihn lieben. (Vgl. 1 Kor 2,9) In dieser Ausrichtung pflegen oft fruchtbarere Gebete dargebracht zu werden, weil unser Geist, wenn er mit erleuchteten Augen jene Belohnungen schaut, die den Heiligen für die Zukunft hinterlegt sind, sich angetrieben fühlt, vor Gott unsägliche Danksagungen mit unermesslicher Freude auszugießen.

15 Aus diesen vier Arten [von Gebeten] entstehen gewöhnlich Gebete von noch tieferer Inbrunst. Wir wissen, dass sehr oft glutvolle und flammende Gebete sowohl aus der Gebetsweise der Bitten auflodern, welche aus der Erschütterung über die Sünden entsteht, als auch aus der Haltung des Gebetes, das der Treue zum Gelobten und der Erfüllung der Gelübde je nach der Reinheit des Gewissens entströmt; auch aus dem fürbittenden Flehen, das aus der Glut der Liebe hervorgeht, und aus der Danksagung, welche sich aus Betrachtung der Wohltaten Gottes, seiner Größe und Güte, erhebt. Deshalb steht fest, dass alle diese genannten Gebetsweisen sich für alle Menschen als nützlich und notwendig erweisen. Folglich bringt in ein und demselben Menschen eine sich verändernde Stimmung einmal zwar Bitten, ein andermal jedoch reines fürbittendes Flehen oder glühendste Bitten dar.

Dennoch aber scheint die erste Art mehr für Anfänger geeignet zu sein, die noch von den Stacheln ihrer Sünden und der Erinnerung daran gebissen [und gepisakt] werden; die zweite für jene, welche durch den geistigen Fortschritt und das Streben nach den Tugenden schon eine gewisse Höhe des Geistes erreicht haben; die dritte für diejenigen, welche die Erfüllung ihrer Gelübde durch Taten unter Beweis stellen und sich, von der Liebe getrieben, herausgefordert fühlen, für andere zu beten, wenn sie deren Gebrechlichkeit betrachten; die vierte jedoch für diejenigen, welche, nachdem der strafende Dorn des Gewissens aus ihren Herzen herausgezogen wurde, in Sicherheit nun die Wohltaten des Herrn und seine Erbarmungen, die er ihnen entweder früher erwies, in der Gegenwart schenkt oder für die Zukunft bereithält, mit gänzlich reinem Geist überdenken und dadurch mit einem Herzen, das durch und durch entflammt ist, zu jener feuerglühenden Gebetsweise hingerissen werden, die kein Mensch verstehen oder mit Worten beschreiben kann. Manchmal jedoch pflegt der Geist, der zu jenem wahren Empfinden der Reinheit vorangeschritten ist und schon angefangen hat, darin Wurzeln zu schlagen, all dies auf einmal und gleichzeitig aufzunehmen und, indem er alles einer unaufhaltbaren und lodernden Flamme gleich durchfliegt, gießt er vor Gott Gebete aus, für die menschliche Worte nicht mehr ausreichen, [Gebete] von reinster Lebenskraft. Der Geist selbst, der mit unaussprechlichem Seufzen für uns eintritt, bringt sie für uns, die »wir nicht wissen, [wie wir beten sollen,]« (Röm 8,26), Gott dar. In der kurzen Zeitspanne jener Stunde erfasst er so vieles und lässt es auf unaussprechliche Weise im Gebet [wie in einem lebenspendenden Strom] dahinströmen. Kein Mund vermag es auszusprechen, ja sogar unser eigener Geist kann sich zu einem anderen Zeitpunkt nicht einmal mehr daran erinnern.

Daher kommt es, dass, welches Maß [an Reinheit] auch immer einer besitzen mag, er zuweilen reine und aufrichtige Gebete darbringen kann. Denn sogar auf jener ersten und niedrigen Stufe, die sich über den Gedanken an das künftige Gericht erhebt, wird derjenige, der sich noch unter der Pein des Schreckens und der Furcht vor der Rechenschaft befindet, zur Stunde so getroffen werden, dass er in nicht geringerer Behändigkeit des Geistes mit der Salbe des Gebetes gesalbt wird, wie jener, der durch die Reinheit seines Herzens die Wohltaten Gottes schaut, und wenn er sie überdenkt, in unaussprechlicher Freude und Wonne aufgeht. Nach dem Wort des Herrn fängt er an, mehr zu lieben, weil er erkennt, dass ihm mehr vergeben wurde. (Vgl. Lk 7,47)

16 Dennoch müssen wir durch den Fortschritt im Lebenswandel und die Vervollkommnung der Tugenden eher jene Gebetsweisen erstreben, welche entweder im Blick auf die künftigen Güter oder durch die Glut der Liebe [in unsere Herzen] (vgl. Röm 5,5) ausgegossen werden. Oder wenigstens, um es einfacher und für Anfänger verständlich zu sagen, nach jenen [Gebetsweisen streben], welche der Absicht entspringen, jede mögliche Tugend oder die Tilgung eines Lasters zu erreichen. Anders werden wir gewiss nicht zu den obengenannten höheren Gebetsweisen hindurchgelangen können, als dass unser Geist allmählich und Schritt für Schritt über die Stufen jenes fürbittenden Flehens emporgezogen wird.

17 Der Herr nun hat uns gewürdigt, uns in diese vier Gebetsarten durch sein Beispiel einzuweihen. Auch damit wollte er erfüllen, was von ihm gesagt ist: »Was zuerst Jesus getan und gelehrt hat.« (Apg 1,1) Denn die Gebetsweise der Bitte nahm er an, als er sprach: »Vater, wenn es möglich ist, gehe dieser Kelch an mir vorüber.« (Mt 26,39) Auch wenn in den Psalmen, wie von ihm selbst gesprochen, gesungen wird: »Gott, mein Gott, sieh mich an. Warum hast du mich verlassen?« (Ps 21 = 22,2) Ähnlich [spricht er] auch an anderen Stellen.

Gebet als Erfüllung des Gelobten ist es, wenn er sagt: »Ich habe dich auf Erden verherrlicht. Ich habe das Werk vollbracht, das du mir zu tun aufgetragen hast.« (Joh 17,4) Oder jenes Wort: »Für sie heilige ich mich selbst, damit auch sie geheiligt werden in der Wahrheit.« (Joh 17,19) Fürbittendes Flehen ist es, wenn er sagt: »Vater, ich will, dass diejenigen, die du mir gegeben hast, auch dort bei mir sind, wo ich bin, damit sie meine Herrlichkeit sehen, die du mir gegeben hast.« (Joh 17,24) Gewiss aber auch, wenn er sagt: »Vater, vergib ihnen, sie wissen ja nicht, was sie tun.« (Lk 23,34)

Danksagung ist es, wenn er spricht: »Ich preise dich, Vater, Herr des Himmels und der Erde, dass du dies vor den Weisen und Klugen verborgen hast, den Kleinen aber geoffenbart. Ja, Vater, denn so war es dir wohlgefällig.« (Mt 11,25f) Oder gewiss auch wenn er sagt: »Vater, ich danke dir, dass du mich erhört hast. Ich wusste mit Sicherheit, dass du mich allezeit erhörst.« (Joh 11,41f) Obwohl jedoch unser Herr bestimmt hat, diese vier Gebetsweisen einzeln und, wenn wir uns nicht täuschen, zu jeweils anderer Zeit darzubringen, so hat er durch die Beispiele, die er gegeben hat, doch auch gezeigt, dass sie im vollkommenen Gebet in eines gefasst werden können, nämlich in jenem Gebet, das wir gegen Ende des Evangeliums nach Johannes lesen. (Vgl. Joh 17) Er selbst hat dieses Gebet in überströmender Fülle dargebracht. Es würde zu weit führen, diesen Text in aller Ausführlichkeit zu behandeln. Doch kann, wer es genau wissen will, sich durch eigenes Nachlesen von der Richtigkeit [des Gesagten] überzeugen.

Ganz in diesem Sinn äußert sich auch der Apostel im Brief an die Philipper, wenn er diese vier Gebetsarten in etwas anderer Reihenfolge aufzählt und zeigt, dass sie manchmal alle in der Glut eines einzigen Gebetes dargebracht werden müssen, indem er sagt: »Lasst zu jeder Zeit, betend und bittend, eure Anliegen vor Gott kund werden.« (Phil 4,6) Dadurch wollte er uns eigens belehren, dass mit Gebet und Bitte auch Danksagung und fürbittendes Flehen einhergehen müssen.

18 Auf diese Gebetsarten folgt nun ein Zustand, der noch erhabener und überragender ist, der allein in der Gottesschau und in der Glut der Liebe Gestalt annimmt, durch den der Geist, in die Liebe zu Gott aufgelöst und versunken, mit Gott wie mit dem eigenen Vater ganz vertraulich und in unbeschreiblicher Hingabe spricht. Dass wir diesen Zustand sorgfältig suchen sollen, lehrt uns die Anredeform[13] des Gebetes des Herrn, wenn er sagt: »Vater unser.« (Mt 6,9) Wenn wir also mit unserem Mund bekennen (vgl. Röm 10,9), dass »Gott, der Herrscher über das All« (Offb 19,6), unser Vater ist, bekennen wir, dass wir in der Tat aus dem Stand der Knechte zur Annahme als Kinder erwählt wurden. Dann fügen wir an: »Der du bist in den Himmeln«, um den Verbleib in diesem gegenwärtigen Leben, das wir auf dieser Erde wie in der Fremde und sehr weit weg von unserem Vater führen, mit Furcht und Zittern zu vermeiden und stattdessen mit drängender Sehnsucht zu jenem Land zu eilen, in dem, wie wir bekennen, unser Vater wohnt. Nichts sollen wir uns erlauben, was uns dieser unserer Berufung und des Adels einer solchen Kindschaft unwürdig macht oder uns des natürlichen Erbes wie nicht

Erbberechtigte berauben und uns seinem gerechten Zorn und seiner Härte verfallen lassen würde. Da wir also in diesen Stand und zur Würde von [erbberechtigten] Söhnen erhoben wurden, so lasst in uns wie in geliebten Kindern allezeit die Flamme der Zuneigung brennen, sodass wir all unsere Fähigkeit zu leidenschaftlichen Empfindungen nicht zu unserem Nutzen, sondern vielmehr zur Ehre unseres Vaters einsetzen, indem wir zu ihm sagen: »Geheiligt werde dein Name.« Wenn wir bezeugen, dass unsere Sehnsucht und unsere Freude die Ehre unseres Vaters ist, werden wir zu Nachahmern dessen, der sagte: »Wer aus sich selbst redet, sucht seine eigene Ehre; wer aber die Ehre dessen sucht, der ihn gesandt hat, der ist wahrhaftig, Ungerechtigkeit findet sich nicht in ihm.« (Joh 7,18) [Der Apostel,] »das auserwählte Werkzeug« (Apg 9,15), wünscht sogar, von dieser leidenschaftlichen Hingabe erfüllt, von Christus verflucht zu werden (vgl. Röm 9,3), wenn nur die Gemeinde Christi wächst und zur Ehre seines Vaters das Heil des ganzen israelitischen Volkes zunimmt. In dem sicheren Wissen, dass keiner für [Christus, der] das Leben [ist,]sterben kann, wünscht er, für Christus umzukommen. An anderer Stelle sagt er: »Wir freuen uns, wenn wir schwach sind, ihr aber stark seid.« (2 Kor 13,9)

Wie könnte es auch verwunderlich sein, dass das von Christus auserwählte Werkzeug wünscht, zur Ehre Christi, für die Bekehrung seiner Brüder und das Erstlingsrecht seines Volkes verflucht zu werden, wenn schon der Prophet Micha zum Lügner werden wollte und der Einhauchung durch den Heiligen Geistes entfremdet, wenn nur das Volk von Juda den Qualen der Gefangenschaft und dem Untergang, die er vorhergesagt hatte, entkommen könnte. »Wäre ich doch,« sagt er, »nicht ein Mann, der den Geist hat; lieber würde ich Lüge reden!« (Micha 2,11) Wir wollen nicht weiter auf jene Leidenschaftlichkeit des Gesetzgebers eingehen, der sich nicht weigerte, mit seinen Brüdern umzukommen, sollten sie zugrunde gehen, und deshalb sagte: »Ich beschwöre dich, Herr! Gesündigt hat dieses Volk mit großer Sünde. Verzeihe ihm diese Schuld. Doch wenn du es nicht tust, dann streiche auch mich aus dem Buch, das du geschrieben hast.« (Ex 32,31f)

Doch kann dieses Wort: »Geheiligt werde dein Name« durchaus angemessen auch so aufgefasst werden: Die Heiligung Gottes ist unsere Vollkommenheit. Wenn wir also zu ihm sagen: »Geheiligt werde dein Name« (Mt 6,9), dann sagen wir mit anderen Worten: Vater, mache uns zu solchen [Menschen], die würdig sind, einzusehen und zu fassen, wie groß deine Heiligkeit ist. Oder wenigstens: Dass auf unserem geistlichen Weg du als der Heilige erkennbar wirst. Dies wird dann an uns verwirklicht, wenn »die Menschen unsere guten Werke sehen und unseren Vater preisen, der in den Himmeln ist« (Mt 5,16).

19 Die zweite Bitte des völlig gereinigten Geistes verlangt, dass das Reich seines Vaters mehr und mehr ankomme. Entweder jenes [Reich ist damit gemeint], durch welches Christus täglich in den Heiligen regiert, was dann geschieht, wenn durch die Tilgung der hässlichen Laster die Herrschaft des Diabolus aus unseren Herzen vertrieben wurde und Gott dann in uns durch den Wohlgeruch der Tugenden zu herrschen beginnt; wenn nach dem Sieg über die Fornikatio die Keuschheit, nach der Überwindung der Wut die Ruhe, nach dem Niedertreten der Hybris die Demut unseren Geist regiert. Oder jenes [Reich ist gemeint], das zur vorausbestimmten Zeit allen Vollkommenen und überhaupt den Kindern Gottes versprochen wurde, indem ihnen Christus sagen wird: »Kommt, ihr Gesegneten meines Vaters, nehmt das Reich in Besitz, das seit der Grundlegung der Welt für euch bereitet war.« (Mt 25,34) Indem [der Betende] gleichsam seine Blicke darauf richtet und daran heftet, spricht er voller Sehnsucht und Erwartung zum Herrn: »Dein Reich komme.« (Mt 6,10) Er weiß ja durch das Zeugnis seines Gewissens: Sobald dieses Reich anbricht, wird er bald dazugehören. Es dürfte keiner wagen, so etwas zu sagen oder zu wünschen, der mit Vergehen behaftet ist. Denn wer weiß, dass er bei der Ankunft des Richters weder die Siegespalme noch den Lohn für seine Verdienste, sondern sogleich Strafe zu erwarten hat, wird den Tag des Gerichts nicht sehen wollen.

20 Die dritte Bitte der Söhne lautet: »Es geschehe dein Wille, wie im Himmel so auf Erden.« (Mt 6,10) Es kann kein größeres Gebet geben, als zu wünschen, das Irdische möchte wert sein, dem Himmlischen gleich zu werden. Denn zu sagen: »Es geschehe dein Wille, wie im Himmel so auf Erden«, heißt nichts anderes als zu sagen: Die Menschen möchten doch den Engeln ähnlich sein; und wie jene im Himmel den Willen Gottes erfüllen, so möchten doch auch alle, die auf der Erde sind, nicht ihren eigenen, sondern seinen Willen tun. Dies wird auch niemand von ganzem Herzen sagen können, als allein der, der glaubt, dass Gott alles, was uns zuwider oder günstig erscheint, zu unserem Nutzen ordnet und dass er auf das Heil und Glück der Seinen mehr Aufmerksamkeit und Sorge verwendet als wir für uns selbst. Aber man kann es auch noch folgendermaßen verstehen: Der Wille Gottes ist das Heil aller, entsprechend dem Wort des seligen Paulus: »Er will, dass alle Menschen gerettet werden und zur Erkenntnis der Wahrheit kommen.« (1 Tim 2,4) Von diesem Willen sagt auch der Prophet Jesaja in Stellvertretung Gottes des Vaters: »All mein Wille soll geschehen.« (Jes 46,10) Wenn wir also zu ihm sagen: »Es geschehe dein Wille, wie im Himmel so auf Erden«, so bitten wir ihn nur mit anderen Worten, dass so, wie diejenigen, welche im Himmel sind, auch alle, die auf Erden leben, durch die Erkenntnis, dass du Vater bist, gerettet werden.

21 Dann folgt: »Unser überwesentliches Brot – auf Griechisch: ἐπιούσιον [epiousion]– gib uns heute.« (Mt 6,11) Der andere Evangelist[14] sagt: »Unser tägliches Brot.« (Lk 11,3) »Überwesentlich« kennzeichnet die Beschaffenheit seiner Erhabenheit und seines Wesens, durch die es [dieses Brot] über allen Substanzen steht und wodurch die Unvergleichlichkeit seiner Herrlichkeit und Heiligkeit alles Geschaffene übertrifft. »Tägliches [Brot]« aber lässt die ihm eigentümliche Weise seines Gebrauchs und seine Nützlichkeit erkennen. Denn wenn der Evangelist Lukas es das tägliche [Brot] nennt, betont er, dass wir ohne dieses Brot an keinem Tag geistiges Leben meistern können. Wenn er sagt: »heute«, zeigt er, dass wir es täglich zu uns nehmen müssen und dass die gestrige Gabe nicht ausreicht, wenn es uns nicht auch heute gespendet wird. Der tägliche Bedarf dieses Brotes mahnt uns, dass wir zu jeder Zeit dieses Gebet [von unseren Lippen] strömen lassen sollen; denn es gibt keinen Tag, an dem wir es nicht nötig hätten, das Herz unseres inneren Menschen durch solche Speise und Nahrungsaufnahme zu stärken.

Allerdings könnte dieses »heute« auch im Blick auf das gegenwärtige Leben verstanden werden, in dem Sinn: Gewähre uns dieses Brot, so lange wir auf dieser Welt leben. Wohl wissen wir, dass du es denen, die du als würdig erachtest, gewiss in Zukunft geben wirst; doch bitten wir, dass du es uns auch heute schenkst. Denn wenn einer in diesem Leben nicht würdig war, es zu erhalten, wird er auch im zukünftigen Leben dieses Brotes nicht teilhaftig werden können.

22 »Und vergib uns unsere Schuld, wie auch wir vergeben unseren Schuldnern.« (Mt 6,12) O unaussprechliche Milde Gottes! Sie übergibt uns nicht nur die äußere Form des Gebetes und unterweist uns in den für sie annehmbaren Grundsätzen unseres Lebenswandels und reißt durch die Verbindlichkeit der uns übergebenen Gebetsform, mit der wir laut ihrem Gebot sie allezeit bitten sollen, auch die Wurzeln des Zornes und der Traurigkeit aus. Sie gibt den Bittenden auch die Gelegenheit, öffnet ihnen den Weg, auf dem sie einen milden und gnädigen Urteilsspruch Gottes über sich erreichen können.

Und doch verleiht sie uns auch die Macht, durch die wir den Spruch unseres Richters mildern können, indem wir ihn durch das Beispiel unserer Vergebung besänftigen, auch uns zu vergeben, wenn wir [mit dieser Bitte] zu ihm sagen: »Vergib uns, wie auch wir vergeben haben[15].« Daher wird im Vertrauen auf dieses Gebet derjenige sicher Vergebung für seine Untaten erflehen, der Nachsicht übt gegenüber denjenigen, die lediglich seine Schuldner sind, nicht die seines Herrn.

Doch schlimmer ist, was sich einige von uns herausnehmen: Sie verhalten sich gegenüber Beleidigungen Gottes, obwohl dies große Vergehen sind, abwiegelnd und durchaus nachsichtig, fordern aber die Schuld selbst der kleinsten gegen sie gerichteten Beleidigungen unbarmherzig und unerbittlich ein. Wer nun dem gegen ihn sich verfehlenden Bruder nicht von Herzen vergibt, wird durch diese Bitte nicht Vergebung, sondern Verurteilung für sich erwirken. Durch seine eigene Aussage fordert er für sich ein strengeres Urteil, denn er sagt ja: »Vergib mir so, wie ich vergeben habe.« Wenn nun seiner Bitte ganz genau entsprochen wird, was dürfte da anderes folgen, als dass er entsprechend dem Vorbild, das er gegeben hat, mit unversöhnlichem Zorn und einem unaufhebbarem Urteil bestraft wird? Daraus ergibt sich: Wenn wir [für uns] ein mildes Urteil wollen, so müssen auch wir Milde üben gegenüber denjenigen, die sich gegenüber uns etwas haben zuschulden kommen lassen. Denn so viel wird uns vergeben werden, als wir denen vergeben haben, die uns, durch welche Bosheit auch immer, geschadet haben. Aus Scheu davor übergehen einige diese Stelle [des Gebetes] mit Stillschweigen, wenn dieses Gebet in der Kirche vom ganzen Volke gesprochen wird, damit sie sich nur ja nicht öffentlich durch ihr eigenes Wort mehr belasten als entlasten. Sie sehen nicht ein, dass ihr Versuch, den Richter aller mit solchen Ausflüchten zu beeindrucken, erfolglos sein muss; denn dieser Richter wollte auf diese Weise denen, die zu ihm beten, zeigen, wie er richten wird. Da er ihnen gegenüber nicht hart und unerbittlich erfunden werden will, gibt er den Maßstab für sein Urteil bekannt, damit auch wir unsere Brüder, wenn sie an uns schuldig geworden sind, genau so richten, wie wir von ihm gerichtet werden möchten, denn »ein erbarmungsloses Urteil [kommt] über den, der kein Erbarmen gezeigt hat« (Jak 2,13).

23 Darauf folgt: »Und führe uns nicht in eine Versuchung.« (Mt 6,13) Daraus ergibt sich nun nicht gerade die leichteste Frage. Denn wenn wir bitten, dass keine Versuchung über uns kommt, wie wird sich dann in uns die Tugend der Standhaftigkeit bewähren können? Schließlich heißt es: »Jeder Mensch, der nicht versucht wurde, ist nicht bewährt.« (Sir 34,11) Und außerdem: »Selig der Mensch, der die Versuchung aushält.« (Jak 1,12) Diese [Bitte]: »Führe uns nicht in eine Versuchung«, bedeutet also nicht: Lass überhaupt niemals zu, dass wir versucht werden. Sondern: Lass nicht zu, dass wir, in Versuchung geraten, besiegt werden. Hiob wurde versucht, aber er wurde nicht in die Versuchung[16] hineingezogen; denn er bot Gott keine Torheit; er ging nicht als Gotteslästerer, der frech das Maul aufreißt, auf den Willen des Versuchers ein, der ihm nahegelegt wurde. Versucht wurde Abraham, versucht wurde auch Joseph, aber keiner von ihnen wurde in der Versuchung verführt, weil keiner dem Versucher seine Zustimmung gab. Endlich folgt: »Sondern erlöse uns von dem Bösen.« (Mt 6,13) Das heißt: Lass nicht zu, dass wir über unsere Kraft vom Diabolus versucht werden, sondern gib mit der Versuchung auch den Ausweg, damit wir durchhalten können. (Vgl. 1 Kor 10,13)

24 Ihr seht also, welcher Tonfall und welche Form des Gebetes uns von dem Richter selbst, zu dem wir damit flehen dürfen, vorgelegt wurde. Keinerlei Bitte um Reichtümer, keine Erwähnung hoher Ämter, keine Forderung nach Macht und Stärke, kein Eingehen auf körperliche Gesundheit oder zeitliches Leben ist darin enthalten. Denn der Begründer der Ewigkeiten will nicht, dass man Hinfälliges, Wertloses und Zeitlich-Vergängliches von ihm erbittet. Wer jedoch diese ewigen Bitten unterlässt und lieber etwas Vergängliches und Hinfälliges von ihm verlangen will, wird durch die Wohlfeilheit seines Gebetes eher die Beleidigung seines Richters erreichen, als dass er ihn gnädig stimmt.

25 Obwohl nun dieses Gebet die ganze Fülle der Vollkommenheit zu enthalten scheint, da es ja durch die Autorität des Herrn selbst eingeführt und bestimmt wurde, so zieht er doch seine Hausgenossen (vgl. Eph 2,19) zu jenem ungleich erhabeneren, oben erwähnten Zustand empor. Er führt sie zu jenem feurigen, nur von wenigen erkannten oder erfahrenen, ja, um mich zutreffender auszudrücken, zu jenem unaussprechlichen Gebet auf höherer Stufe, das alle menschliche Sinne übersteigt: Mit keinem Laut einer Stimme, keinem Zungenschlag und keinem gesprochenen Wort wird es wahrnehmbar. Vielmehr entströmt es dem Geist, der durch das ihn überströmende himmlische Licht erleuchtet wurde. Nicht in menschlich beschränkten Worten, sondern in unaussprechlich verdichteten[17] Wahrnehmungen wie aus einer überreich aufbrechenden Quelle strömt [dieses Gebet wie ein Wildbach (vgl. Ps 74,15)] unaufhaltsam aus dem Geist hervor und dringt bis zum Herrn. In der Kürze eines Wimpernschlags sprudelt diese Quelle unendlich viel hervor – weder kann es ausgesprochen werden, noch kann der Geist, wenn er wieder zu sich selbst zurückgekehrt ist, es nachvollziehen. Diesen Zustand stellte uns auch unser Herr vor Augen mit jener Gebetsweise, von der geschrieben steht, dass er sie, allein und zurückgezogen auf dem Berg (vgl. Lk 6,12) oder schweigend dargebracht hat, und als er – ein unvergleichliches

Beispiel der Hingabe – in der Todesangst beim Gebet sogar Blutstropfen schwitzte. (Vgl. Lk 22,44)

26 Wer aber könnte, mag seine Erfahrung auch noch so groß sein, hinreichend die unterschiedlichen Gründe und Ursachen seiner Erschütterung erklären, durch die der Geist, entflammt und entzündet, zu lauteren und ganz und gar glühenden Gebeten angefeuert wird? Des Beispiels wegen möchten wir nur einige Gründe vorstellen, soweit wir uns für den Augenblick mithilfe der Erleuchtung durch den Herrn daran erinnern. Manchmal nämlich wurde uns ein Psalmvers während des Gesangs zum Anlass für ein feuriges Gebet. Zuweilen regte der Wohllaut der Stimme eines Bruders die Herzen der staunenden [Zuhörer] zu inbrünstigem Gebet an. Wir wissen auch, dass ein geordneter Vortrag und die Würde[18] dessen, der Psalmen singt, den Umstehenden sehr viel brennenden Gebetseifer gebracht hat. Die Ermahnung eines vollkommenen Mannes und die geistliche Unterredung haben nicht selten das Herz derer, die niedergeschlagen waren, zu ergiebigen Gebeten aufgerichtet. Wir wissen, dass wir auch durch den Tod eines Bruders oder irgendeines lieben Menschen nicht weniger zu sattsamer Erschütterung hingerissen wurden. Auch hat uns die Erinnerung an unsere Lauheit und Nachlässigkeit gelegentlich eine heilsame Glut des Geistes eingebracht. Demnach dürfte keiner daran zweifeln, dass es nicht an unzähligen Gelegenheiten fehlt, durch die mit Gottes Gnade die Mattigkeit und Schläfrigkeit unseres Geistes aufgerüttelt werden kann.

27 Wie jedoch oder auf welche Weise ebendiese Erschütterungen[19] aus den innersten Gemächern der Seele hervorkommen, ist nicht weniger schwer zu untersuchen. Oft nämlich kommt die Frucht einer äußerst heilsamen Erschütterung in der Weise zum Vorschein, dass sie in der Unermesslichkeit unerträglicher Freude tatsächlich in lautes Rufen ausbricht und die Fröhlichkeit des Herzens und die Fülle des Jubels bis in die Zelle des Nachbarn dringt. Doch manchmal verbirgt sich der Geist mit solcher Stille im Geheimnis tiefen Schweigens, dass das Erschrecken über die plötzliche Erleuchtung jeden Ton der Stimme ganz und gar erstickt und der angedonnerte[20] Geist entweder alle Sinne im Inneren verschließt oder sie aussendet, indem er sein Sehnen mit unaussprechlichem Seufzen vor Gott ausschüttet. Zuweilen aber wird er mit einer so überwältigenden und schmerzlichen Erschütterung erfüllt, dass er sie nicht anders als im Strom der Tränen bewältigen kann.

28 Germanus: Dieses Gefühl der Erschütterung jedenfalls kennt teilweise auch meine Wenigkeit ziemlich gut. Denn oft, wenn ich beim Gedanken an meine Vergehen in Tränen ausbreche, werde ich durch die Heimsuchung Gottes mit ebendieser unaussprechlichen Freude, wie du sie beschrieben hast, so belebt, dass die Fülle dieser Freude mir eindringlich sagt, dass ich nicht an der Vergebung meiner Sünden zweifeln darf. Ich gebe zu, dass nichts erhabener ist als dieser Zustand. Läge doch nur seine Wiederholung in unserer Macht! Denn manchmal, wenn ich mich danach sehne, mich mit aller Kraft zu einer ähnlichen Erschütterung unter Tränen aufzuraffen, und mir alle meine Fehler und Sünden vor Augen stelle, kann ich doch diesen reichlichen Strom der Tränen nicht wieder hervorrufen, und meine Augen sind hart wie der härteste Kiesel – kein einziger Tropfen entrinnt ihnen. Sosehr ich mich also an jenem Strom der Tränen freue, so sehr schmerzt es mich, dass ich ihn nicht hervorrufen kann, wann immer ich will.

29 Isaak: Nicht jeder Tränenstrom wird durch das gleiche Empfinden oder die gleiche Tugend verursacht. Anders nämlich bricht jenes Weinen auf, welches entsteht, wenn ein Sündendorn unser Herz durchbohrt, wovon es heißt: »Ich bin erschöpft vom Seufzen; Nacht für Nacht benetze ich mein Bett, mit Tränen überschwemme ich mein Lager.« (Ps 6,7) Und an anderer Stelle: »Vergieße deine Tränen wie einen Sturzbach Tag und Nacht; gönne dir keine Ruhe, nicht ruhe der Stern deines Auges.« (Klgl 2,18) Anders ist jener Tränenstrom, der aus dem Schauen auf die ewigen Güter und der Sehnsucht nach jener künftigen Herrlichkeit entsteht. Als Zeichen dafür brechen wegen der Unerträglichkeit der Vorfreude reichlichere Tränenströme unaufhaltsam und ohne Maßen hervor, wenn unsere Seele nach Gott, der lebendigen Quelle dürstet, indem sie sagt: »Wann darf ich kommen und erscheinen vor dem Angesicht des Herrn? Tränen waren mein Brot bei Tag und Nacht.« (Ps 41 = 42,3f) Jammernd und klagend ruft sie täglich: »Wehe mir, dass mein Aufenthalt in der Fremde verlängert wurde und meine Seele so lange ein Fremdling ist.« (Ps 119 = 120,5) Wieder anders fließen Tränen, welche zwar ohne dass wir uns eines todbringenden Verbrechens bewusst wären, aber doch aus der Furcht vor der Hölle und der Vergegenwärtigung jenes schrecklichen Gerichts entspringen. Darüber erschrocken, betet der Prophet erschüttert zu Gott: »Gehe nicht ins Gericht mit deinem Knecht, denn vor deinem Angesicht steht kein Lebender gerecht da.« (Ps 142 = 143,2) Es gibt auch noch eine andere Art von Tränen. Sie entspringt nicht dem eigenen Gewissen, sondern kommt von fremder Härte und Schuld. Deshalb beweint Samuel den Saul. (Vgl. 1 Sam 15,35) Deshalb, so steht geschrieben, beweint auch der Herr im Evangelium die Stadt Jerusalem (vgl. Lk 19,41ff) wie vorher schon Jeremia [sie beweint hat], als er sprach: »Wer wird meinem Haupt Wasser geben und meinen Augen Tränenquellen? Beweinen will ich bei Tag und bei Nacht die Getöteten der Tochter meines Volkes.« (Jer 9,1)

Oder was sind das denn für Tränen, von welchen im Psalm einhundertundeins gesungen wird: »Asche esse ich wie Brot, meinen Trank mische ich mit Tränen.« (Ps 101 = 102,10)? Diese Tränen werden gewiss nicht durch jenes Empfinden hervorgebracht, durch das sie im sechsten Psalm aus dem Angesicht des Büßenden strömen, sondern wegen der Ängste dieses Lebens, seiner Enge und Drangsal, welche die Gerechten in dieser Welt bedrängen. Das zeigt ganz deutlich nicht nur der Text dieses Psalms, sondern schon sein Titel. In Stellvertretung für einen der Armen, von denen es im Evangelium heißt: »Selig sind die Armen im Geist, denn ihnen gehört das Reich der Himmel« (Mt 5,3), trägt dieser Psalm die Überschrift: »Gebet eines Armen, als er in Angst war und vor Gott sein Flehen ausschüttete.« (Ps 101 = 102,1)

30 Von diesen Tränen weit entfernt sind jene, welche mit verhärtetem Herzen aus trockenen Augen gepresst werden. Dennoch glauben wir, dass sie nicht völlig ohne Frucht sind; denn es wird ja mit einem guten Vorsatz versucht, sie fließen zu lassen – besonders von denjenigen, die noch nicht zur vollkommenen Erkenntnis hindurchgelangen oder sich noch nicht vom Schmutz früherer oder gegenwärtiger Laster reinigen konnten.

Diejenigen aber, welche schon zum Gespür für die Tugenden vorangekommen sind, müssen keineswegs auf diese Weise einen Tränenstrom hervorpressen noch mit großer Anstrengung das Weinen des äußeren Menschen erkünsteln, das im Übrigen, selbst wenn es irgendwie zustande käme, doch niemals so reichlich wie nicht erzwungene Tränen fließen würde. Eher nämlich werden sie den Sinn des Betenden durch die Anstrengungen zur Erde hinunterziehen, ihn in Menschliches eintauchen und es von jener himmlischen Höhe wegstoßen, in welcher der angedonnerte Geist des Betenden immer verhaftet sein sollte, und ihn zwingen, in der Ausrichtung seiner Gebete nachzulassen, um sich dann krankhaft um sinnlose und erzwungene Tränentröpfchen zu quälen.

31 Doch damit ihr nun ein Gespür für das wahre Gebet bekommt, will ich euch nicht meine, sondern die Lehre des heiligen Antonios vortragen. Von ihm wissen wir: Er verharrte des Öfteren so sehr im Gebet, dass wir hörten, wie er, häufig im Außer-sich-Sein seines Geistes betend, in der Glut des Geistes der gerade aufgehenden Sonne zurief: »Was hinderst du mich, Sonne, die du nur aufgehst, um mich von der Klarheit dieses wahren Lichtes abzuziehen?« Von ihm stammt nun auch dieses eher himmlische als menschliche Wort über das Ziel des Gebetes, wenn er sagt: »Das Gebet ist nicht vollkommen, solange der Mönch noch sich oder sein Gebet versteht.«

Wir wagen es kaum, diesem wunderbaren Wort etwas hinzuzufügen. Doch möchten wir noch, soweit es das Maß unserer Schwachheit erlaubt und soweit wir sie kennen, die Merkmale des Gebetes, das vom Herrn erhört wird, darstellen.

32 Wenn uns beim Gebet kein Zaudern unterbricht und die Zuversicht unserer Bitte nicht doch durch Misstrauen zurückstößt; wenn wir vielmehr fühlen, dass wir schon beim Aussprechen des Gebetes erhalten haben, worum wir bitten, dann lasst uns nicht daran zweifeln, dass unsere Gebete wirkungsvoll zu Gott hindurchgedrungen sind. Denn nur in dem Maß verdient jemand, dass er erhört wird und erhält, worum er bittet, wie er glaubt, dass Gott auf ihn schaut und ihm helfen kann. Unwiderruflich nämlich gilt jenes Wort unseres Herrn: »Was ihr immer im Gebet erbittet, glaubt, dass ihr es erhalten werdet, und es wird euch zuteilwerden.« (Mk 11,24)

33 Germanus: Wir bezweifeln ja gar nicht, dass diese Zuversicht, erhört zu werden, der Reinheit des Gewissens entspringt. Wie aber sollen wir, deren Herz noch der Dorn der Sünden sticht, diese [Zuversicht] haben können? Wir haben keine Verdienste als Fürsprecher, aufgrund derer wir zuversichtlich annehmen dürften, dass unsere Gebete erhört werden.

34 Isaak: Es gibt unterschiedliche Gründe für die Erhörung [eines Gebetes], je nach dem unterschiedlichen und veränderlichen Zustand der Seelen, wie die Worte des Evangeliums und der Propheten bezeugen.

Da findest du aus dem Mund des Herrn die Frucht der Erhörung in der Übereinstimmung von zweien laut jenem Wort genannt: »Jedes Anliegen, in dem zwei unter euch sich auf Erden einig sind, dass sie darum bitten, wird ihnen von meinem Vater, der in den Himmeln ist, gegeben werden.« (Mt 18,19) Einen anderen Grund findest du in der Fülle des Glaubens, der mit einem Senfkorn verglichen wird. [Der Herr] sagt nämlich: »Wenn ihr Glauben habt wie ein Senfkorn, werdet ihr zu diesem Berg sprechen: ›Weiche von hier‹, und er wird weichen. Nichts wird euch unmöglich sein.« (Mt 17,19) Du findest [einen Grund] in der Ausdauer im Beten, die das Wort des Herrn wegen der unermüdlichen Beharrlichkeit der Bitten Zudringlichkeit nennt: »Wahrlich, ich sage euch, wenn schon nicht aus Freundschaft, so wird er sich doch wegen seiner Aufdringlichkeit erheben und ihm geben, was er nötig hat.« (Lk 11,8) Einen [Grund] findest du in der Frucht der Almosen. Es heißt: »Verschließe das Almosen im Herzen des Armen, und es wird für dich bitten in der Zeit der Bedrängnis.« (Sir 29,12) Du findest [einen Grund] in der Besserung des Lebens und in den Werken der Barmherzigkeit, entsprechend jenem Wort: »Zerreiße die Fesseln der Gottlosigkeit, löse die niederhaltenden Bande.« (Jes 58,6) Und nach einigen Worten, mit denen der Prophet die Nutzlosigkeit unfruchtbaren Fastens geißelt, sagt er: »Dann wirst du rufen, und der Herr wird dich erhören; du wirst schreien, und er wird sagen: Siehe, hier bin ich.« (Jes 58,9) Manchmal bewirkt allerdings auch ein Übermaß an Betrübnis die Erhörung entsprechend jenem Wort: »Ich schrie zum Herrn, als ich betrübt war, und er erhörte mich.« (Ps 119 = 120,1) Ebenso: »Bedrängt nicht den Fremdling; denn wenn er zu mir ruft, will ich ihn erhören – ich bin barmherzig.« (Ex 22,21.27)

Ihr seht also, auf wie viele Weisen die Gnade der Erhörung erlangt werden kann, damit niemand in der Verzweiflung seines Gewissens daran scheitert, Heil und Ewigkeit zu erreichen. Denn wenn ich auch beim Blick auf unser Elend zugeben will, dass wir in all den oben erwähnten Tugenden versagt haben, und dass wir weder jene lobenswürdige Übereinstimmung von zweien haben noch jenen Glauben, der dem Senfkorn gleicht, noch jene Werke der Frömmigkeit, welche der Prophet beschreibt – können wir denn nicht wenigstens die Aufdringlichkeit haben, die für jeden, der will, zu haben ist? Der Herr verspricht doch, dass er schon allein wegen der Aufdringlichkeit geben wird, was erbeten wurde. Deshalb sollen wir ohne ungläubiges Zögern auf den Bitten beharren und dürfen nicht im Geringsten daran zweifeln, dass wir durch die Unablässigkeit der Bitten alles erhalten werden, was wir Gott wohlgefällig erbitten. Denn da der Herr uns gewähren will, was ewig und himmlisch ist, ermahnt er uns, dass wir ihn durch unsere Aufdringlichkeit sozusagen dazu zwingen. Er verachtet die Aufdringlichen ja nicht nur nicht und weist sie nicht zurück, sondern lädt sie sogar ein, lobt sie und verspricht voller Güte, ihnen zu geben, was sie beharrlich erhoffen, wenn er sagt: »Bittet, und ihr werdet empfangen; sucht, und ihr werdet finden; klopft an, und es wird euch geöffnet. Denn wer bittet, empfängt; wer sucht, findet; wer anklopft, dem wird geöffnet.« (Lk 11,9f) Und an anderer Stelle: »Alles, was ihr im Gebet mit Glauben erbittet, werdet ihr erhalten. Nichts wird euch unmöglich sein.« (Mt 21,22; 17,20) Deshalb: Wenn auch alle oben erwähnten Gründe für eine Erhörung völlig fehlen, soll uns doch das Drängen der Aufdringlichkeit ermutigen, die ohne jede Schwierigkeit von Verdienst oder Anstrengung in der Macht eines jeden steht, der will. Jeder aber, der an der Erhörung seiner Bitten zweifelt, darf sicher sein, dass er nicht erhört wird. Dass man jedoch den Herrn unermüdlich bitten muss, lehrt uns auch jenes Beispiel des seligen Daniel. Obwohl er schon am ersten Tag, als er zu beten begann, erhört wurde, erfolgte die Verwirklichung seiner Bitte erst nach dem einundzwanzigsten Tag. (Vgl. Dan 10,12ff)

Folglich dürfen auch wir nicht von der einmal vorgetragenen Absicht unserer Gebete lassen, wenn wir merken, dass die Erhörung sich verzögert. Sonst würde womöglich die Gnade der Erhörung auf Anordnung Gottes – sinnvollerweise – aufgeschoben werden oder der Engel, der vom Angesicht des Allmächtigen ausging, um uns die göttliche Wohltat zu überbringen, würde durch den Widerstand des Diabolus aufgehalten werden. Denn es ist sicher, dass er [der Engel] das übersandte und ersehnte Geschenk nicht herbeibringen kann, wenn er feststellt, dass wir von der Absicht der vorgetragenen Bitte abgelassen haben. Das hätte ohne Zweifel auch dem obengenannten Propheten widerfahren können, wenn er nicht mit unvergleichlicher Tugend die Beharrlichkeit im Gebet bis zum einundzwanzigsten Tag durchgehalten hätte. In dieser Zuversicht im Glauben wollen wir uns durch keine Hoffnungslosigkeit brechen lassen, auch wenn wir kaum spüren, dass wir das Erbetene erreicht haben, noch wollen wir am Versprechen des Herrn zweifeln, wenn er sagt: »Alles, was ihr im Gebet mit Glauben erbittet, werdet ihr erhalten.« (Mt 21,22)

Es steht uns gut an, auf jenes Wort des seligen Evangelisten Johannes zurückkommen, durch das jede Unentschiedenheit in dieser Frage hinfällig wird. Er sagt: »Das ist das Vertrauen, welches wir zu ihm haben, dass er hört, worum wir nach seinem Willen bitten.« (1 Joh 5,14) Er lässt uns also nur in Bezug auf [ein Gebet], das nicht unserem zeitlichen Vorteil und Trost, sondern dem Willen des Herrn entspricht, ein volles und zweifelsfreies Vertrauen in die Erhörung haben. Dieses Vertrauen sollen wir auch in das Gebet des Herrn einfließen lassen, wenn wir sprechen: »Dein Wille geschehe« (Mt 6,10) – der seine nämlich, nicht der unsrige. Wenn wir auch noch jenes Wort des Apostels bedenken: »Wir wissen nicht, worum wir in rechter Weise beten sollen« (Röm 8,26), so sehen wir ein, dass wir oft verlangen, was unserem Heil entgegengesetzt ist, und dass uns also das, worum wir bitten, nur zu unserem Vorteil von dem verweigert wird, der genauer und wahrhaftiger sieht, was uns nützt. Das ist unzweifelhaft auch jenem Lehrer der Völker begegnet, als er bat, der Engel Satans möge von ihm genommen werden, der ihm zu seinem Nutzen nach dem Willen des Herrn beigesellt war, um ihn mit Fäusten zu schlagen. Er sagt: »Deshalb habe ich den Herrn dreimal gebeten, dass jener von mir ablässt, doch [der Herr] sagte zu mir: Es genügt dir meine Gnade; denn die Kraft wird in der Schwachheit vollendet.« (2 Kor 12,8–9)

Diesen Sinn hat auch der Herr so ausgedrückt, als er, betend mit der Stimme der menschlichen Natur, die er angenommen hatte, um uns auch wie alles Übrige die Form des Betens durch sein Vorbild vor Augen zu stellen, so betete: »Vater, wenn es möglich ist, so gehe dieser Kelch an mir vorüber; aber nicht wie ich will, sondern wie du [willst]« (Mt 26,39); denn sein Wille wich gewiss nicht von dem seines Vaters ab. »Er war ja gekommen, zu retten, was verloren war, und sein Leben hinzugeben zur Erlösung für die vielen.« (Mt 18,11; 20,28) Davon sagt er selbst: »Niemand nimmt mein Leben von mir, sondern ich gebe es freiwillig. Ich habe die Macht, es hinzugeben, und ich habe die Macht, es wieder zu nehmen.« (Joh 10,18) Stellvertretend für ihn singt auch der selige David über die Einheit des Willens mit dem Vater, die er stets besaß, im neununddreißigsten Psalm folgendermaßen: »Deinen Willen, mein Gott, zu tun, habe ich beschlossen.« (Ps 39 = 40,9) Wenn wir nämlich vom Vater lesen: »So sehr hat Gott die Welt geliebt, dass er seinen einziggeborenen Sohn dahingab« (Joh 3,16), so finden wir auch über den Sohn [gesagt]: »Der sich selbst für unsere Sünden dahingegeben hat« (Gal 1,4), Und wie es vom Vater heißt: »Der sogar den eigenen Sohn nicht verschont hat, sondern ihn für uns alle hingegeben hat« (Röm 8,32), so wird vom Sohn gesagt: »Er wurde geopfert, weil er selbst wollte.« (Jes 53,7) Und so wird der Wille des Vaters und Sohnes in allem als einer bezeichnet, sodass gelehrt wird: Selbst im Geheimnis der Auferstehung des Herrn war das Wirken nicht uneins. Denn wie der selige Apostel lehrt, dass die Auferstehung des Leibes des Herrn der Vater gewirkt hat, wenn er sagt: »Gott der Vater, der ihn von den Toten erweckt hat« (Gal 1,1), so bezeugt auch der Sohn, dass er den Tempel seines Leibes auferwecken wird, wenn er spricht: »Reißt diesen Tempel nieder, und in drei Tagen werde ich ihn wieder aufrichten.« (Joh 2,19)

Durch die genannten Beispiele des Herrn belehrt, sollen auch wir all unsere Bitten mit dem Gebet beschließen, das dem gleicht, und all unserem Flehen stets dieses Wort anfügen: »Doch nicht wie ich will, sondern wie du [willst].« (Mt 26,39) Hinreichend bekannt dürfte im Übrigen sein, dass jenes dreimalige Beugen der Knie[21], welches gewöhnlich in der Versammlung der Brüder am Ende des Gottesdienstes vollzogen wird, von denen nicht praktiziert werden kann, die nicht mit zielgerichtetem Herzen beten.

35 Vor allem jedoch sollen wir jenes Gebot des Evangeliums sorgfältig beachten, dass wir [zum Gebet] in unsere Kammer gehen, die Tür verschließen und dann zu unserem Vater beten sollen. (Vgl. Mt 6,6) Wir erfüllen dieses Gebot in folgender Weise: Wir beten in unserer Kammer, wenn wir unser Herz von allem Lärm der Gedanken und Unruhe ganz und gar abwenden und sozusagen heimlich und vertraulich die Tür unserer Gebete für Gott entriegeln. Bei verschlossener Tür beten wir, wenn wir mit geschlossenen Lippen in völligem Schweigen zu dem flehen, der nicht den Wortlaut, sondern die Herzen durchforscht. Im Verborgenen beten wir, wenn wir nur mit dem Herzen und einem auf das Ziel ausgerichteten Geist unsere Bitten für Gott allein öffnen, sodass nicht einmal die feindlichen Mächte unsere Gebetsweise zu erkennen vermögen. Wir müssen also stillschweigend beten – nicht nur, um die umstehenden Brüder durch unser Lispeln oder Schreien nicht zu übertönen oder die Besinnung der Betenden zu stören, sondern auch, damit gerade unseren Feinden, die uns beim Beten am meisten auflauern, die Absicht unseres Gebetes verborgen bleibt. So nämlich werden wir jenes Gebot erfüllen: »Vor der, die an deiner Brust ruht, behüte das Schloss deines Mundes!« (Mi 7,5)

36 Wir sollen also häufig, aber kurz beten, damit nicht, wenn wir zu lange dabei verweilen, der hinterlistige Feind in unser Herz etwas hineinsäen kann. Das nämlich ist ein wahres Opfer: »Ein zerknirschter Geist ist ein Opfer für Gott.« (Ps 50 = 51,19) Das ist eine heilbringende Gabe, das sind reine Trankopfer, »Opfer der Gerechtigkeit« (Ps 50 = 51,21), ein »Opfer des Lobes« (Ps 49 = 50,23); das sind wahre und fette Opfer, »fette Brandopfer« (Ps 65 = 66,15), die mit aufgebrochenem und demütigem Herzen dargebracht werden. Wenn wir sie mit besagter Zucht und Zielgerichtetheit des Geistes immer wieder darbringen, dann können wir mit Kraft und nachhaltig singen: »Mein Gebet steige wie Weihrauch vor deinem Angesicht auf, meine Hände wie das Abendopfer.« (Ps 140 = 141,2)

Dies nun auch mit entsprechender Hingabe zu erfüllen, mahnt uns die vorgerückte Stunde und der Anbruch der Nacht. Obwohl es nun scheint, dass wir, gemessen an unserer Schwachheit, vieles vorgetragen und die Unterredung in die Länge gezogen haben, so glauben wir doch, nur wenig besprochen zu haben, wenn wir uns die Erhabenheit und Schwierigkeit des Themas vor Augen führen.

Über diese Worte [des Abbas Isaak] waren wir mehr erstaunt, als dass wir ihnen zugestimmt hätten. Wir feierten das Abendgebet und gönnten den Gliedern etwas Erholung im Schlaf. Mit der Erlaubnis, beim ersten Morgengrauen für eine vollständigere Belehrung zurückkommen zu dürfen, zogen wir uns zurück, voller Freude sowohl über die schon empfangene Unterweisung wie über die Zusicherung der [für den nächsten Tag] versprochenen. Wir hatten jedenfalls das Gefühl, dass uns zwar die überragende Bedeutung des Gebetes verdeutlicht worden war, wir jedoch den Weg und die Tugend, die uns eine Beharrlichkeit im Gebet auch erreichen und durchhalten lassen, durch jenes Gespräch noch nicht ganz erfasst hatten.

Gott, komm mir zu Hilfe.
Herr, eile, mir zu helfen.

Collatio 10

Abbas Isaak lehrt das immerwährende Gebet

1 Die Abfolge des Erzählten erfordert es, diesen erhabenen Unterweisungen der Anachoreten, welche wir immerhin mit Gottes Hilfe, wenn auch mit ungelenkem Stil wiedergegeben haben, etwas einzufügen und einzuflechten, was sozusagen dem schönen Körper einen Makel aufzudrücken scheint. Dennoch zweifle ich nicht, dass dadurch gerade den etwas Einfältigeren keine geringe Anleitung zum Verständnis dessen gegeben wird, wie [die Aussage] »nach dem Bild des allmächtigen Gottes«, wovon man im Buch Genesis liest (vgl. Gen 1,26f), [zu verstehen ist]; zumal es sich um den Streit in einer so wichtigen Lehre handelt, dass Unwissenheit darüber nicht ohne große Gotteslästerung und Schädigung des katholischen Glaubens einhergehen kann.

2 Im Gebiet von Ägypten wird nach alter Überlieferung dieser Brauch befolgt: Wenn der Tag der Epiphanie vorüber ist, richtet der Bischof von Alexandria ein Schreiben an alle Kirchen Ägyptens, in dem er den Anfang der Quadragesima und den Tag des Pascha nicht nur für alle Städte, sondern auch für alle Klöster festlegt. Den Tag der Epiphanie aber legen die Priester jener Provinz als den Tag der Taufe des Herrn und als den Tag seiner leiblichen Geburt fest; deshalb feiern sie das Fest beider Geheimnisse nicht an zwei verschiedenen Tagen wie in den Provinzen des Westens, sondern als ein einziges Fest an diesem Tag. Entsprechend dieser Sitte kam also nur wenige Tage nach der Unterredung mit Abbas Isaak ein Festbrief[1] von Theophilos, dem Bischof besagter Stadt, an, in dem er neben der Bestimmung des Termins für das Osterfest eine lange Widerlegung der törichten Irrlehre der Anthropomorphiten vortrug und diese mit ausführlichen Worten verwarf. Das wurde nahezu von der ganzen Schar der Mönche, welche in der Provinz Ägypten lebten, in ihrer Einfalt irrtümlicherweise so verstanden, dass der größte Teil der Altväter entschied, es sei im Gegenteil der erwähnte Bischof selbst von der schlimmsten Irrlehre geradezu verdorben und von der ganzen Körperschaft der Brüder zu verurteilen. Es schien nämlich, als würde er die Lehre der Heiligen Schrift bekämpfen, da er leugnete, dass der allmächtige Gott Ähnlichkeit mit einer menschlichen Gestalt hat, obwohl doch die Heilige Schrift ausdrücklich bezeugt, dass Adam nach dem Bild Gottes erschaffen wurde. (Vgl. Gen 1,26f) Schließlich wurde auch von denen, die in der Wüste Sketis lebten und an Vollkommenheit und Wissen alle [Mönche] in den ägyptischen Klöstern übertrafen, dieser Brief so verworfen, dass mit Ausnahme des Abbas Paphnutios, des Priesters unserer Gemeinschaft, keiner von den übrigen Priestern, die in dieser Wüste den anderen drei Kirchen vorstanden, ihn zur Lesung oder zum Vortrag in ihren Gemeinschaften auch nur irgendwie zuließ.

3 Unter denen, die in diesem Irrtum gefangen waren, war einer mit Namen Serapion, [ein Mann] von ehrwürdigster Strenge und in jeder Hinsicht vollendet in der Praxis der Enthaltsamkeit. Seine durch Unkenntnis entstandene Meinung über die gerade erwähnte Lehre vorverurteilte alle, die am wahren Glauben festhielten umso mehr, als er selbst sowohl durch seinen verdienten Lebenswandel wie die lange Zeit [als Mönch] fast alle Mönche übertraf. Als er nun trotz der zahlreichen Aufforderungen durch den heiligen Priester Paphnutios nicht auf den Weg des rechten Glaubens gebracht werden konnte, weil ihm diese neuartige Ansicht nicht von den Vorfahren erlernt oder überliefert zu sein schien, da traf es sich, dass ein Diakon und hochgelehrter Mann mit Namen Photin[2] aus dem Gebiet von Kappadokien ankam. Er wollte die Brüder, welche in dieser Wüste wohnten, sehen. Ihn nahm der selige Paphnutios hocherfreut über seine Ankunft auf und führte ihn zur Stärkung des Glaubens, der im Schreiben des besagten Bischofs enthalten war, mitten unter die Brüder. Dann fragte er ihn vor allen, wie die katholischen Kirchen des ganzen Orients jenes Wort aus dem Buch Genesis: »Lasst uns Menschen machen nach unserem Bild und Gleichnis« (Gen 1,26) auslegen. Photin nun erläuterte, dass »Bild und Gleichnis Gottes« von allen Vorstehern der Kirchen nicht nach dem niedrigen Wortsinn, sondern geistig ausgelegt wird, und legte dies in einer ausführlichen Rede und mit sehr vielen Beweisen aus den Schriften dar. [Er erläuterte,] dass auf jene unermessliche, unbegreifliche und unsichtbare Majestät nichts zutreffen kann, was mit einer menschlichen Gestalt oder durch Ähnlichkeit [mit Menschen] beschrieben werden kann, da sie [jene Majestät] ja eine unkörperliche, nicht zusammengesetzte, sondern einfache Natur[3] ist, die weder mit Augen erfasst noch mit der Vernunft verstanden werden kann. Da endlich wurde der Greis [Serapion], von den zahlreichen und äußerst beeindruckenden Argumenten des hochgelehrten Mannes ergriffen, zum Glauben an die katholische Überlieferung gezogen.

Als diese seine Zustimmung schon Abbas Paphnutios ebenso wie uns alle mit unermesslicher Freude erfüllte – hatte der Herr doch nicht zugelassen, dass ein so hochbetagter Mann von solcher Vollendung in den Tugenden, der nur aufgrund seiner Unkenntnis und der Einfalt eines ungebildeten Menschen irrte, bis an sein Ende vom Weg des rechten Glaubens abweichen sollte, und wir uns schon erhoben, um zugleich dem Herrn Dankgebete darzubringen, da wurde der Greis beim Gebet völlig im Geist verwirrt, weil er fühlte, dass jenes einem Menschen gleichende Bild der Gottheit, das er sich beim Gebet gewöhnlich vorgestellt hatte, aus seinem Herzen genommen worden war. Er brach plötzlich in bitterstes Weinen und fortwährendes Schluchzen aus, stürzte zu Boden und schrie laut klagend: »Weh mir Unglücklichem! Sie haben mir meinen Gott weggenommen (vgl. Joh 20,2), und nun habe ich keinen mehr, an den ich mich halten kann, und weiß nicht, wen ich anbeten und bitten soll.« Davon zutiefst erschüttert, doch auch mit der Kraft der vorigen Unterredung noch im Herzen kehrten wir zum Abbas Isaak zurück. Als wir ihn trafen, redeten wir ihn mit folgenden Worten an:

4 Abgesehen von dem unglaublichen Geschehen aus jüngster Zeit, hat uns auch die aus der vorigen Unterredung über die Gebetsweisen herrührende Sehnsucht getrieben, alles hintanzustellen und zu deiner Heiligkeit zurückzukehren. Doch hat zu diesem Wunsch auch der schwerwiegende Irrtum des Abbas Serapion beigetragen, den ihm unserer Meinung nach die Verschlagenheit der abscheulichsten Dämonen einbrachte. Werden wir doch von nicht geringer Hoffnungslosigkeit überfallen, wenn wir darüber nachdenken, dass für diesen [Mann] die ungeheuren Mühen, die er fünfzig Jahre hindurch in dieser Wüste so großartig durchgestanden hatte, durch den Fehler dieses Nichtwissens nicht nur völlig umsonst waren, sondern er sogar beinahe in den ewigen Tod gelaufen wäre. Deshalb wünschen wir zuerst, verstehen zu können, warum sich dieser schwerwiegende Irrtum in sein Herz einnistete. Danach bitten wir um Belehrung, wie wir zu jener Gebetsweise gelangen können, über die du neulich nicht nur ausführlich, sondern auch so wunderbar gesprochen hast. Denn jene erstaunliche Unterredung hat in uns nur bewirkt, dass sie unseren Geist starr und stumm vor Staunen zurückließ, nicht aber gezeigt, wie wir jene [Gebetsweise] vervollkommnen oder ergreifen können.

5 Isaak: Es ist nicht verwunderlich, dass ein ganz einfacher Mann, der wohl kaum je über Wesen und Natur der Gottheit unterrichtet wurde, durch den Fehler, nicht gebildet zu sein und die Gewöhnung an den alten Irrtum, so lange hingehalten und getäuscht werden konnte und, um es der Wahrheit entsprechender auszudrücken, in einem Irrtum aus grauer Vorzeit verharren konnte. Dieser Irrtum wird nicht, wie ihr meint, erst jetzt durch eine Täuschung der Dämonen aufgebracht, sondern durch Unkenntnis aus dem alten heidnischen Glauben. Entsprechend der Gepflogenheit jenes Irrtums, derzufolge [die Menschen] Dämonen in Menschengestalt verehrten, glaubten sie auch, jene unfassbare und nicht mit Worten zu beschreibende Majestät der wahren Gottheit in den Umrissen einer körperlichen Gestalt anbeten zu müssen. Diese [Menschen] glauben nämlich, nichts zu haben, an das sie sich halten können, wenn sie nicht irgendein Bild vor sich hinstellen, das sie beim Gebet ständig anrufen, im Geist mit sich herumtragen und sich immer vor Augen stellen. Auf

ihren Irrtum wird zutreffend jenes Wort angewandt: »Sie vertauschten die Herrlichkeit des unvergänglichen Gottes mit dem Bild eines vergänglichen Menschen.« (Röm 1,23) Auch Jeremia sagt: »Mein Volk vertauschte seine Herrlichkeit mit einem Götzenbild[4].« (Jer 2,11) Obwohl also dieser Irrtum aus dem genannten Grund in den Sinnen so mancher [Menschen] Wurzeln geschlagen hat, hat er sich nichtsdestoweniger auch in den Herzen von Leuten, die nie mit heidnischem Aberglauben beschmutzt wurden, unter der Inanspruchnahme jenes Schriftwortes festgesetzt, in dem es heißt: »Lasst uns den Menschen machen, nach unserem Bild und Gleichnis.« (Gen 1,26)

Es geschah aufgrund ihrer Unkenntnis und weil sie nie darüber unterrichtet worden waren, sodass sogar die Irrlehre der sogenannten Anthropomorphiten im Gefolge dieser verwerflichen Auslegung entstand, die mit hartnäckiger Verkehrtheit behauptet, das unermessliche und eine, unteilbare Wesen der Gottheit sei entsprechend unseren Umrissen und menschlicher Gestalt zusammengesetzt. Jeder jedoch, der im katholischen Glauben unterwiesen wurde, wird dies als heidnische Gotteslästerung verabscheuen und so zur völlig reinen Beschaffenheit des Gebetes hindurchgelangen, die nicht nur keine Gestalt der Gottheit und keine körperlichen Umrisse – schon dies zu sagen ist ein Frevel – in ihr Flehen mischt, sondern nicht einmal die Vorstellung eines Wortes, einer Tat oder überhaupt eines wie immer geprägten[5] Abdruckes einer Form in sich zulässt.

6 Wie ich in der vorigen Unterredung schon sagte: Jeder Geist wird nach dem Maß seiner Reinheit in seinem Gebet nach oben ausgerichtet oder geformt, indem er sich nämlich in dem Maß von der Betrachtung irdischer und materieller Dinge entfernt, wie ihn der Stand seiner Reinheit voranbringt und ihn Christum entweder noch niedrig und im Fleisch oder verherrlicht und in der Herrlichkeit seiner Majestät kommend mit dem inneren Auge der Seele schauen lässt. Diejenigen nämlich, über deren Augen in gewisser Weise noch eine Decke[6] liegt (vgl. 2 Kor 3,14), werden Jesus nicht schauen können, wenn er in seinem Reich kommt, und nicht mit dem Apostel sagen können: »Wenn wir Christus auch dem

Fleisch nach gekannt haben, so kennen wir ihn doch jetzt nicht mehr [so].« (2 Kor 5,16) Doch nur jene schauen seine Gottheit mit völlig reinen Augen, die sich von den niederen und irdischen Werken und Gedanken erheben und sich mit ihm zurückziehen auf den erhabenen Berg der Einsamkeit. Frei vom Lärm aller Gedanken an Irdisches und aller Wirren, sicher vor der Verstrickung in alle möglichen Laster, erhöht durch völlig reinen Glauben und einzigartige Tugend, offenbart er [Jesus Christus] denen den Glanz seines Angesichts und das Bild seiner Verklärung, die würdig sind, ihn mit reinem Auge der Seele zu schauen. Jesus wird jedoch auch von denen gesehen, die in Städten, befestigten Orten und Dörfern (vgl. Mt 9,35) leben, das heißt, die im tätigen Leben stehen und mit den Werken [der Barmherzigkeit] beschäftigt sind, jedoch nicht in jenem verklärten Leuchten, in dem er sich denen zeigt, die mit ihm auf den genannten Berg der Tugend steigen können, nämlich dem Petrus, Jakobus und Johannes. (Vgl. Mt 17,1) So erschien er in der Einsamkeit auch dem Mose und sprach zu Elia. (Vgl. Ex 3,2; 1 Kön 19,9) Unser Herr wollte das bekräftigen und uns Beispiele vollkommener Reinheit hinterlassen. Obwohl er selbst als die Quelle unverletzlicher Heiligkeit nicht die Hilfe der Zurückgezogenheit und die Unterstützung durch die Einsamkeit benötigte, um in den Besitz der Reinheit zu kommen – es konnte ja die Fülle der Reinheit nicht durch den Schmutz der Menschenmenge befleckt werden; es konnte der nicht durch die Nähe zu Menschlichem verunreinigt werden, der alles Unreine rein und heilig macht –, zog er sich dennoch zurück, »allein auf einen Berg, um zu beten« (Mt 14,23). Dadurch lehrt er uns durch das Beispiel seiner Abgeschiedenheit, dass auch wir, wenn wir mit reiner und unversehrter Regung des Herzens zu Gott flehen wollen, uns aller Unruhe und Verwirrung der Massen entziehen sollen, damit wir schon in diesem Leben uns wenigstens teilweise die Ähnlichkeit mit jener Seligkeit aneignen können, die den Heiligen für die Zukunft verheißen ist, und damit Gott für uns [schon jetzt] »alles und in allem ist«. (1 Kor 15,28)

7 Dann erst wird jenes Gebet unseres Retters in uns vollkommen in Erfüllung gehen, in dem er für seine Jünger zum Vater betete: »Damit die Liebe, mit der du mich geliebt hast, in ihnen ist und sie in uns.« (Joh 17,26) Ebenso: »Damit alle eins sind, wie du, Vater, in mir und ich in dir, damit auch sie in uns eins sind« (Joh 17,21), wenn jene vollkommene Liebe Gottes, mit der er uns zuerst geliebt hat (vgl. 1 Joh 4,10), auch in die Regung unseres Herzens übergegangen ist und sich dieses Gebet des Herrn erfüllt hat, das, wie wir glauben, niemals entkräftet werden kann. Dieses Gebet wird sich dann erfüllen, wenn all unser Lieben, all unser Sehnen, alles Streben, alles Suchen, all unser Denken, alles, was wir leben, sprechen und hoffen, Gott sein wird, und wenn jene Einheit, die nun zwischen Vater und Sohn besteht, und zwischen Sohn und Vater, in unseren Sinn und Geist ausgegossen ist, dann nämlich, wenn auch wir, so wie er uns mit aufrichtiger, reiner und unauflöslicher Liebe liebt, ihm in ewiger und unzertrennlicher Liebe so verbunden werden, dass, was immer wir hoffen, erkennen oder reden, Gott ist. Dann, behaupte ich, erreichen wir das obengenannte Ziel, welches der Herr mit seinem Gebet in uns erfüllt haben möchte, wenn er betet: »Damit alle eins sind, wie wir eins sind; ich in ihnen und du in mir, damit auch sie zu einer Einheit vollendet werden« (Joh 17,22f). Und ebenso: »Vater, ich will, dass die, welche du mir gegeben hast, auch dort bei mir sind, wo ich bin.« (Joh 17,24) Das also muss das Ziel des Eremiten, das seine ganze Absicht sein, dass er würdig wird, das Bild von der zukünftigen Seligkeit schon in diesem Leben, solange er noch in diesem Leib lebt, zu besitzen und sozusagen das Unterpfand jenes himmlischen, herrlichen Lebens in diesem armseligen Gefäß schon im Voraus zu verkosten.

Dies, ich betone es, ist das Ziel aller Vollkommenheit, dass der Geist von jeglichem fleischbestimmten Zustand befreit, täglich so sehr zum Geistigen emporgehoben wird, dass all sein Wandel und jeder Herzschlag zu einem einzigen immerwährenden Gebet wird.

8 Germanus: Höher als unsere Verwunderung über die vorige Unterredung, derentwegen wir hierher zurückkamen, hat sich nun unser Staunen aufgetürmt. Sosehr wir zwar durch die Glut dieser Lehre zur Sehnsucht nach der vollkommenen Seligkeit entflammt wurden, umso mehr überfällt uns Niedergeschlagenheit, weil wir nicht wissen, wie wir eine solch erhabene Fähigkeit suchen oder festhalten können. Doch da es nötig ist, das, was wir im Kellion schon begonnen hatten, ausführlich hin und her zu überlegen, vielleicht ausführlich vorzustellen, bitten wir dich, uns großzügig zu erlauben, [unsere Überlegungen] zu erklären. Wir wissen nur zu gut, dass deine Heiligkeit am Unvermögen der Schwachen keinen Anstoß zu nehmen pflegt, umso weniger, als es gerade deswegen offengelegt werden muss, damit das Unsinnige daran korrigiert werden kann.

Was auch immer unsere Meinung sein mag: Vollkommenheit muss in einer jeden Kunst oder Fertigkeit[7] zunächst mit gewissen vorsichtigen und einfacheren Grundkenntnissen und sehr zaghaften Anfängen beginnen, damit sie, sozusagen mit der Milch der Vernunft (vgl. 1 Kor 3,2) nach und nach genährt und erzogen, von den Niederungen langsam und stufenweise zum Gipfel emporsteigt. Wenn sie dann umfassendere Grundkenntnisse wie das Tor zum erwählten Beruf durchschritten hat, so wird sie folglich auch zum innersten Geheimnis und dem erhabensten Gipfel der Vollkommenheit ohne Mühe hindurchgelangen. Denn wie sollte ein Knabe auch nur einfache Verbindungen von Silben aussprechen können, wenn er nicht zuvor die Zeichen für die Buchstaben sorgfältig gelernt hat? Oder wie sollte einer richtig lesen können, der noch nicht einmal fähig ist, kurze und knappe Wortfolgen zu verbinden? Mit welcher Methode sollte einer, der noch zu wenig in den Kenntnissen der Grammatik unterrichtet ist, rhetorische Gewandtheit oder die Wissenschaft der Philosophie erreichen? Deshalb zweifle ich nicht, dass es auch für diese erhabenste unter allen Künsten, in der wir unterwiesen werden, Gott allezeit anzuhangen, gewisse Grundlagen für den Unterricht gibt, die zuerst genauestens festgelegt werden müssen, bevor sich darüber die erhabenen Gipfel der Vollkommenheit erheben können.

Wir vermuten als zuerst nötige Grundkenntnisse, dass wir zunächst wissen [müssen], mit welcher geistlichen Praxis Gott [im Gedächtnis] gehalten oder gedacht werden soll; dann, wie wir diese wie immer geartete Grundlage [geistlichen Lebens], soweit wir dazu fähig sind, unverändert bewahren können, worin zweifelsohne der Gipfel jeder Vollkommenheit besteht. Deshalb wünschen wir, dass uns eine Grundlage für dieses stete Erinnern [an Gott] gezeigt wird, durch die Gott im Geist aufgenommen und immerwährend festgehalten werden kann, damit wir uns diese Grundlage jedes Mal neu vor Augen stellen, wenn wir merken, dass wir davon abgekommen sind, und damit wir etwas bereit haben, wohin wir, wenn wir wieder zur Besinnung kommen, augenblicklich zurückkehren können und womit wir uns jene [Grundlage] unverzüglich und ohne schwieriges Suchen wieder zu eigen machen können. Es kommt ja vor, dass wir vom geistigen Schauen abgeschweift sind, dann wieder aus der Zerstreuung wie aus einem tödlichen Schlaf zu uns selbst zurückkommen und wie Erwachte die Grundlage suchen, durch die wir jenes geistige Erinnern, das uns abhandengekommen ist, wiedererwecken können. Dann werden wir durch den Zeitverlust der Suche aufgehalten, oft erneut von unserem Vorhaben abgebracht, bevor wir diese [Grundlage] wiederfinden. Noch bevor ein geistiger Blick zustande kommt, entschwindet die aufkeimende Absicht des Herzens. Es ist hinreichend bekannt, dass uns diese Verwirrung deshalb widerfährt, weil wir nicht etwas Bestimmtes, etwa eine bestimmte Gebetsform, beständig vor Augen haben, wohin der unstete Geist nach vielen Irrungen und Wirrungen zurückgerufen werden und so nach einem lange dauernden Schiffbruch gleichsam zum Hafen der Ruhe kommen kann. So kommt es, dass der Geist, durch diese Unwissenheit und Schwierigkeit häufig belastet, stets umherirren muss und wie betrunken in alle Richtungen taumelt und nicht einmal jenes Geistige, das ihm eher durch Zufall als durch seinen Eifer begegnet, lange und sicher festhalten kann, da er ständig eines nach dem anderen aufnimmt und deshalb weder Eintritt und Anfang noch Ende und Weggehen [des Geistigen, das ihm begegnet] bemerkt.

9 Isaak: Eure genaue und feinsinnige Untersuchung zeigt, wie nahe ihr der Reinheit seid.[8] Denn niemand wird zu diesen Dingen eine Frage formulieren können – geschweige denn, dass jemand Einsicht und Unterscheidungsvermögen hätte, den nicht eine gewissenhafte und nachhaltige Tätigkeit des Geistes und eine hellwache Sorgfalt zur Erforschung der Tiefe dieser Fragen geführt hat und den die beständige Zielausrichtung eines streng geregelten Lebens durch Erfahrung dahin gebracht hat, die Schwelle dieser Reinheit zu betreten und an ihre Tür zu klopfen. Ich sehe also, dass ihr – wie soll ich sagen – nicht etwa vor der Tür dieses wahren Gebetes, von dem wir sprechen, stehen geblieben seid, sondern sozusagen mit den Händen der Erfahrung schon die innere verborgene Kammer des Gebetes betastet und einige Teile schon mehr und mehr begreift. Deshalb glaube ich auch, euch, die gewissermaßen schon im Vorhof umherirren, mühelos in das Innerste einführen zu können, so viel der Herr es schenkt. Auch glaube ich nicht, dass euch vom Verständnis dessen, was euch gezeigt werden muss, irgendeine Schwierigkeit als Hindernis abhalten wird.

Denn sehr nahe an der Erkenntnis ist, wer klug erkennt, wonach er suchen muss. Nicht ferne vom Wissen ist, wer einzusehen beginnt, was er nicht weiß[9]. Deshalb fürchte ich nicht, in den Vorwurf des Verrates oder des Leichtsinns zu geraten, wenn ich jetzt das offen ausspreche, was ich in der vorigen Abhandlung über das vollkommene Gebet noch aus der Unterredung herausgehalten hatte. Denn ich bin der Meinung, dass euch, die ihr euch so eifrig und ununterbrochen darum müht, die Kraft des Gebetes auch ohne die Hilfe meiner Rede durch die Gnade Gottes aufgeschlossen worden wäre.

10 Sehr klug habt ihr jene Unterweisung mit dem Unterricht für Kinder verglichen, die ja die Bedeutung der Buchstaben nur verstehen lernen und deren Umrisse erkennen oder mit sicherer Hand wiedergeben können, wenn sie lernen, durch ständiges genaues Hinsehen und tägliche Nachahmung die Buchstaben dem Modell entsprechend, das ihnen vor Augen gestellt wurde, nachzuschreiben, indem sie die vorgegebenen Formen sorgfältig in ihre Wachstafel[10] eindrücken.

Auch euch soll eine [äußere] Form für das Schauen im Geist anvertraut werden. Richtet euren Blick immer und ohne Unterlass darauf; dann lernt ihr, sie Tag und Nacht zu wiederholen, sodass sie für euch zum Heilmittel wird, und durch ihre Anwendung und euer Nachsinnen darüber zu erhabenerem Schauen emporzusteigen. Als Form für die von euch erbetene Gebetsweise wird euch diejenige vorgelegt, welche jeder Mönch, der danach strebt, allezeit an Gott zu denken, nachdem er die Unmenge an Gedanken vertrieben hat, sich angewöhnen soll, ohne Unterlass in seinem Herzen zu wiegen und darüber nachzusinnen. Er kann sie auf keinen Fall beibehalten, wenn er nicht von aller Sorge um den Körper und von aller Unruhe frei ist. Wie uns diese [Form des Gebets] von den wenigen der ersten Väter, die noch lebten, überliefert wurde, so wird sie auch von uns nur den äußerst wenigen, die wahrhaft danach dürsten, anvertraut. Um das unablässige Gedenken an Gott zu bewahren, soll euch, ohne dass ihr sie wieder aufgebt, diese Gebetsform vor Augen sein: »Gott, komm mir zu Hilfe; Herr, eile, mir zu helfen[11].« (Ps 69 = 70,2)

Dieser kleine Vers wurde nicht umsonst aus dem gesamten Rüstzeug der Heiligen Schrift ausgewählt. Er nimmt alle Affekte auf, die an die menschliche Natur herantreten können, und passt ganz vortrefflich zu jedem Anlass und allem, was gegen uns anstürmt. Er hat in sich die Anrufung Gottes in allen Gefahren, die Demut des ehrfürchtigen Gotteslobs, die Wachsamkeit der Sorge und der immerwährenden Furcht; den Blick auf die eigene Zerbrechlichkeit; die Zuversicht, von Gott geführt zu werden; das Vertrauen, dass ihm immer ein Schutz hilfsbereit zur Seite steht. Wer nämlich seinen Beschützer beständig anruft, ist sich sicher, dass er immer gegenwärtig ist.

Dieser kleine Vers hat die Glut der Gottesliebe und der Nächstenliebe; die Achtsamkeit auf den Hinterhalt und das Schreckgespenst der Feinde, denen man sich Aug in Aug gegenüber und von denen man sich Tag und Nacht umzingelt weiß.

Dieser kleine Vers ist eine uneinnehmbare Schutzmauer um alle, die unter dem Ansturm der Dämonen leiden; eine undurchdringliche Rüstung und der allersicherste Schutzschild.

Dieser kleine Vers duldet nicht, dass die, welche in der Akedia und der Angst ihres Herzens festsitzen oder durch Traurigkeit und alle möglichen Gedanken niedergeschlagen sind, an den Heilmitteln, die uns retten, zweifeln, indem er zeigt, dass der, den er anruft, unsere Kämpfe immerdar sieht und sich den Bitten derer, die ihn beten, nicht entzieht.

Dieser kleine Vers mahnt uns aber auch, wenn wir geistlichen Fortschritt und Freude in unserem Herzen bemerken, dass wir in keiner Weise überheblich sein sollen im Glück, von dem er weiß, dass wir es ohne Gott als Beschützer nicht festhalten können, wenn er [dieser Vers] Gott anfleht, nicht nur immer, sondern auch eilends zu helfen.

Dieser kleine Vers ist also einem jeden von uns, in welcher Situation auch immer, nötig und nützlich. Denn wer immer und in allem sich nach Hilfe sehnt, macht deutlich, dass er nicht nur im Unglück oder in traurigen Umständen, sondern auch im Glück und in der Freude Gott gleichermaßen als Helfer braucht, damit Gott ihn, so wie er ihn aus Unglück herausreißt, ihn auch im Glück verweilen lässt – in dem Wissen, dass die menschliche Gebrechlichkeit in keinem von beiden ohne Gottes Hilfe bestehen kann.

Wenn ich also von der Leidenschaft der Gier nach Essen erdrückt werde, Speisen suche, welche die Wüste nicht kennt, und wenn mir in der rauen Einöde der Duft königlicher Tafeleien in die Nase steigt und ich mich entgegen all meinem Wollen zu den Sehnsüchten danach hingezogen fühle, dann soll ich sagen: Gott, komm mir zu Hilfe; Herr, eile, mir zu helfen. Verspüre ich leise Stiche, die festgesetzte Mahlzeit vorweg einzunehmen, oder kämpfe ich mit heftigen Herzschmerzen, um das Maß der rechten und gewohnten Enthaltsamkeit einzuhalten, soll ich unter Seufzen rufen: Gott, komm mir zu Hilfe; Herr, eile, mir zu helfen. Bräuchte ich wegen der Anfechtungen des Fleisches ein strengeres Fasten, aber mein verwöhnter Magen oder die Dürre und Magerkeit des Körpers hält mich davon ab, dann soll ich, damit mein Verlangen gestillt wird oder aber sich die Hitze der fleischlichen Gier ohne die Mäßigung in strengerem Fasten legt, beten: Gott, komm mir zu Hilfe; Herr, eile, mir zu helfen. Wenn ich zum Essen gehe, wie die festgesetzte Stunde es vorgibt, mich aber schon ekelt, das eine Brot zu essen, und verweigere ich jede lebensnotwendige Nahrungsaufnahme, soll ich unter Wehklagen schreien: Gott, komm mir zu Hilfe; Herr, eile, mir zu helfen.

Wenn ich wegen der Beständigkeit des Herzens bei der Lesung bleiben will, aber der Kopfschmerz, der mir dazwischenkommt, hindert mich daran, und der Schlaf lässt schon zur dritten Stunde mein Gesicht auf das heilige Buch sinken oder werde ich angetrieben, die der Ruhe bestimmte

Zeit zu überschreiten oder früher zu beginnen, oder zwingt mich der festeste Tiefschlaf, schließlich sogar die regelmäßigen Psalmgebete zu unterlassen, dann muss ich in gleicher Weise schreien: Gott, komm mir zu Hilfe; Herr, eile, mir zu helfen.

Wenn meinen Augen der Schlaf geraubt wurde und ich mich von der Schlaflosigkeit, die der Diabolus während vieler Nächte verursachte, erschöpft sehe, und jede Erholung durch nächtliche Ruhe von meinen Lidern genommen wurde, soll ich unter Seufzern beten: Gott, komm mir zu Hilfe; Herr, eile, mir zu helfen. Stehe ich noch mitten im Kampf mit den Lastern und es sticht mich plötzlich der Kitzel des Fleisches und versucht mich im Schlaf durch genießerische Freude zur Zustimmung zu verführen, dann muss ich, damit nicht dieses ungehörig auflodernde Feuer die süß duftenden Blüten der Keuschheit verbrennt, rufen: Gott, komm mir zu Hilfe; Herr, eile, mir zu helfen. Fühle ich das Feuer der Begierde gelöscht und dass die Glut der Lust in meinen Gliedern nachgelassen hat, dann soll ich, damit die empfangene Kraft, besser gesagt die Gnade Gottes, länger und andauernd bei mir bleibt, erwartungsvoll sagen: Gott, komm mir zu Hilfe; Herr, eile, mir zu helfen.

Wenn ich durch den Stachel von Zorn, der Liebe zum Geld oder der Traurigkeit beunruhigt und gezwungen werde, die Milde als meine Freundin aufzugeben – damit ich nicht, vom Zorn verwirrt zur Bitterkeit, die Gift und Galle speit, verführt werde, muss ich mit Seufzen unter Klagen ausrufen: Gott, komm mir zu Hilfe; Herr, eile, mir zu helfen.

Wenn ich in Überheblichkeit zu Akedia, Kenodoxia und Hybris verführt werde und mein Geist sich schmeichelt mit dem feinen Gedanken an die Nachlässigkeit und doch Trägheit der anderen – damit diese gefährliche Einflüsterung des Feindes nicht in mir an Einfluss gewinnt, muss ich mit aller Erschütterung des Herzens beten: Gott, komm mir zu Hilfe; Herr, eile, mir zu helfen.

Habe ich aber, nachdem das Geschwür der Hybris entfernt wurde, die Gnade der Demut und Einfachheit durch die anhaltende Erschütterung im Geist erlangt – »damit nicht wieder zu mir komme der Fuß des Stolzes und die Hand des Sünders mich nicht vertreibe« (Ps 35 = 36,12), und ich von der Einbildung auf meinen Sieg umso schwerer verwundet werde –, soll ich mit allen Kräften rufen: Gott, komm mir zu Hilfe; Herr, eile, mir zu helfen.

Werde ich überflutet von unzähligen und unterschiedlichsten Ausschweifungen meiner Seele sowie der Unbeständigkeit meines Herzens und vermag ich nicht die Gedanken, die in alle Richtungen davonjagen, zu sammeln; kann ich nicht einmal mein Gebet strömen lassen ohne Unterbrechung oder nichtige Trugbilder, nicht ohne ständig an Worte und Taten zu denken, und schnürt mich die Trockenheit dieser Unfruchtbarkeit so sehr ein, dass ich meine, überhaupt keine Wahrnehmungen geistlicher Art mehr erbringen zu können: Damit ich würdig werde, von diesem Schmutz des Geistes befreit zu werden, von dem ich mich selbst mit Klagen und Weinen nicht befreien kann, werde ich notgedrungen schreien: Gott, komm mir zu Hilfe; Herr, eile, mir zu helfen. Merke ich hingegen, dass ich die Ausrichtung der Seele, die Festigkeit der Gedanken und die Behändigkeit des Herzens durch die Heimsuchung des Heiligen Geistes mit unaussprechlicher Freude im Außer-sich-Sein des Geistes erreicht habe, dass mich die Fülle geistlicher Wahrnehmungen überströmt, habe ich in einer plötzlichen Erleuchtung durch den Herrn eine Offenbarung heiligster, mir zuvor völlig unzugänglicher Erkenntnisse empfangen: Damit ich würdig bin, dabei länger zu verweilen, muss ich inständig und ohne Unterlass rufen: Gott, komm mir zu Hilfe; Herr, eile, mir zu helfen.

Werde ich, bei Nacht von bedrohlichen Fratzen der Dämonen umzingelt, in Angst und Schrecken versetzt und werde ich beunruhigt durch die Phantasiebilder unreiner Geister, wird mir in zitternder Furcht sogar die Hoffnung auf Heil und Leben genommen, dann will ich mit aller Kraft rufen, indem ich in den rettenden Hafen dieses kleinen Verses fliehe: Gott, komm mir zu Hilfe; Herr, eile, mir zu helfen.

Bin ich dann durch den Trost des Herrn wiederhergestellt, fühle mich durch sein Kommen belebt und wie von unzähligen Tausenden von Engeln so umgeben, dass ich es plötzlich wage, nach der Gemeinschaft mit ihnen Verlangen zu haben und die Begegnung mit denen zu suchen, vor denen ich vorher mehr als vor dem Tod zitterte und deren Berührung, ja Nähe ich nur mit Schrecken für Geist und Körper fühlte: Damit in mir die Kraft dieser Standhaftigkeit durch Gottes Gnade länger verweilt, muss ich mit aller Kraft laut rufen: Gott, komm mir zu Hilfe; Herr, eile, mir zu helfen.

Unaufhörlich sollen wir das Gebet dieses kleinen Verses strömen lassen; im Unglück, damit wir ihm entrinnen; im Glück, damit wir nicht überheblich werden. Unablässig lasse in deinem Herzen das Nachsinnen über diesen Vers hin und her wogen. Höre nicht auf, ihn bei jeder Arbeit, in jeder Aufgabe, auch wenn du unterwegs bist, vor dich hin zu singen. Sogar wenn du schläfst, beim Essen, oder wenn dein Körper sein Recht einfordert, zu verdauen und auszuscheiden, pflege diesen kleinen Vers. Wenn du diesen Vers unablässig in deinem Herzen sich bewegen lässt, wird er dir zu einem Rettungsanker, der dich nicht nur unverletzt vor jedem Ansturm der Dämonen bewahrt, sondern dich auch von allen Lastern, mit denen du dich in der Welt angesteckt hast, reinigt. So wird er dich hindurchgeleiten zu jener himmlischen Schau, die mit leiblichen Augen nicht gesehen werden kann. Er wird dich hinreißen zu jener unaussprechlichen Glut des Gebetes, die nur von sehr wenigen erfahren wurde.

Mag dich auch Schlaf überfallen: Wenn du diesen Vers einübst, wird es dir schließlich, durch seine unablässige Anwendung geformt, zur Gewohnheit werden, ihn sogar im Schlaf aufzusagen. Er soll dir nach dem Aufwachen als Erstes in den Sinn kommen, beim Wachwerden soll er der erste aller Gedanken sein. Wenn du von deinem Lager aufstehst, soll er dich beim Beugen der Knie begleiten und von da zu allem deinem Werk und Tun führen, dich allezeit begleiten. Du sollst über ihn nachsinnen, »wenn du im Haus sitzt und unterwegs bist«, wie es der Gesetzgeber [Mose] gebietet (Dtn 6,7), wenn du schläfst und wenn du dich vom Schlaf erhebst. Ihn sollst du auf die Schwelle und die Tür deines Mundes schreiben, auf die Wände deines Hauses und das innerste Gemach deines Herzens. Wenn du dich zum Gebet niederwirfst, sei er dein Gesang zur Verbeugung; wenn du dich vom Gebet erhebst und darangehst, alle für den Lebensunterhalt notwendigen Arbeiten zu verrichten, sei er dein aufrichtiges und beständiges Gebet.

11 Diese, ja diese Gebetsform soll der Geist ohne lockerzulassen festhalten, bis er durch deren unaufhörliche und ständige Wiederholung gestärkt, den ganzen falschen Reichtum und ansehnlichen Besitz an vielerlei Gedanken wegwirft und zurückweist und so durch die bezwingende Armut dieses kleinen Verses mit leichtem Schritt eilends zu jener Seligpreisung des Evangeliums hindurchgelangt, die unter den übrigen Seligpreisungen den Vorrang innehat, die da sagt (Mt 5,3): »Selig sind die Armen im Geist, denn ihnen gehört das Reich der Himmel.« So erfüllt derjenige, der durch die Armut dieser Art als ein vortrefflicher Armer besteht, jenes Prophetenwort: »Der Arme und Bedürftige wird den Namen des Herrn loben.« (Ps 73 = 74,21) In der Tat: Kann es eine größere und heiligere Armut geben als die desjenigen, der weiß, dass er nichts an Schutz und nichts an Kraft hat und der deshalb von der Freigiebigkeit eines anderen die tägliche Hilfe erwartet, und der, wenn er sieht, dass sein Leben und sein Besitz in jedem einzelnen Augenblick durch die göttliche Hilfe erhalten wird, sich nicht zu Unrecht als wahrhaften Bettler vor dem Herrn sieht, der inständig bittend täglich zu ihm ruft: »Ich bin ein Bettler und arm. Gott hilft mir.« (Ps 39 = 40,18)

So, von ihm selbst erleuchtet, emporsteigend zu jener vielgestaltigen Erkenntnis Gottes, kann er schließlich mit den erhabeneren und heiligeren Geheimnissen gesättigt werden entsprechend jenem [Wort] des Propheten: »Die hohen Berge gehören dem Steinbock, Felsen bieten Zuflucht dem Klippdachs[12].« (Ps 103 = 104,18) Dies fügt sich ziemlich gut in die vorgetragene Auslegung: Jeder, der in Einfachheit und Unschuld aushält, niemandem schadet und keinem lästig wird, sondern zufrieden allein in seiner Einfachheit nur wünscht, vor der Meute derer, die ihm nachstellen, beschützt zu werden, ist wie ein Klippdachs im übertragenen, geistigen Sinn geworden, der durch den steten Schutz durch das Evangelium, den Felsen, [vor den Feinden] verborgen wird. Das heißt: Weil er allezeit in Gedanken beim Leiden des Herrn und beschützt durch das unablässige Nachsinnen über den genannten Vers ist, entkommt er den Nachstellungen des Feindes, der ihn angreift. Über diese Klippdachse im geistigen Sinn wird in den Sprichwörtern gesagt: »Klippdachse sind ein schwaches Volk; sie haben in Felsen ihre Wohnung.« (Prov 30,26) Wahrhaftig, was gibt es schwächeres als einen Christen, was ungeschützteres als einen Mönch, dem nicht nur keinerlei Vergeltung für [erlittenes] Unrecht zusteht, sondern dem nicht einmal erlaubt ist, eine leichte und wortlose Erregung in seinem Inneren aufkommen zu lassen? Wer jedoch [nicht dabei stehen bleibt, sondern] weitergeht und nicht nur die Einfachheit der Unschuld besitzt, sondern auch mit der Tugend der Diskretio gerüstet zum Drachentöter[13] wird, indem er den Satan zermalmt und mit Füßen tritt, und durch die Behändigkeit seines Geistes zur Ähnlichkeit mit einem Steinbock im geistigen Sinn vorgestoßen ist, der weidet auf den Bergen der Propheten und Apostel, das heißt in ihren höchsten und erhabensten Geheimnissen. Auf ihrer Weide allezeit gesättigt, erkennt er auch in allen Gemütslagen der Psalmen seine eigenen und beginnt, sie so zu singen, dass er sie nicht ausspricht als Dichtungen des Propheten, sondern als kämen sie aus ihm selbst, wie sein eigenes Gebet, erschüttert in der Tiefe seines Herzens. Er betrachtet die Psalmen auch gewiss als an ihn selbst gerichtet und erkennt, dass ihre Aussagen nicht nur damals durch den Propheten oder an ihm selbst erfüllt wurden, sondern dass sie ihm täglich widerfahren und sich in ihm vollziehen. Die heiligen Schriften öffnen sich unserem Verstehen ja dann am deutlichsten und lassen sozusagen ihre Adern und ihr Mark erkennen, wenn unsere Erfahrung die Erklärungen durch die Psalmworte nicht nur übernimmt, sondern ihnen sogar zuvorkommt und sich uns der Sinn der Worte nicht durch eine Auslegung, sondern durch [entsprechende] Beweise erschließt. Denn indem wir eben diejenige Regung des Herzens aufnehmen, in der ein Psalm gesungen oder geschrieben wurde, und sozusagen zu seinen Verfassern werden, eilen wir dem Verständnis dieses Psalms eher voraus, als dass wir ihm folgen, das heißt, wir entdecken die Kraft der Worte noch bevor wir sie kennen. Wenn wir dann [über die Worte] nachsinnen, erinnern wir uns sozusagen daran, was in uns geschah oder mit den alltäglichen Ereignissen geschieht. Beim Psalmengesang kommt uns wieder in den Sinn, was uns zur Nachlässigkeit verleitete oder was die Sorgfalt zustande brachte, was die göttliche Fürsorge uns schenkte oder uns die Anstachelung des Feindes wegnahm; was das schlüpfrige und kaum wahrnehmbare Vergessen entgleiten ließ, was menschliche Gebrechlichkeit hinwarf oder unvorsichtige Unfreiwilligkeit vortäuschte. All diese Affekte finden wir in den Psalmen ausgedrückt, sodass wir, was uns zustieß, deutlicher erkennen, da wir es wie im reinsten Spiegel betrachten können. So werden wir von den Affekten wie von Erziehern gelehrt, [diese Affekte] nicht [nur] als etwas, wovon wir gehört haben, sondern als etwas deutlich Wahrgenommenes zu berühren[14], und sie nicht als etwas, das wir [nur] gelernt haben, sondern als [Empfindungen,] die in unserer Natur angelegt sind, wie aus tiefstem Herzensgrund empordringen zu lassen. Dann durchdringen wir den Sinn der Worte nicht aufgrund des Wortlautes der Lesung, sondern aufgrund der vorausgehenden Erfahrung. So dringt unser Geist zu jenem niemals endenden Gebet hindurch, zu dem in der vorigen Abhandlung die Unterredung mit Gottes Hilfe stufenweise emporstieg. Dieses Gebet ist nicht nur durch keinen Blick auf ein Bild beschränkt, es wird auch nicht durch die Abfolge von Silben und Worten unterteilt. Sondern: Im feuergleichen Höhenflug des Geistes wird es durch das wortlose Außer-sich-Sein des Herzens in unüberbietbarer Behändigkeit des Geistes dargebracht. Der Geist, aller Sinne, alles Sichtbaren und Stofflichen enthoben, bringt es mit unaussprechlichem Seufzen und Schluchzen Gott als Opfer dar.

12 Germanus: Wir meinen, dass uns nicht nur die erbetene überlieferte Unterweisung im geistlichen Leben, sondern sogar die Vollkommenheit selbst hinreichend klar und einleuchtend dargelegt wurde. Was könnte doch vollkommener, was erhabener sein, als Gottes in einer so knappen geistlichen Praxis umfassend gedenken zu können, in Erwägung eines einzigen kleinen Verses alle Grenzen des Sichtbaren hinter sich zu lassen und gleichsam die Gemütsregungen aller Gebete in einem kurzen Wort zusammenzufassen? Deshalb bitten wir nur, uns das eine, das noch übrig bleibt, zu erklären: Wie können wir diesen kleinen Vers, den du uns als Form [für das Gebet] überliefert hast, beständig festhalten, sodass wir, wie wir durch Gottes Gnade von den Eitelkeiten weltlichen Denkens befreit sind, auch die geistlichen Gedanken fest und unerschütterlich bewahren können?

13 Denn sooft unser Geist einen Psalmabschnitt aufgenommen hat, gleitet er, nachdem er unmerklich davon weggezogen wurde, ohne Wissen und verblüfft, zu irgendeinem anderen Schrifttext ab. Hat er dann angefangen, diesen bei sich hin und her zu überlegen und ihn noch nicht einmal vollständig überflogen, kommt ihm schon die Erinnerung an eine andere Stelle und verdrängt das Nachsinnen über den vorigen Stoff.

Von dieser wird er wieder zu einer anderen gezerrt, weil sich irgendein anderer Gedanke aufdrängt[15], und so wechselt der Geist ständig von Psalm zu Psalm, springt vom Text des Evangeliums zur Lesung des Apostels, wird von dieser wieder zu den Worten der Propheten gezerrt, dann von da zu einigen erbaulichen Geschichten verschlagen. So wird er, ohne Halt und torkelnd, durch das ganze Gefüge der heiligen Schriften getrieben. Nichts kann er aus eigener Entscheidung lassen oder festhalten, noch etwas gänzlich beurteilt und überprüft zu Ende bringen. Den geistigen Sinn tastet er nur oberflächlich ab und kostet ihn, bringt ihn jedoch nicht heraus und wird seiner nicht habhaft. So wird der immer unruhige und unstete Geist sogar zur Zeit des Gebetes [in Gemeinschaft] wie berauscht durch Verschiedenes abgelenkt, keine Pflicht kann er angemessen erfüllen.

Wenn er zum Beispiel betet, denkt er an einen Psalm oder eine Lesung; wenn er singt, grübelt er über etwas anderes, als der Text dieses Psalms enthält; wenn er die Lesung vorträgt, überlegt er, was er tun soll, oder erinnert sich an etwas, das er getan hat. So kann er nichts ordnen oder rechtzeitig aufnehmen oder abweisen. Er scheint von zufälligen Einfällen getrieben zu werden, da er keine Macht hat, das zu behalten oder bei dem zu verweilen, was ihm gefällt. Wir müssen also vor allem wissen, wie wir diese geistlichen Pflichten angemessen erfüllen oder wenigstens diesen kleinen Vers, den du uns als Form [für das Gebet] gelehrt hast, hüten können, ohne von ihm abgebracht zu werden, damit das Kommen und Gehen all der Wahrnehmungen nicht entsprechend ihrer flüchtigen Unbeständigkeit durcheinanderwirbelt, sondern unserer Befehlsgewalt[16] untersteht.

14 Isaak: Obwohl vor kurzem erst, als wir über die rechte Verfassung zum Gebet redeten, zu dieser Frage, wie ich meine, genug gesagt wurde, will ich doch, da ihr darum bittet, dies noch einmal wiederholen und euch kurz zusammengefasst etwas über die Festigkeit des Herzens anvertrauen. Drei Dinge sind es, welche den umherschweifenden Geist standhaft machen: Wachen, Nachsinnen und Beten. Beständigkeit darin und beharrliche Zielausrichtung darauf bringen der Seele festen Halt. Sie können jedoch nicht anders erlangt werden, als dass zuerst durch unermüdliche Ausdauer in einer Arbeit, die nicht der Gier nach Geld, sondern dem geheiligten Bedarf der Gemeinschaft[17] der Mönche geweiht ist, aller Unruhe und Sorge um das gegenwärtige Leben entsagt wird, sodass wir jenes Gebot des Apostels erfüllen können: »Betet ohne Unterlass!« (1 Thess 5,17)

Denn sehr wenig betet derjenige, der nur dann zu beten pflegt, wenn er die Knie beugt. Niemals aber betet, wer auch mit gebeugten Knien durch ein umherschweifendes Herz wie auch immer [vom Gebet] weggezogen wird. Es gilt: Wie wir beim Gebet erfunden werden wollen, so müssen wir auch vor der Zeit des Gebetes sein. Notwendigerweise nämlich wird der Geist zur Zeit seines Gebetes von dem vorhergehenden Zustand geformt, und von jenen Gedanken, bei denen er vor dem Gebet verweilte, wird er entweder zum Himmlischen erhoben oder zum Irdischen hinabgedrückt werden.

So weit brachte Abbas Isaak die zweite Unterredung über die Beschaffenheit des Gebetes. Wir aber waren wie vom Donner[18] gerührt. Seine Lehre vom unablässigen Nachsinnen über jenen kleinen Psalmvers, in der er uns als Anfänger am rechten Ort für eine Unterweisung unterrichtet hatte, bewunderten wir sehr und wünschten, sie ganz beharrlich anzuwenden, da wir sie für knapp und leicht hielten. Doch machten wir zur Genüge die Erfahrung, dass sie schwerer beizubehalten war als unsere frühere Anstrengung, die uns mit allen möglichen Überlegungen durch das ganze Gefüge der heiligen Schriften irren ließ ohne einen Halt in Beharrlichkeit.

Es steht also fest, dass niemand wegen einer fehlenden Ausbildung als Wissenschaftler von der Vollkommenheit des Herzens ausgeschlossen wird und dass mangelnde Bildung[19] kein Hindernis ist, zur Reinheit des Herzens und der Seele hindurchzugelangen, die – um es zusammenfassend zu formulieren – für alle erreichbar ist, die sich eine gesunde und ungeteilte Ausrichtung des Geistes auf Gott durch das beständige Nachsinnen über diesen Vers bewahren.

Anmerkungen

Johannes Cassian und die Mönchssiedlungen in der nitrischen und sketischen Wüste

1 Der vorliegende Text stellt eine überarbeitete und erweiterte Version eines 1997 erschienenen Artikels »Die Mönchssiedlungen in der nitrischen und sketischen Wüste Ägyptens« dar (*Vom Orient bis an den Rhein. Begegnungen mit der Christlichen Archäologie*. Peter Poscharsky zum 65. Geburtstag, herausgegeben von Ulrike Lange und Reiner Sörries [Christliche Archäologie 3], Dettelbach: Röll-Verlag, S. 75–89).

Die Collationes des Johannes Cassian

1 Die folgenden Ausführungen sind eine überarbeitete und erweiterte Fassung des Beitrags »Einen geistlichen Lehrer wiederentdecken«, Beuroner Forum Edition 2010, Bd. 2, Berlin 2010, S. 45ff.

2 Torsten Krannich, a.a.O. 72ff.

3 Es ging um die Frage, wie sprachlich korrekt wiederzugeben war, dass Christus, Gottes Sohn, als Mensch den Menschen erlöst hat. Nestorius schreibt Briefe in griechischer Sprache nach Rom. In Rom jedoch kann niemand die Briefe lesen, auch nicht der Diakon Leo, der spätere Papst. Die Briefe wurden zur Übersetzung an Cassian, mittlerweile Abt in Marseille, geschickt. Da aber griechische Begriffe ins Lateinische übertragen für Lateiner ohne Griechischkenntnisse missverständlich bis den Glauben gefährdend klingen konnten, wurde Nestorius auf dem Konzil von Ephesus im Jahre 431 verurteilt. Von Leo wird Cassian auch gebeten, eine Schrift »Über die Menschwerdung Christi« (»De incarnatione contra Nestorium«, entstanden ca. 430) zur Widerlegung des Nestorius zu verfassen.

4 Mehr zur Biographie des Johannes Cassian in: Gabriele Ziegler, Frei werden – Der geistliche Weg des Johannes Cassian, Münsterschwarzacher Kleinschriften, Bd. 178, Münsterschwarzach 2011. Grundlegend: Suso Frank, Johannes Cassianus, RAC 18, 1998, 414 ff.

5 Cassians Biograph Gennadius stellt fest, er schreibe »magistrante experientia«, »mit der Erfahrung als Lehrmeisterin« (vir. ill. 62).

6 Wobei Cassian sich mit den meisten der in den Collationes genannten Väter kaum in griechischer Sprache unterhalten haben dürfte, sondern koptisch und mithilfe eines Dolmetschers. Coll. 16,1 erwähnt er, dass er nur mit Abbas Joseph griechisch sprechen konnte. Inst. Prolog 5 erwähnt, dass Cassians Begegnung mit den Vätern schon lange zurückliegt und er sich nicht mehr genau erinnern kann.

7 Über die »Dämonen« wurde viel gesagt. Zur Erklärung hier ein nüchterner Hinweis: »Daemonum pompa«, die Zurschaustellung der »Dämonen«, bezeichnet Prunkauftritte, Siegesprozessionen und Exzesse des Kaiserhauses.

8 Sein Festtag ist der 29. Februar (orthodox/orientalisch) beziehungsweise der 23. Juli (katholisch).

9 Das griechische Wort Theoria meint die betrachtende Durchdringung der Glaubens-Geheimnisse bis hin zur Gottesschau; Praktikos beschreibt den gelebten Glauben in Gebet und Barmherzigkeit; genauer den Mönch in der Nachfolge Christi. > Schau Gottes

10 Es gab auch das weibliche Pendant, die Mater/Amma, wie die Apophthegmata Patrum berichten.

11 Die BKV-Ausgabe warnt noch vor den »gefährlichen« Passagen Cassians und übersetzt ganz im pathetisch-intellektuell abstrakten Stil ihrer Zeit.

Prolog

1 Die Instituta Coenobiorum wurden von Cassian vor den Collationes Patrum verfasst.

2 »Jakob«, bedeutet nach coll. 12,11 »der Niederreißende«, lat. supplantator.

3 Israel steht für den, »der Gott schaut«, coll. 5,23.

Collatio 1

1 Mönchsväter, Väter, Altväter, Alte, Erfahrene, Vorfahren, Ältere: Ehrenbezeichnung der Mönche, die lange und bewährt in der Wüste lebten; Singular »Abbas«.

2 Tugend des praktischen, tätigen Lebens, lat. actualis virtus, grch. praktikes arete; Befolgen der Gebote, Lebensführung, Ethik.

3 Tugend des kontemplativen Lebens, lat./grch. theoretice virtus, theoretike arete, Theoria; Kontemplation, Schau Gottes; beständiges Gebet.

4 Also das Basiswissen über das geistliche Leben.

5 Erstes Ziel, lat. destinatio, grch. σκοπός, skopos, ein immanentes, vorläufiges, irdisches Lebens-Ziel, Sinn; ist Weg und Mittel, um das letzte Ziel zu erreichen. Hippolyt, Elenchos 15 (Grillmeier, Jesus der Christus I,235): Christus zeigt sein Menschsein allen Menschen als skopos.

6 Letztes Ziel, lat. finis, grch. τέλος, telos, ist ein spezifisches Ziel, transzendentes Ziel, das Höchste, das ewige Leben. Erstes und letztes Ziel verhalten sich zueinander wie die konkrete Zielscheibe bzw. Zielmarke (muss getroffen bzw. erreicht werden) und das Ziel des Wettkampfes (der Siegespreis). Das Schützen- oder Bogengleichnis coll. 1,5, welches Cassian ab coll. 1,2 in seiner Wortwahl vorbereitet, ist ein Topos der Antike, der sich bei Platon, der Stoa und bei Cicero (fin. III,22), aber auch bei Origenes findet. Als telos/finis definiert Cicero: »Extremum, ultimum, summum«, das »äußerste, letzte, höchste Ziel« (fin. III,26).
Cassian legt hier das Thema seines gesamten Werkes vor: Der geistliche Kampf und die letztendliche Schau Gottes. Den biblischen Bezug und die Erinnerung an Antonius vermittelt Mt 19,21, das Wort an den reichen Jüngling: »Wenn du vollkommen [grch. teleios] sein willst ...«.

7 Lat. ars, grch. techne.

8 Grch. Anachorese: Verlassen von Familie, Karriere und allen Bindungen, um Christus nachzufolgen.

9 Gerade die angesehensten der Väter bezeichnen sich als ungebildet. Sie grenzen sich damit ab von weltlicher Philosophie. Allerdings gab es auch Konflikte zwischen akademisch gebildeten und ungebildeten Mönchen. Vgl. coll. 4,1; 5,21; 10,3.

10 Lat. tangere, berühren: das Ziel treffen.

11 Lat. destinatio und intentio, Spannkraft, Zielstrebigkeit.

[12] Mt 5,3 verspricht die Zugehörigkeit zum Herrschaftsbereich Gottes denen, die arm sind. Die Anachorese führt in das »Reich der Himmel« entsprechend Mt 5,8. Cassian spannt bereits hier den Bogen zu coll. 9 und 10, zur Schau Gottes.

[13] Lat. virtus, Kraft, Tugend, Tugendkraft.

[14] Schreibrohr aus Schilf, Calamus.

[15] Lat. nuditas, privatio, abiectio, Entblößung (Armut), Beraubung (Selbstenteignung), Absage an die Welt: Etappen der Übereignung an Christus. Der Wortstamm »nud-« für Nacktheit, Entblößung, findet sich bei Cassian 4.000 mal. Die Bettelorden des Mittelalters formulierten unter Rückgriff auf Hieronymus (Dial. adv. Pel. 2,13, PL 23,574A) und andere als als Slogan ihrer neuen Lebensform inb radikaleer Armut: »nudus nudum Christum sequi«, »arm dem armen Christus folgen«, vgl. Acta Sanctorum, Die Legende der Maria aus Ägypten, S. 33–34.

[16] Lat. passiones, affectus, grch. pathemata, die ungeordneten Neigungen, die Erkrankung der Seele, vgl. besonders coll. 5.

[17] Lat. figura, Modell, Beispiel.

[18] Lat. confessio bedeutet: Bekenntnis zur Größe Gottes, Eingeständnis der eigenen Schuld, Lob der Güte Gottes.

[19] Lat./grch. actualis/praktike, vgl. coll.1,1.

[20] Grch. theoria, lat. contemplatio: Die gestaltlose innere Schau Gottes. Voraussetzung ist das »reine Herz« nach Mt 5,8. »Contemplatio« ist verwandt mit »templum«, heiliger Bezirk; es meint also ein konzentriertes Schauen auf ein genau abgegrenztes Ziel, vgl. »Paradies« als umzäunter, abgegrenzter Bereich.
Für lat. contemplatio verwendet Cassian auch intuitus.

[21] Durchkommen, hindurchgelangen, lat. pervenire, ist ein Leitmotiv in Cassians Werk; vgl. coll. 2,2; 2,11; 3,7; 7,6; 7,30; 8,3; 8,13; 9,16; 10,7; 10,11; zu diesem Motiv vgl. auch Unterredungen mit den Vätern, Teil 2, Anhang, Begriff »hindurchgelangen« und Teil 3, Anhang, Begriff »durchkommen«, und vgl. Ziegler, Benedikt von Aniane, S. 20.

[22] Welt = Herrschaft des Fleisches = der Gier.

[23] Homo animalis – homo spiritalis; vgl. coll. 4,19.

[24] Lat. mancipare, sich als Sklave verschreiben.

[25] Fornikatio (lat.), Unzucht; Einordnung in die Abfolge der Laster bei coll. 5.

[26] Lat. acies mentis, die Sehschärfe des inneren Auges.

27 So die Lesart und Auslegung der Alten Kirche.

28 Wörtlich: ein Auge zudrücken, zukneifen gegenüber den Lastern, lat. congniveo.

29 Gemeint ist David, der als Autor der Psalmen und als Prophet galt.

30 Das Problem besteht darin, zu erklären, wie Christus, Gottes Sohn, gleichzeitig tot im Grab liegen und mit dem Schächer im Himmel sein konnte. Gregor von Nyssa (gest. ca. 395) gibt als Erklärung einerseits die Allmacht Gottes, andererseits sagt er von Christus: Seele und Gottheit Christi gehen mit dem Schächer in die Heimat (de triduis 290,18–294,13). Damit widerspricht Gregor Irrlehren, die auch bei Eusebius und Origenes angesprochen werden. Cassian selbst sagt zur Stelle inst. 3,3: Christus sprengt in seinem Tod am Kreuz die Pforten der Hölle auf und führt den Menschen, der sich zu ihm bekennt, in das verlorene Paradies zurück.

31 Lat. Perfekt und Präsens.

32 Lat. imago dei/similitudo. Coll. 10 greift dieses Thema auf.

33 Unempfänglich, unempfindlich – empfänglich; lat. insensibilis – sensibilis.

34 Grch. oikonomia, göttliche Ökonomie, Verwaltungsarbeit, vorausschauendes Wissen, Vorsehung; aber auch Planung im Sinn von Erziehung, vgl. coll. 2,13.

35 Lat. lectio und meditatio.

36 Mühlengleichnis: Bild für die Gedankenmühle und zielloses Handeln.

37 Lat. lolium = Tollkraut, grch. zizania, Taumellolch, führt zu Erbrechen, Schwindel, Erblindung; vgl. Mt 13,25.

38 Lat. malum – bonum, Übel – Gut.

39 Codex Sanblasianus 86 Reichenau erläutert: Das heißt, ich durchpflügte mein Herz wie einen Acker.

40 Das große Thema Cassians und des Evagrios: Unterscheidung, Diskretion, und die damit verwandten Begriffe wie hier discutere, auseinanderhalten, und discernere, unterscheiden, als falsch oder richtig erkennen.

41 Grch. trapezita, Geldwechsler, Münzmeister, vgl. Mt 22,20f.

42 Der Denar war im 2./3. Jh. wegen der ständig sich verschlechternden Legierung zu einer wertlosen Münze geworden (so erwähnt bei Cassian) und praktisch außer Gebrauch gekommen, diente jedoch weiterhin als Recheneinheit – wie im Mittelalter das Pfund.

43 In der Übersetzung ausgelassen: »jüdisch«.

44 Vgl. Augustinus gen. ad litt. 9,25: Abwendung von den Philosophen, da sie nur mit Blendwerk täuschen. Vgl. coll 1,2; 5,21; 8,18; coll. 4: Abbas Daniel als Gegentyp des christlichen Philosophen.

45 Lat. Zungenbrecher: inextricabiliter.

46 Lat. distendat, vom Ziel abkommen, als Gegensatz zu lat. intendat und intentio, auf das Ziel ausgerichtet sein; vgl. Anmerkung 49.

47 »Katholisch« heißt: Von der Kirche offiziell anerkannt, keine Irrlehrer.

48 Das Jota ist der kleinste Buchstabe, d.h. schwächstes und flüchtigstes Element eines Textes.

49 Lycon/Lycopolis = Wolfsstadt, am linken Nilufer in der unteren Thebais, heutiges Asyut; es gab jedoch eine weitere Stadt gleichen Namens im Nildelta, Geburtsort des Philosophen Plotin.

50 Gegensatzpaar: distendo, aufgerieben – zerrissen sein / intendo, zielgerichtet sein.

51 Embrimium oder Ebymium.

Collatio 2

1 Vorbild ist Mose nach Ex 33,11.

2 Lat. humanitas, Menschenliebe, Menschenfreundlichkeit.

3 Lat. discernens, pervideat, perlustret.

4 Lat. discretor, Unterscheider.

5 Maziken: Allgemeiner Ausdruck für Dämonen und Bösewichter entstammt der altjüdischen Dämonologie (Strack/Billerbeck IV,1, S. 516). Dies ist eine der Stellen, an denen Cassians Tendenz, nach Art der Midraschim zu argumentieren, deutlich wird (»Midrashic Tendency« nach R. H. Charles, Apocrypha II, S. 7). Ein Amulett aus dem 6./7. Jahrhundert nach Christus zeigt die hebräische Schreibweise des Namens »Cassianus«: קאסיאנוס. Ein Beter (nicht der Autor Johannes Cassian) richtet eine Bitte um Heilung an die Engel Michael, Raphael, Gabriel, Asriel und Samsiel. (Beyer, Ergänzungsband S. 269 und S. 441). Als Topos wurde der Begriff auch auf räuberische Beduinen übertragen, die in den Schriftquellen immer wieder in der Umgebung von Mönchssiedlungen in Erscheinung treten. Die Sketis wurde mehrfach zerstört, endgültig Ende des 6. Jahrhunderts.

6 Diese Passage ist in ihrer Polemik für uns nicht mehr akzeptabel.

7 Lat. humilitas, ist verwandt mit humus, Erde, und homo, Mensch.

8 Paxamatium, Paxamation: Doppeltgebackenes, Zwieback; Fladenbrot, das man aus Gründen der Askese trocken werden ließ.

9 Lat. concupiscentia, Gier, dazu ausführlich coll. 5.

10 Beispiel für den Menschen, der »zu sich selbst zurückkehrt«, ist der heimkehrende Sohn aus Lk 15,17.

11 Lat. confusio, Scham und Verwirrung.

12 Lat. cernit, scharf sehen, Wortfeld der Diskretio.

13 Der Äthiopier muss – politisch inkorrekt – wegen seiner dunklen Hautfarbe immer wieder als Verkörperung des Diabolus herhalten.

14 Grch. ἀκρότητες ἰσότητες, [akrotetes isotetes], »Hochmut kommt vor dem Fall.« Vgl. Prov. 16,18.

15 Wörtlich: ausspie.

16 Gekochtes Gemüse am Sabbat wird auch im Zusammenhang mit der gemeinsamen Mahlzeit der Brüder in der Kirche erwähnt. Gekochte anstelle roher Kost gab es an Festtagen. Vgl. coll. 8,3.

17 Im Gefolge der Naturlehre des Physiologus werden Gesundheit und Krankheit als rechtes oder unausgewogenes Verhältnis von Körpersäften definiert.

18 Liturgisch festgelegte Zeit, die Non, ca. 15 Uhr, früher Nachmittag.

Collatio 3

1 In der Sketis ist weder der Standort des Kellions des Paphnutios noch derjenige der Kirche bekannt; Römische Meile = 1000 Schritt = 1,52 km; vgl. coll 6,1.

2 Vgl. coll. 1,1.2.

3 Drei Berufungen und Absagen, lat. renuntiationes, beschreibt auch der 1. Antoniusbrief. Coll 3,4 verweist unter Ableitung aus Gen 12,1 ausdrücklich auf Antonius/Antonios. Dies ist eine der Stellen, an der die gestalt des Antonios deutlich hervortritt. Vgl. coll 2,25 sowie die ausdrücklichen Antonioszitate in coll. 8 und 9.

4 Lat. ordo, Begriff der Militärsprache.

5 Lat. deitas, grch. to theion, und verwandte Begriffe verwendet Cassian wiederholt für Christus/Gott: coll. 3,12 (divinitas); 6,11 (numen); 7,10; 10,3.5.6.

6 »Heilige« sind in diesem Sinn die Väter, Anachoreten, Brüder; Vorbild ist die Gemeinde der ersten Christen, vgl. Röm 1,7.

7 Der Ort namens »Calamus«, Schilfrohr, dürfte in der Nähe des einstmaligen Natrunsees gelegen sein, den es längst nicht mehr gibt. Vgl. coll. 7,26.

8 Auslegung von Mt 11,12, positiv gedeutet »das Himmelreich mit Gewalt an sich reißen«; vgl. coll. 4,12; 7,6.2; 24,26.13; siehe auch Einleitung »Die Collationes des Johannes Cassian«

9 Das heißt im Umgang mit materiellen Werten.

10 Im Hebräischen ein sog. parallelismus membrorum, der in der Alten Kirche wie zwei eigenständige Satzteile behandelt wird.

11 Lat. elementa, grch. stoicheia, Elemente dieser Welt.

12 Coll. 3,6.

13 Vgl. Mk 8,24, als Aussage über Erblindung oder Erleuchtung des geistigen Auges gedeutet.

14 Lat. caritas dei; steht sowohl für die Liebe, die von Gott kommt, wie für die Liebe des Menschen zu Gott.

15 Das heißt, sie sind wertneutral.

16 Mittlere, neutrale Güter, grch. adiaphora.

17 Andere Art von Reichtümern: Zwar nicht materiell sichtbar, aber trotzdem schlecht.

18 Lat. adripientes, Mt 11,12, vgl. coll. 3,5.

19 Natürliches und mosaisches Gesetz; vgl. coll. 8,21.

20 Weisheit bedeutet inneres Sehen und Theoria, Schau Gottes.

21 Ironie Cassians. Aufgrund seiner Bildung beurteilt er das Griechische als dem Latein überlegen. Er bemüht sich, selbst ein sehr hochstehendes Latein zu schreiben, daher seine oft verschachtelten Sätze.

22 Skopulos, Diminutivum zu grch. skopos (vgl. coll. 1), Bergspitze, Fels, Klippe, Riff, Zerstörer; auch »kleines Ziel«.

23 Lat. adiuva. In coll. 10 wird dieser Ruf »Gott, komm mir zu Hilfe« zum Thema.

24 Lat. dispensatio dei, Heilswirken Gottes in Zeit und Welt.

Collatio 4

1 Grundsatz des Sokrates (469–399 v. Chr.): »Ich weiß, dass ich nicht(s) weiß.« Platon, Apologia 21a–22a.

2 Lat. castigatio, meint das Zurückschneiden der Bäume, Rebstöcke, Pflanzen.

3 Das Bild von der Waage, grch. statera, geht über in das Bild vom Wettkampf aus coll. 1.

4 Anklang an Mt 11,12; siehe Anmerkung 8 zu coll. 3.

5 Linea, vgl. coll. 1.

6 4,17 (Kastraten) in der Übersetzung ausgelassen.

7 Zustandsweisen sind:
Carnalis = fleischlich, vom Fleisch bestimmt; animalis, grch. psychikos = irdisch; spiritalis = pneumatos, geistig, geistlich, vom Geist bestimmt. 1 Kor 2,14–15; 1 Kor 12,10; 1 Kor 15,44.46;
Bei Paulus kann auf den Menschen bezogen grch. pneuma, Geist, sowohl die psychischen Funktionen des Menschen beschreiben, wie den Menschen als ganzen bezeichnen. Ein vom Geist geführter Mensch unterscheidet die »Weisheit Gottes« von der »Weisheit der Welt«. (Vgl. 1 Kor 2,7.13f)
C. Mayer, Augustinus. Lehre vom »homo spiritalis«, a.a.O. 10.

8 Die Metapher »nudus«, nackt, bloß, ist Hinweis auf die völlige Nachfolge Christi, ohne Besitz und ohne anmaßendes eigenes Urteil.

9 Halterungen in den Eremitagen deuten darauf hin, dass gelegentlich Waren in Körben oder Säckchen aufgehängt wurden – wohl Lebensmittel, die man vor Schädlingen bewahren wollte.

Collatio 5

1 Im Folgenden bietet der Text den griechischen oder/und lateinischen Begriff, die Erklärung Cassians, sowie in [] eine weitergehende Umschreibung.

2 Konkret körperbezogen: Rumoren im Bauch.

3 Imago dei ac similitudo (Gen 1,26f). Auf Christus bezogen mit »Ebenbild« wiedergegeben; für Adam mit »Gleichnis«. Cassian selbst erläutert in inc. 7,6: Wie die Statue für den Kaiser steht, sein Abbild und Zeichen

seines Machtbereichs ist, so steht der Mensch für Gott. Coll. 10 berichtet vom Streit über die Auslegeung von Gen 1,26–27.

4 Lat. coniventia, kneifen, die Augen zudrücken.

5 Grch. mele (lat. membra) kann sowohl »Lieder« als auch Körperglieder bedeuten.

6 Götzendienst verstanden als Hingabe an zerstörende Mächte.

7 Thymos: Rauch, Herz, Mut, sich heftig bewegen wie ein rasendes Tier

8 Orge: Trieb, Affekt, Zorn ausagieren, Wut.

9 Ménis, von grch. mainomai: rasen, verrückt sein, liebestoll sein. Diese Art des Zornes hält also »über Tage und Zeiten« an, das heißt es handelt sich um den Zorn, den Väter und auch die Wüstenmutter Synkletika als die Seelenkrankheit »mnesikakia«, als »iniuriae acceptae recordatio«, ständige Erinnerung an einmal erlittenes Unrecht, als »Zornesübel« oder »Erinnerungskrankheit« beschreiben. So bei Fidelis Ruppert, Älter werden – Weiterwachsen, Münsterschwarzach 2013, S. 76. Karl Suso Frank, Die selige Synkletike wurde gefragt, Weisungen der Väter Bd. 5, Beuron 2008, S. 53, vita 63, übersetzt »böse Erinnerung«. Johannes Chrysostomus, Homilia in Ephesos, PG 62,163.

10 Lat. anxietas, vgl. im Deutschen: Enge, Angst.

11 Wörtlich »Frucht-Allerlei«, »Tutti Frutti«, eigentlich eine Opfergabe von verschiedenen Früchten. Den Tierkampf so zu bezeichnen, ist ein Euphemismus, eine Beschönigung. Zum Kampfmotiv coll. 1,5.

12 Wörtlich: Ranziger Geschmack.

13 Hier werden drei Schritte in die Christusnachfolge beschrieben: Der Welt entsagen, das Vermögen weggeben, frei werden. Lat. renuntians, abiciens, absolutus.

14 Seneca, ep. mor. ad Lucilium 89,9, Einteilung der Philosophie: Philosophiae tres partes esse ... moralem, naturalem, rationalem.

15 Heiden: Völker, die an viele Götter glauben. [] anstelle von: das gotteslästerliche Volk der Juden.

16 Unter »Israel« wird der Mönch/Mensch verstanden, »der Gott schaut«; vgl. den Prolog Cassians und coll. 10.

Collatio 6

1 Heute Kirbet Takua.
2 Die Sarazenen waren ein Volksstamm auf der arabischen Halbinsel. Was die berberstämmigen Beduinen in Nordafrika und besonders in Ägypten, waren die Sarazenen für die Levante: Unheilbringende Bedrohung (auch als Topos). Erst im Mittelalter wurde der Begriff der Sarazenen generell auf die Muslime übertragen.
3 Römische Meile = 1 000 Doppelschritte, ca. 1,52 km.
4 Mittig; vgl. coll. 3,9; 8,4.
5 Zu dieser Allegorie der Beitrag: Ruppert, Ambidexter – doppelt-rechtshändig
6 Nieren stehen im AT für das Empfinden, das Herz für Denken, Wollen, Urteilen; Herz und Nieren zusammen für die inneren Organe generell, für die Mitte des Menschen.
7 Im Text ist ausgelassen, was die beiden Bildteile verbindet: »Das Blei bleibt unberührt vom Feuer. Der Schmelzer versucht umsonst, zu schmelzen.« (Jer 6,29).
8 Relief, grch. charakter; siehe Anmerkung 5 zu coll. 10.
9 Lautmalerisch: Titubabit et turbabitur.
10 Bezug zu coll. 1.
11 Vgl. das Bild vom »Turm der Tugenden« in coll. 9,2.

Collatio 7

1 Lat. vierzig, die vierzig Tage der Fastenzeit, beginnend am Aschermittwoch. Die Sonntage werden nicht mitgezählt. Die Fastenzeit endet am Karsamstag mit der Feier der Osternacht.
2 Erkennen bedeutet sehen. Auch sprachlich wird dies deutlich: Die lateinische Sprachwurzel vid- (videre) steht für sehen und wissen.
3 Status-qualitas, Begriffe aus der Rhetorik und der Philosophie.
4 Lateinisches Wortspiel: dicioni nostrae discretionique.
5 Lat. discretor, einer, der unterscheidet und auseinanderhält.
6 Wörtlich: In jedem fleißigen Tun steckt Erfolg.
7 Mt 11,12 als positive Aussage gewertet; vgl. coll. 3,5; 4,12.

8 Gott ist kein Körper und nicht in sich gespalten. Die Alte Kirche rang auf den frühen Konzilien um eine Klärung der Begriffe Substanz, Person, Natur, Wesen.

9 D.h. der sich nicht zur Gotteslästerung verleiten lässt.

10 Athleta Christi, Kämpfer im Auftrag Christi.

11 Lat. confusio, Verwirrung und Scham.

12 Lat. contritio bezeichnet das Aufbrechen, Zermahlen und Zermalmen des Korns.

13 Lat. crassus, fett.

14 »Calamus«, Schilfrohr, dürfte in der Nähe des einstmaligen Natrunsees gelegen sein, den es längst nicht mehr gibt. Vgl. coll. 3,5.

15 Communio dominica, Gemeinschaft am Tag des Herrn, Eucharistiefeier und gemeinsames Mahl.

16 Serenus bietet im Folgenden das reinste Dämoniarium, verwandt den Bestiarien der Antike. Bis ins Mittelalter wurden Dämonen in Kirchen bildhaft dargestellt. Auch das sog. »Armarium«, »die Waffenkammer«, ein Kasten zur Aufbewahrung der liturgischen Bücher der Klöster, erinnert an den täglich zu führenden geistlichen Kampf.

17 Grch. planoi; andere Handschriften: Faune.

18 Bakuzen, japanisch obskur, irrlichternd, vage, verwirrend; Bakus sind auch im Japanischen Fabelwesen: https://www.univie.ac.at/rel_jap/an/Mythen/Imaginaere_Tiere#Elefanten_und_Baku

19 Onokentauren sind mythische Mischwesen aus Esel, Mensch und Schakal, auch affenähnlich: Simek, S.43. Die Namen von Tieren und Fabelwesen stehen für bestimmte Eigenschaften und Charaktere.

20 Basilisk: Leguan-ähnliches Fabeltier, galt als König der Schlangen.

21 Synaxis, sowohl Bezeichnung für die Kirche wie für die Zusammenkunft der Mönche.

Collatio 8

1 Vom Salz hat das Gebiet der Nitria den Namen; vgl. Wadi Natroun, Nitrat.

2 Trogalia sind also eine Art Nachspeise.

3 Lat. sacramenta.

4 Vgl. coll. 8,24; coll. 16,22: Die »andere« Wange ist die innere. Sie hinzuhalten bedeutet z.B. den Zorn aus der Seele zu entfernen.

5 Medie, in der Mitte. Vgl. coll. 3,9; 6,3; 8,5.

6 Im Buch Daniel ist damit wahrscheinlich eine griechische Götterstatue gemeint.

7 Materia, energiegebende Materie.

8 Beelzebul: Mistgott (Mist = heidnisches Opfer), Gott der Fliegen (= Krankheiten), Gott der Wohnungen (= der Dämonen).

9 Pelusium, schon in den Hieroglyphen und in der Bibel bekannt, war in der Spätantike eine bedeutende Stadt an der Mündung des östlichsten Nilarmes als »Tor« vom Sinai nach Ägypten. Wie archäologische Untersuchungen zeigten, erstreckte sich die Stadt ähnlich wie Venedig oder in der Spätantike auch Ravenna über mehrere Inseln und war von zahlreichen Kanälen und Wasserarmen durchzogen, die wie in Ravenna im Mittelalter verlandeten.

10 Hermae Pastor (Hirt des Hermas) lib. II mand. 6; Origenes, de princ. 3,2; hom. 35. Prosper von Aquitanien, der Cassian auch vorwarf, die Gnade zu vernachlässigen (vgl. Unterredungen mit den Vätern, Teil 2, coll. 13), kritisiert Cassians Zitat der Zwei-Engel-Lehre aus dem Hirten des Hermas, da diese Schrift ein »Zeuge mit keinerlei Autorität« sei; PL 51,250; Brox S. 69 und S. 226.

11 Antonios ist Urbild, »figura«, »typos«, Modell des Beters, der im Kellion vor dem Kreuz, das heißt vor Christus, steht und stehen bleibt. Magische Gaukeleien und dämonische Trugbilder beeindrucken ihn nicht. Gegentypos dazu ist Abbas Hero in coll. 2,5, einer Episode im Anschluss an das Lob der diskretio durch Antonios. Hero kommt durch ein irrlichterndes Trugbild zu Fall. Antonios hingegen gleicht dem biblischen Jakob, der nach Gen 32 mit neuem Namen »Israel« genannt wurde. Mit Evagrios übersetzt und deutet Cassian »Jakob« als »der niederreißt« (coll. 12,11) und »Israel« mit »der Gott schaut« (Prolog; coll 5,23; Bunge, In Geist und Wahrheit S. 317). Niedergerissen werden die Leidenschaften, die das Schauen auf Gott verstellen. Ikonographie und Bau eines Vestibüls der Kellia belegen, dass für den Mönch »beten« gleichbedeutend ist mit »im Zeichen des Kreuzes stehen« und mit »Gott schauen«. Geschaut wird Jesus Christus, der menschgewordene Gottessohn, der Retter und Sieger. Im Vestibül (siehe Abb. 11) stand der Beter vor der »Skene«. Neben der Skene (Abb. 11, Abb. 14/15) und auf der Rückwand der Skene (Abb. 8, Teil 3 der Unterredungen) sind Parusiekreuze mit der Umschrift »Jesus Christus Sieger« erkennbar.

Der Mönch stellte sich zum Gebet auf eine steinerne Bodenplatte. In Abb. 11 kennzeichnet die helle Stelle auf dem Boden deren ursprüngliche Lage (in Teil 3 der Unterredungen, Abb. 3 ist diese Platte ex situ abgebildet.) Der Stein im Boden symbolisiert den »Fels« in mehrfacher biblischer Bedeutung: Er vergegenwärtigt den Sinai, den Berg, auf dem Mose Gott im brennenden Dornbusch schaute. Außerdem den Stein, auf dem Jakob schlief, als er die Himmelsleiter schaute, und mit dem er Bet-El, das Gotteshaus, baute (Gen 28,10–22). In den Psalmen steht der Fels für die Zuflucht bei Gott, vgl. Ps 31,3; 42,10; 62,3. Schließlich ist Christus nach 1 Kor 10,4 der Fels, der durch die Wüste mitzog.
Antonios wird in coll. 8,18 jedoch nicht so dargestellt, als sei er im Gebet »entrückt«. Er gibt in coll. 8,19 sogar zu, dass er im Gebet und der Versuchung »äußerst schmerzliche Gedankenstachel« spürte. Die Schau des Antonios wird damit in zwei Polen beschrieben: Er schaut Jesus Christus, den Sieger am Kreuz und er schaut nach coll. 9,31 ein Licht, das von der geschaffenen Sonne nur verstellt wird.
Die Gleichung »beten« = »stehen« wird dann in coll. 21,26 (Teil 3 der Unterredungen) auf die Gemeinschaft der Beter übertragen: »Sie feiern Gottes Namen und singen sein Lob. ... Ihm bringen sie auch die Erstlingsopfer ihrer Hände und Schritte dar, wenn sie sich vom Nachtlager erheben und dann beim Gebet stehen.«

12 Germanus und Cassian missverstehen aufgrund des lateinischen Textes und seiner hebräisch-alttestamentlichen Vorlage das Zitat aus Joh 8,44. Damit liefern sie ein Beispiel für falsche, weil nur dem Buchstaben verpflichtete Schriftauslegung.

13 »Nichts Neues« war für die Antike eine positive Wertung.

14 Cassian zitiert die Genealogien Gen 4,17–24 und Gen 5,4–32 abweichend vom hebräischen Schrifttext. Der Stammbaum Jesu in Lk 3,36–38 beruft sich auf Gen 5,4–32. Wegen des Brudermordes wird Kain aus dem Stammbaum in Gen 5,4–32 ausgelassen.

15 Ham gilt als böser Sohn des Noach (vgl. Gen 9,22 und 10,6ff). Die »alten Überlieferungen«, von denen Cassian schreibt, finden sich in unterschiedlichen Traditionen: Epiphanius schreibt in seinem Panarion haer. 39,3: Ham wurde von den Engelsmächten in die Arche geschmuggelt um das Engelsgeschlecht, zu dem er gehörte, nicht untergehen zu lassen (Holl, S. 74). Nag Hammadi: »Die Engel ... brachten ihnen [den Men-

schentöchtern] Gold und Silber und Geschenke und Metalle wie Kupfer und Eisen und alle Arten.« (Nag Hammadi S. 147). Jubiläenbuch: »Kainan, Sohn von Ham, findet auf Felsen Inschriften und Zeichen zu Sonne, Mond und Sternen.« Jubiläenbuch 7–11 erzählt in Ausmalung von Gen 9–11 den Niedergang der Sippe Noachs bis zum Turmbau von Babel. Die Gottessöhne aus Gen 6,2 erscheinen als gefallene Engelsmächte und unreine Dämonen, die die Menschen verführen. Nach Jubiläenbuch 10 lehren Engelsmächte den Noach die medizinische Kenntnis der Heilpflanzen. Noach schreibt alles in ein Buch und vererbt dieses Buch seinem Sohn Sem. Ham seinerseits hat laut Cassian nicht das Buch des Vaters und schreibt deswegen die dunklen Künste auf Metallplatten. Cassian vermischt all diese Überlieferungen.

16 Verweis auf die Sintflut als Scheide zwischen natürlichem, mit der Schöpfung gegebenem und dem später durch Mose gegebenen, durch die Sünde notwendig gewordenen geschriebenen Gesetz. Vgl. coll. 8,23.24. Kataklymos (Ende der Sintflut) ist bis heute auf Zypern ein Feiertag.

17 Dieses Argument wurde sowohl von Christen gegen den jüdischen Glauben wie von Heiden gegen Christen eingesetzt. Origenes (gestorben ca. 254) gab als Antwort, dass die Weisheit Gottes in jedem Zeitalter in menschliche Seelen eingeht, die dafür bereit sind (c. Cels. 4,7). Wenn Cassian Irrlehren anführt, ist nicht immer erkennbar, ob sie zu seiner Zeit noch virulent waren.

18 Sog. lex talionis: »Auge um Auge, Zahn um Zahn« nach Ex 21,23–25.

19 Die Übersetzung ist so richtig, wie die folgende Erklärung und Widerlegung zeigen.

Collatio 9

1 Inst. 9,19.

2 Vgl. den Prolog Cassians.

3 Contritio, grch. thlipsis, »Zerknirschung«: Mahlen des Korns; Schale und Spreu vom Inhalt trennen; Gedanken zu dreschen bedeutet, sie zu prüfen, der Diskretio zu unterziehen. Vgl. Psalm 34,19.

4 Vgl. coll. 6,17.

5 Lat. molitio, vgl. moles, Mühe, Mühle. Die Mühle in Gang zu setzen heißt Diskretio zu üben. Vgl. in coll. 1,18 das Mühlengleichnis.

6 Fechter erhielten als Zeichen, dass sie ausgedient haben, solche Stäbe.
7 Lat. solidus, Goldmünze.
8 Tunica, unmittelbar auf der Haut getragen.
9 Die Zellen wurden tatsächlich immer prachtvoller ausgestattet. Das zeigen die Wandmalereien.
10 Cassian beschreibt Phasen des Schriftverständnisses: Einprägen des Wortes, Erinnerung daran, Schau = Verstehen des Geheimnisses, lat. memoria-recordatio-intuitus.
11 Cassians Darstellung erinnert an das Werk des Origenes, Peri Euches/De Oratione 14,2.
12 Lat. proprietates, grch. idiomata.
13 Lat. formula, Form, Anredeform, Formel; siehe coll. 9,22; coll. 10.
14 Cassian vergleicht die Evangelien; er kennt sich aus in der Schriftexegese seiner Zeit. Besonders Origenes' Erläuterungen zu Mt 6,11 hatten große Wirkung (Peri Euches/De Oratione 27,7).
15 Cassian stellt beide Zeitstufen nebeneinander: Vergeben und vergeben haben, Präsens und Vergangenheit, lat. dimittimus und dimisimus.
16 Versuchung heißt: Angebot, Gott zu lästern und ihm abzuschwören.
17 Lat. conglobatus; Gegensatz zu lat. dissipatus, zerstreut, zerfleddert.

18 Die ausdrücklich angeführten Beispiele zeigen, dass es ebenso das Gegenteil, also würdelosen Vortrag, gab.
19 Über die Erschütterung, lat. compunctio, schreibt Cassians Lehrer Johannes Chrysostomos: Peri Katanoxeos, PG 47,393ff.
20 Lat. adtonitus, vgl. coll. 9,27.30; RB Prolog 9.
21 Cassian beschreibt diese Gebetshaltung in inst. 2,7–10.

Collatio 10

1 Osterfestbrief des Jahres 399 des Bischofs Theophilos von Alexandria.
2 Photin ist wohl identisch mit Evagrios Pontikos.
3 Das bedeutet, Gott ist nicht in sich gespalten. Kein Mensch kann sich ein Bild, also eine Vorstellung von Gott machen, denn dazu bräuchte es einen Vergleichspunkt. Gott ist der Schöpfer des Alls, deshalb kann er nicht in Kategorien der Welt oder des Geschaffenen beschrieben werden.
4 Grch. eidolon, lat. idolum, davon abgeleitet: »Idol«.

5 Grch. character, Prägung, Instrument und Ergebnis des Tuns; vgl. grch. typos = Abdruck, Prägeform; entsprechend ektypoun = plastisch herausholen, herausschlagen. Vgl. das Münzgleichnis in coll. 1,20; 2,2. Von Gott gilt: Er ist ein »Original«, kein Abdruck oder Abbild von etwas. (Rufin HM 1,3,2: nulla forma in deo, nulla circumscriptio.)

6 Wörtlich: Die Schwäche der jüdischen Krankheit.

7 Vgl. coll. 1,2 die Aussagen über die Künste. Der folgende Vergleich mit dem Erlernen der Buchstaben wird in coll. 10,10 weitergeführt.

8 Cassian greift das Thema der coll. 1 auf, das er über alle Collationes hinweg behandelt hat: »Selig, die reinen Herzens sind, sie werden Gott schauen.« (Mt 5,8) Die nun folgende Einweisung in das einfache Herzensgebet bildet den Höhepunkt von coll. 1 bis 10. »Gott schauen« heißt: immerwährendes Gebet. Cassian führt die Szene des betenden Antonios aus coll. 8,18f weiter. Jetzt heißt es: Jeder kann Gott schauen. Abbas Isaak sagt in coll. 10,10: »Dieses Gebet wird dich hinreißen, zu jener unaussprechlichen Glut des Gebetes, die nur von sehr wenigen erfahren wurde.«

Die »Unterredungen« basieren auf den Überlieferungen zu Antonios. So ist an dieser Stelle erkennbar, wie Cassian die Traditionskette Antonios-Isaak-Cassian darlegen will. Vgl. Bunge, In Geist und Wahrheit S. 319. Isaak war Schüler des Antonios und gibt somit an Cassian weiter, was er gelernt hat. Cassian vermittelt diese Weisungen seinen Auftraggebern im lateinischen Westen.

Bereits in coll. 1,8 betonte Abbas Moyses in der Auslegung des Maria-Martha-Beispiels, dass die Gottesschau nicht elitär wenigen vorbehalten ist, sondern jedem ermöglicht wird, der auf Jesus Christus blickt: »Weniges nur ist nötig zur vollkommenen Seligkeit, das ist jene Theoria [Schau], die früher in der Schau weniger Heiliger bewahrt wurde.« Was früher nur wenigen möglich zu sein schien, gilt jetzt »jedem, der noch unterwegs ist zu dem Einen«. Dieses Eine ist der Blick auf Gott im menschgewordenen Gottessohn allein, der »hindurchgelangen« lässt zur »Schönheit Gottes«. Antonios in coll. 8,18 und 8,19 ist Vorbild und Gewährsmann dieses Schauens.

9 Kritik an den Philosophen, die behaupten, alles zu wissen. (Origenes, Contra Celsum 1,26). Anspielung auf das Wort des Sokrates: »Ich weiß, dass ich nicht(s) weiß«.

10 Cassian verwendet das in der Antike gängige Bild, den menschlichen Geist mit einer Wachstafel zu vergleichen. Je nach den »Eindrücken« wird er geprägt. Stete Wiederholung ist die Voraussetzung für das Behalten des Gelernten.

11 Lat.: Deus in adiutorium meum intende. Domine ad adiuvandum mihi festina. Eröffnung des Stundengebetes, von Isaak einem Mantra gleich empfohlen.

12 Klippdachse, Klippschliefer: laut der Mythologie können sie »singen« und direkt in die Sonne sehen. Sie springen sehr schnell von Fels zu Fels, ein Tier hält stets Wache.

13 Vgl. Abbildung 17.

14 Modern formuliert: Affekte sollen nicht unterdrückt, sondern wahrgenommen und Gott hingehalten werden.

15 Vgl. die Beschreibung der Gedankenmühle in coll. 1,18.

16 Vgl. coll. 7,5.

17 Nicht nur die Mönche im Koinobion, ebenso jene der Kellia verstanden sich als eine Gemeinschaft, welche bei den gemeinsamen Gottesdiensten und Mahlfeiern am Samstag und Sonntag auch äußerlich sichtbar wurde.

18 Adtoniti, vgl. coll. 9,30; RB Prolog 9.

19 Cassian und Germanus ziehen das Résumé im Sinn von Mt 11,25 und 1 Kor 3,19–20.

Verzeichnis der Namen und Orte

Aufgeführt sind die wichtigsten Namen und Orte. Die Ziffern bezeichnen Collationes. Der Pfeil > verweist auf korrespondierende Angaben im Register, auf Abbildungen oder den Einleitungsteil des Buches (> Mönchssiedlungen = Einleitung von G. Descoeudres; > Die Collationes = Einleitung von G. Ziegler)

Abel • 8,21.23
Abraham • 2,7; 3,4.6; 5,22; 6,11; 8,23; 9,23
Adam • 5,4.6; 8,11.25
Ägypten • Land der Knechtschaft Israels (Buch Exodus des AT)
Ahab, König von Israel • 1,19; 2,3: 6,11
Amos, Prophet • 6,1
Antonius/Antonios • Gründer der > Kellia, »Erster der > Anachoreten«; 2,2.5f; 3,4; 8,18.19; 9,31; 10,9 Anmerkung 8
Aot/Ehud • 6,10
Apollo, Abbas • 2,13
Arius, Irrlehrer • 7,32; lehrte, dass Jesus Christus ein Geschöpf Gottes war und dass »es eine Zeit gab, in der er [Jesus Christus] noch nicht war«.
Asmodäus • Dämon des Zorns, König der Dämonen > Abb. 12
Augustinus • Kirchenlehrer, Zeitgenosse Johannes Cassians >Mönchssiedlungen
Bakuzen • 7,32
Calamus • 3,5 und Anmerkung 7; 7,26
Castor • Bischof von Apt, Auftraggeber der Hauptwerke Cassians; Prolog; 9,1
Daniel • 8,13; 9,34
Daniel, Abbas • Vorbild christlicher Weisheitsliebe und Demut; Schüler und designierter Nachfolger des > Paphnutios; stirbt jedoch vor Paphnutios. Ihm ist coll. 4 gewidmet.
David • genannt »der Prophet«, König des Alten Israel, galt als Verfasser aller Psalmen.
Elia • 8,4; 10,6
Eunomius, Irrlehrer • 7,32; trennte zwischen Gott-Vater und Gott-Sohn; der Sohn ist geschaffen und dem Vater untergeordnet.

Ausgewählte Begriffe der Collationes

Aufgeführt sind die wichtigsten Begriffe und Stellen. Die Ziffern bezeichnen Collationes. Der Pfeil > verweist auf korrespondierende Angaben im Register, auf Abbildungen oder den Einleitungsteil des Buches (> Mönchssiedlungen = Einleitung von G. Descoeudres; > Die Collationes = Einleitung von G. Ziegler)

Verzeichnis der Schriftstellen

Die Psalmen sind hier angegeben in der hebräischen Zählung/Zählung der EÜ. Im Text der Übersetzung finden sich beide Zählungen: Altkirchliche Bibelausgaben und EÜ. In Ausnahmen wird LXX = Septuaginta angegeben.

Proverbia (Sprichwörter)

Markus

Lukas

Abkürzungen

Biblische Bücher

AT	Altes Testament
Gen	Genesis
Ex	Exodus
Lev	Leviticus
Num	Numeri
Dtn	Deuteronomium
Jos	Josua
Ri	Richter
Rut	Rut
1 Sam	Erstes Buch Samuel
2 Sam	Zweites Buch Samuel
1 Kön	Erstes Buch der Könige
2 Kön	Zweites Buch der Könige
1 Chr	Erstes Buch der Chronik
2 Chr	Zweites Buch der Chronik
Esra	Esra
Neh	Nehemia
Tob	Tobit
Jdt	Judith
Est	Esther
Hiob	Das Buch Ijob/Hiob
Ps	Psalmen
Prov	Proverbia
(= Spr	Sprichwörter)
Eccl	Buch Ecclesiastes
(= Koh	Kohelet)
Hld	Das Hohelied der Liebe, Lied der Lieder
Weish	Weisheit
(= Sap	Sapientia)
Sir	Jesus Sirach
Jes	Jesaja
Jer	Jeremia

Klgl	Klagelieder Jeremias
Bar	Baruch
Ez	Ezechiel
Dan	Daniel
Hos	Hosea
Joel	Joel
Am	Amos
Obd	Obadja
Jona	Jona
Mi	Micha
Nah	Nahum
Hab	Habakuk
Zef	Zefanja
Hag	Haggai
Sach	Sacharja
Mal	Maleachi

NT	Neues Testament

Mt	Evangelium nach Matthäus
Mk	Evangelium nach Markus
Lk	Evangelium nach Lukas
Joh	Evangelium nach Johannes
Apg	Apostelgeschichte
Röm	Brief an die Römer
1 Kor	Erster Brief an die Korinther
2 Kor	Zweiter Brief an die Korinther
Gal	Brief an die Galater
Eph	Brief an die Epheser
Phil	Brief an die Philipper
Kol	Brief an die Kolosser
1 Thess	Erster Brief an die Thessalonicher
2 Thess	Zweiter Brief an die Thessalonicher
1 Tim	Erster Brief an Timotheus
2 Tim	Zweiter Brief an Timotheus
Tit	Brief an Titus
Phlm	Brief an Philemon
Hebr	Brief an die Hebräer
Jak	Brief des Jakobus

1 Petr	Erster Brief des Petrus
2 Petr	Zweiter Brief des Petrus
1 Joh	Erster Brief des Johannes
2 Joh	Zweiter Brief des Johannes
3 Joh	Dritter Brief des Johannes
Jud	Brief des Judas
Offb	Offenbarung des Johannes

Andere Abkürzungen

coll.	Collationes Patrum
inst.	De Institutis Coenobiorum
inc.	De Incarnatione contra Nestorium

grch.	griechisch
lat.	lateinisch
Pl.	Plural

AL	Augustinuslexikon
AP	Apophthegmata Patrum
BKV	Bibliothek der Kirchenväter
CC(S)L	Corpus Christianorum, Series Latina, Lateinische christliche Schriftsteller der ersten acht Jahrhunderte
CCSA	Corpus Christianorum, Series Apocryphorum, Pseudoepigraphische oder anonyme christliche Texte.
CCSG	Corpus Christianorum, Series Graeca, Griechische christliche Schriftsteller
CSEL	Corpus Scriptorum Ecclesiasticorum Latinorum
EÜ	Einheitsübersetzung der Heiligen Schrift
GCS	Die Griechischen Christlichen Schriftsteller
RAC	Reallexikon für Antike und Christentum
LXX	Septuaginta
PG	Patrologia Graeca, ed. Jacques Paul Migne
PL	Patrologia Latina, ed. Jacques Paul Migne
SC	Sources Chrétiennes, ed. Jean Daniélou, Henri de Lubac und Claude Mondésert ab 1943

Quellen

Johannes Cassianus, Collationes Patrum CSEL XIII, ed. Michael Petschenig, editio altera curante Gottfried Kreuz, Wien 2004.
Johannes Cassianus, De institutis coenobiorum / De incarnatione contra Nestorium CSEL XVII, ed. Michael Petschenig, editio altera curante Gottfried Kreuz, Wien 2004.

Die Bände dieser Ausgabe der Collationes patrum:

Johannes Cassian, Unterredungen mit den Vätern (Collationes Patrum), Teil 1: Collationes 1 bis 10, übersetzt und erläutert von Gabriele Ziegler, mit einer Einleitung und farbigen Abbildungen von Georges Descœudres, Quellen der Spiritualität, Band 5, Münsterschwarzach, 2., durchgesehene Auflage 2018.
Johannes Cassian, Unterredungen mit den Vätern (Collationes Patrum), Teil 2: Collationes 11 bis 17, übersetzt und erläutert von Gabriele Ziegler, mit einer Einleitung und farbigen Abbildungen von Georges Descœudres sowie einem Beitrag von Terrence G. Kardong, Quellen der Spiritualität, Band 9, Münsterschwarzach 2014.
Johannes Cassian, Unterredungen mit den Vätern (Collationes Patrum), Teil 3: Collationes 18 bis 24, übersetzt und erläutert von Gabriele Ziegler, mit einer Einleitung und farbigen Abbildungen von Georges Descœudres sowie Übersetzungen von Clemens Schlip und einer zeittafel von Simeon Oberle, Quellen der Spiritualität, Band 12, Munsterschwarzach 2015.

Abou Obeïd el-Bekri, Description de l'Afrique septendrionale, traduit par [William] Mac Guckin de Slane, édition revue et corrigée, Paris 1965.
Acta Conciliorum Oecumenicorum (ACO), Berlin 1927/1984.
Acta Sanctorum, Die Legende der Maria von Ägypten (Bios Marias Aigyptias), aus dem Griechischen übersetzt und erläutert von Gabriele Ziegler, mit einem Vorwort von Anselm Grün, Quellen der Spiritualität Bd. 8, Münsterschwarzach 2011.

Saint Antoine, Lettres, Introduction par Dom André Louf, traduction française par les Moines du Mont des Cats, Bellefontaine 1976.

Antonius, Epistulae, GSCO 148/149, ed. G. Garitte, Louvain 1955.

The Apocrypha and Pseudepigrapha of the Old Testament II, ed. R. H. Charles, Oxford 1963/1964

Apophthegmata Patrum, Weisung der Väter. Apophthegmata Patrum, auch Gerontikon oder Alphabeticum genannt, übersetzt von Bonifaz Miller, Sophia, Quellen östlicher Theologie Bd. 6, Trier, 7. Aufl. 2005.

Apophthegmata Patrum (Teil II), Die Anonyma, ed. Erich Schweitzer, Weisungen der Väter Bd. 15, Beuron 2011.

Athanase d'Alexandrie, Vie d'Antoine, éd. G. J. M. Bartelink (SC 400), Paris 1994.

Athanasius, Tomus ad Antiochenos, Werke 2: Die Apologien, hrsg. von H.-G. Opitz, Lfg. 8, hrsg. von Hanns Christof Brennecke, Uta Heil, Annette von Stockhausen, Berlin 2006.

Athanasius, Vita Antonii, PG 26, 837 ff.; ed. et trad. G. J. M. Bartelink, SC 400, 1994.

Basilius, Contra Eunomium, PG 29.

Klaus Beyer, Die aramäischen Texte vom Roten Meer, Ergänzungsband, Göttingen 1998.

Biblia Sacra iuxta Vulgatam Versionem ed. Roger Gryson, Stuttgart 2010.

Enchiridion symbolorum definitionum et declarationum de rebus fidei et morum, H. Denzinger, Kompendium der Glaubensbekenntnisse und kirchlichen Lehrentscheidungen, ed. Peter Hünermann, Freiburg, 37. Aufl. 1991.

Epiphanius von Salamis, Adversus haereses, PL 41/42.

Epiphanius von Salamis, Ancoratus und Panarion, hrsg. von Karl Holl, Leipzig 1915, GCS 25.

Eusebius von Caesarea, Kirchengeschichte, hrsg. und eingeleitet von Heinrich Kraft, übersetzt von Philipp Häuser, München 2. Aufl. 1981.

Evagre le Pontique, Le Gnostique (Gnostikos), ed. Antoine et Claire Guillaumont, Paris 1989.

Evagrios Pontikos, Über die acht Gedanken, eingeleitet und übersetzt von Gabriel Bunge, Weisungen der Väter Bd. 3, Beuron 2007.

Evagrios Pontikos, Der Praktikos (Der Mönch), eingeleitet und kommentiert von Gabriel Bunge, Weisungen der Väter Bd. 6, Beuron 2008.

Evagrios Pontikos, Briefe aus der Wüste, eingeleitet, übersetzt und kommentiert von Gabriel Bunge (Sophia, Quellen östlicher Theologie Bd. 24), Trier 1986.

Evagrius Ponticus, Die große Widerrede (Antirrhetikos), übersetzt von Leo Trunk, Einführung von Anselm Grün und Fidelis Ruppert, Quellen der Spiritualität Bd. 1, Münsterschwarzach 2010.

Evagrius Ponticus, Über das Gebet (Tractatus de oratione), eingeleitet und übersetzt von John Eudes Bamberger, aus dem Englischen übertragen von Guido Joos, mit einer Einführung von Anselm Grün, Quellen der Spiritualität Bd. 4, Münsterschwarzach 2011.

Evagrius Ponticus, Worte an die Mönche/Worte an eine Jungfrau (Sententiae ad monachos/Sententiae ad virginem), übersetzt und eingeleitet von Wilfried Eisele, Quellen der Spiritualität Bd. 6, Münsterschwarzach 2012.

Gennadius, Liber de viris inlustribus, ed. E. C. Richardson, Leipzig 1896.

Gerontikon (Das große Gerontikon), Die Sprüche der heiligen Wüstenväter, übersetzt von der Mönchin Irinea, Nauen 2009.

Gregor von Nazianz, Opera, PG 35–38.

Gregor von Nazianz, In semet Ipsum, CSEL 46.

Gregor von Nyssa, Contra Eunomium libri. Pars 1, Liber I et II (vulgo I et XII b); Pars 2, Liber III (vulgo III–XII); Refutatio confessiones Eunomii (vulgo lib. II ed. Werner Jaeger, Berlin 1921, Nachdruck Leiden 1960.

Gregor von Nyssa, Contra Eunomium I, 1–146, eingel., übersetzt und kommentiert von Jürgen-André Röder, Frankfurt 1993.

Gregor von Nyssa, De triduo inter mortem et resurrectionem domini nostri Iesu Christi spatio = In Christi resurrectionem, Die Drei Tage zwischen Tod und Auferstehung unseres Herrn Jesus Christus, eingeleitet, übersetzt und kommentiert von Hubertus R. Drobner; 1982.

Hieronymus, Briefe, Des heiligen Kirchenvaters Eusebius Hieronymus ausgewählte Schriften 2–3; Bibliothek der Kirchenväter, 2. Reihe, Bde. 16 und 18, Kempten/Munchen 1936–1937.

Hieronymus, Commentarioli in Psalmos, Anmerkungen zum Psalter, lat./dt., eingeleitet und übersetzt von Siegfried Risse, Turnhout 2005.

Hieronymus, Liber interpretationis hebraicorum nominum, CCL 72, ed. P. de Lagarde, Turnhout 1959,57ff.

Hieronymus, Tractatus de psalmis, CCL 78, ed. G. Morin, Turnout 1958.

Hirt des Hermas, übersetzt und erklärt von Norbert Brox, Göttingen 1991.

Jean Cassien, Conférences. Introduction, texte latin, traduction et notes par Dom E. Pichery, SC 62–64, Paris 1955, 1958, 1959.

Johannes Chrysostomus, De Lazaro concio, PG 48, 779ff.

Johannes Chrysostomus, Expositio in Psalmos, PG 55, 35ff.

Jubiläenbuch, The Book of Jubilees, in: The Apocrypha and Pseudepigrapha of the Old Testament II, ed. R. H. Charles, Oxford 1963/1964

Lucii Annaei Senecae, Ad Lucilium Epistulae morales, ed. L. D. Reynolds, Oxford, 7. Aufl. 1985.

Marco Tullio Cicerone, De finibus bonorum et malorum, ed. Nino Marinone, Firenze 1958.

Mönche im frühchristlichen Ägypten (Historia monachorum in Aegypto), aus dem Griechischen übersetzt, eingeleitet und erklärt von Suso Frank, Alte Quellen neuer Kraft, Düsseldorf 1967.

Nag Hammadi Deutsch, herausgegeben von H.-M. Schenke, H.-G. Bethge und U. U. Kaiser, Band 1, Berlin 2001.

Novum Testamentum Graece, ed. Kurt Aland et al., Stuttgart, 26. Aufl. 1981.

Origenes, Contra Celsum, GCS 2–3, ed. Paul Koetschau, Leipzig 1899.

Origenes, De oratione, ed. Paul Koetschau, GCS 3, Leipzig 1899.

Origenes, De principiis, ed. und übers. von H. Görgemanns und H. Karpp, Darmstadt 1976.

Origenes, Matthäus-Kommentar, ed. E. Klostermann, GCS 40, Leipzig 1935, übersetzt von H. J. Vogt, BGL 18 und 30, Stuttgart 1983 und 1990.

Origenes, Matthäus-Kommentar, Commentariorum Series, ed. E. Klostermann, GCS 38, Leipzig 1933, übersetzt von H. J. Vogt, BGL 38, Stuttgart 1993.

Origenes, Selecta in Psalmos, Psalmenkommentar MPG 12.

Pachomius, Gebote und Gesetze, hrsg. von H. Bacht, Das Vermächtnis des Ursprungs II, Pachomius, lat./dt., Würzburg 1983.

Pachomius, Über den geistlichen Kampf / Katechesen; Christoph Joest, Weisungen der Väter Bd. 9, Beuron 2010.

Palladius, Historia Lausiaca. Die frühen Heiligen in der Wüste, hrsg. von Jacques Laager, Zürich 1987.

Physiologus, grch./dt., übersetzt und hrsg. von Otto Schönberger, Stuttgart 2001.

Platon, Apologie des Sokrates/Kriton; übersetzt, mit Anmerkungen und Nachwort verssehen von Manfred Fuhrmann, Stuttgart 1987.

Quellen und Texte zur Benediktusregel, hrsg. von Michaela Puzicha, St. Ottilien 2007.

Fidelis Ruppert, Ambidexter – doppelt-rechtshändig. Ein Modell für dem geistlichen Kampf bei Johannes Cassian, in: Erbe und Auftrag 2/15, S. 137–146.

Rudolf Simek, Monster im Mittelalter – Die phantastische Welt der Wundervölker und Fabelwesen, Wien 2015.

Sokrates, Historia Ecclesiastica, ed. Robert Hussey, Oxford 1853.

Sozomenos, Kirchengeschichte, grch. Text ed. G. C. Hansen (GCS); deutsche Übersertzung von G. C. Hansen, Fontes Christiani 73,1–4, Turnout 2004.

Hermann Strack, Paul Billerbeck, Kommentar zun Neuen Testament aus Talmud und Midrasch, München, 9. Aufl. 1979.

Talmud (Der Babylonische Talmud), 12 Bde., übersetzt von Lazarus Goldschmidt, Frankfurt/M. 2002, (Nachdruck; ursprünglich Berlin 1929–1936).

Tertullian, Contra Markionem, ed. Eginhard Meijering, Leiden 1977.

Testamentum Salomonis, PG 122, 1315ff.

Theophilus Presbyter, Diversarum artium schedula. In Auswahl neu hrsg., übersetzt und erläutert von Wilhelm Theobald, Berlin 1933.

Theodoret von Kyrrhos, Graecarum affectionum curatio, Die Behandlung der griechischen Krankheit, ed. J. Raeder, Leipzig 1904, hrsg. und übersetzt von Christian B. Müller, Santiago de Compostela 2006.

Theophylact von Ohrid, MPG 123, Com. in loco Lc 23,43.

Tyrannius Rufinus, Historia monachorum sive de vita sanctorum Patrum, hrsg. von Eva Schulz-Flügel, Berlin 1990.

Vitruvii de architectura libri decem, Zehn Bücher über Architektur, lat./dt., übersetzt und mit Anmerkungen versehen von Curt Fensterbach, Darmstadt, 6. Aufl. 2008.

Gabriele Ziegler, Benedikt von Aniane – Mönch und Reformer, Münsterschwarzacher Kleinschriften Bd. 189, Münsterschwarzach 2016.

Literatur

Die Ergebnisse der Ausgrabungen in den ägyptischen Mönchssiedlungen Kellia und Pherme sind in den Schriftenreihen Recherches suisses d'archéologie copte (Genève) und EK 8184: Projet international de sauvetage scientifique des Kellia (Louvain), ferner in einzelnen Bänden der Fouilles de l'Institut français d'archéologie orientale du Caire sowie in zahlreichen Aufsätzen und Sammelschriften publiziert.

Roswitha Alpers-Gölz, Der Begriff SKOPOS in der Stoa und seine Vorgeschichte. Mit einem Anhang: Materialien zum Zielbegriff in der griechischen und lateinischen Literatur von Wolfgang Haase. Hildesheim 1976.

Pius Angstenberger, Der reiche und der arme Christus, Die Rezeptionsgeschichte von 2 Kor 8,9 zwischen dem zweiten und dem sechsten Jahrhundert, Hereditas Bd. 12, Bonn 1997.

Augustinuslexikon (AL), hg. von Cornelius Mayer, Basel, ab 1994.

Cristian Bădiliţă et Attila Jakab (ed.), Jean Cassien entre l'Orient et l'Occident. Actes du colloque international organisé par le New Europe College en collaboration avec Ludwig Boltzmann Gesellschaft (Bucarest, 27–28 septembre 2001), Paris-Iaşi 2003.

Thomas Böhm, Eunomius, RAC 208–209.

Erhard Brepohl, Theophilus Presbyter und die mittelalterliche Goldschmiedekunst, Leipzig 1987.

Peter Brown, The Body and Society. Men, Women, and Sexual Renunciation in Early Christianity, New York 1988.

Gabriel Bunge, In Geist und Wahrheit, Studien zu den 153 Kapiteln »Über das Gebet« des Evagrios Pontikos, Hereditas Bd. 27, Bonn 2010.

Gabriel Bunge, Die Lehren der heiligen Väter (RB 73,2), Aufsätze zu Evagrios Pontikos aus drei Jahrzehnten, Weisungen der Väter Bd. 11, Beuron 2011.

Owen Chadwick, John Cassian, Cambridge 2. Aufl.1968.

Derwas J. Chitty, The Desert a City. An Introduction to the Study of Egyptian and Palestinian Monasticism und the Christian Empire, New York, 2. Aufl. 966.

Elizabeth A. Clark, The Origenist Controversy. The Cultural Construction of an Early Christian Debate, Princeton 1992.

The Coptic Encyclopedia, ed. Aziz S. Ataya, 8 vols., New York 1991.

Anthony F. C. de Cosson, The Desert City of el Muna, in: Bulletin de la Société royale d'archéologie d'Alexandrie N. S. 9, 1937, 247–253.

Henry Crouzel, Théologie de l'image de Dieu chez Origéne, Paris 1956.

Gene L. Davenport, The Eschatology of the Book of Jubilees, Studia Post-Biblica 20, Leiden 1971.

Georges Descœudres, Kirchen und Oratorien in den Ermitagen der Mönchssiedlung Kellia, Zürich 1994.

Georges Descœudres, Zur Entstehung einer Repräsentationshaltung im monastischen Gebet am Beispiel der Kellia, in: Ägypten und Nubien in spätantiker Zeit, Akten des 6. Internationalen Koptologenkongresses Münster 1996, Bd. 1, Wiesbaden 1999.

Georges Descœudres, Wohntürme in Klöstern und Ermitagen Ägyptens, in: ΘΕΜΕΛΙΑ. Spätantike und koptologische Studien. Peter Grossmann zum 65. Geburtstag, hrsg. v. Martin Krause und Sofia Schaten, Sprachen und Kulturen des christlichen Orients Bd. 3, Wiesbaden 1998, 69–79.

Georges Descœudres, Bild gewordenes Wort, Visualisierungsprozesse als Ausdruck eines spirituellen und sozialen Wandels ..., Homo Medietas, Festschrift für Alois M. Haag, Bern 1999, 43ff.

Georges Descœudres, Qusur Hegeila und Qusur Ereima als eigenständige Mönchssiedlung, in: Mission suisse d'archéologie copte, Explorations aux Qouçoûr Hégeila et 'Ereima lors des campagnes 1987, 1988 et 1989, éd. Philippe Bridel (EK 8184, Tome 4), Louvain 2003, 477–481.

Georges Descœudres, Privatoratorien in der Frühzeit des Mönchtums; Art, Cérémonial et Liturgie au Moyen Âge, Roma 2002, 481ff.

Georges Descœudres, Die Richtstätte der Thebäischen Legion als sekundärer Kultplatz, Actes du colloque international Fribourg, Saint-Maurice, Martigny, 17–20 septembre 2003, Fribourg 2005.

Georges Descœudres, Die Diakonie, Ein bisher unbekannter monastischer Bautypus, Acta Congressus Internationalis XIV Archaeologiae Christianae, Wien 2006.

Jeremy Driscoll, Evagrius and Paphnutius on the Causes for Abandonment by God, SM 39,1997, 259ff.

Alan Dundes, The flood Myth, London 1988.

Karl Suso Frank, Antonius von Ägypten und seine Briefe, Von der Suche nach Gott, hrsg. Von M. Schmidt und F. D. Reboiras, Stuttgart 1998, 65ff.

Karl Suso Frank, Geschichte des christlichen Mönchtums. Grundzüge, Darmstadt 1988.
James E. Goehring, The World Engaged. The Social and Economic World of Early Egyptian Monasticism, in: Gnosticism and the Early Christian World. In Honor of James M. Robinson, Sonoma, California 1990, 134–144.
Richard J. Goodrich, Contextualizing Cassian. Aristocrats, Asceticism, and Reformation in Fifth Century Gaul, Oxford Early Christian Studies, Oxford 2007.
Alois Grillmeier, Jesus der Christus im Glauben der Kirche, Bd. 1, Freiburg, 3. Aufl. 1990.
Peter Grossmann, Zur Datierung der ersten Kirchenbauten in der Sketis, in: Byzantinische Zeitschrift 90, 1997, 367–395.
Andreas E. Grote, Anachorese und Zönobium, Stuttgart 2001.
Antoine Guillaumont, An den Wurzeln des christlichen Mönchtums, Aufsätze; aus dem Französischen übertragen von Hagia Witzenrath, Weisungen der Väter Bd. 4, Beuron 2007.
Antoine Guillaumont, Histoire des moines aux Kellia, in: Orientalia Lovanensia Periodica 8, 1977, 187–203.
Jean-Claude Guy, Le centre monastique de Scété dans la littérature du Ve siècle, in: Orientalia Christiana Perdiodica 30, 1964, 129–147.
Heinrich Holze, Erfahrung und Theologie im frühen Mönchtum, Göttingen 1992.
Les Kellia, Ermitages coptes en Basse-Egypte, Musée d'Art et d'Histoire, Genève 1989.
Wolfram Kinzig, Novitas christiana. Die Idee des Fortschritts in der Alten Kirche bis Eusebius, Heidelberg 1994.
Thorsten Krannich, Von Leporius zu Leo dem Großen, Tübingen 2005.
Juan Maria Laboa (Hrsg.), Atlante Storico del Monachesimo Orientale e Occidentale, Milano 2002.
Christoph Markschies, Gnosis, München 2001.
Cornelius Mayer, Homo Spiritalis, Cassiciacum 38, Festgabe für Luc Verheijen, Würzburg 1987.
Henri Irénée Marrou, Histoie de l'education dans l'antiquité, Paris 1948.
John J. Norwich, Byzanz, Berlin, 3. Aufl. 2008.
Hans-Georg Opitz, Untersuchungen zur Überlieferung der Schriften des Athanasius, Berlin 1935.
Michaela Puzicha, Kommentar zur Benediktusregel, St. Ottilien 2002.

Fidelis Ruppert, Das pachomianische Mönchtum und die Anfänge des klösterlichen Gehorsams, Münsterschwarzacher Studien Bd. 20, Münsterschwarzach 1998.
Christoph Schönborn, Die Christusikone, Schaffhausen 1984.
Emmanuel von Severus, Das Glutgebet, Düsseldorf 1966.
H. J. Sieben, Exegesis Patrum, Sussidi Patristici Bd. 2, Roma 1983.
Columba Steward, Cassian the Monk (Oxford Studies in Historical Theology), Oxford 1998.
Annette von Stockhausen (Hrsg.), Von Arius zum Athanasianum, Berlin 2010
Hermann Strack/Paul Billerbeck, Kommentar zum Neuen Testament aus Talmud und Midrasch, München, 9. Aufl. 1979.
Gerd Summa, Geistliche Unterscheidung bei Johannes Cassian, Würzburg 1992.
Stefan Timm, Das christlich-koptische Ägypten in arabischer Zeit, Teil 4, Beihefte zum Tübinger Atlas des Vorderen Orients, Reihe B, Bd. 41/4, Wiesbaden 1988, 1691–1712.
Richard Paul Vaggione, Eunomius of Cyzikus and the Nizene revolution, Oxford 2000.
Adalbert de Vogüé, Understanding Cassian, A Survey of the Conferences, Cistercian Studies Quarterly 13, 1984, 101ff.
Adalbert de Vogüé, L'influence du monachisme des Kellia en Occident, in: The Spirituality of Ancient Monachism. Acts of the International Colloquium Cracow-Tyniec, 16.–19.11.1994, ed. Marek Starowieyski (Pontificia Academia Theologica Cracoviensis, Facultas Theologica, Studia 4/1), Cracow 1995, 163–181.
Adalbert de Vogüé, Histoire littéraire du mouvement monastique dans l'antiquité. Première partie: le monachisme latin, vol. VI, Les derniers écrits de Jérôme et l'œuvre de Jean Cassien, Paris 2002.
Martin Wallraff, Rudolf Brändle (Hrsg.), Chrysostomusbilder in 1600 Jahren, Berlin 2008.
Evelyn White, Hugh G., The Monasteries of the Wadi 'n Natrûn, ed. Walter Hauser, part II: The History of the Monasteries of Nitria and of Sketis, New York 1932, Neudruck 1973.
Gabriele Ziegler, Frei werden – Der geistliche Weg des Johannes Cassian, Münsterschwarzacher Kleinschriften Bd. 178, Münsterschwarzach 2011.
Gabriele Ziegler, Die Wüstenmütter, Stuttgart 2016.

Weiterführende Internetseiten

www.biblindex.mom.fr
Biblia Patristica online: Index of Biblical Quotations and Allusions in Early Christian Literature

www.nationallizenzen.de
Zugang zu vielen Quellentexten, auch zu den lateinischen Werken des Johannes Cassian

www.monumenta.ch
Sammlung von Quellentexten; auch die Werke des Johannes Cassian

www.wibilex.de
online-Bibeln, Bibellexikon etc.

www.osb.org/lectio/cassian
Englische Übersetzung der Werke Cassians von Edgar C. S. Gibson

www.unifr.ch/bkv
Werke der Bibliothek der Kirchenväter (BKV)

www.cassian-projekt.de
Informationen zur Johannes-Cassian-Stiftung Münsterschwarzach

Informationen, Nachrichten und Quellen zur Orthodoxie und den orientalischen Kirchen:

www.orthpedia.de
Orthodoxer Medienkanal

www.orthodoxchurchfathers.com
Christian Theology Classics Search Engine

www.christlicher-orient.at
Hilfswerk Initiative Christlicher Orient

ÜBERSICHTSKARTE LEBENSRAUM JOHANNES CASSIANS (nach: Das große Gerontikon, Nauen 2009)

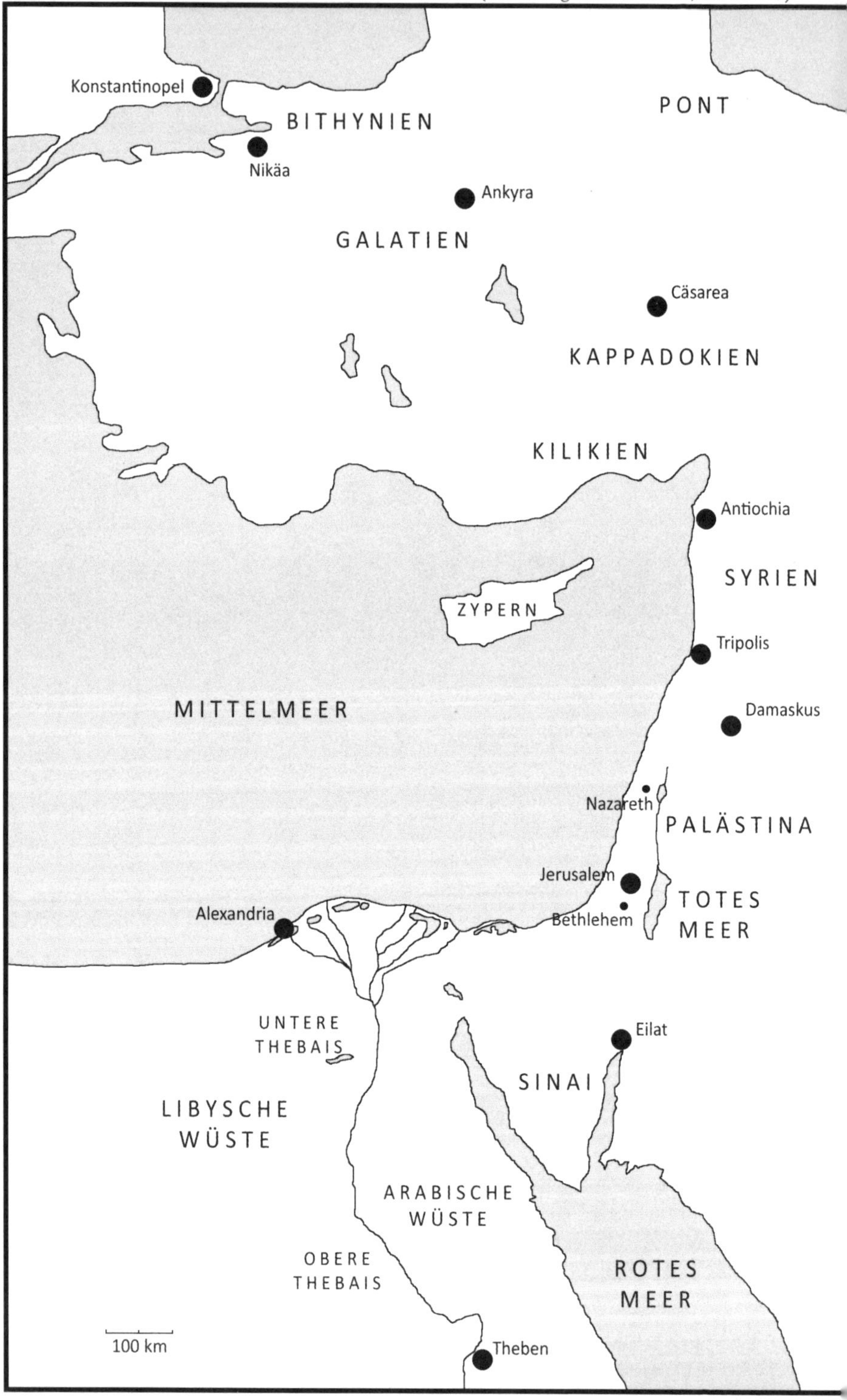

BERSICHTSKARTE SINAI UND NILREGION (nach: Das große Gerontikon, Nauen 2009)

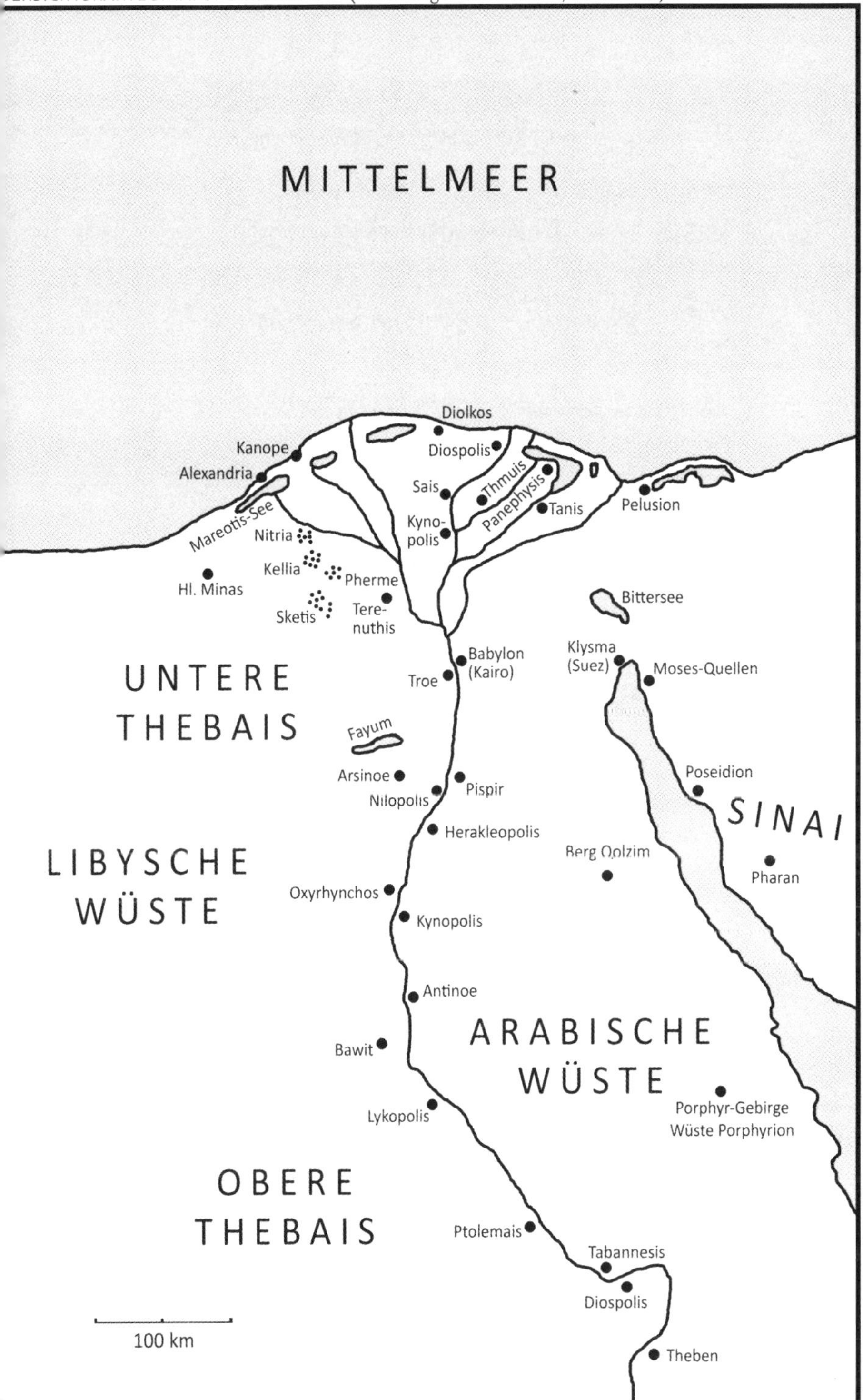

QUELLEN DER SPIRITUALITÄT

In dieser Reihe sind folgende Bände erschienen:

1 *Evagrius Ponticus*: **Die große Widerrede** (Antirrhetikos)
ISBN 978-3-89680-741-0 (erweiterte Auflage 2012)

2 *Mechthild von Hackeborn*: **Das Buch der besonderen Gnade**
(Liber specialis gratiae); ISBN 978-3-89680-702-1 (2010)

3 *Martin Luther*: **Eine einfältige Weise zu beten**
ISBN 978-3-89680-703-8 (2011)

4 *Evagrius Ponticus*: **Über das Gebet** (Tractatus de oratione)
ISBN 978-3-89680-704-5 (2011)

5 *Johannes Cassian*: **Unterredungen mit den Vätern** (Collationes patrum),
Teil 1: Collationes 1–10; ISBN 978-3-89680-705-2 (durchgesehene und
ergänzte Auflage 2018)

6 *Evagrius Ponticus*: **Worte an die Mönche/Worte an eine Jungfrau**
(Sententiae ad monachos/Sententiae ad virginem)
ISBN 978-3-89680-706-9 (2012)

7 *Sergej N. Bolšakov*: **Auf den Höhen des Geistes** (Na vysotach ducha)
ISBN 978-3-89680-707-6 (2012)

8 *Acta Sanctorum*: **Die Legende der Maria aus Ägypten**
(Bios Marias Aigyptias); ISBN 978-3-89680-708-3 (2013)

9 *Johannes Cassian*: **Unterredungen mit den Vätern** (Collationes patrum),
Teil 2: Collationes 11–17; ISBN 978-3-89680-709-0 (2014)

10 *Paisij Veličkovskij*: **Lilien des Feldes** (Kriny selnyje)
ISBN 978-3-89680-710-6 (2014)

11 *Erasmus von Rotterdam*: **Handbüchlein des christlichen Streiters**
(Enchiridion militis christiani); ISBN 978-3-89680-711-3 (2015)

12 *Johannes Cassian*: **Unterredungen mit den Vätern** (Collationes patrum), Teil 3: Collationes 18–24; ISBN 978-3-89680-712-0 (2015)

13 *Hugo de Balma*: **Die Wege nach Sion trauern** (Viae Sion lugent) ISBN 978-3-89680-713-7 (2017)

14 *Kommunität Brakkenstein*: **Regel für einen neuen Bruder** (Regel voor een nieuwe broeder); ISBN 978-3-89680-714-4 (2018)

IN PLANUNG:

Johannes Cassian: **De institutis coenobiorum et de octo principalium vitiorum remediis libri XII**

Die Reihe wird fortgesetzt und kann auch im Abonnement bezogen werden. gerne informieren wir Sie über diese Möglichkeit.

Vier-Türme-Verlag, 97359 Münsterschwarzach
Tel. 09324 / 20 292 | info@vier-tuerme.de
www.vier-tuerme-verlag.de